Repercussão Geral no Direito Tributário

Repercussão Geral no Direito Tributário

IMPOSTOS

2021

Coordenadores

Marcos Aurélio Pereira Valadão

Ricardo Victor Ferreira Bastos

ALMEDINA

REPERCUSSÃO GERAL NO DIREITO TRIBUTÁRIO
IMPOSTOS

COORDENADORES: Marcos Aurélio Pereira Valadão, Ricardo Victor Ferreira Bastos

DIRETOR ALMEDINA BRASIL: Rodrigo Mentz
EDITORA JURÍDICA: Manuella Santos de Castro
EDITOR DE DESENVOLVIMENTO: Aurélio Cesar Nogueira
ASSISTENTES EDITORIAIS: Isabela Leite e Larissa Nogueira

DIAGRAMAÇÃO: Almedina
DESIGN DE CAPA: FBA

ISBN: 9786556272511
Julho, 2021

Dados Internacionais de Catalogação na Publicação (CIP)
(Câmara Brasileira do Livro, SP, Brasil)

Repercussão geral no direito tributário : impostos /
coordenação Marcos Aurélio Pereira Valadão, Ricardo Victor Ferreira Bastos.
– 1 ed. -- São Paulo : Almedina, 2021.

Vários autores.
Bibliografia
ISBN 978-65-5627-251-1

1. Direito tributário 2. Direito tributário - Brasil 3. Imposto sobre a importação I. Valadão, Marcos Aurélio Pereira.
II. Bastos, Ricardo Victor Ferreira..

21-65712 CDU-34:336.2(81)

Índices para catálogo sistemático:

Brasil : Direito tributário 34:336.2(81)

Maria Alice Ferreira - Bibliotecária - CRB-8/7964

Este livro segue as regras do novo Acordo Ortográfico da Língua Portuguesa (1990).

EDITORA: Almedina Brasil
Rua José Maria Lisboa, 860, Conj.131 e 132, Jardim Paulista | 01423-001 São Paulo | Brasil
editora@almedina.com.br
www.almedina.com.br

SOBRE OS COORDENADORES

Marcos Aurélio Pereira Valadão
Pós-Doutorado em Direito (UnB). Doutor em Direito (SMU – EUA). Mestre em Direito Público (UnB). Especialista em Administração Tributária (PUC-GO). MBA em Administração Financeira (IBMEC). Ex-Presidente da 1ª Seção do CARF. Ex-Professor da Universidade Católica de Brasília (UCB). Professor da Fundação Getúlio Vargas em Brasília – DF. Consultor tributário e advogado.

Ricardo Victor Ferreira Bastos
Doutorando em Direito pelo Instituto Brasiliense de Direito Público - IDP. Mestre em Direito pela Universidade Católica de Brasília. MBA em Direito Tributário pela FGV – RJ. Especialista em Direito Empresarial e Contratos – UNICEUB/DF. Professor do Centro Universitário de Brasília - UNICEUB. Advogado e instrutor de cursos internos do BRB – Banco de Brasília.

SOBRE OS AUTORES

Beijanicy Ferreira da Cunha Abadia Valim
Mestre em Direito pela UCB (2018). Especialista em Direito e Processo do Trabalho e Direito Público. Professora da Faculdade Anhanguera de Anápolis. Analista Administrativo em Ciências Jurídicas na Câmara Municipal de Anápolis. Advogada.

Carlos Eduardo de Sousa Martins
Advogado Tributarista. Mestrando em Direito pelo Centro Universitário de Brasília – CEUB; Pós-graduado em Direito Tributário pelo Instituto Brasileiro de Estudos Tributários – IBET; e Pós-graduado em Direito Processual Civil pela Universidade Cândido Mendes – UCAM.

Daniel Vicente Evaldt da Silva
Mestre em Direito Tributário pela UCB. Especialista em Direito Financeiro pela Universidade de Salamanca. Especialista em Finanças pela FGV. Bacharel em Direito pela UCB e em Administração de Empresas pela UnB. Advogado e professor do curso de Direito da UCB.

Eduardo Lourenço Gregório Junior
Doutorando e Mestre em Direito Constitucional pelo Centro Universitário de Brasília (UniCEUB). LLM em Direito Tributário pelo IBMEC/DF. Sócio do Maneira Advogados.

Denise Magalhães da Silva
Advogada. Mestre em Direito pela UCB. Pós-graduada em Direito Público. Graduação em Direito pela UCB. Foi Professora de Direito Empresarial e Metodologia de Pesquisa na Pós-graduação em instituições de Direito Público e Privado da União Jurídica (UNIJUR) e Advogada e orientadora do Núcleo de Prática Jurídica da UCB – unidade do Juizado Especial Federal.

Graziele Rodrigues
Bacharel em Direito pela UCB e Graduanda em Ciências Contábeis pela UnB. Advogada.

Henrique Paiva de Araujo
Mestre em Direito pela UCB. Especialista em Direito Tributário e Processual Tributário pela Pontifícia Universidade Católica do Paraná. Graduado em Direito pela Universidade Federal de Santa Catarina. Auditor Fiscal da Receita do Distrito Federal.

Leidson Rangel Oliveira Silva
Mestre em Direito pela UCB. Pós-graduado em Direito Tributário e Gerência de Projetos. Bacharel em Direito e em Administração de Empresas. Auditor-Fiscal da Receita Federal do Brasil.

Maria das Graças Patrocínio Oliveira
Mestre em Direito pela UCB. Pós-graduada em Direito Tributário pela UCB. Graduada em Direito pela Associação de Ensino Unificado do Distrito Federal. Auditora Fiscal da RFB aposentada.

Mathaus Ferreira Almeida
Especialista em Direito Civil e Processo Civil (Atame). Bacharel em Direito pela Universidade Católica de Brasília – UCB. Advogado.

Renato Porto da Silva
Formado pela Universidade Federal de Mato Grosso (UFMT). Especialista em Direito do Estado pela Universidade Estácio de Sá e Pós-Graduado em Direito Civil e Processo Civil pela Faculdade Cândido Mendes. Atuou como Professor Substituto da UFMT. Em setembro de 2019, passou a compor o Corpo de Acadêmicos da ANADS, com a outorga do Colar do Mérito Acadêmico. Advogado.

Ricardo Lima de Oliveira
Mestre em Direito Tributário pela UCB, Pós-Graduado em Direito e Jurisdição pela Escola da Magistratura-DF. Graduado em Ciências Jurídicas pelo Instituto de Educação Superior de Brasília. Professor da graduação, de diversas pós-graduações e cursos preparatórios para concursos e OAB. Advogado.

Rodrigo Gabriel Alarcón
Especialistaem Direito Tributário e Finanças Públicas pelo Instituto Brasiliense de DireitoPúblico – IDP. Bacharel em Direito pelo Centro Universitário do Distrito Federal – UDF. Advogado.

Rodrigo Senne Capone
Doutorando em Direito pela UERJ. Mestre em Direito Tributário pela UCB. Doutorando em Direito na UERJ. Professor Assistente do Centro Universitário do Distrito Federal – UDF. Advogado.

Thaís Soares de Oliveira Almeida
Mestre em Direito pela UCB. Especialista em Direito Tributário pelo IBET-GO. Analista de Ciências Jurídicas na Câmara Municipal de Anápolis/GO. Advogada.

SUMÁRIO

PARTE III
ESTUDOS DE CASOS
IMPOSTOS

PARTE I
REPERCUSSÃO GERAL

Capítulo 1
Controle Difuso de Constitucionalidade

Ricardo Victor Ferreira Bastos

1. Controle de constitucionalidade em perspectiva

1.1 Generalidades

Os debates relacionados ao papel da jurisdição constitucional difusa, da qual a repercussão geral é um expoente central, estão demonstrando uma elevação acerca do papel a ser exercido pelo Poder Judiciário no que se refere à amplitude, alcance, bem como a sua legitimidade para agir em face do que se compreende como separação de poderes. As questões democráticas estão ocupando os debates sobre o papel das cortes constitucionais ao redor do mundo há algum tempo[1], o que ainda é recente no contexto brasileiro.

Com o instituto da repercussão geral os efeitos das decisões proferidas no controle difuso estão em processo de alteração, surgindo assim a necessidade de discuti-los para identificar a real extensão dos efeitos vinculantes e *erga omnes*. Esse contexto demonstra um maior protagonismo do controle difuso dentro do cenário jurídico constitucional do país, especialmente, pelo que

[1] UNGER, Roberto Mangabeira. **O Direito e o Futuro da Democracia**. São Paulo: Boitempo Editorial, 2004

se tratando como objetivação do controle difuso cujo centro dos debates é a interpretação conferida ao art. 52, X da Constituição Federal de 1988 (CF/88)[2].

Nos últimos anos, o que está ocorrendo é o caminhar do direito Brasileiro para a internalização de características do *common law* e de alguns institutos a ele relacionados conforme se pode observar no julgamento da Reclamação 4.335/AC, no qual os Ministros do Supremo Tribunal Federal Gilmar Mendes e Eros Grau, buscaram adotar entendimento consistente na alteração da opção expressa da Constituição Federal pelo modelo de controle de constitucionalidade acima descrito, através da ampliação dos efeitos da decisão proferida em sede de controle difuso de constitucionalidade.

Nesse sentido foi desenvolvida a tese da "abstrativização" ou "objetivação" do controle difuso de constitucionalidade, segundo a qual a decisão do Pleno do STF sobre a constitucionalidade de determinada norma como fundamento de uma decisão, especificamente aquela proferida no controle difuso, produziria efeitos *erga omnes* e vinculantes:

> Reclamação. 2. Progressão de regime. Crimes hediondos. 3. Decisão reclamada aplicou o art. 2º, § 2º, da Lei nº 8.072/90, declarado inconstitucional pelo Plenário do STF no HC 82.959/SP, Rel. Min. Marco Aurélio, DJ 1.9.2006. 4. Superveniência da Súmula Vinculante n. 26. 5. Efeito ultra partes da declaração de inconstitucionalidade em controle difuso. Caráter expansivo da decisão. 6. Reclamação julgada procedente.[3]

Essa situação sinaliza uma ampliação das competências objetivas do Poder Judiciário muito além do que se concebe ontologicamente como seu papel, o que pode ensejar uma litigiosidade mais acirrada na qual a sociedade vê no Poder Judiciário como a única e talvez, pelo menos sob a ótica do senso comum, verdadeira saída para solução dos mais diversos problemas sociais. Isso pode levar a uma espécie de controle jurídico do papel dos demais poderes baseados em aspectos extrajurídicos, de modo que se extirpe o processo de

[2] Art. 52. Compete privativamente ao Senado Federal: (...) X- suspender a execução, no todo ou em parte, de lei declarada inconstitucional por decisão definitiva do Supremo Tribunal Federal;

[3] BRASIL. SUPREMO TRIBUNAL FEDERAL. Rcl 4335, Relator(a): Min. GILMAR MENDES, Tribunal Pleno, julgado em 20/03/2014, DJe-208 DIVULG 21-10-2014 PUBLIC 22-10-2014 EMENT VOL-02752-01 PP-00001

construção política das bases sociais, deslocando ao Judiciário a decisão sobre valores sociais, exacerbando o que Maus[4] chama de "excepcionalidade do jurista".

Com a repercussão geral, a ideia de que no controle difuso e concreto de constitucionalidade, mesmo após a decisão judicial para o caso individual transitar em julgado, eventual erro na interpretação constitucional poderá ser corrigido no futuro para outros casos, cai por terra, tendo em vista a eficácia vinculante que o instituto confere. Daí a necessidade de se discutir as decisões, dotadas de efeitos vinculantes e *erga omnes*, de modo a extrair o que representa esse atual controle difuso no cenário jurídico constitucional do País e constatar como a objetivação do controle difuso vem sendo tratada a partir da ideia de mutação constitucional do art. 52, X da CF/88 que vem se discutindo. Assim, é imperioso analisar se permanece o caráter democrático do controle difuso, especialmente, pela participação do parlamento, através de resolução do Senado Federal, que suspendia ou não o ato normativo declarado inconstitucional.

O controle difuso de constitucionalidade vem ganhando novos contornos tendo em vista a ampliação dos efeitos das decisões proferidas nesse âmbito, o que eleva a necessidade de discussão das matérias tratadas pelo Supremo Tribunal Federal (STF) nos mais diversos ramos do direito.Esse cenário vem propiciando o aprofundamento de discussões proferidas em sede de controle difuso de constitucionalidade, pelo menos em relação ao que foi imaginado pelo constituinte originário, especialmente pelo aumento nos últimos anos de demandas constitucionais com repercussão geral conhecida se elevaram nos últimos anos.

O excesso de litigiosidade em diversos ramos do direito no âmbito do STF pode representar uma desarmonia do nosso sistema jurídico, especialmente, pela necessidade de manifestação do Tribunal em razoável número de processos e em diversas áreas do direito, bem como pela amplitude que algumas decisões podem tomar, o que pode representar uma alteração da aplicação do próprio sentido das normas jurídicas por decisões proferidas no âmbito do controle difuso.

[4] MAUS, Ingeborg. O judiciário como superego da sociedade – o papel da atividade jurisprudencial na "sociedade órfã". **Novos Estudos**, São Paulo, n. 58, CEBRAP, 2000.

1.2 Atualidades – dados

Os dados do STF revelam que existem cerca de 757 processos com repercussão geral conhecida, divididos em 14 áreas do direito, sendo 512 com mérito julgado e 245 com mérito pendente de julgamento. Dos processos julgados, foram selecionados 23 que tratam da do tema dos impostos para serem analisados, sendo que existem cerca de 132 julgados que totalizam os processos que versam sobre direito tributário já com mérito julgado.

Capítulo 2
A Repercussão Geral e seus Efeitos no Ordenamento Jurídico Nacional[1]

Ricardo Victor Ferreira Bastos
Graziele Rodrigues

1 Aspectos gerais e evolução histórica da repercussão geral

O instituto da repercussão geral está inserido no contexto do controle difuso de constitucionalidade, sendo caracterizado como um dos requisitos mais importantes do Recurso Extraordinário que pode ser considerado como o elemento central do controle de constitucionalidade exercido pela via difusa. É por meio de tal recurso que as discussões que possuem controvérsia constitucional em andamento nas diversas instâncias de nosso Poder Judiciário chegam ao Supremo Tribunal Federal (STF) para serem apreciadas dentro de um contexto que, em tese, não busca analisar a constitucionalidade de norma como elemento central, mas sim de forma incidental em uma determinada relação concreta.

[1] Capítulo reproduzido da obra REPERCUSSÃO GERAL: ANÁLISE DE CASOS SOBRE ICMS, em razão de ser continuidade da coleção.

Essa modalidade difusa de controle de constitucionalidade possui peculiaridades no que se refere ao alcance de suas decisões, tendo em vista a necessidade de ampliar os efeitos no que é decidido e evitar a repetição de demandas desnecessárias sobre matéria eventualmente decidida. As decisões proferidas no exercício da jurisdição constitucional no Brasil, relacionadas ao controle de constitucionalidade, são dotadas de efeitos que dependem da espécie de demanda judicial em curso, variando caso esteja ocorrendo o controle em sua forma difusa ou em sua forma concentrada, sendo a regra esta última ter decisões que possuem efeitos gerais e contra todos, ao passo que aquela possui, em regra, efeitos mais restritos e *inter partes*.

É nesse contexto que se insere a importância do STF que não se comporta como uma terceira ou quarta instância, e sim como instância Extraordinária, cuja função é uniformizar a aplicação da lei ao caso concreto, de modo que a incidência da lei ocorra de maneira uniforme. Portanto, se a demanda do STF for excedente à sua capacidade, dificilmente os tribunais inferiores conseguirão acompanhar seu entendimento, acarretando um juízo de livre convicção de cada órgão, mesmo já tendo sido proferidas decisões do STF pacificando o assunto, aumentando ainda mais a demanda recursal. Por isso foi necessária a criação de um filtro, de modo que só chegue ao Plenário, questões pertinentes ao seu ofício.

Como visto, a via difusa encontra seu expoente máximo quando se trata do Recurso Extraordinário, tendo em vista que é por meio dele que as discussões que tenham matéria constitucional tributária, ou não, como pano de fundo cheguem a ser tratadas pelo STF, o que possui grande relação com a ampliação do acesso à jurisdição de um modo geral ocorrido no Brasil no início do século XXI. Como no controle difuso as discussões constitucionais se iniciam em qualquer grau de jurisdição, o fluxo de processos que se relacionam a essa espécie de controle é expressivo na seara tributária, por razões que se relacionam com o volume de demandas tributárias por todo o país, em grande parte em decorrência da extensão minimalista da Constituição tributária brasileira.[2]

[2] Estima-se que cerca de trinta por cento dos processos no STF estão relacionados á matéria tributária.

O instituto processual da repercussão geral foi criado com esse objetivo, limitando a apreciação do STF somente a temas que apresentem questões relevantes do ponto de vista econômico, político, social ou jurídico que ultrapassem os direitos subjetivos da causa.[3] De forma sintética, o papel do instituto não é de limitar o acesso à justiça; é, sobretudo, delimitar a função do STF como propícia a instaurar paradigmas aos juízos subsequentes. Teresa Arruda Alvin Wambier entende que o instituto não deve ser observado como um limitador ao acesso à justiça. Para ela:

> No País, há toda uma estrutura destinada a tornar real o acesso à justiça, desdobrada em dois graus de jurisdição, havendo justiças Estaduais, Federais, especializadas, sendo esta estrutura posta em movimento por um sistema recursal marcadamente abundante. [4]

A autora, ao comparar a Arguição de Relevância com a repercussão geral, dispõe que para aquela, bastava haver ofensa ao direito em tese, a questão seria relevante, já para esta não basta ofender o texto constitucional, mas a questão deve suscitar repercussão geral em si mesma.

> Esta figura impede que o STF se transforme numa 4ª instância e deve diminuir, consideravelmente, a carga de trabalho daquele Tribunal, resultando este que também acaba, de forma indireta, por beneficiar os jurisdicionados, que terão talvez uma jurisdição prestada com mais vagar, e haverá acórdãos, já que em menor número, que serão fruto de reflexões mais demoradas por parte dos julgadores.[5]

[3] Art. 543-A. O Supremo Tribunal Federal, em decisão irrecorrível, não conhecerá do recurso extraordinário, quando a questão constitucional nele versada não oferecer repercussão geral, nos termos deste artigo.
§ 1º Para efeito da repercussão geral, será considerada a existência, ou não, de questões relevantes do ponto de vista econômico, político, social ou jurídico, que ultrapassem os interesses subjetivos da causa.

[4] WAMBIER, Teresa Arruda Alvim. **Recurso especial, recurso extraordinário e ação rescisória.** 2. Edição. São Paulo: Revista dos Tribunais, 2008, p. 290.

[5] WAMBIER, Teresa Arruda Alvim. **Recurso especial, recurso extraordinário e ação rescisória.** 2. Edição. São Paulo: Revista dos Tribunais, 2008. p. 293

É nesse contexto que se observa uma elevada redução nos números de admissibilidade de Recurso Extraordinário, saindo de 54.575 (2006) – advento da Lei nº 11.418/2006, que alterou os artigos 543-A e 543-B do CPC de 1973 – e 49.708 (2007) – regulamentação dos artigos citados por meio da Emenda Regimental n.21-, para 9.598 (2015)[6] como demonstra Ferraz:

> Esta redução da distribuição, portanto, não significa mera diminuição de carga de processos do Supremo Tribunal Federal, nem implica prejuízo da sua missão jurisdicional ou do acesso individual à Justiça. Revela, isto sim, uma nova forma de prestar jurisdição em matéria constitucional, assegurando às questões de relevância social, política, econômica e jurídica um processo decisório rápido e plural e, na sequência, maior disseminação dos efeitos desta decisão, de forma a garantir a isonomia na aplicação das normas constitucionais [7]

O cenário que se relaciona diretamente com o surgimento e importância do instituto da repercussão geral foi amadurecido gradativamente no decorrer dos anos em nosso ordenamento jurídico no sentido de buscar dar maior alcance às decisões proferidas nos julgamentos de recursos que estavam relacionados às matérias repetitivas ou que possuam grande controvérsia jurídico-constitucional. A doutrina[8] que se dedica ao estudo do assunto aponta o seguinte cenário como antecedente da repercussão geral e da necessidade de ampliação desses efeitos:

> Note-se que, já na década de 1980, a doutrina, ao tratar da Arguição de Relevância, na vigência da Emenda Constitucional n. 1/69 à Constituição de 1967, apontava o fato ligado ao "acúmulo de serviços do Supremo Tribunal Federal" (Alvim, 1988: 22), pelo excesso numérico de recursos extraordinários. Vê-se que a problemática do recurso extraordinário não é nova e o debate em torno da amplitude de hipóteses de admissibilidade pelo Supremo Tribunal Federal

[6] Disponível em <http://www.stf.jus.br/portal/cms/verTexto.asp?servico=jurisprudenciaRepercussaoGeralRelatorio&pagina=rg_resultados>. Acesso em 06/11/2015.

[7] WAMBIER, Teresa Arruda Alvim. **Recurso especial, recurso extraordinário e ação rescisória.** 2. Edição. São Paulo: Revista dos Tribunais, 2008, p. 105-106.

[8] VIANA, Ulisses Schwarz. **Repercussão geral sob a ótica da teoria dos sistemas de Niklas Luh**mann. 2ª Ed. São Paulo: Saraiva, 2011. p. 24.

já causava então grande preocupação, por suas nefastas consequências no âmbito da impossibilidade de operacionalidade e das disfunções geradas no plano fático. Para situar o tema deste estudo em seu contexto evolutivo, no limite do necessário para a compreensão das origens da repercussão geral no recurso extraordinário, serão delineados os seguintes antecedentes históricos: a jurisprudência defensiva, a arguição de relevância e a transcendência do recurso de revista, no Tribunal Superior do Trabalho.

Como se viu, três são os institutos que influenciaram na implementação da repercussão geral em nosso ordenamento: a arguição de relevância, a jurisprudência defensiva e a transcendência do recurso de revista caracterizado no âmbito do Tribunal Superior do Trabalho. Deve ser ressaltado que os três institutos acima especificados possuem como traço comum a relação com assuntos que possuem uma amplitude que vai além daquilo discutido pelas partes, o que revela a necessidade do tratamento uniforme e de forma ampla da matéria que se discute num determinado caso concreto.

Dos três institutos acima apontados, um de grande importância é a arguição de relevância, introduzida na Constituição Federal de 1967 por meio da Emenda Constitucional nº 1/69, que estabeleceu no parágrafo primeiro do artigo 119 a seguinte redação:

> As causas a que se refere o item III, alíneas *a* e *d*, deste artigo, serão indicadas pelo Supremo Tribunal Federal no regimento interno que atenderá à sua natureza, espécie, valor pecuniário e relevância da questão federal.

Do mesmo modo, tem-se ainda o Regimento Interno do STF que elencou as diversas hipóteses no artigo 325, com redação dada pela Emenda Regimental n. 2/85. Segundo Ulisses Schwarz Viana, a arguição de relevância "pressupunha conceitualmente a relevância da questão federal", não importando a possibilidade de admissão de questões regionais que tivessem interesse nacional. Sendo assim, para a repercussão geral importa a relevância temática, que envolva aspectos econômicos, políticos, sociais e jurídicos. O autor também destaca que:

> Deste modo, os temas com repercussão geral podem, originariamente, ser inclusive regionais, mas no plano da relevância constitucional da questão passam a constituir tema de interesse nacional, Nacional no sentido que não se prende somente à esfera da União, ao conceito de federativos, mas, antes disso, de tema de interesse de toda a sociedade brasileira.[9]

Com o advento da Constituição Federal de 1988, o instituto da arguição de relevância que não estava presente no texto constitucional, desapareceu do nosso ordenamento jurídico.

2 Fundamentação jurídica e definição do instituto

De modo mais específico, o instituto da repercussão geral foi implementado no ordenamento jurídico nacional com o advento da Emenda Constitucional nº 45/2004, que acresceu o parágrafo terceiro ao artigo 102, incluindo a necessidade de a questão constitucional trazida nos recursos extraordinários possuir repercussão geral como preliminar de admissibilidade no recurso extraordinário.

Foi regulamentado pela Lei nº 11.418/2006 que acresceu os artigos 543-A e 543-B no Código de Processo Civil de 1973, que possuía uma *vacatio legis* de 60 dias, porém a efetivação só ocorreu após a alteração do Regimento Interno do Supremo Tribunal Federal, com a publicação da Emenda Regimental nº 21, de 30 de abril de 2007[10].

Já no Novo Código de Processo Civil (NCPC), Lei nº. 13.105/2015, a questão é tratada especificamente em nos artigos 979, § 3º, 987, § 1º, 998, III e 1035[11],

[9] VIANA, Ulisses Schwarz. **Repercussão geral sob a ótica da teoria dos sistemas de Niklas Luhmann.** 2ª Ed. São Paulo: Saraiva, 2011, p.. 25.

[10] STF, DJU, 26 jun. 2007, AI 664567-RS, Rel. Min. Sepúlveda Pertence: "A exigência da demonstração formal e fundamentada, no recurso extraordinário, da repercussão geral das questões constitucionais discutidas só incide quando a intimação do acórdão recorrido tenha ocorrido a partir de 3 de maio de 2007, data da publicação da Emenda Regimental 21, de 30 de abril de 2007."

[11] Art. 1.035. O Supremo Tribunal Federal, em decisão irrecorrível, não conhecerá do recurso extraordinário quando a questão constitucional nele versada não tiver repercussão geral, nos termos deste artigo. § 1º Para efeito de repercussão geral, será considerada a existência ou não de questões relevantes do ponto de vista econômico, político, social ou jurídico que

no qual consta maior parte do procedimento da repercussão geral, e também nos artigos 1039 e 1042 (sendo que o processamento do recurso extraordinário é também tratado em outros artigos). Cabe destacar que a repercussão geral dentro do NCPC, está inserida no contexto de aumento da força do que se entendo por precedentes judiciais a serem fixados pelas cortes superiores e com caráter obrigatório para todo o Poder Judiciário. Essa adoção dos precedentes pelo Código relaciona-se à busca da ampliação dos efeitos concretos das decisões a um número maior de demandas que possuam a mesma discussão jurídica, o que tende a diminuir a quantidade de recursos nos nossos tribunais superiores e padronizar o entendimento jurídico nas instâncias inferiores.

Outra fonte do Regramento do instituto é o Regimento Interno do STF:

- Artigo nº 13, com a redação das Emendas Regimentais nº 24/2008, nº 29/2009 e nº 41/2010.

ultrapassem os interesses subjetivos do processo. § 2° O recorrente deverá demonstrar a existência de repercussão geral para apreciação exclusiva pelo Supremo Tribunal Federal. § 3° Haverá repercussão geral sempre que o recurso impugnar acórdão que: I – contrarie súmula ou jurisprudência dominante do Supremo Tribunal Federal; II – tenha sido proferido em julgamento de casos repetitivos; III – tenha reconhecido a inconstitucionalidade de tratado ou de lei federal, nos termos do art. 97 da Constituição Federal.§ 4° O relator poderá admitir, na análise da repercussão geral, a manifestação de terceiros, subscrita por procurador habilitado, nos termos do Regimento Interno do Supremo Tribunal Federal. § 5° Reconhecida a repercussão geral, o relator no Supremo Tribunal Federal determinará a suspensão do processamento de todos os processos pendentes, individuais ou coletivos, que versem sobre a questão e tramitem no território nacional. § 6° O interessado pode requerer, ao presidente ou ao vice-presidente do tribunal de origem, que exclua da decisão de sobrestamento e inadmita o recurso extraordinário que tenha sido interposto intempestivamente, tendo o recorrente o prazo de 5 (cinco) dias para manifestar-se sobre esse requerimento. § 7° Da decisão que indeferir o requerimento referido no § 6° caberá agravo, nos termos do art. 1.042. § 8° Negada a repercussão geral, o presidente ou o vice-presidente do tribunal de origem negará seguimento aos recursos extraordinários sobrestados na origem que versem sobre matéria idêntica. § 9° O recurso que tiver a repercussão geral reconhecida deverá ser julgado no prazo de 1 (um) ano e terá preferência sobre os demais feitos, ressalvados os que envolvam réu preso e os pedidos de habeas corpus. § 10. Não ocorrendo o julgamento no prazo de 1 (um) ano a contar do reconhecimento da repercussão geral, cessa, em todo o território nacional, a suspensão dos processos, que retomarão seu curso normal. § 11. A súmula da decisão sobre a repercussão geral constará de ata, que será publicada no diário oficial e valerá como acórdão.

- Artigos nº 21, 340 e 341, com a redação das Emendas Regimentais nº 41/2010 e 42/2010.
- Artigos nº 38, 57, 59, 60, 67, 78, 323-A e 325-A, com a redação da Emenda Regimental nº 42/2010
- Artigos nºs 322-A e 328, com a redação da Emenda Regimental nº 21/2007.
- Artigo nº 324, com a redação das Emendas Regimentais nº 31/2009, nº 41/2010, nº 47/2012 e nº 49/2014.
- Artigo nº 328-A, com a redação da Emenda Regimental nº 23/08 e da Emenda Regimental nº 27/2008.

Para que se possa buscar uma identificação ou mesmo uma definição do instituto deve-se observar o que dispõe o § 1º, do art. 543 – A do CPC de 1973 e o art. § 1 do art. 1035 do NCPC. Os dispositivos são semelhantes, diferindo apenas na última palavra do texto, sendo que no CPC de 1973 há referência aos interesses subjetivos da causa ao passo que, no NCPC, há menção aos interesses subjetivos do processo:

> § 1º Para efeito da repercussão geral, será considerada a existência, ou não, de questões relevantes do ponto de vista econômico, político, social ou jurídico, que ultrapassem os interesses subjetivos da causa.
> § lo Para efeito de repercussão geral, será considerada a existência ou não de questões relevantes do ponto de vista que ultrapassem os interesses subjetivos do processo.

A doutrina[12] trata do instituto como sendo um pressuposto especial de cabimento do recurso que é exigido pela própria Constituição Federal que impõe a necessidade de se verificar o impacto indireto que a decisão pode ter, ou seja, como a decisão poderá influenciar na vida da sociedade ou mesmo de parte significativa dela nos mais diversos aspectos políticos, jurídicos, econômicos e sociais.

[12] DANTAS, Bruno. **Repercussão geral: perspectivas histórica, dogmática e de direito comparado: questões processuais**. São Paulo: Ed. Revista dos Tribunais, 2008.

Daniel Amorin Assumpção Neves[13] o conceitua como um singular pressuposto de admissibilidade, não passível de ser analisado por quem proferiu a decisão que se impugna, consistindo no último requisito a ser observado após a verificação dos demais recursos nos termos do art. 323 do regimento interno do STF. O Supremo Tribunal Federal também apresenta definição do instituto: "Instituto processual que reserva ao STF o julgamento exclusivo de temas, trazidos em recursos extraordinários, que apresentem questões relevantes do ponto de vista econômico, político, social ou jurídico, que ultrapassem os interesses subjetivos da causa". [14]

Como se vê a repercussão geral deve ser entendida numa dupla perspectiva, tendo em vista que pode funcionar como verdadeiro filtro recursal e como elemento de ampliação dos efeitos da decisão proferida em sede de controle difuso de constitucionalidade que, em regra, não possuía efeito *erga omnes* . Esse requisito revela que as decisões proferidas nessa espécie de controle de constitucionalidade devem ter seus efeitos a todos aqueles que se encontram na mesma perspectiva daquelas partes que figuraram no recurso decidido.

3 Procedimento do reconhecimento da repercussão geral

O procedimento para o reconhecimento da repercussão geral foi regulado nos artigos 543-A e 543-B do Código de Processo Civil de 1973 e agora está prevista nos artigos 1035 e seguintes do NCPC conforme especificado acima, tendo suas especificidades reguladas nos termos do Regimento Interno do STF.

Para conhecimento do Recurso Extraordinário, o recorrente deverá demonstrar, em preliminar de admissibilidade a repercussão geral da questão constitucional nele versada, sendo a apreciação material do recurso de competência exclusiva do STF.

[13] NEVES, Daniel Amorin Assumpção. **Manual de Direito Processual Civil**. 5ª ed. São Paulo: Método 2015. p. 745.

[14] Repercussão Geral. Disponível em: http://www.stf.jus.br/portal/cms/verTexto.asp?servico=estatistica& pagina=entendarg. Acesso em 25 de fev. de 2016.

Quando o RE é interposto, ele é submetido à análise dos requisitos formais pelo tribunal de origem. Isto quer dizer que o primeiro exame de admissibilidade do recurso acontecerá no juízo de origem, verificando se o recurso possui os pressupostos processuais para possível apreciação do Pleno.[15] Posto isso, o tribunal de origem verificará a existência de múltiplos recursos que abordam a mesma questão, restringindo assim a controvérsia e escolhendo um ou mais para que possam representar a questão e sobrestando os demais.

Os recursos representativos, depois de admitidos no tribunal de origem, são remetidos ao STF que examina a presença da repercussão geral substancialmente, observando se a matéria possui relevância social, política, econômica ou jurídica, bem como se a decisão terá efeito além dos interesses subjetivos da causa.[16]

Ao delimitar o tema, o STF decide acerca da existência da preliminar de repercussão geral, sendo que as que não forem admitidas terão efeitos imediatos sobre aqueles que estejam sobrestados:

> **Art. 1035, parágrafo 8º – CPC/2015.** Negada a repercussão geral, o presidente ou o vice-presidente do tribunal de origem negará seguimento aos recursos extraordinários sobrestados na origem que versem sobre a mesma matéria.
>
> **Art. 1039, parágrafo único – CPC/2015.** Negada a existência de repercussão geral no recurso extraordinário afetado, serão considerados automaticamente inadmitidos os recursos extraordinários cujo processamento tenha sido sobrestado.
>
> **Art. 326 do RISTF.** Toda decisão de inexistência de repercussão geral é irrecorrível e, valendo para todos os recursos sobre questão idêntica, deve ser comunicada, pelo(a) Relator(a), à Presidência do Tribunal, para os fins do artigo subsequente e do art. 329.

[15] BRASIL. Supremo Tribunal Federal. **Recurso Extraordinário nº. 560.476** Rel Min. Ellen Gracie. Disponível em: <http://www.stf.jus.br/portal/jurisprudencia/listarConsolidada.asp?classe=RE&numero=560476&origem=AP>. Acesso em: 10 de abr. de 2016.

[16] Aqui vemos a efetiva mudança do requisito da repercussão geral no recurso extraordinário, de modo que os efeitos de admissibilidade não ocorram apenas *inter partes*, mas refletindo em todas as causas sobrestadas pelo mesmo fundamento e as que vierem a ser dirimidas após a decisão da controvérsia.

> **Art. 329 do RISTF.** A Presidência do Tribunal promoverá ampla e específica divulgação do teor das decisões sobre repercussão geral, bem como formação e atualização de banco eletrônico de dados a respeito.

Os recursos sobrestados que tratarem de tema com repercussão geral com mérito julgado no recurso extraordinário, serão apreciados pelos Tribunais, Turmas de Uniformização ou Turmas Recursais, que poderão retratar-se ou julgá-los prejudicados de acordo com o que for decidido pelo Supremo.[17]

O NCPC estipulou, também, prazo para julgamento do recurso que tiver a repercussão geral reconhecida, ressaltando que a sua não observância acarretará a cessação da suspensão dos processos, que terão seu curso normal retomado.

> **Art. 1035, parágrafo 9º- CPC/2015.** O recurso que tiver a repercussão geral reconhecida deverá ser julgado no prazo de 1 (um) ano e terá preferência sobre os demais feitos, ressalvados os que envolvam réu preso e os pedidos de *habeas corpus*.
>
> **Art. 1035, parágrafo 10º – CPC/2015.** Não ocorrendo o julgamento no prazo de 1 (um) ano a contar do reconhecimento da repercussão geral, cessa, em todo o território nacional, a suspensão dos processos, que retomarão seu curso normal.

O procedimento pode ser entendido nos seguintes termos. Após a admissão do Recurso, o relator submeterá, eletronicamente, aos outros ministros, o teor de sua manifestação na qual se posicionará pela existência ou não[18] da repercussão geral conforme preceitua o ar. 323[19] do regimento interno do Supremo. Deve ser ressaltado que, em algumas situações, não é necessária essa etapa, tendo em vista que a questão já possui repercussão geral presumida como ocorre com a existência anterior de repercussão geral, quando a decisão recorrida for contrária a súmula ou jurisprudência dominante do próprio STF.

[17] Art. 543-B, parágrafo 3º do CPC/73.

[18] A decisão pela inexistência é irrecorrível conforme preceitua o art. 326 do regimento interno do STF.

[19] Art. 3231. Quando não for caso de inadmissibilidade do recurso por outra razão, o(a) Relator(a) ou o Presidente submeterá, por meio eletrônico, aos demais Ministros, cópia de sua manifestação sobre a existência, ou não, de repercussão geral.

A doutrina processualista[20] aponta que existem na legislação hipóteses de repercussão geral já definidas como "decisão recorrida que contraria (a) súmula ou (b) jurisprudência dominante do STF ainda que não vinculantes, mas ratificadoras da jurisprudência da corte, bastando que a decisão recorrida viole jurisprudência dominante do Tribunal".

Os demais ministros recebem a manifestação do relator com a obrigação de encaminhar, por meio eletrônico também, no prazo de 20 dias, seus posicionamentos acerca da questão da repercussão geral. Caso esse prazo não seja observado, estará, automaticamente, identificada a repercussão geral da questão. Após, o art. 325[21] do regimento interno do STF prevê que seja dada vista ao Procurador-Geral da República nas hipóteses de sua intervenção, prevê ainda a possibilidade de julgamento pelo próprio relator, caso ele não peça data para julgamento, bem como determinando que ele formalize a decisão de recusa do recurso.

O efeito multiplicativo das questões relacionadas ao instituto pode ser visto no teor do art. 328 do Regimento Interno do STF que diz:

> Art. 328. Protocolado ou distribuído recurso cuja questão for suscetível de reproduzir-se em múltiplos feitos, a Presidência do Tribunal ou o(a) Relator(a), de ofício ou a requerimento da parte interessada, comunicará o fato aos tribunais ou turmas de juizado especial, a fim de que observem o disposto no art. 543-B do Código de Processo Civil, podendo pedir-lhes informações, que deverão ser prestadas em cinco dias, e sobrestar todas as demais causas com questão idêntica.
> Parágrafo único. Quando se verificar subida ou distribuição de múltiplos recursos com fundamento em idêntica controvérsia, a Presidência do Tribunal ou o(a) Relator(a) selecionará um ou mais representativos da questão e determinará a devolução dos demais aos tribunais ou turmas de juizado especial de origem, para aplicação dos parágrafos do art. 543-B do Código de Processo Civil.

[20] THEODORO JÚNIOR, Humberto. **Curso de Direito Processual Civil.** 49ª Ed. São Paulo: Forense, 2012. p. 324.

[21] O(A) Relator(a) juntará cópia das manifestações aos autos, quando não se tratar de processo informatizado, e, uma vez definida a existência da repercussão geral, julgará o recurso ou pedirá dia para seu julgamento, após vista ao Procurador-Geral, se necessária; negada a existência, formalizará e subscreverá decisão de recusa do recurso.

Ponto importante para a amplitude da decisão proferida nesse exercício do controle difuso de constitucionalidade é a possibilidade de admissão da figura do *amicus curie* nos julgamentos dos recursos cuja repercussão geral foi conhecida, o que visa ampliar o debate de uma demanda que possui discussão jurídica limitada às partes, mas que terá seus efeitos expandidos para toda a sociedade.

No que se refere a esse ponto, o Direito Tributário possui grande importância, posto que existem uma considerável quantidade de demandas jurídicas que chegam ao STF acerca desse ramo do direito e que se repetem por todo o Judiciário brasileiro, especialmente, por se referirem, na maioria dos casos, a obrigação que envolvem uma maior onerosidade a ser suportada pelo contribuinte. Assim, havendo necessidade de ouvir a sociedade, bem como colher subsídios para determinada decisão, o relator do recurso pode admitir a presença de terceiros que poderão se manifestar acerca da questão constitucional objeto da lide, sendo essa decisão irrecorrível nos termos do § 3º[22] do mesmo art. 323 do regimento interno da corte.

4 Os efeitos da decisão em sede de repercussão geral

Conforme se pode observar, duas foram as intenções do legislador com a criação do requisito da repercussão geral em nosso ordenamento jurídico: uma foi impedir que o STF julgue demandas que não possuam impacto do ponto de vista jurídico, econômico, social e político, ao passo que a outra foi ampliar o que for decidido em sede de recurso extraordinário a situações diferentes daquela existente em determinado caso concreto.

O primeiro efeito consiste na busca de redução do quantitativo de recursos junto ao STF, tendo em vista que não basta a demonstração da questão constitucional debatida, devendo o recorrente demonstrar a relevância da questão suscitada do ponto de vista econômico, político, social e jurídico. É de suma importância a demonstração de que a matéria objeto do recurso transcende

[22] § 3º Mediante decisão irrecorrível, poderá o(a) Relator(a) admitir de ofício ou a requerimento, em prazo que fixar, a manifestação de terceiros, subscrita por pro- -curador habilitado, sobre a questão da repercussão geral.

ao caso concreto, levando em consideração uma das perspectivas adotadas pela legislação, de modo que o julgador observe que o que for decidido naquele recurso pode impactar em algum setor da sociedade. O NCPC restringe ainda mais a admissibilidade do recurso, declarando que somente podem ser selecionados recursos admissíveis que contenham abrangente argumentação e discussão a respeito da questão a ser decidida[23].

Nesse sentido, afirma Ulisses Viana:

> Não basta a formulação genérica, vaga e inconsistente dos argumentos em prol da existência da repercussão geral, mas sim o desenvolvimento argumentativo-demonstrativo pontual da relevância da questão do ponto de vista econômico, político, social e jurídico **e** da ***transcendência*** temática em relação aos interesses individuais das partes concretas atuantes no recurso extraordinário específico. (grifos no original)[24]

Essa exigência já era encontrada na jurisprudência da Suprema Corte e foi consolidada no NCPC, conforme se pode observar no RE nº. 601.81[25]. Outra mudança acerca da Repercussão geral foi a abrangência das decisões em sede

[23] Art. 1.036. Sempre que houver multiplicidade de recursos extraordinários ou especiais com fundamento em idêntica questão de direito, haverá afetação para julgamento de acordo com as disposições desta Subseção, observado o disposto no Regimento Interno do Supremo Tribunal Federal e no do Superior Tribunal de Justiça. (...) § 6º Somente podem ser selecionados recursos admissíveis que contenham abrangente argumentação e discussão a respeito da questão a ser decidida.

[24] VIANA, Ulisses Schwarz. **Repercussão geral sob a ótica da teoria dos sistemas de Niklas Luhmann.** 2ª Ed. São Paulo: Saraiva, 2011, p. 41

[25] EMENTA: AGRAVO REGIMENTAL EM AGRAVO DE INSTRUMENTO. RECURSO EXTRAORDINÁRIO. DEFICIÊNCIA NA FUNDAMENTAÇÃO RELATIVA À PRELIMINAR DE EXISTÊNCIA DE REPERCUSSÃO GERAL DA MATÉRIA CONSTITUCIONAL INVOCADA NO RECURSO. INTIMAÇÃO DO ACÓRDÃO RECORRIDO POSTERIOR A 03.05.2007. De acordo com a orientação firmada neste Tribunal, é insuficiente a simples alegação de que a matéria em debate no recurso extraordinário tem repercussão geral. Cabe à parte recorrente demonstrar de forma expressa e clara as circunstâncias que poderiam configurar a relevância – do ponto de vista econômico, político, social ou jurídico – das questões constitucionais invocadas no recurso extraordinário. A deficiência na fundamentação inviabiliza o recurso interposto. Agravo regimental a que se nega provimento. (RE 601381 AgR, Relator(a): Min. JOAQUIM BARBOSA, Segunda Turma, julgado em 06/10/2009, DJe-204 DIVULG 28-10-2009 PUBLIC 29-10-2009 EMENT VOL-02380-08 PP-01656 LEXSTF v. 31, n. 371, 2009, p. 309-312)

de RE no Poder Judiciário, de modo que, o instituto como requisito preliminar, possibilita uma espécie de objetivação das decisões proferidas pelo STF, acarretando assim uma comunicação mais efetiva entre os Tribunais Superiores e os demais juízos, visando uniformizar entendimentos e procedimentos sobre determinadas matérias.

Sobre isso, Taís Ferraz comenta que o foco da questão constitucional a ser dirimida, tem efeitos substanciais na forma de pensar e processar o recurso extraordinário e, destaca alguns desafios:

> (...) a comunicação cada vez maior com os órgãos recursais e com as demais instâncias ordinárias do Poder Judiciário para a discussão e a aplicação dos efeitos das decisões de repercussão geral, a compatibilização do sistema do Supremo Tribunal Federal com o regime dos recursos repetitivos do Superior Tribunal de Justiça (CPC art. 543-C), especialmente quando no mesmo caso haja recursos especial e extraordinário interpostos, a priorização constante do julgamento das questões constitucionais em que o reconhecimento da repercussão geral provocou o sobrestamento de um grande número de recursos extraordinário.[26]

As discussões que possuem repercussão geral devem ser tratadas levando em consideração a necessidade de que uma decisão tomada no exercício do controle difuso possa ser estendida a todo ordenamento jurídico a casos semelhantes, não mais sendo restrita àquelas partes que estão envolvidas em determinado recurso extraordinário apresentado. Esse cenário tem como pano de fundo os limites subjetivos das decisões proferidas em sede de controle de constitucionalidade difuso, o que vem sendo tratado como objetivação do controle difuso.

No que se refere ao controle concentrado de constitucionalidade, a regra é o contido no art. 102, § 2º da CF que prevê eficácia geral e contra todos dentro do ordenamento jurídico nacional daquilo que for decidido pela corte, sendo regra que as decisões de mérito "produzirão eficácia contra todos e efeito vinculante, relativamente aos demais órgãos do Poder Judiciário

[26] FERRAZ, Taís Schilling. Repercussão geral- muito mais que um pressuposto de admissibilidade. In PAULSEN, Leandro (coord). **Repercussão geral no recurso extraordinário**. Livraria do Advogado, Porto Alegre, 2011, p. 106

e à administração pública direta e indireta, nas esferas federal, estadual e municipal". [27]

Por outro lado, em relação ao controle difuso, a regra é que o efeito seja restrito àquelas partes que litigam numa demanda judicial, ocorrendo o que se denomina de efeito *inter partes* da decisão, tendo em vista que a discussão judicial travada , é incidentalmente tratada em relação a uma situação concreta que está sendo posta em juízo, ou seja, apenas as partes litigantes sofreriam os efeitos do que for decidido, não ocorrendo o efeito *erga omnes*, comum ao controle abstrato ou concentrado, conforme se observa no art. 506 do NCPC, que diz: "A sentença faz coisa julgada às partes entre as quais é dada, não prejudicando terceiros."

Não obstante esse cenário de limitação de efeitos, cabe mencionar o teor dos incisos do art. 1.040 do NCPC que atribui efeito vinculante às decisões do STF proferidas em sede de recurso extraordinário, após a publicação do acórdão paradigma, determinando que após essa publicação:

> I – o presidente ou o vice-presidente do tribunal de origem negará seguimento aos recursos especiais ou extraordinários sobrestados na origem, se o acórdão recorrido coincidir com a orientação do tribunal superior;
> II – o órgão que proferiu o acórdão recorrido, na origem, reexaminará o processo de competência originária, a remessa necessária ou o recurso anteriormente julgado, se o acórdão recorrido contrariar a orientação do tribunal superior;
> III – os processos suspensos em primeiro e segundo graus de jurisdição retomarão o curso para julgamento e aplicação da tese firmada pelo tribunal superior;
> IV – se os recursos versarem sobre questão relativa a prestação de serviço público objeto de concessão, permissão ou autorização, o resultado do julgamento será comunicado ao órgão, ao ente ou à agência reguladora competente para fiscalização da efetiva aplicação, por parte dos entes sujeitos a regulação, da tese adotada.

[27] As decisões definitivas de mérito, proferidas pelo Supremo Tribunal Federal, nas ações diretas de inconstitucionalidade e nas ações declaratórias de constitucionalidade produzirão eficácia contra todos e efeito vinculante, relativamente aos demais órgãos do Poder Judiciário e à administração pública direta e indireta, nas esferas federal, estadual e municipal.

Apesar de a regra ser a restrição subjetiva de efeitos, há a possibilidade de extensão desses efeitos àqueles não envolvidos no caso por meio da incidência do art. 52, X da Constituição Federal que diz competir ao Senado Federal: "suspender a execução, no todo ou em parte, de lei declarada inconstitucional por decisão definitiva do Supremo Tribunal Federal".

Assim, as decisões proferidas em sede de repercussão geral, teriam mitigado a necessidade de observância do disposto no art. 52, X da CF ao expandir os efeitos às decisões proferidas quando do julgamento do Recurso Extraordinário sob essa sistemática. Esse tema já foi debatido no STF, tendo destaque o posicionamento do Ministro Gilmar Mendes na Reclamação nº. 4335 [28] que se posiciona pela ausência de necessidade de manifestação do Senado Federal para a expansão dos efeitos das decisões proferidas no controle difuso de constitucionalidade, defendendo uma verdadeira mutação constitucional do inc. X do art. 52 da CF;.

> (...)
> É possível, sem qualquer exagero, falar-se aqui de uma autêntica mutação constitucional em razão da completa reformulação do sistema jurídico e, por conseguinte, da nova compreensão que se conferiu à regra do art. 52, X, da Constituição de 1988. Valendo-nos dos subsídios da doutrina constitucional a propósito da mutação constitucional, poder-se-ia cogitar aqui de uma autêntica reforma da Constituição sem expressa modificação do texto. Em verdade, a aplicação que o Supremo Tribunal Federal vem conferindo ao disposto no art. 52, X, da CF indica que o referido instituto mereceu uma significativa reinterpretação a partir da Constituição de 1988. É possível que a configuração emprestada ao controle abstrato pela nova Constituição, com ênfase no modelo abstrato, tenha sido decisiva para a mudança verificada, uma vez que as decisões com eficácia erga omnes passaram a se generalizar. A multiplicação de processos idênticos no sistema difuso – notória após 1988 – deve ter contribuído, igualmente, para que a Corte percebesse a necessidade de atualização do aludido instituto. Nesse contexto, assume relevo a decisão que afirmou a dispensabilidade de se submeter a questão constitucional ao Plenário de qualquer Tribunal se o Supremo Tribunal já se tiver

[28] BRASIL. Supremo Tribunal Federal. **Rcl 4335**, Relator(a): Min. GILMAR MENDES, Tribunal Pleno, julgado em 20/03/2014. Disponível em: http://portal.stf.jus.br/processos/detalhe.asp?incidente=2381551. Acesso em 10 de mai. de 2019.

> manifestado pela inconstitucionalidade do diploma. Tal como observado, essa decisão acaba por conferir uma eficácia mais ampla – talvez até mesmo um certo efeito vinculante – à decisão do Plenário do Supremo Tribunal no controle incidental. Essa orientação está devidamente incorporada ao direito positivo (CPC, art. 481, parágrafo único, 53 parte final, na redação da Lei n . 9756, de 1998). No mesmo contexto situa-se a decisão que outorgou ao relator a possibilidade de decidir, monocraticamente, os recursos extraordinários vinculados às questões já resolvidas pelo Plenário do Tribunal (CPC, art. 557, § 1° A) .

Acerca do tema, em dissertação de mestrado na qual se analisou essa temática, observa-se que:

> Assim, não obstante todas as discussões acerca da abstrativização do controle de constitucionalidade que não são o foco do estudo aqui realizado, o que deve ser ressaltado é que nosso ordenamento jurídico já possui institutos que tornam essas decisões oponíveis por aqueles que não, necessariamente, são partes na demanda de modo que os jurisdicionados possam invocar teses já fixadas quando da análise pelos tribunais superiores que garantam seu direito. Atualmente, enxerga-se um cenário no qual os juízes e os próprios tribunais também se utilizam desses instrumentos para decidir suas causas em consonância com o que os tribunais superiores do país decidem o que pode representar um meio eficaz de redução de litígios que já possuem teses jurídicas pré-definidas.[29]

Referências

BRASIL. Supremo Tribunal Federal. **Recurso Extraordinário nº. 560.476** Rel Min. Ellen Gracie. Disponível em: <http://www.stf.jus.br/portal/jurisprudencia/listarConsolidada.asp?classe=RE&numero=560476&origem=AP>. Acesso em: 10 de abr. de 2016.

BASTOS, Ricardo Victor Ferreira. O controle difuso de constitucionalidade como elemento de harmonização e integração do Sistema Tributário Nacional. Dissertação de Mestrado. Universidade Católica de Brasília, 2016.

[29] BASTOS, Ricardo Victor Ferreira. O controle difuso de constitucionalidade como elemento de harmonaização e integração do Sistema Tributário Nacional. Dissertação de Mestrado. Universidade Católica de Brasília, 2016.

BRASIL. Supremo Tribunal Federal. **Rcl 4335**, Relator(a): Min. GILMAR MENDES, Tribunal Pleno, julgado em 20/03/2014, DJe-208 DIVULG 21-10-2014 PUBLIC 22-10-2014 EMENT VOL-02752-01 PP-00001

BRASIL. Supremo Tribunal Federal. **Rcl 4335**, Relator(a): Min. GILMAR MENDES, Tribunal Pleno, julgado em 20/03/2014. Disponível em: http://portal.stf.jus.br/processos/detalhe.asp?incidente=2381551. Acesso em 10 de mai. de 2019.

BRASIL. Supremo Tribunal Federal. RE 601381 AgR, Relator(a): Min. JOAQUIM BARBOSA, Segunda Turma, julgado em 06/10/2009, DJe-204 DIVULG 28-10-2009 PUBLIC 29-10-2009 EMENT VOL-02380-08 PP-01656 LEXSTF v. 31, n. 371, 2009, p. 309-312)

DANTAS, Bruno. **Repercussão geral: perspectivas histórica, dogmática e de direito comparado: questões processuais.** São Paulo: Ed. Revista dos Tribunais, 2008.

FERRAZ, Taís Schilling. Repercussão geral- muito mais que um pressuposto de admissibilidade. In PAULSEN, Leandro (coord). **Repercussão geral no recurso extraordinário.** Livraria do Advogado, Porto Alegre, 2011.

MAUS, Ingeborg. O judiciário como superego da sociedade – o papel da atividade jurisprudencial na "sociedade órfã". **Novos Estudos**, São Paulo, n. 58, CEBRAP, 2000.

NEVES, Daniel Amorin Assumpção. **Manual de Direito Processual Civil.** 5ª ed. São Paulo: Método 2015.

THEODORO JÚNIOR, Humberto. **Curso de Direito Processual Civil**. 49ª Ed. São Paulo: Forense, 2012.

UNGER, Roberto Mangabeira. **O Direito e o Futuro da Democracia**. São Paulo: Boitempo Editorial, 2004.

VIANA, Ulisses Schwarz. **Repercussão geral sob a ótica da teoria dos sistemas de Niklas Luh**mann. 2ª Ed. São Paulo: Saraiva, 2011.

WAMBIER, Teresa Arruda Alvim. **Recurso especial, recurso extraordinário e ação rescisória**, 2. Edição. São Paulo: Revista dos Tribunais, 2008.

PARTE II

IMPOSTOS

APRESENTAÇÃO DA PARTE II

Esta parte da obra destina-se a introduzir o leitor aos rudimentos dos impostos objeto das decisões analisadas. Os sete capítulos referentes aos impostos são apresentados pela ordem que aparecem na Constituição, nos arts. 153, 154 e 155, que são os dispositivos que delimitam a competência para instituir impostos pela União, Estados, Distrito Federal e Municípios. Assim, seguem os capítulos sobre: imposto de importação – II; imposto de renda (pessoa física – IRPF e pessoa jurídica – IRPJ); imposto sobre produtos industrializados – IPI; Imposto sobre operações de crédito, câmbio e seguro, ou relativas a títulos ou valores mobiliários – IOF; impostos sobe a transmissão *causa mortis* e doação, de quaisquer bens ou direitos – ITCD; impostos sobre a propriedade predial e territorial urbana – IPTU; e serviços de qualquer natureza – ISS. Os impostos que não aparecem nesta lista (IE, ITR, ICMS, IPVA, ITBI), ou já foram objeto de análise anterior (caso do ICMS, com obra publicada em 2018)[1], ou não foram objeto de decisão no período analisado, que vai de 2008 até 2019. Esses impostos tiveram alguns julgados mais recentes, assim como há novas decisões sobre o ICMS, que estão sendo analisados e serão objeto de publicação em 2021.

[1] VALADÃO, Marcos Aurélio Pereira; BASTOS, Ricardo Victor Ferreira (Orgs.). **Repercussão Geral – Análise de Casos Sobre O ICMS**. 1. ed. São Paulo: Intelecto, 2018. O volume sobre contribuições foi publicado em 2020: VALADÃO, Marcos Aurélio Pereira; BASTOS, Ricardo Victor Ferreira (Orgs.). **Repercussão Geral no Direito Tributário:** Estudos de Casos Relacionados às Contribuições. São Paulo: Almedina, 2020.

Esclareça-se que não se trata de um estudo aprofundado sobre cada imposto específico, mas o leitor encontrará subsídios para guiá-lo na leitura das decisões do STF que foram analisadas relativamente a cada um deles.

Capítulo 1
Imposto sobre Importação – II

Carlos Eduardo de Sousa Martins
Ricardo Victor Ferreira Bastos

Nos termos do art. 153, inciso I da Constituição da República, cabe à União instituir imposto sobre a importação de produtos estrangeiros. Já no Código Tributário Nacional, observa-se seu regramento nos artigos 19 a 22[1] nos quais se identifica seu fato gerador, base de cálculo e contribuintes, cabendo ao Decreto- Lei n. 37/66, editado com força de lei, a instituição do tributo no País, sendo a regulamentação feita pelo Decreto n. 6.759/09.

Trata-se de uma das exações que, juntamente com o Imposto Sobre Exportação, Imposto Sobre Produtos Industrializados e o Imposto Sobre Operações

[1] Art. 19. O imposto, de competência da União, sobre a importação de produtos estrangeiros tem como fato gerador a entrada destes no território nacional. Art. 20. A base de cálculo do imposto é: I – quando a alíquota seja específica, a unidade de medida adotada pela lei tributária; II – quando a alíquota seja ad valorem, o preço normal que o produto, ou seu similar, alcançaria, ao tempo da importação, em uma venda em condições de livre concorrência, para entrega no porto ou lugar de entrada do produto no País; III – quando se trate de produto apreendido ou abandonado, levado a leilão, o preço da arrematação. Art. 21. O Poder Executivo pode, nas condições e nos limites estabelecidos em lei, alterar as alíquotas ou as bases de cálculo do imposto, a fim de ajustá-lo aos objetivos da política cambial e do comércio exterior. Art. 22. Contribuinte do imposto é: I – o importador ou quem a lei a ele equiparar; II – o arrematante de produtos apreendidos ou abandonados.

Financeiras, formam a categoria chamada pela doutrina de "impostos controladores de mercado" devido a sua extrafiscalidade, intitulada por Luís Eduardo Schoueri de função *indutora*[2].

Segundo Schoueri, a função indutora (extrafiscal) se mostra presente em todos os tributos, mas se destaca em algumas exações especificas, nas quais tal característica se sobrepõe à mera arrecadação[3]. Como o próprio termo sugere, a função indutora visa induzir comportamentos, para com isso atingir certas finalidades de interesse público.

No caso do Imposto Sobre a Importação, sua principal finalidade é servir de instrumento para regular o comércio exterior com vistas a proteger a indústria nacional. Justamente por isso, o constituinte percebeu que a alteração de suas alíquotas não poderia se submeter ao lento processo legislativo, e acabou por conferir ao Poder Executivo a possibilidade de alterá-las por ato próprio (art. 153, § 1º da CF/88) e sem a observância aos princípios da anterioridade do exercício e nonagesimal (§ 1º do art. 150 da CF/88), de sorte em que caso que se perceba que a importação de determinado produto está prejudicando a indústria nacional, poderá imediatamente majorar as alíquotas, tornando sua aquisição mais onerosa, para com isso desestimular a importação do referido produto. De igual modo, percebendo a escassez de certo produto que não é produzido nacionalmente, o Poder Executivo poderá reduzir as alíquotas do imposto referente a ele com o fito de estimular sua importação e com isso facilitar sua aquisição.

Observe que em ambos os casos descritos acima, não se revela preocupação com a arrecadação, mas tão somente com o equilíbrio do mercado. Entretanto, não se nega que a exação sirva como meio para angariar recursos aos cofres públicos, posto que o fato da extrafiscalidade se sobrepor à fiscalidade não exclui esta como característica do tributo, apenas a atenua[4].

Exercendo a atribuição conferida pelo art. 146, inciso III, alínea "a" da CF/88, o Código Tributário Nacional, em seu art. 19, define a hipótese de

2 SCHOUERI, Luís Eduardo. **Normas tributárias indutoras e intervenção econômica**. 1. ed. Rio de Janeiro: Forense, 2005. p. 34

3 SCHOUERI, Luís Eduardo. **Direito Tributário**. 9.ed. São Paulo: Saraiva Educação, 2019. p. 165

4 MACHADO SEGUNDO, Hugo de Brito. **Manual de Direito Tributário**. 10. ed. São Paulo: Atlas, 2018. p. 65.

incidência do Imposto Sobre a Importação como *a entrada de produtos estrangeiros no território nacional.*

Acertadíssima é a ponderação feita por Sacha Calmon Navarro Coêlho quanto à imprecisão do legislador no referido dispositivo, uma vez que a hipótese de incidência do imposto não é a mera entrada do produto em território nacional, mas sim a sua inserção física no território nacional com sua respectiva incorporação à economia interna pois, caso contrário, estaríamos a admitir a incidência da exação sobre a mera entrada de navios, trens, caminhões e aeronaves que apenas atravessam a fronteira do País de passagem, ou que aqui pousam, estacionam ou atracam, partindo posteriormente para outros destinos com as mercadorias que transportam[5].

Quanto ao critério temporal do imposto, é necessário realizar algumas observações. Como pode ser observado no art. 23 do Decreto-Lei nº 37/66, quando se tratar de mercadoria despachada para consumo, considera-se ocorrido o fato gerador do imposto na data do registro da declaração de importação na repartição aduaneira, feito no Sistema Integrado de Comércio Exterior (Siscomex), na operação que se entende como desembaraço aduaneiro, ou seja, antes mesmo de ocorrer a importação. Para Leandro Paulsen:

> A declaração é exigida para instrumentalizar o controle aduaneiro e viabilizar o desembaraço do produto importado. Incide, pois, a legislação vigente por ocasião do Registro da declaração de importação, já que este imposto não se submete às anterioridades de exercício e nonagesimal mínima (exceção que consta do art. 150, § 1o, da CF). É irrelevante, portanto, a data da expedição da licença de importação, assim como a data da assinatura do Termo de Responsabilidade nos casos de trânsito aduaneiro em que, ingressada a mercadoria com suspensão, acabe sendo devida por não restar comprovada a chegada ao destino[6].

Acontece que tal dispositivo pode revelar violação ao art. 19 do Código Tributário Nacional, que define a hipótese de incidência do imposto,

[5] COÊLHO, Sacha Calmon Navarro. **Curso de Direito Tributário Brasileiro**. 17. ed. Rio de Janeiro: Forense, 2020. p. 541.

[6] PAULSEN, Leandro **Curso de direito tributário.** 11ª. ed. São Paulo: Saraiva Educação, 2020.

e até mesmo ao art. 153, inciso I da CF/88, pois acaba por considerar ocorrido o fato gerador do tributo em momento anterior à concretização da hipótese de incidência, uma vez que a referida declaração é apresentada antes mesmo de o produto sair rumo ao país do importador, e isso causa inúmeras distorções, como por exemplo, a aplicação de alíquotas distintas daquelas vigentes no momento em que de fato se materializou a hipótese de incidência.

Além disso, uma análise um pouco mais detida revela que o legislador infraconstitucional acabou por dispor no art. 23 do Decreto-Lei 37/66 sobre hipótese de incidência alheia àquela prevista no art.153, inciso I da CF/88, posto que o Constituinte conferiu à União a possibilidade de instituir Imposto Sobre a Importação, e não sobre a obtenção de declaração de importação, ou seja, a conduta tributável é importar e não obter declaração de importação, que como bem reconhece Miguel Hilú Neto, trata-se de mero ato preparatório ao lançamento, e sequer é fato que possui conteúdo econômico[7].

É importante lembrar que ao delimitar a competência tributária, o Constituinte o faz de forma rígida, e traz o arquétipo de cada exação, de sorte que resta para o legislador infraconstitucional um campo limitado para dispor sobre o tributo, não podendo extrapolar ou ir em desencontro com aquilo que está previsto na Constituição. Muitos dos critérios formadores da regra matriz de incidência do tributo são encontrados no próprio texto constitucional, como a hipótese de incidência, o critério temporal e espacial que a ela estão ligados, dentre outros[8].

Infelizmente este não é o entendimento do Supremo Tribunal Federal, que ao julgar o Recurso Extraordinário nº 224.602/CE fixou entendimento de que não há antinomia entre o art. 23 do Decreto-Lei 37/66 e tão pouco violação ao art. 153, inciso I da CF/88, reconhecendo inclusive a possibilidade de se aplicar alíquotas majoradas a produtos que já importados estivessem aguardando no porto pelo desembaraço aduaneiro, situação em que segundo a Corte, não haveria violação ao princípio da irretroatividade estampado no art. 150, inciso III, alínea "a" da CF/88.

[7] NETO, Miguel Hilú. **Imposto Sobre Importações e Imposto Sobre Exportações**. São Paulo: Quartier Latin, 2003. p. 124, 129 e 130.

[8] GONÇALVES, José Artur Lima. **Imposto Sobre a Renda: Pressupostos Constitucionais**. São Paulo: Malheiros, 2002. p. 170 a 174.

O Código Tributário Nacional, em seu art. 22, estabelece que o contribuinte do imposto será o importador ou quem a ele a lei equiparar, ou o arrematante no caso de arrematação em hasta pública de produtos importados apreendidos ou abandonados.

A base de cálculo do imposto variará conforme a espécie de alíquota adotada pelo legislador, que poderá ser específica ou *ad valorem*. No primeiro caso, a alíquota não considerará o valor dos bens importados, mas sim uma unidade de medida apontada pelo legislador, como por exemplo, quilos, metros, litros etc. Sobre a referida medida, incidirá uma alíquota específica. A título de exemplo, imagine que sejam importados 500 (quinhentos) quilos de determinado produto.

O legislador poderá estipular que serão devidos tantos reais a título de Imposto Sobre a Importação a cada quilo do produto. No segundo caso, temos o que corriqueiramente vemos na prática, que são as alíquotas *ad valorem*, fixadas em percentual sobre o valor do bem tributado. Exemplo de uso da alíquota *ad valorem* é a incidência do Imposto Sobre a Importação no importe de tantos porcento sobre o valor do bem importado[9].

Cumpre ressaltar que as alíquotas *ad valorem*, corriqueiramente utilizadas pelo legislador infraconstitucional, variam conforme o produto e as necessidades econômicas do momento, o que decorre da função indutora do imposto[10].

Assim, conforme preceitua o art. 20 do CTN, sendo a alíquota específica, a base de cálculo será a unidade de medida adotada pelo legislador, e sendo *ad valorem*, será o preço normal do produto importado ou seu similar no tempo da importação, em uma venda em condições de livre concorrência, para entrega no porto ou lugar de entrada do produto no país. Por fim, caso o produto importado tenha sido arrematado em leilão, a base de cálculo será o preço da arrematação.

Não obstante essas possibilidades, a hipótese mais corriqueira de caraterização da base de cálculo é a que se conhece por valor aduaneiro[11], com a

[9] MACHADO SEGUNDO, Hugo de Brito. **Manual de Direito Tributário**. 10. ed. São Paulo: Atlas, 2018. p. 274.

[10] MACHADO SEGUNDO, Hugo de Brito. **Manual de Direito Tributário**. 10. ed. São Paulo: Atlas, 2018. p. 274.

[11] Cabe apontar também a existência do método do valor da transação que apenas é aplicado na hipótese prevista no art. 8º da Instrução Normativa 327/2003 que afirma que: "O método

estipulação de uma alíquota *ad valorem* em percentual a incidir sobre o valor aduaneiro, devendo ser fixado que toda mercadoria submetida a despacho de importação está sujeita ao controle do correspondente valor aduaneiro, o qual pode ser entendido como o valor de referência sobre o qual incidirá a alíquota do tributo. Para a Receita Federal do Brasil:

> É a base de cálculo do imposto de importação. O valor aduaneiro é apurado na forma prevista no Acordo Sobre a Implementação do Artigo VII do GATT (Acordo de Valoração Aduaneira ou, simplesmente, AVA-GATT), aprovado pelo Decreto Legislativo n° 30/94 e promulgado pelo Decreto Executivo nº 1.355/94, o qual possui status de lei e estabelece as normas fundamentais sobre valoração aduaneira no Brasil. A aplicação do AVA-GATT, atualmente, é disciplinada pelos artigos 76 a 83 do Decreto no 4.543/02 e pela Instrução Normativa SRF nº 327/03.
>
> O AVA-GATT estabelece seis diferentes métodos para a determinação do valor aduaneiro das mercadorias importadas. Esse acordo determina que, sempre que não for possível a utilização do primeiro método de valoração, deve-se passar sucessivamente aos métodos seguintes, até que se chegue ao primeiro que permita determinar o valor aduaneiro.
>
> O acordo estabelece ainda, em seu Artigo 1, que o valor aduaneiro de mercadorias importadas seja determinado, preferencialmente, pelo primeiro método, ou seja, o valor de transação, que é o preço efetivamente pago ou a pagar pelas mercadorias, em uma venda para exportação para o país de importação, ajustado de acordo com as disposições do seu Artigo 8.
>
> O preço efetivamente pago compreende todos os pagamentos efetuados ou a efetuar como condição da venda das mercadorias e não necessariamente feitos em dinheiro. Assim, toda e qualquer forma de pagamento indireto que eventualmente seja realizado é parte integrante do valor aduaneiro, conste ele ou não da fatura comercial apresentada à autoridade aduaneira.
>
> Dessa forma, o valor aduaneiro da mercadoria não se confunde com o valor faturado nem com o valor para fins de licenciamento das importações, embora muitas vezes eles possam ter o mesmo valor. O valor aduaneiro das

do valor de transação somente será utilizado quando a importação resultar de operação comercial de compra e venda que implique transferência internacional efetiva das mercadorias", cabendo estacar o teor do art. 9º da mesma resolução que diz: O valor de transação é o preço efetivamente pago ou a pagar pelas mercadorias, em uma venda para exportação para o país de importação, ajustado de acordo com as disposições desta Instrução Normativa".

mercadorias importadas significa o valor das mercadorias para fins de incidência de direitos aduaneiros ad valorem sobre mercadorias importadas. Na maioria das vezes, o valor aduaneiro da mercadoria é encontrado a partir do seu valor FOB (Free on Board), acrescido dos valores do frete e seguro internacionais, convertendo-se esses valores para Reais, por meio da taxa de câmbio do dia do registro da importação. [12]

Ponto importante é que a composição de tal valor é composta nos termos do Acordo Sobre a Implementação do Artigo VII do GATT (Acordo de Valoração Aduaneira), internalizado ao direito brasileiro pelo Decreto Legislativo nº 30/94 e promulgado pelo Decreto Executivo nº 1.355/94, pelo Decreto 6.759/2009 e Instrução Normativa nº. 327/2003[13] da Receita Federal do Brasil. Consolidando as disposições sobre o tema, o art. 77 do Decreto 6.759/2009 dispõe:

> Art. 77. Integram o valor aduaneiro, independentemente do método de valoração utilizado (Acordo de Valoração Aduaneira, Artigo 8, parágrafos 1 e 2, aprovado pelo Decreto Legislativo nº 30, de 1994, e promulgado pelo Decreto nº 1.355, de 1994; e Norma de Aplicação sobre a Valoração Aduaneira de Mercadorias, Artigo 7º, aprovado pela Decisão CMC no 13, de 2007, internalizada pelo Decreto nº 6.870, de 4 de junho de 2009): (Redação dada pelo

[12] BRASIL. Receita Federal do Brasil. Disponível em: http://www4.receita.fazenda.gov.br/simulador/glossario.html. Acesso em 08 de ago. de 2020.

[13] Art. 4º Na determinação do valor aduaneiro, independentemente do método de valoração aduaneira utilizado, serão incluídos os seguintes elementos: I – o custo de transporte das mercadorias importadas até o porto ou aeroporto alfandegado de descarga ou o ponto de fronteira alfandegado onde devam ser cumpridas as formalidades de entrada no território aduaneiro; II – os gastos relativos a carga, descarga e manuseio, associados ao transporte das mercadorias importadas, até a chegada aos locais referidos no inciso anterior; e III – o custo do seguro das mercadorias durante as operações referidas nos incisos I e II.
§ 1º Quando o transporte for gratuito ou executado pelo próprio importador, o custo de que trata o inciso I deve ser incluído no valor aduaneiro, tomando-se por base os custos normalmente incorridos, na modalidade de transporte utilizada, para o mesmo percurso.
§ 2º No caso de mercadoria objeto de remessa postal internacional, para determinação do custo que trata o inciso I, será considerado o valor total da tarifa postal até o local de destino no território aduaneiro.
§ 3º Para os efeitos do inciso II, os gastos relativos à descarga da mercadoria do veículo de transporte internacional no território nacional serão incluídos no valor aduaneiro, independentemente da responsabilidade pelo ônus financeiro e da denominação adotada.

Decreto nº 7.213, de 2010). I – o custo de transporte da mercadoria importada até o porto ou o aeroporto alfandegado de descarga ou o ponto de fronteira alfandegado onde devam ser cumpridas as formalidades de entrada no território aduaneiro; II – os gastos relativos à carga, à descarga e ao manuseio, associados ao transporte da mercadoria importada, até a chegada aos locais referidos no inciso I; e III – o custo do seguro da mercadoria durante as operações referidas nos incisos I e II.

Capítulo 2
Imposto de Renda

Imposto sobre a Renda e Proventos de Qualquer Natureza da Pessoa Física – IRPF

Maria das Graças Patrocínio Oliveira

A competência para instituir o imposto sobre renda e proventos de qualquer natureza é da União, nos termos do art. 153, inciso III, da CF/88.

Prevê o § 2º, inciso I, do referido dispositivo, que o imposto sobre a renda e proventos de qualquer natureza seja informado, nos termos da lei, pelos critérios da generalidade, universalidade e progressividade.

O critério da generalidade preconiza que a tributação deva alcançar todos os contribuintes que venham a obter acréscimo patrimonial. Todas as pessoas, físicas ou jurídicas, que venham a auferir renda ou proventos, serão sujeitos passivos do imposto sobre a renda. A generalidade a que alude o art. 153, § 2º, I, nada mais é do que a formulação positiva do princípio da igualdade. Tanto o aplicador da lei quanto o legislador estão submetidos ao princípio da igualdade.

Pelo critério da universalidade, o imposto de renda deve incidir sobre todos os rendimentos auferidos pelo contribuinte, independentemente da denominação que tiverem, da localização, condição jurídica ou nacionalidade da fonte pagadora, da origem e da forma de percepção.

O critério da progressividade é mais uma decorrência do princípio da isonomia. Está relacionado também com os princípios da capacidade contributiva e da pessoalidade. Impõe este princípio que quanto maior a renda do contribuinte, maior será a base de cálculo do tributo e, igualmente, maior será a alíquota sobre ela incidente.

Princípios Aplicáveis ao Imposto de Renda

Além dos critérios acima, que devem nortear o legislador, aplicam-se ao imposto sobre a renda e proventos de qualquer natureza os seguintes princípios constitucionais:

a) legalidade;
b) anterioridade;
c) irretroatividade;
d) isonomia;
e) capacidade contributiva;
f) vedação ao confisco.

Princípio da legalidade

O princípio da legalidade está previsto, de maneira geral, no art. 5º, inciso II, da CF/88, segundo o qual "ninguém será obrigado a fazer ou deixar de fazer alguma coisa senão em virtude de lei". Por sua vez, o princípio da legalidade tributária, inserido nas limitações do poder de tributar, encontra-se no art. 150, inciso I, que assim prescreve: "Sem prejuízo de outras garantias asseguradas ao contribuinte, é vedado à União, aos Estados, ao Distrito Federal e aos Municípios: I – exigir ou aumentar tributo sem lei que o estabeleça".

Segundo Paulo de Barros Carvalho, o princípio da estrita legalidade traz como decorrência imediata a tipicidade tributária, ou seja, estabelece a necessidade que a lei traga os elementos descritivos do fato jurídico e a relação obrigacional tributária.[1] Esses elementos encontram-se nos arts. 43 a 45 do Código Tributário Nacional, conforme se verá mais adiante.

A instituição e aumento do imposto de renda exige lei ordinária, sendo possível nesses casos, também, a utilização de Medida Provisória, instrumento que tem força de lei.[2]

Princípio da Anterioridade

O princípio da anterioridade está previsto nas alíneas *b* e *c* do inciso III do art. 150 da Constituição. A alínea *b* veda aos entes públicos cobrar tributo no mesmo exercício financeiro (anterioridade do exercício) e, na alínea *c*, antes de decorridos noventa dias (anterioridade nonagesimal) da publicação da lei que os instituiu ou aumentou.

Em relação ao imposto de renda, é tributo sujeito apenas à anterioridade de exercício, sendo exceção a anterioridade nonagesimal (art. 150, § 1º). Dessa forma, uma lei publicada em 31 de dezembro de um determinado ano poderá surtir efeitos já a partir do primeiro dia do ano seguinte.

Princípio da irretroatividade

A CF/88, em seu artigo 150, inciso III, *a*, consagra expressamente o princípio da irretroatividade da lei tributária, vedando que os entes federados cobrem tributos em relação a fatos geradores ocorridos antes do início da vigência da lei que os houver instituído ou aumentado. Tal proibição evidencia uma relação de complementariedade entre o princípio da irretroatividade e o princípio da legalidade. Enquanto este exige lei em sentido estrito para o surgimento

[1] CARVALHO, Paulo de Barros, apud ROLLER, Tiago Fleury; VALADÃO, Marcos Aurélio Pereira. **O limite de dedução com despesas de educação no IRPF:** uma análise jurídica e empírica sobre sua constitucionalidade. Curitiba: CRV, 2020. p. 37.

[2] Ressalte-se que por vezes é a Lei Complementar que institui tributos, não sendo o caso do imposto de renda.

da obrigação tributária, aquele determina que a referida lei seja anterior ao próprio fato tributado.[3]

Trata-se de garantia fundamental do cidadão-contribuinte que zela pela segurança jurídica, constituindo parâmetro a ser observado pelo legislador quando da instituição ou majoração de tributos.

Em se tratando de tributos com fato gerador periódico (caso do imposto de renda), a irretroatividade exige que a lei seja prévia ao início do período.[4]

Princípio da Isonomia

A nossa Carta Magna de 1988 prescreve:

> Art. 150. Sem prejuízo de outras garantias asseguradas ao contribuinte, é vedado à União, aos Estados, ao Distrito Federal e aos Municípios:
> II – instituir tratamento desigual entre contribuintes que se encontrem em situação equivalente, proibida qualquer distinção em razão de ocupação profissional ou função por eles exercida, independentemente da denominação jurídica dos rendimentos, títulos ou direitos;

Este princípio veda o tratamento jurídico diferenciado de pessoas sob os mesmos pressupostos de fato; impede discriminações tributárias, privilegiando ou favorecendo determinadas pessoas físicas ou jurídicas.[5]

Princípio da Capacidade Contributiva

A capacidade contributiva é princípio previsto no art. 145, inciso I, § 1º, da CF/88, nos seguintes termos:

[3] SCHOUERI, Luís Eduardo. **Direito tributário.** 7. ed. São Paulo: Saraiva, 2017, p. 346.

[4] PAULSEN, Leandro. **Direito Tributário: Constituição e Código Tributário à luz da doutrina e da jurisprudência**. 16. ed. Porto Alegre: Livraria do Advogado Editora; ESMAFE, 2014, p. 209

[5] HARADA, Kiyoshi. **Direito financeiro e tributário**. 8. ed. São Paulo: Atlas, 2001. p. 333.

> § 1º Sempre que possível, os impostos terão caráter pessoal e serão graduados segundo a capacidade econômica do contribuinte, facultado à administração tributária, especialmente para conferir efetividade a esses objetivos, identificar, respeitados os direitos individuais e nos termos da lei, o patrimônio, os rendimentos e as atividades econômicas do contribuinte.

Este princípio tem por escopo o atingimento da justiça fiscal. A graduação só se refere a impostos e não a tributos, como constava na Constituição Federal de 1946.

O princípio da capacidade contributiva em relação aos impostos pessoais, como é o caso do IRPF, é de obediência obrigatória pelo legislador ordinário.

Por força do princípio da igualdade, procura-se instituir um tratamento tributário diferenciado, de acordo com a capacidade econômica dos contribuintes para suportar o tributo.

Pode-se extrair do princípio da capacidade contributiva um importante subprincípio ligado ao IRPF, que é o da personalização. Disposto juntamente com o princípio da capacidade contributiva no § 1° do art. 145 da Carta Magna,

> traduz-se na adequação do gravame fiscal às condições pessoais de cada contribuinte [...]. Não se pretende definir na lei o imposto de cada pessoa, mas sim estruturar o modelo de incidência de tal sorte que, na sua aplicação concreta, tais ou quais características dos indivíduos (número de dependentes, volume de despesas médicas etc.) sejam levadas em consideração para efeito de quantificação do montante do imposto devido em cada situação concreta. [6]

Princípio do Não-Confisco

Atrelado ao direito e garantia individual de propriedade encontra-se o princípio do "não-confisco", que assegura ao contribuinte o direito de não ver o seu patrimônio sucumbir por meio da tributação. Esse princípio, de difícil configuração, encontra-se no art. 150, IV, da Constituição Federal. O não-confisco deve garantir ao cidadão que a exigência de tributos não será excessiva a ponto

[6] AMARO, Luciano. **Direito tributário brasileiro**. 13. ed. São Paulo: Saraiva, 2007. p. 140.

de destituí-lo de sua propriedade, do seu patrimônio. O princípio traduz-se, por exemplo, na vedação de tributação de situações não reveladoras de capacidade contributiva ou na proibição de tributação do mínimo existencial individual ou familiar. Esse princípio visa a orientar o legislador quando da definição da base de cálculo e alíquota de tributos.

Após muita discussão doutrinária, hoje prevalece o entendimento de que deve ser analisada a tributação em seu conjunto, e não um tributo isoladamente, para se concluir se é confiscatório ou não.

Nesse sentido é a lição de Hugo de Brito Machado: "o caráter confiscatório do tributo há de ser avaliado em função do sistema, vale dizer, em face da carga tributária resultante dos tributos em seu conjunto.[7]

Configuração do Imposto sobre a renda no Código Tributário Nacional

Em face do art. 146, inciso III, *a*, da Constituição Federal, cabe à lei complementar estabelecer normas gerais em matéria de legislação tributária, especialmente sobre definição de tributos e de suas espécies, sobre fatos geradores, base de cálculo e contribuintes dos impostos. Uma vez que estas espécies encontravam-se definidas na Lei nº 5.172, de 25 de outubro de 1966 (Código Tributário Nacional), esta lei foi recepcionada pela Constituição Federal com *status* de lei complementar.

Os arts. 43 a 45 do CTN estabelecem as normas gerais atinentes ao imposto sobre a renda e proventos, definindo os arquétipos para o fato gerador, base de cálculo e contribuinte.

> Art. 43. O imposto, de competência da União, sobre a renda e proventos de qualquer natureza tem como fato gerador a aquisição da disponibilidade econômica ou jurídica:
> I – de renda, assim entendido o produto do capital, do trabalho ou da combinação de ambos;
> II – de proventos de qualquer natureza, assim entendidos os acréscimos patrimoniais não compreendidos no inciso anterior.

[7] MACHADO, Hugo de Brito. **Curso de Direito Tributário**. 19. ed. São Paulo, Malheiros, 2001. p. 42.

§ 1° A incidência do imposto independe da denominação da receita ou do rendimento, da localização, condição jurídica ou nacionalidade da fonte, da origem e da forma de percepção. (Incluído pela LC nº 104, de 2001)

§ 2° Na hipótese de receita ou de rendimento oriundos do exterior, a lei estabelecerá as condições e o momento em que se dará sua disponibilidade, para fins de incidência do imposto referido neste artigo. (Incluído pela LC nº 104, de 2001)

Art. 44. A base de cálculo do imposto é o montante, real, arbitrado ou presumido, da renda ou dos proventos tributáveis.

Art. 45. Contribuinte do imposto é o titular da disponibilidade a que se refere o artigo 43, sem prejuízo de atribuir a lei essa condição ao possuidor, a qualquer título, dos bens produtores de renda ou dos proventos tributáveis.

Parágrafo único. A lei pode atribuir à fonte pagadora da renda ou dos proventos tributáveis a condição de responsável pelo imposto cuja retenção e recolhimento lhe caibam.

A extensão dos termos "renda" e "proventos de qualquer natureza" dá o contorno do que pode ou não ser tributado a tal título. Conforme conceituado nos incisos I e II do art. 43 retrotranscrito, renda é o acréscimo patrimonial produto do capital ou do trabalho. Proventos são os acréscimos patrimoniais não decorrentes do capital nem do trabalho. Cite-se como exemplo de proventos o rendimento obtido em loterias. Vê-se, portanto, que o CTN adotou expressamente o conceito de renda como acréscimo patrimonial verificado num determinado período de tempo.

A aquisição da disponibilidade econômica ou jurídica está relacionada como a possibilidade de uso imediato da renda e proventos. Na disponibilidade econômica o titular da renda e proventos tem a posse imediata do recurso financeiro (dinheiro). Na disponibilidade jurídica o beneficiário tem a garantia de receber o valor que se encontra representado por crédito[8]. Em outras palavras, a disponibilidade econômica decorre do recebimento do valor acrescido ao patrimônio, enquanto a disponibilidade jurídica representa o crédito de um determinado valor que o contribuinte já possui juridicamente, embora ainda não tenha gozado do benefício econômico. Como exemplo

[8] PENHA, José Ribamar Barros. **Imposto de renda pessoa física: norma, doutrina, jurisprudência e prática.** São Paulo: MP Ed., 2010. p. 27.

de disponibilidade jurídica menciona-se o aluguel do imóvel quando há o recebimento, pela imobiliária, do aluguel pago pelo locatário, ainda que a imobiliária não tenha prestado contas ao locador.

O imposto de renda é uno, mas para efeitos deste estudo, considerando que a jurisprudência apresentada trata tanto de casos de imposto sobre a renda da pessoa física (IRPF) quanto do imposto sobre a renda da pessoa jurídica (IRPJ), far-se-á análise em separado de cada regime. É possível definir os critérios formadores da regra-matriz de incidência[9] do IRPF da seguinte maneira:

a) *critério material*: considerando-se o comportamento das pessoas físicas, representado por um verbo e seu complemento, pode-se afirmar que, nesse caso, o verbo é auferir e o complemento é renda e proventos de qualquer natureza, ou seja, a materialidade do IRPF é auferir acréscimo patrimonial;

b) *critério espacial*: tendo sido atribuída competência à União Federal para instituir o IRPF, o território nacional é o critério espacial da norma, ou seja, o local em que o acréscimo patrimonial irradiará efeitos. O imposto de renda da pessoa física caracteriza-se pela extraterritorialidade, ou seja, alcança fatos ocorridos não apenas no território nacional como fora dele. Trata-se do princípio da universalidade da renda;[10]

c) *critério temporal*: a obrigação tributária surge no momento do acréscimo do patrimônio. Tratando-se de imposto apurado na declaração, o fato gerador do IRPF é considerado complexivo ou periódico, encerrando-se no dia 31 de dezembro de cada ano;

[9] Conforme lição de Paulo de Barros Carvalho: "Ora, a regra-matriz de incidência tributária é, por excelência, u'a norma de conduta, vertida imediatamente para disciplinar a relação do Estado com seus súditos, tendo em vista contribuições pecuniárias. Concretizando-se os fatos descritos na hipótese, deve-ser a conseqüência, e esta, por sua vez, prescreve uma obrigação patrimonial. Nela, encontraremos uma pessoa (sujeito passivo) obrigada a cumprir uma prestação em dinheiro."CARVALHO, Paulo de Barros. **Curso de direito tributário**. 17. ed. São Paulo: Saraiva, 2005. p. 347.

[10] Lei nº 7.713/88, art. 3º, § 4º: "A tributação independe da denominação dos rendimentos, títulos ou direitos, da localização, condição jurídica ou nacionalidade da fonte, da origem dos bens produtores da renda e da forma de percepção das rendas ou proventos, bastando, para a incidência do imposto, o benefício do contribuinte por qualquer forma e a qualquer título."

d) *critério pessoal*: o sujeito ativo é a União (pessoa política que recebeu a competência tributária)[11], e o sujeito passivo é o contribuinte, pessoa física residente ou domiciliado no Brasil, que aufere renda ou proventos de qualquer natureza;

e) *critério quantitativo*: e.1) a base de cálculo do imposto de renda, segundo a definição do art. 44 do CTN, corresponde ao montante real, arbitrado ou presumido, da renda ou dos proventos tributáveis. Essa terminologia é mais utilizada no IRPJ. Para o IRPF, é o rendimento bruto, descontada as deduções admitidas em lei. A base de cálculo é o valor que, multiplicado pela alíquota, encontra-se o montante devido; e.2) quanto à alíquota, deve atender ao critério da progressividade.

Evolução Histórica do IRPF

O imposto sobre a renda teve origem em 1922, pela Lei nº 4.625/1922, que instituiu o Imposto Geral sobre a Renda, que era devido anualmente por pessoas físicas e jurídicas e incidia sobre o "conjunto de rendimentos de qualquer origem".

O atual modelo de tributação da renda das pessoas físicas foi implantado no ano-calendário de 1989. Até 1988, vigorou um complexo regime, no qual os rendimentos eram, de acordo com sua natureza, classificados numa declaração anual, em oito cédulas, designadas com as primeiras letras do alfabeto.

Nesse sistema, os rendimentos brutos e as deduções pertinentes (despesas necessárias à percepção do rendimento), eram declarados em cada cédula, de modo a apurar o rendimento líquido cedular, do qual se diminuíam certos valores (abatimentos), não relacionados a determinado rendimento, mas à pessoa do contribuinte ou de seus dependentes. Feitos os abatimentos apurava-se a renda líquida anual, sobre a qual se calculava o imposto progressivo, com base em uma tabela de incidência contendo várias faixas de renda líquida e alíquotas, que chegaram a atingir o percentual de 60%. Os valores já recolhidos ao longo do ano, pelo próprio contribuinte ou retidos na fonte, eram compensados, apurando-se o saldo do imposto a pagar ou a restituir.

[11] A administração do imposto compete à Secretaria da Receita Federal do Brasil.

Além disso, em hipóteses específicas, o tributo era devido exclusivamente na fonte, por determinação legal ou por opção do contribuinte, e alguns ganhos de capital tinham sistema peculiar de tributação com opção por alíquota única.[12]

O sistema de bases correntes para as pessoas físicas foi introduzido pelo art. 3º da Lei nº 7.450/85. Posteriormente, foi editada a Lei nº 7.713/88 – vigente a partir de 1º de janeiro de 1989 –, que extinguiu a classificação dos rendimentos por cédulas, revogou as deduções e os abatimentos, diminuiu as alíquotas nominais da tabela progressiva e reduziu o número de faixas da tabela.[13]

A Lei nº 7.713 foi alterada pela Lei nº 8.134/90, que buscou compatibilizar o imposto pago ou retido mensalmente na fonte com o imposto calculado na declaração e representou um avanço em termos de justiça fiscal, pois estabeleceu um tratamento único para todos os declarantes do imposto.

Em dezembro de 1995, como consequência do Plano Real, e coadunando-se com a política governamental de desindexação da economia, foi editada a Lei nº 9.250//95, que alterou a legislação do IRPF e, com vistas a simplificar a apuração desse imposto, criou o desconto simplificado, de caráter opcional, que consiste em substituir todas as deduções por uma dedução única e independente de comprovação correspondente a 20% dos rendimentos brutos. Para sua implementação foi criada a declaração de ajuste anual simplificada, que persiste até os dias de hoje.

Sistemática atual da tributação no IRPF

Em apertada síntese, a legislação em vigor estabelece uma sistemática para o imposto de renda sobre a pessoa física que compreende a tributação no curso do ano-calendário e um ajuste anual, concluído o ano-calendário.[14]

[12] BRASIL. Secretaria da Receita Federal. **Tributação da renda no Brasil pós-real**. Brasília: Dupligráfica, 2001. p. 108-109.

[13] As alíquotas eram de 15% e 25%.

[14] As leis básicas do IRPF são: Lei nº 7.713/88, Lei nº 8.134/90 e Lei nº 9.250/95. Várias outras leis complementam aquelas. Regulamenta o tributo o Regulamento do Imposto de Renda aprovado pelo Decreto nº 9.580/2018.

A tributação no ano-calendário dá-se no momento do recebimento do rendimento, pago por pessoa física ou jurídica (regime de caixa), e o recolhimento do imposto é feito diretamente pela fonte pagadora ou pelo próprio contribuinte, a depender da natureza do rendimento.

A base de cálculo do imposto devido no ano-calendário será a diferença entre as somas de todos os rendimentos percebidos durante o ano-calendário (exceto os isentos, os não-tributáveis, os tributáveis exclusivamente na fonte e os sujeitos à tributação definitiva) e as deduções relativas:

a) aos pagamentos efetuados, no ano-calendário, a título de despesas médicas, sem limite de valor;
b) a pagamentos de despesas com instrução do contribuinte e de seus dependentes até o limite anual individual fixado:
c) à quantia, por dependente, fixada anualmente;
d) às contribuições para a Previdência Social da União, dos Estados, do Distrito Federal e dos Municípios;
e) às contribuições para as entidades de previdência privada domiciliadas no País, cujo ônus tenha sido do contribuinte, destinadas a custear benefícios complementares assemelhados aos da Previdência Social;
f) às importâncias pagas a título de pensão alimentícia em face das normas do Direito de Família,
g) às despesas escrituradas no Livro Caixa, no caso de trabalho não-assalariado, inclusive dos leiloeiros e dos titulares de serviços notariais e de registro.
h) às contribuições para as entidades fechadas de previdência complementar de natureza pública de que trata o § 15 do art. 40 da Constituição Federal, cujo ônus tenha sido do contribuinte, destinadas a custear benefícios complementares assemelhados aos da Previdência Social.

Os resultados positivos da atividade rural estão submetidos à tributação pelo imposto de renda somente na Declaração de Ajuste Anual.

Conhecida a base de cálculo do IRPF e aplicando-se a respectiva alíquota, se obtém o imposto devido.

Atualmente, vigora uma tabela anual com alíquotas progressivas de 7,5%, 15%, 22,5% e 27,5%, mais coerente com o critério da progressividade e que atende melhor ao princípio da capacidade contributiva do que as duas alíquotas que constavam nas Leis nº 7.713/88 e 9.250/95.

Na Declaração de Ajuste Anual é compensado o imposto pago ou retido na fonte no curso do ano-calendário, considerado antecipação do devido na declaração.

Alguns rendimentos são tributados em separado, como o ganho de capital na alienação de bens e direitos, que está sujeito à tributação definitiva, e rendimentos sujeitos à tributação exclusiva na fonte, como é o caso das aplicações financeiras e dos prêmios em loterias. Nesses casos, o montante tributado a esses títulos não se comunica com os demais rendimentos sujeitos ao ajuste anual, devendo ser informado na Declaração de Ajuste Anual o rendimento e o imposto, para efeito de apuração do acréscimo patrimonial do contribuinte.

Capítulo 3
Imposto sobre a Renda e Proventos de Qualquer Natureza da Pessoa Jurídica – IRPJ

Leidson Rangel Oliveira Silva

O Imposto sobre a Renda da Pessoa Jurídica – IRPJ não é tributo diverso daquele aplicável às pessoas físicas. Trata-se do mesmo tributo, com fundamento nos mesmos dispositivos da Constituição e do Código Tributário Nacional. Cuida-se, em verdade, de regramento aplicável a outra espécie de sujeito passivo, as pessoas jurídicas e aquelas a elas equiparadas, aplicando-se a ele os mesmos princípios constitucionais abordados nas linhas anteriores.

Neste sentido, não obstante o constituinte originário tenha prescrito a observância daqueles princípios na exigência do tributo, não foi definido, explicitamente, por exemplo, o alcance da expressão renda.

Este é um dos aspectos sobre o qual há forte divisão doutrinária. De um lado, aqueles que entendem haver um conceito de renda na Lei Fundamental apontam que ele está nos diversos dispositivos que fazem referência à renda e aos proventos. Noutra ponta, a corrente doutrinária que compreende em sentido contrário, sustenta que a Constituição Federal possui balizas, mas que a exata compreensão do alcance da expressão renda só é possível a partir da concretização normativa a ser exercida pelo legislador. Esta questão foi enfrentada no Recurso Extraordinário 611.586, objeto de estudo desta obra.

O Código Tributário Nacional, por sua vez, foi recepcionado pela Constituição Federal de 1988 como lei complementar, e exerce o papel da norma geral a que se refere o art. 146 da Constituição. O CTN nos apresenta, em seus arts. 43 a 45, regramento no qual é possível extrair tanto o conceito de renda quanto os elementos da regra matriz de incidência tributária da exação.

No *caput* do art. 43 e no art. 45 podemos identificar como elemento pessoal tanto o sujeito ativo, União (*caput* do art. 43) quanto os sujeitos passivos, contribuinte e responsável (art. 45).

De igual modo, o elemento temporal também pode ser identificado no *caput* do art. 43 que determina a aquisição da disponibilidade econômica ou jurídica como momento deflagrador da incidência tributária.

Ao seu turno, é dos incisos I e II do mesmo artigo que podemos extrair o elemento material. Trata-se da aquisição de renda ou de proventos de qualquer natureza. A primeira, definida como o produto do capital, do trabalho ou da combinação de ambos. Já o último, todos os acréscimos patrimoniais que não estão compreendidos na primeira.

Por derradeiro, o art. 44 do Código Tributário Nacional determina o elemento quantitativo da regra matriz de incidência tributária do imposto sobre a renda e dispõe que ela é o montante real, arbitrado ou presumido da renda ou dos proventos de qualquer natureza. Observe-se:

> **SEÇÃO IV**
> **Imposto sobre a Renda e Proventos de Qualquer Natureza**
>
> Art. 43. O imposto, de competência da União, sobre a renda e proventos de qualquer natureza tem como fato gerador a aquisição da disponibilidade econômica ou jurídica:
> I – de renda, assim entendido o produto do capital, do trabalho ou da combinação de ambos;
> II – de proventos de qualquer natureza, assim entendidos os acréscimos patrimoniais não compreendidos no inciso anterior.
> § 1º A incidência do imposto independe da denominação da receita ou do rendimento, da localização, condição jurídica ou nacionalidade da fonte, da origem e da forma de percepção.

> § 2º Na hipótese de receita ou de rendimento oriundos do exterior, a lei estabelecerá as condições e o momento em que se dará sua disponibilidade, para fins de incidência do imposto referido neste artigo.
> Art. 44. A base de cálculo do imposto é o montante, real, arbitrado ou presumido, da renda ou dos proventos tributáveis.
> Art. 45. Contribuinte do imposto é o titular da disponibilidade a que se refere o artigo 43, sem prejuízo de atribuir a lei essa condição ao possuidor, a qualquer título, dos bens produtores de renda ou dos proventos tributáveis.
> Parágrafo único. A lei pode atribuir à fonte pagadora da renda ou dos proventos tributáveis a condição de responsável pelo imposto cuja retenção e recolhimento lhe caibam.

Neste sentido, o IRPJ pode ser apurado de acordo com três regimes de tributação: o lucro presumido, o lucro real e o lucro arbitrado. As linhas gerais de cada regime serão a seguir abordadas.

Não se pode esquecer também da existência do Simples Nacional, Regime Especial Unificado de Arrecadação de Tributos e Contribuições devidos pelas Microempresas e Empresas de Pequeno Porte, regido pela Lei Complementar nº 123, de 14 de dezembro de 2006, do qual o IRPJ faz parte.

A legislação do imposto de renda da pessoa jurídica é bastante fragmentada. Por outro lado, a sua regulamentação está concentrada no Decreto nº 9.580, de 22 de novembro de 2018, Regulamento do Imposto sobre a Renda e Proventos de Qualquer Natureza – RIR, o qual também dispõe sobre o regramento aplicável às pessoas físicas.

Lucro Presumido

O lucro presumido é forma simplificada de apuração do imposto sobre a renda. A sua utilização é facultativa e dele podem lançar mão as pessoas jurídicas que não estão obrigadas à apuração do tributo pelo lucro real.

Assim, de acordo com o art. 14 da Lei nº 9.718, de 27 de novembro de 1988, estão obrigadas ao lucro real e não poderão apurar o tributo mediante a utilização do lucro presumido as pessoas jurídicas:

a) cuja receita total no ano-calendário anterior seja superior ao limite de R$ 78.000.000,00 (setenta e oito milhões de reais) ou proporcional ao número de meses do período, quando inferior a 12 (doze) meses
b) cujas atividades sejam de bancos comerciais, bancos de investimentos, bancos de desenvolvimento, caixas econômicas, sociedades de crédito, financiamento e investimento, sociedades de crédito imobiliário, sociedades corretoras de títulos, valores mobiliários e câmbio, distribuidoras de títulos e valores mobiliários, empresas de arrendamento mercantil, cooperativas de crédito, empresas de seguros privados e de capitalização e entidades de previdência privada aberta;
c) que tiverem lucros, rendimentos ou ganhos de capital oriundos do exterior;
d) que, autorizadas pela legislação tributária, usufruam de benefícios fiscais relativos à isenção ou redução do imposto;
e) que explorem as atividades de prestação cumulativa e contínua de serviços de assessoria creditícia, mercadológica, gestão de crédito, seleção e riscos, administração de contas a pagar e a receber, compras de direitos creditórios resultantes de vendas mercantis a prazo ou de prestação de serviços (*factoring*).
f) que explorem as atividades de securitização de créditos imobiliários, financeiros e do agronegócio.

O lucro presumido deve ser apurado em periodicidade trimestral, encerrando-se tais períodos em 31 de março, 30 de junho, 30 de setembro e 31 de dezembro de cada ano, é o que determina a Lei nº 9.430/1996.

Adicionalmente, o mesmo diploma legal determina que na ocorrência dos eventos de incorporação, fusão, cisão e extinção da pessoa jurídica, a base de cálculo e o imposto deverão ser apurados na data daqueles eventos.

A escolha pelo regime do lucro presumido constitui opção irretratável ao longo do ano calendário. Ou seja, feita a opção por esta modalidade de apuração de lucro não é possível migrar voluntariamente para o lucro real ou arbitrado ao longo do ano-calendário. Entretanto, ocorrendo alguma das hipóteses que obrigue o contribuinte a apurar o tributo pelo lucro real ou arbitrado, a migração é compulsória.

No lucro presumido a base de cálculo do tributo, o lucro, é calculada mediante a soma:

a) do valor resultante da aplicação, sobre a receita bruta definida pela lei, de percentuais de presunção que variam de acordo com a atividade econômica exercida; e
b) do montante dos ganhos de capital, dos rendimentos e ganhos líquidos auferidos em aplicações financeiras e das demais receitas. Sobre esta parcela do lucro não se aplicam percentuais de presunção.

Como resultante da soma de todas estas receitas temos o lucro presumido, sobre o qual será aplicada a alíquota do IRPJ, bem como a cobrança do seu respectivo adicional, que serão vistos adiante e que são comuns a todos os regimes de apuração do imposto.

Conforme afirmado, e de acordo com o art. 25 da Lei nº 9.430, de 27 de dezembro de 1996, a receita sobre a qual serão aplicados os percentuais de presunção é a receita bruta auferida no período de apuração, dela devendo-se deduzir as devoluções e vendas canceladas e os descontos incondicionais concedidos.

Os componentes da receita bruta estão definidos no art. 12 do Decreto-Lei nº 1.598, de 26 de dezembro de 1977, e compreende:

> Art. 12. A receita bruta compreende:
> I – o produto da venda de bens nas operações de conta própria;
> II – o preço da prestação de serviços em geral;
> III – o resultado auferido nas operações de conta alheia; e
> IV – as receitas da atividade ou objeto principal da pessoa jurídica não compreendidas nos incisos I a III.

Já os percentuais de presunção aplicáveis sobre a receita bruta estão previstos no art. 15 da Lei nº 9.249, de 26 de dezembro de 1995, e podem ser assim agrupados:

Percentual	Atividade
1,6%	revenda, para consumo, de combustível derivado de petróleo, álcool etílico carburante e gás natural
8%	- comércio - indústria - serviços de transporte de carga - serviços hospitalares e de auxílio diagnóstico e terapia, patologia clínica, imagenologia, anatomia patológica e citopatologia, medicina nuclear e análises e patologias clínicas - atividades imobiliárias relativas a loteamento de terrenos, incorporação imobiliária, construção de prédios destinados à venda, bem como a venda de imóveis construídos ou adquiridos para a revenda, quando decorrente da comercialização de imóveis e for apurada por meio de índices ou coeficientes previstos em contrato
16%	serviços de transporte
32%	- prestação de serviços em geral - intermediação de negócios, - administração, locação ou cessão de bens imóveis, móveis e direitos de qualquer natureza - prestação de serviços de construção, recuperação, reforma, ampliação ou melhoramento de infraestrutura vinculados a contrato de concessão de serviço público
38,4%	atividades de operação de empréstimo, de financiamento e de desconto de títulos de crédito realizadas por Empresa Simples de Crédito (ESC)

Lucro Real

O lucro real, por sua vez, é o lucro líquido do período de apuração ajustado pelas adições, exclusões ou compensações prescritas ou autorizadas pela legislação tributária. O lucro líquido, por sua vez, não se confunde com o lucro real e é determinado de acordo com os preceitos da legislação comercial e tem por base a escrituração contábil do sujeito passivo. Este disciplinamento está previsto no Decreto-Lei nº 1.598, de 26 de setembro de 1977.

Vê-se assim que é o resultado contábil/societário o ponto de partida para apuração do lucro real. Por essa razão, faz-se necessária a realização de ajustes, uma vez que a determinados eventos econômicos pode ter sido conferido tratamento contábil incompatível com as disposições tributárias. Estes ajustes são as adições e exclusões.

Basicamente, adicionam-se ao lucro líquido despesas que foram consideradas pela contabilidade, mas que não estão aptas a diminuir o lucro tributável, bem como receitas que representam acréscimos para fins tributários, mas que não foram contabilmente levadas em consideração.

Por outro lado, devem ser excluídas do lucro líquido valores que foram nele computados, mas que por força da legislação tributária não devem ser considerados na apuração do lucro real, bem como aqueles que esta legislação autoriza a dedução, mas que não foram computados pela contabilidade.

Além das adições e exclusões, a determinação do lucro real também considera o ajuste efetuado em razão da compensação de prejuízos fiscais de períodos de apuração anteriores. No entanto, a lei limita a utilização destes prejuízos fiscais ao montante que equivale a 30% do lucro líquido do período ajustado pelas adições e exclusões.

No que tange à periodicidade de determinação do tributo, o lucro real pode ser apurado em períodos de apuração trimestral ou anual. Quando feita a opção pelo trimestre, o sujeito passivo deve levantar o resultado contábil a cada período de três meses e proceder, em cada um desses períodos, os ajustes necessários para se chegar ao lucro real. A doutrina costuma indicar o lucro real trimestral para as pessoas jurídicas que possuem resultados lineares, ou seja, que não apresentam picos ao longo do ano.

Por outro lado, no regime de apuração anual, não obstante o levantamento do resultado contábil só deva ocorrer ao final do exercício, o sujeito passivo deve efetuar recolhimentos do tributo mensalmente. Assim, ao final de cada ano o contribuinte efetua a apuração do lucro real, realizando, porém, recolhimentos mensais com base em estimativas.

Estes recolhimentos mensais tanto podem ser realizados mediante a utilização das citadas estimativas como do levantamento dos chamados balanços e balancetes de suspensão e redução, à opção do contribuinte.

Em linhas gerais, no recolhimento por estimativa o contribuinte estima a base de cálculo mediante a aplicação de determinado percentual sobre a sua receita bruta. Este regramento está previsto na Lei nº 9.430, de 1996. Os percentuais aplicáveis para estimar a base de cálculo dependem da atividade econômica exercida pelo contribuinte e estão previstos no art. 15 da Lei nº 9.249, de 1995.

> Art. 35. A pessoa jurídica poderá suspender ou reduzir o pagamento do imposto devido em cada mês, desde que demonstre, através de balanços ou balancetes mensais, que o valor acumulado já pago excede o valor do imposto, inclusive adicional, calculado com base no lucro real do período em curso

Por outro lado, a legislação autoriza que o contribuinte possa suspender ou reduzir o recolhimento realizado mensalmente por estimativa quando demonstrar que o valor pago acumulado do tributo, incluindo o adicional, já excede o valor do imposto que seria devido se calculado com base no lucro real do período.

Esta demonstração deve ser realizada mediante o levantamento dos chamados balanços ou balancetes de suspensão ou redução, que devem ser elaborados de acordo com a leis comerciais e fiscais. Este disciplinamento está previsto na Lei nº 8.981, de 1995.

Lucro Arbitrado

O regime de apuração baseado no lucro arbitrado é forma residual de determinação do imposto de renda, e é aplicável quando caracterizadas as hipóteses previstas na lei, e quando não há possibilidade de determinação do tributo mediante a utilização do lucro real ou presumido.

As hipóteses nas quais aplica-se o lucro arbitrado estão basicamente previstas no art. 47 da Lei nº 8.981, de 20 da janeiro de 1995, que assim dispõe:

> Art. 47. O lucro da pessoa jurídica será arbitrado quando:
> I – o contribuinte, obrigado à tributação com base no lucro real ou submetido ao regime de tributação de que trata o Decreto-Lei nº 2.397, de 1987, não mantiver escrituração na forma das leis comerciais e fiscais, ou deixar de elaborar as demonstrações financeiras exigidas pela legislação fiscal;
> II – a escrituração a que estiver obrigado o contribuinte revelar evidentes indícios de fraude ou contiver vícios, erros ou deficiências que a tornem imprestável para:
> a) identificar a efetiva movimentação financeira, inclusive bancária; ou
> b) determinar o lucro real.

> III – o contribuinte deixar de apresentar à autoridade tributária os livros e documentos da escrituração comercial e fiscal, ou o livro Caixa, na hipótese de que trata o art. 45, parágrafo único;
> IV – o contribuinte optar indevidamente pela tributação com base no lucro presumido;
> V – o comissário ou representante da pessoa jurídica estrangeira deixar de cumprir o disposto no § 1º do art. 76 da Lei nº 3.470, de 28 de novembro de 1958;
> VII – o contribuinte não mantiver, em boa ordem e segundo as normas contábeis recomendadas, livro Razão ou fichas utilizados para resumir e totalizar, por conta ou subconta, os lançamentos efetuados no Diário.
> VIII – o contribuinte não escriturar ou deixar de apresentar à autoridade tributária os livros ou registros auxiliares de que trata o § 2º do art. 177 da Lei nº 6.404, de 15 de dezembro de 1976, e § 2º do art. 8º do Decreto-Lei nº 1.598, de 26 de dezembro de 1977.

Como se observa, a aplicação do lucro arbitrado está bastante relacionada à ausência ou à boa ordem das escriturações, demonstrações financeiras e livros ou registros comerciais e fiscais.

A sua determinação depende da possibilidade de se conhecer a receita bruta. Quando se conhece a receita bruta, o lucro arbitrado é calculado mediante a aplicação de percentuais de presunção sobre a receita bruta utilizados no lucro presumido, acrescidos de 20%. Acrescem-se ao montante calculado os ganhos de capital, os rendimentos e os ganhos líquidos das aplicações financeiras e as demais receitas, em sistemática idêntica àquela aplicável ao lucro presumido.

Por outro lado, quando desconhecida a receita bruta a lei prevê alternativa para o seu cálculo. Elas estão dispostas no art. 51, também da Lei nº 8.981/1995, que assim dispõe:

> Art. 51. O lucro arbitrado das pessoas jurídicas, quando não conhecida a receita bruta, será determinado através de procedimento de ofício, mediante a utilização de uma das seguintes alternativas de cálculo:
> I – 1,5 (um inteiro e cinco décimos) do lucro real referente ao último período em que pessoa jurídica manteve escrituração de acordo com as leis comerciais e fiscais, atualizado monetariamente;

> II – 0,04 (quatro centésimos) da soma dos valores do ativo circulante, realizável a longo prazo e permanente, existentes no último balanço patrimonial conhecido, atualizado monetariamente;
> III – 0,07 (sete centésimos) do valor do capital, inclusive a sua correção monetária contabilizada como reserva de capital, constante do último balanço patrimonial conhecido ou registrado nos atos de constituição ou alteração da sociedade, atualizado monetariamente;
> IV – 0,05 (cinco centésimos) do valor do patrimônio líquido constante do último balanço patrimonial conhecido, atualizado monetariamente;
> V – 0,4 (quatro décimos) do valor das compras de mercadorias efetuadas no mês;
> VI – 0,4 (quatro décimos) da soma, em cada mês, dos valores da folha de pagamento dos empregados e das compras de matérias-primas, produtos intermediários e materiais de embalagem;
> VII – 0,8 (oito décimos) da soma dos valores devidos no mês a empregados;
> VIII – 0,9 (nove décimos) do valor mensal do aluguel devido.
> § 1º As alternativas previstas nos incisos V, VI e VII, a critério da autoridade lançadora, poderão ter sua aplicação limitada, respectivamente, às atividades comerciais, industriais e de prestação de serviços e, no caso de empresas com atividade mista, ser adotados isoladamente em cada atividade.
> § 2º Para os efeitos da aplicação do disposto no inciso I, quando o lucro real for decorrente de período-base anual, o valor que servirá de base ao arbitramento será proporcional ao número de meses do período-base considerado.
> § 3º Para cálculo da atualização monetária a que se referem os incisos deste artigo, serão adotados os índices utilizados para fins de correção monetária das demonstrações financeiras, tomando-se como termo inicial a data do encerramento do período-base utilizado, e, como termo final, o mês a que se referir o arbitramento.
> § 4º Nas alternativas previstas nos incisos V e VI do caput, as compras serão consideradas pelos valores totais das operações, devendo ser incluídos os valores decorrentes do ajuste a valor presente de que trata o inciso III do art. 184 da Lei nº 6.404, de 15 de dezembro de 1976. (Incluído pela Lei nº 12.973, de 2014) (Vigência)

Em qualquer hipótese, conhecida ou não a receita bruta, sobre o lucro calculado, denominado lucro arbitrado, aplicam-se as mesmas alíquotas e a mesma sistemática de cálculo utilizado no lucro real e presumido.

Alíquota

Em qualquer dos regimes de tributação (real, presumido ou arbitrado) a alíquota do imposto de renda será de 15%. Além deste percentual, a lei determina que deve ser cobrado um adicional de 10% sobre a parcela do lucro excedente ao montante equivalente ao número de meses do período de apuração multiplicado por R$20.000,00 (vinte mil reais).

Assim, a título de exemplo, o contribuinte que optar pela apuração com base do lucro presumido e, em determinado trimestre, apresentar R$100.000,00 (cem mil reais) de lucro deverá pagar a título de imposto de renda R$19.000,00 (dezenove mil reais).

Este montante é o resultado da soma do tributo devido em razão da alíquota ordinária de 15%, que equivale a R$15.000,00, acrescido da parcela relativa ao adicional do imposto de renda, que resulta em R$4.000,00.

A aplicação da alíquota ordinária de 15% é feita sobre todo o lucro apurado no período, R$100.000,00 (cem mil reais), o que resulta em R$15.000,00 (quinze mil reais).

Já o adicional é calculado da seguinte forma:

a) multiplica-se a quantidade de meses do período de apuração (3 meses, no caso do exemplo) por R$20.000,00, o que resulta em R$60.000,00;
b) Este valor é subtraído do total do lucro apurado no período (R$100.000,00), o que resultará em R$40.000,00, base sobre a qual incidirá o adicional;
c) Sobre este 40.000,00 aplica-se a alíquota adicional de 10%, resultando em R$4.000,00.

Tanto a alíquota ordinária do imposto de renda quanto o adicional estão previstas no art. 3º da Lei n 9.249/1995, que assim dispõe:

> Art. 3º A alíquota do imposto de renda das pessoas jurídicas é de quinze por cento.
> § 1º A parcela do lucro real, presumido ou arbitrado, que exceder o valor resultante da multiplicação de R$ 20.000,00 (vinte mil reais) pelo número de meses do respectivo período de apuração, sujeita-se à incidência de adicional de imposto de renda à alíquota de *dez por cento.*

> § 2º O disposto no parágrafo anterior aplica-se, inclusive, nos casos de incorporação, fusão ou cisão e de extinção da pessoa jurídica pelo encerramento da liquidação.
> § 3º O disposto neste artigo aplica-se, inclusive, à pessoa jurídica que explore atividade rural de que trata a *Lei nº 8.023, de 12 de abril de 1990.*
> § 4º O valor do adicional será recolhido integralmente, não sendo permitidas quaisquer deduções.

Este é, em linhas gerais, o disciplinamento aplicável ao imposto sobre a renda da pessoa jurídica. Para um maior aprofundamento recomenda-se a leitura do Regulamento do Imposto de Renda – Decreto nº 9.580, de 2018, de 22 de novembro de 2018 – que regula a matéria e no qual o leitor encontrará as referências aos dispositivos legais aplicáveis.

Capítulo 4
Imposto Sobre Produtos Industrializados – IPI

Marcos Aurélio Pereira Valadão

1. Princípios Constitucionais Relevantes Aplicáveis ao IPI

Princípio da Legalidade (CF, art. 150, I) – Relativização
Tal princípio diz que é vedado à União exigir ou aumentar tributo sem que a lei o estabeleça. No entanto, o art. 153, § 1°, da CF/88 facultou ao Poder Executivo alterar suas alíquotas (majoração ou decréscimo), desde que obedecidos os limites da lei. Neste sentido, o Decreto-Lei n. 1.199/71, o qual foi recepcionaado pela Constituição de 1988, fixa este limite em 30 pontos percentuais em relação à alíquota prevista em lei para o aumento via ato do Poder Executivo (decreto), bem como faculta a redução da alíquota, que pode chegar a zero.

Princípio da Anterioridade (CF, art. 150, III, alínea "b") – Exceção
Este princípio diz que é vedado à União cobrar tributos no mesmo exercício financeiro em que haja sido publicada a lei que o instituiu ou aumentou. O IPI não está sujeito a este princípio por disposição expressa do § 1º do art. 150 da Constituição.

Princípio da Noventena (CF, art. 150, III, alínea "c")

O Princípio da Noventena diz que é vedado cobrar o imposto antes de decorridos noventa dias da data em que haja sido publicada a lei que o aumentou (CF, art. 150, III, alínea "c", introduzido pela Emenda Constitucional nº 42/2003). Este princípio se aplica ao IPI ainda que a majoração seja efetuada por decreto.[1]

2. Normas Constitucionais Específicas do IPI

Além dos princípios gerais tributários, consubstanciados nas limitações ao poder de tributar acima mencionados, há também dispositivos específicos na Constituição que informam e condicionam a incidência do IPI, constantes do art. 153, § 3º, que são os seguintes:

Seletividade (CF, art. 153, § 3º, inciso I)

A CF dispõe que o IPI será seletivo em função da essencialidade do produto. Esta norma indica que o IPI deve estabelecer diferenciação entre produtos de maior ou menor essencialidade, no sentido de que quanto mais essencial menor deve ser sua alíquota. Assim, alimentos e vestuários tendem a ter alíquota zero, enquanto bebidas alcóolicas e tabaco e seus derivados têm alíquotas mais altas (a alíquota do cigarro na TIPI é 300%). Para Ricardo Lobo Torres:

> Seletividade em função da essencialidade é o único critério para a incidência do IPI e significa que o tributo recai sobre os bens na razão inversa de sua necessidade para consumo popular e na razão direta de sua superfluidade. A essencialidade admite gradação de modo que a alíquota ou não existirá, quando o produto se tornar absolutamente essencial para atender às necessidades primárias, ou será fixada em escala ascendente na proporção em que menor for a sua utilidade social. (TORRES, 1997, p. 94).

[1] BRASIL. Supremo Tribunal Federal. **Ação Direta de Inconstitucionalidade nº. 4661 MC / DF**, Rel. Min. Marco Aurélio, decidido em 20/10/2011. Disponível em: https://jurisprudencia.stf.jus.br/pages/search?classeNumeroIncidente=%22ADI%204661%22&base=acordaos&sinonimo=true&plural=true&page=1&pageSize=10&sort=_score&sortBy=desc&isAdvanced=true. Aceso em 04 de set. de 2020.

Não-Cumulatividade (CF, art. 153, § 3º, inciso II)

A Constituição impõe que o IPI seja não-cumulativo, compensando-se o que for devido em cada operação com o montante cobrado nas operações anteriores. Assim, nas diversas etapas de uma cadeia produtiva, os insumos em relação aos quais a legislação admite os créditos do imposto, e que anteriormente tenham sido tributados, terão esses créditos admitidos para dedução do imposto a pagar pelo adquirente relativamente às suas saídas que estejam no campo de incidência do imposto. De se observar que o creditamento do IPI é feito pelo sistema de tributo contra tributo, isto é, via crédito escritural, como se verá adiante em mais detalhes.

Imunidade na exportação (CF, art. 153, § 3º, inciso III)

A Constituição prevê que o IPI não incidirá sobre produtos industrializados destinados ao exterior. Trata-se de imunidade, já que há vedação do exercício da competência nessas operações.

Tributação reduzida para bens de capital (CF, art. 153, § 3º, inciso IV)

Trata-se de dispositivo programático, o qual dispõe que o IPI terá reduzido seu impacto sobre a aquisição de bens de capital pelo contribuinte do imposto, na forma da lei. Conquanto a lei referida ainda não tenha sido editada, vários decretos foram editados após 2003 (ano da introdução da alteração pela EC 42/2003), reduzindo a alíquota de bens de capital, convergindo para zero em muitos casos, conforme orientação da CF/88 (Ex. Dec. 4.955/2004; 5.058/2004; 5.173/2004; 5.468/2005).

3. Fato Gerador e Seus Desdobramentos

Incidência do IPI

O IPI incide sobre produtos industrializados nacionais ou estrangeiros, obedecidas as especificações da Tabela de Incidência do Imposto sobre Produtos Industrializados (TIPI). Observando-se que na TIPI constam alíquotas positivas, ou zero, e a expressão NT, que significa não tributado. As disposições sobre incidência do IPI estão nos arts. 2º a 7º do Regulamento do IPI (RIPI).

Os produtos NT são considerados não industrializados, portanto, fora do campo de incidência do imposto. Os produtos imunes, quando industrializados, tanto aparecem com a sigla NT como com alíquotas positivas (papel para impressão de livros, jornais e periódicos), até mesmo porque algumas imunidades, mesmo objetivas, dependem do uso que se faz do produto, como é o caso do papel imune.

Produto industrializado é aquele resultante de uma operação de industrialização, ainda que incompleta, parcial ou intermediária. Industrialização, por sua vez, é toda a operação que modifica a natureza, o funcionamento, o acabamento, a apresentação ou a finalidade do produto ou o aperfeiçoa para consumo. Para que uma operação se caracterize como de industrialização, são irrelevantes as condições do estabelecimento quanto ao maquinário empregado, instalações físicas ou regularidade formal.

Exclusões do Conceito de Industrialização

Determinadas operações, por questões de ordem prática ou econômica, não são consideradas industrialização (art. 5º). Em consequência, os produtos delas resultantes não são produtos industrializados e os estabelecimentos que as realizem não são industriais.

Sujeição Passiva do IPI

A sujeição passiva pode ser na qualidade de contribuinte ou responsável. O artigo 24 do RIPI define quatro modalidades de contribuintes:

> I – o estabelecimento industrial;
> II – o estabelecimento equiparado a industrial;
> III – o importador em relação ao fato gerador decorrente do desembaraço aduaneiro de produto de procedência estrangeira;
> IV – os que descumprirem a condição de utilização do papel imune (os que consumirem ou utilizarem em outra finalidade, ou remeterem a pessoas que não sejam empresas jornalísticas ou editoras, o papel destinado à impressão de livros, jornais e periódicos, quando alcançado pela imunidade).

Estabelecimentos Equiparados a Industrial são estabelecimentos que, embora não realizem qualquer operação de industrialização, são tratados pela lei como se a tivessem realizado. Devem, por consequência, cumprir todas as obrigações principais e acessórias atribuídas a um estabelecimento industrial típico. A maioria dos casos é de equiparação obrigatória, havendo também equiparação por opção.

Fato Gerador do IPI

São duas as hipóteses definidas no artigo 35 do RIPI: I – O desembaraço aduaneiro de produto de procedência estrangeira; e II – A saída de produto do estabelecimento industrial ou equiparado a industrial.

Lançamento do IPI

O lançamento do IPI enquadra-se na modalidade de lançamento por homologação, previsto no artigo 150 do Código Tributário Nacional (CTN), o qual consiste na obrigação de o contribuinte recolher o imposto devido, por ele mesmo calculado e comunicado à Receita Federal mediante entrega da Declaração de Débitos e Créditos Tributários Federais (DCTF), antes de qualquer verificação pela autoridade fiscal.

Cálculo do IPI: Base de Cálculo e Alíquotas

Para se calcular o montante do imposto em cada operação, a legislação estabelece, como regra geral, um valor tributável a ser multiplicado pelo percentual previsto na TIPI (sistemática *ad valorem*). Também prevê a legislação a sistemática baseada na fixação de um *quantum* de IPI em R$ por unidade ou por certa quantidade de produto (sistemática específica ou *ad rem*). Esta última modalidade, regulada pela Lei nº 7.798/89 e outras normas posteriores, se encontra restrita a alguns produtos, em casos especiais de tributação mínima (bebidas frias), e para os cigarros (que usa as duas sistemáticas concomitantemente).

Valor Tributável

As regras de valor tributável encontram-se disciplinadas no RIPI em seus artigos 190 a 199. Os contribuintes do IPI, optantes pelo Simples Nacional, deverão adicionar 0,5% (meio por cento) à alíquota encontrada para a sua faixa de receita bruta.

Regra Geral (*Ad Valorem*)

Como valor tributável no desembaraço aduaneiro de produtos estrangeiros, estabelece o artigo 190, inciso I, "a", que este será o valor tributável do Imposto de Importação, somado ao valor deste, e mais os encargos cambiais efetivamente pagos pelo importador ou dele exigíveis. Já nas saídas do importador, as regras são as mesmas aplicadas aos produtos nacionais, como segue adiante.

A base de cálculo, ou seja, o valor tributável nas operações de mercado interno corresponde ao valor total de que decorrer a saída do estabelecimento industrial ou equiparado a indústria (art. 190, inciso II, do RIPI).

No conceito de valor total da operação incluem-se o valor do frete e das demais despesas acessórias, cobrados ou debitados pelo contribuinte ao adquirente ou destinatário. O valor do frete será incluído mesmo que não tenha sido cobrado diretamente pelo contribuinte, desde que o transporte tenha sido efetuado ou cobrado por firma coligada, controlada ou controladora, ou interligada (que tenha o mesmo sócio controlador) do estabelecimento contribuinte ou por firma com a qual este mantenha relação de interdependência. Não podem ainda ser deduzidos do valor da operação os descontos ou abatimentos concedidos a qualquer título, mesmo que incondicionalmente (art. 190, §§ 1º e 2º do RIPI). Contudo o STF afastou, em sede de repercussão geral, a incidência sobre os descontos incondicionais (RE 567.935, Rel. Min. Marco Aurélio, dec. em 04/09/2014), e posteriormente o Senado Federal editou a Resolução SF Nº 1/2017, afastando a parte da legislação (§ 2º do art. 14 da Lei nº 4.502, de 30 de novembro de 1964, com a redação conferida pelo art. 15 da Lei nº 7.798, de 10 de julho de 1989) "quanto à previsão de inclusão dos descontos incondicionais na base de cálculo do Imposto sobre Produtos Industrializados (IPI)". Assim, o IPI não mais incide sobre os descontos incondicionais.

Valor Tributável Mínimo. O RIPI, em seu art. 195, prevê um valor tributável mínimo em diversas situações, face ao relacionamento entre contribuinte e adquirente ou recebedor, em situação de interdependência, ou mesmo em operações entre estabelecimentos da mesma empresa (transferências), situação que poderia facilitar a manipulação da base de cálculo, sendo, portanto, norma antielisiva específica. O art. 196 fixa regras para se apurar o preço corrente do produto ou seu similar no mercado atacadista da praça do remetente. Quando este não existir ou for de difícil apuração, os artigos 197 e 198 estabelecem regras para o arbitramento do valor tributável. Há regras especiais para operações menos comuns. Assim: a) nas vendas em consignação mercantil o valor da operação será o preço praticado pelo consignatário, estabelecido pelo consignante (art. 190, § 4º); b) quando o produto industrializado por encomenda se destinar ao uso ou consumo do próprio encomendante ou ao acondicionamento de produto não tributado, o industrializador deverá acrescentar ao valor da operação o valor das matérias-primas, produtos intermediários e material de embalagem fornecidos pelo encomendante (art., 191); c) quando a operação de saída do estabelecimento industrial ou equiparado a industrial não é uma venda (locação ou arrendamento, empréstimo, doação, transferência gratuita etc.), isto é, quando não existir propriamente valor da operação, considera-se valor tributável o preço corrente do produto ou seu similar no mercado atacadista da praça do remetente (arts. 192 e 193), e d) no caso de produtos usados que sofrerem o processo de renovação ou recondicionamento, a base de cálculo será obtida pela diferença de preço entre a aquisição e a revenda (art. 194).

Regras Especiais de base de cálculo e alíquota – O valor tributável de alguns produtos está sujeito a regras especiais: cigarros, do código 2402.20.00 da TIPI, e as bebidas e líquidos alcoólicos do capítulo 22, e 2106.90.10 Ex 02 da TIPI (Refrigerantes, Chás, Refrescos, Isotônicos, Energéticos, Cervejas, Chope e concentrados).

A Tabela de incidência do IPI (TIPI). As alíquotas são as previstas na tabela de incidência do IPI (TIPI). Atualmente a alíquota prevista na TIPI/2016 (Decreto nº 8.950, de 29 de dezembro de 2016). A alíquota legal corresponde, por força dos arts. 6º e 7º da Lei nº 10.451/2002 à da TIPI do Decreto nº 4.070/2001. Ver art. 5º do Dec. 8.950/2016. A TIPI contém a relação de todas as mercadorias existentes, classificadas segundo a Nomenclatura Comum do Mercosul (NBM), equivalente à TEC, com detalhamentos específicos do IPI, e traz os produtos com suas respectivas alíquotas do imposto, positivas, zero ou sob a sigla NT (não-tributado).

Créditos do IPI

Em cumprimento do princípio da não-cumulatividade, a sistemática de apuração do imposto atribui ao contribuinte o direito de creditar-se do IPI incidente na aquisição das matérias-primas (MP), produtos intermediários (PI) e material de embalagem (ME), para ser deduzido dos débitos gerados pelas saídas de produtos tributáveis.

Hipóteses de Aproveitamento de Créditos – O crédito, por excelência, é aquele referente às matérias-primas, produtos intermediários e material de embalagem que o estabelecimento industrial adquire, com incidência do imposto, e que são empregados no seu processo de industrialização. Incluem-se entre as matérias-primas e os produtos intermediários aqueles bens que, embora não se integrando ao produto final, forem consumidos no processo de industrialização, à exceção dos bens compreendidos no ativo permanente. Ressalte-se que, como as operações de industrialização (beneficiamento, transformação, montagem etc.) são sempre exercidas imediata e diretamente sobre o produto em fabricação, somente gera direito a crédito o bem que sofra, em função de ação exercida diretamente sobre o produto em fabricação, ou por ele diretamente sofrida, alterações tais como o desgaste, o dano ou a perda de propriedades físicas ou químicas, não sendo parte nem peça de máquina. A partir de 01/01/1999, de acordo com o artigo 11 da Lei n.º 9.779/99 e IN SRF n.º 33/99, passaram a ser admitidos os créditos oriundos de insumos empregados na industrialização de produtos isentos, e tributados com alíquota zero. Desta maneira, apenas não há direito a créditos relativos a insumos que forem empregados em produtos imunes, NT ou em alguns casos de produtos saídos com suspensão do imposto, conforme art. 254, inciso I, alíneas "b", "c" e "d".

O RIPI distingue por espécie de créditos, como segue:

- Créditos Básicos (em geral relativos a MP, PI e ME adquiridos para emprego na industrialização) – disciplinados no arts. 226 a 228.
- Créditos por Devolução ou Retorno de Produtos – disciplinados nos artigos 229 e 330.
- Créditos como Incentivo – disciplinados nos artigos 236 a 239.
- Créditos de Outra Natureza – art. 240
- Crédito Presumido a título de ressarcimento de PIS/COFINS na exportação – disciplinado nos arts. 241 a 250.

Hipóteses de Anulação do Crédito. O RIPI prescreve os requisitos para a escrituração dos créditos e as situações que ensejam a anulação do crédito. Neste sentido o art. 254 do RIPI define as hipóteses em que deve ser anulado o crédito. O mecanismo utilizado é o estorno mediante um débito de mesmo valor. Com o advento da Lei nº 9.779/99, a partir de 01/01/1999, somente devem ser estornados os créditos relativos a insumos empregados em produtos NT ou imunes (imunidade objetiva).

Assim, diversas situações ensejam acúmulo de créditos. Sendo inviável a compensação, o contribuinte poderá formalizar pedido de ressarcimento de seus créditos excedentes, de acordo com as normas previstas nas Instrução Normativa RFB nº 1.717/2017, que trata dos pedidos de ressarcimento e declaração de compensação, transmitidos eletronicamente (Internet).

Em algumas situações específicas, tais como créditos que sejam oriundos de insumos empregados em produtos exportados, é permitida a transferência de créditos entre estabelecimentos da mesma firma (art. 39 da IN RFB Nº 1.717/207).

Obrigações Acessórias

O IPI é o tributo do Sistema Tributário brasileiro que mais prevê obrigações acessórias, que vão desde a simples emissão de notas fiscais e escrituração de livros específicos do IPI, até obrigações de rotulagem e marcação de produtos e selos de controle. As obrigações acessórias estão disciplinadas nos arts. 271 a 504 do RIPI, podendo ser divididas em exigências relativas aos produtos e aquelas referentes aos contribuintes e demais pessoas sujeitas ao cumprimento das disposições do RIPI. Entre as primeiras, incluem-se as de rotulagem, selagem e marcação, além das disposições especiais relativas a cigarros e bebidas. Entre as do segundo grupo, estão aquelas referentes ao documentário fiscal (livros e notas fiscais).

Capítulo 5
Imposto sobre Operações de Crédito, Câmbio e Seguro ou Relativas a Título e Valores Mobiliários – IOF

Marcos Aurélio Pereira Valadão
Maria das Graças Patrocínio Oliveira

Nos termos do art. 153, V, da Constituição Federal de 1988 (CF/88), compete à União instituir o Imposto sobre Operações de Crédito, Câmbio e Seguro ou relativas a Títulos e Valores Mobiliários, também denominado de IOF[1].

[1] Roberto Quiroga Mosquera critica a utilização do termo "IOF": cumpre-nos tecer algumas considerações a respeito de uma prática que se vem perpetrando há mais de 30 anos no meio jurídico-tributário brasileiro, qual seja, a denominação dos impostos antes referidos, por uma única locução, qual seja: imposto sobre operações financeiras – IOF. Essa prática iniciou-se em 1966, com a publicação da Lei nº 5.143 [...] Todavia pergunta-se: existe no ordenamento constitucional brasileiro algum imposto que responde pelo nome de imposto sobre operações financeiras? [...] O legislador constitucional não atribuiu nem à União, nem aos Estados e Distrito Federal e nem aos Municípios, competência para instituir imposto sobre operações financeiras. Indaga-se, então: ainda que o imposto apontado não exista, existe algum mal em apelidar os impostos previstos no artigo 153, inciso V, da Constituição Federal pela denominação única impostos sobre operações financeiras? Parece-nos que sim. O 'apelido' citado vem maculando de erros os posicionamento da doutrina e as tarefas dos legisladores pátrios e da jurisprudência brasileira [...] chamar pelo mesmo nome coisas diferentes ou que não se enquadrem nas características do respectivo termo traduz grave erro lógico, além do que se criam problemas relacionados à polissemia das palavras[...] Ao mesmo tempo em que a expressão 'operações financeiras' é vaga, pois contempla operações financeiras que não

Vê-se que não se trata de uma única base econômica outorgada à tributação, mas de quatro: operações de crédito; operações de câmbio; operações de seguro; operações relativas a título e valores mobiliários. Cada incidência tem suas particularidades, com regulamentação de diferentes alíquotas para as diversas operações (inclusive diferenciando entre pessoas físicas e jurídicas).

Breve histórico do imposto

O imposto em questão foi inicialmente introduzido no sistema tributário brasileiro pela Emenda Constitucional nº 18/65.

Posteriormente, a Lei nº 5.143, de 20 de dezembro de 1966, instituiu o IOF, mas somente incidente sobre crédito e seguro. Somente com a edição do Decreto-Lei nº 1.783, de 18 de abril de 1980, é que a legislação passou a tratar das incidências de câmbio e operações relativas a títulos e valores mobiliários. O Código Tributário Nacional, Lei nº 5.172, de 25 de dezembro de 1966, já cuidava das quatro incidências do IOF em seus artigos 63 a 67. Em 1988, a competência para administrar o IOF, inclusive as atividades de arrecadação, tributação e fiscalização, foram transferidas para a então Secretaria da Receita Federal (Decreto-Lei nº 2.471, de 1º de setembro de 1988).

O IOF foi mantido pela CF/88, a qual introduziu uma novidade, que é a incidência específica do IOF quando se tratar de ouro ativo financeiro ou instrumento cambial (com incidência única, na origem). O primeiro Regulamento do IOF editado via decreto foi o Decreto nº 2.219, de 2 de maio de 1997. Atualmente regulamenta esse imposto o Decreto nº 6.306, de 14 de dezembro de 2007 (RIOF), e alterações posteriores.

O art. 65 da CTN é incompatível com o texto constitucional, na parte em que prevê a possibilidade de o Poder Executivo alterar também a base de cálculo do referido imposto.

Trata-se de um imposto de função regulatória, do qual o governo se utiliza para intervir na economia. Por possuir função extrafiscal, não está sujeito

são atingidas pelos impostos referidos, é ela restrita, pois os impostos sobre operações de crédito, câmbio, seguro ou relativas a títulos ou valões mobiliários podem incidir, também, sobre operações não financeiras [...] MOSQUERA, Roberto Quiroga. **Tributação no mercado financeiro e de capitais**. São Paulo: Ed. Dialética, 1999. p. 102-104.

aos princípios da legalidade, no sentido lato, conforme o § 1º do art. 153, da CF/88, ou seja, é facultado ao Poder Executivo alterar as alíquotas, atendidas as condições e os limites estabelecidos em lei.

O Imposto sobre Operações de Crédito, Câmbio e Seguro ou relativas a Títulos e Valores Mobiliários não se submete aos princípios da anterioridade de exercício e nonagesimal, a teor do art. 150, § 1º.

O termo "operações" utilizado pela Constituição para designar o fato gerador deste imposto pode ser definido, de forma sucinta, como atos ou negócios jurídicos envolvendo crédito, câmbio, seguro e valores mobiliários. Esses atos são, em regra, expressados através de contratos, como por exemplo um contrato de empréstimo.[2]

O Imposto sobre Operações de Crédito, Câmbio e Seguro ou relativas a Títulos e Valores Mobiliários incide nas operações de origem, circulação e resgate, ou seja, pode incidir tanto na de lançamento, como na operação de circulação como na operação de resgate de um determinado título ou de uma determinada operação de crédito (exceção feita ao ouro como ativo financeiro, que é tributado exclusivamente na origem)[3].

Como dito, o § 5º do art. 153 da CF/88 estabelece, ainda, a incidência e a alíquota mínima relativa ao ouro quando definido como ativo financeiro ou instrumento cambial:

> Art. 153 [...]
> § 5º O ouro, quando definido em lei como ativo financeiro ou instrumento cambial, sujeita-se exclusivamente à incidência do imposto de que trata o inciso V do «caput» deste artigo, devido na operação de origem; a alíquota mínima será de um por cento, assegurada a transferência do montante da arrecadação nos seguintes termos:
> I – trinta por cento para o Estado, o Distrito Federal ou o Território, conforme a origem;
> II – setenta por cento para o Município de origem.

[2] KAWASAKI, Sérgio. Impostos federais, estaduais e municipais. In: AMARAL, Carlos Rodrigues do. (Coord.) **Curso de direito tributário**. São Paulo: Celso Bastos Editor, 2002. p. 111.

[3] KAWASAKI, Sérgio. Impostos federais, estaduais e municipais. In: AMARAL, Carlos Rodrigues do. (Coord.) **Curso de direito tributário**. São Paulo: Celso Bastos Editor, 2002. p. 111.

Trata-se de tributação exclusiva, pois afasta a incidência de qualquer outro tributo, e monofásica, visto que o IOF será devido uma única vez na operação de origem, não distinguindo o legislador constitucional para efeito da regra imunizante, operações de renda fixa e de renda variável. Nesse sentido a decisão do Plenário E. Supremo Tribunal Federal, no julgamento do RE 190.363-RS, *verbis*:

> EMENTA: CONSTITUCIONAL. TRIBUTÁRIO. IOF. OURO: TRANSMISSÃO DE OURO ATIVO FINANCEIRO. C.F., art. 153, § 5º. Lei 8.033, de 12.04.90, art. 1º, II.
> I. – O ouro, definido como ativo financeiro ou instrumento cambial, sujeita-se, exclusivamente, ao IOF, devido na operação de origem: C.F., art. 153, § 5º. Inconstitucionalidade do inciso II do art. 1º da Lei 8.033/90.

A Lei nº 7.766, de 11 de maio de 1989, define o que seja ouro considerado ativo financeiro ou instrumento cambial.

Quanto ao fato gerador do Imposto sobre Operações de Crédito, Câmbio e Seguro ou relativas a Títulos e Valores Mobiliários, tem como núcleo a realização de um negócio jurídico, ou seja, uma operação envolvendo crédito, câmbio, seguros ou valores mobiliários.

Os arts. 63 a 66 do CTN estabelecem as normas gerais atinentes aos impostos, definindo os arquétipos para os fatos geradores, bases de cálculos e contribuintes.

Cumpre ressaltar que o art. 67 do CTN, que estabelece que a receita líquida do imposto se destina à formação de reservas monetárias, não foi recepcionado pela CF/88.

Operações de crédito

De acordo com o art. 63, inciso I, do CTN, podem ser caracterizadas como hipóteses de incidência do imposto sobre operações de crédito, a sua efetivação pela entrega, total ou parcial, do montante ou do valor que constitui o objeto da obrigação, ou sua colocação à disposição do interessado.

Esse imposto incide sobre operações de créditos realizadas por instituições financeiras, entre pessoas jurídicas ou entre uma pessoa jurídica e uma pessoa física, ainda que aquelas pessoas jurídicas não sejam instituições financeiras.

Segundo Roberto Quiroga Mosquera,

> [...] o crédito é a troca de um bem presente por um bem futuro, ou seja, é o ato por intermédio do qual se realiza uma prestação presente em troca de uma promessa de prestação futura. Logo, o crédito pressupõe a existência de um aspecto temporal, entre a realização da prestação presente e a prestação futura [...] na operação de crédito há a presença do elemento 'confiança', isto é, confiança do credor no devedor, seja em virtude das condições pessoais deste ou, ainda, em razão de garantias oferecidas por ele [...][4]

O Supremo Tribunal Federal editou Súmula contrária à incidência do imposto sobre operações de crédito no saque efetuado em conta de poupança:

> Súmula 664 do STF
> É inconstitucional o inciso V do art. 1º da Lei nº 8.033/90, que instituiu a incidência do imposto nas operações de crédito, câmbio e seguros - IOF sobre saques efetuados em caderneta de poupança.[5]

A base de cálculo do imposto nas operações de crédito é o montante da obrigação, compreendendo nesta base o principal acrescido dos juros incidentes na operação (art. 64, inciso I, do CTN).

Operações de câmbio

Quanto às operações de câmbio, nos termos dos arts. 63, II e 64, II, do CTN, o fato gerador é sua efetivação pela entrega de moeda nacional ou estrangeira,

[4] MOSQUERA, Roberto Quiroga. **Tributação no mercado financeiro e de capitais**. São Paulo: Ed. Dialética, 1999. p. 107.

[5] Ressalte-se que o inciso V do art. 1º da Lei nº 8.033/90 teve a eficácia suspensa pela Resolução do Senado nº 28/2007, em virtude de declaração de inconstitucionalidade em decisão definitiva do Supremo Tribunal Federal, nos autos do Recurso Extraordinário nº 232.467/SP, Pleno, relator ministro Ilmar Galvão, Julg. 29.9.99, de que resultou referida súmula.

ou de documento que a represente, ou sua colocação à disposição do interessado em montante equivalente à moeda estrangeira ou nacional entregue ou posta à disposição por este; a base de cálculo é o respectivo montante em moeda nacional recebido, entregue ou posto à disposição. Numa operação de câmbio, o valor a ser tributado é exatamente o valor em moeda nacional do montante em dólares convertido para reais.

Operações de seguro

No que se refere às operações de seguro, sua efetivação ocorre pela emissão da apólice ou de documento equivalente, ou recebimento do prêmio na forma da lei aplicável, sendo a base de cálculo o valor do prêmio (arts. 63, III e 64, III, do CTN).

Quanto às operações de seguro simples, apenas o montante do prêmio será utilizado como base de cálculo.

Operações relativas a títulos e valores mobiliários

No que se refere às operações relativas a títulos e valores mobiliários temos que o fato gerador é a emissão, transmissão, pagamento ou resgate destes, na forma da lei aplicável. (art. 63, IV, do CTN).

A base de cálculo é, na emissão, o valor nominal desses títulos ou valores mobiliários, acrescido do ágio (caso haja ágio como no caso de ações), de debêntures, na transmissão, o preço (ou o valor nominal ou o valor de cotação na Bolsa), como determinar a lei e, no resgate, o preço do pagamento ou o preço do resgate (art. 64, IV, do CTN).

Aspectos quantitativo (alíquotas), espacial e pessoal

Ainda quanto ao aspecto quantitativo do imposto, como visto, suas alíquotas são determinadas pelo Poder Executivo, variando de operação para operação.

Nas operações de crédito, a alíquota máxima é de 1,5% ao dia; nas operações de câmbio é de 25%. Há diversas variações dependendo das operações e do tomador ser pessoa física ou jurídica. Além disso, há o acréscimo de 0,38% sobre o principal (herança da CPMF).

A Alíquota máxima do IOF seguro é 25%. Contudo o RIOF, no §1º do seu art. 22 traz diversas hipóteses de redução de alíquota., e de alíquota zero no inciso I (entre os quais se inclui o resseguro).

A Alíquota máxima do IOF câmbio é de 25%. Porém, atualmente, a alíquota do IOF sobre câmbio fica reduzida a 0,38% para todas as operações, salvo diversas hipóteses de redução a zero, ou com alíquota majorada conforme previsto nos art. 15-B do RIOF. No caso do IOF sobre as operações com títulos e valores mobiliários, a alíquota máxima é 1,5% ao dia sobre o valor das operações (Lei nº 8.894/94, art. 1o). Há diversas alíquotas paras as diversas modalidades de operações, com redução em muitas delas.

A alíquota de ouro, ativo financeiro, é de 1% sobre o preço de aquisição.

Quanto ao aspecto espacial, no silêncio da norma, infere-se que o Imposto sobre Operações de Crédito, Câmbio e Seguro ou relativas a Títulos e Valores Mobiliários incide sobre operações ocorridas no território nacional.

Quanto ao aspecto pessoal, é sujeito ativo a União, sendo o tributo administrado pela Secretaria Especial da Receita Federal do Brasil; sujeitos passivos são as pessoas físicas e as pessoas jurídicas que efetuarem operações de crédito, câmbio e seguro ou relativas a títulos ou valores mobiliários.

Operações de outro, ativo financeiro ou instrumento cambial

O fato gerador do IOF sobre ouro ativo financeiro ou instrumento cambial é a primeira aquisição do ouro, ativo financeiro, ou instrumento cambial, efetuada por instituição autorizada integrante do Sistema Financeiro Nacional, ocorrendo o fato gerador na data da aquisição ou do desembaraço aduaneiro, quando se tratar de ouro físico oriundo do exterior (art. 36 do RIOF).

A base de cálculo do IOF é o preço de aquisição do ouro, desde que dentro dos limites de variação da cotação vigente no mercado doméstico, no dia da operação. No caso de ouro físico, oriundo do exterior, o preço de aquisição, em moeda nacional, será determinado com base no valor de mercado doméstico na data do desembaraço aduaneiro (art. 38 do RIOF).

A alíquota IOF é de um por cento sobre o preço de aquisição (art. 39).

Os contribuintes do IOF são as instituições autorizadas pelo Banco Central do Brasil que efetuarem a primeira aquisição do ouro, ativo financeiro ou instrumento cambial (art. 37 do RIOF).

Recohimento do imposto

A cobrança e o recolhimento do imposto são efetuados pelo responsável tributário: a pessoa jurídica que conceder o crédito; as instituições autorizadas a operar em câmbio; as seguradoras ou as instituições financeiras a quem estas encarregarem da cobrança do prêmio de seguro; as instituições autorizadas a operar na compra e venda de títulos ou valores mobiliários.

Capítulo 6
Imposto sobre Transmissão *Causa Mortis* e Doações – ITCMD

Henrique Paiva de Araujo

1. Perspectiva histórica

Para uma análise histórica do ITCMD é preciso observar que atualmente o imposto reúne em sua regra matriz, como critério material da hipótese de incidência, tanto a transmissão em razão da morte, a herança, como a doação de bens e direitos. Trata-se, assim, de um imposto sobre a transmissão não onerosa de bens e direitos.

Como leciona Nicácio[1], a origem de um tributo sobre herança no Brasil ocorre em 1809 com a chegada de D. João VI, o nascimento do sistema tributário brasileiro e da instituição da "décima das heranças e dos legados", instituído pelo Alvará de 17 de junho de 1809.

A "décima das heranças e dos legados" estabelecia isenção no recebimento de herança por ascendentes e descendentes e alíquotas crescentes conforme o vínculo com o *de cujus* fosse mais distante.

[1] NICÁCIO, Antônio. **Do impôsto de transmissão de propriedade "causa mortis"**. Rio de Janeiro: Editora Alba Limitada, 1959, pp. 28 a 32.

A independência do Brasil não alterou de imediato o tributo, somente em 1832 o imposto deixou de compor a receita geral do império e passou a integrar a receita provincial. Ainda durante o Brasil império, mediante a Lei nº 1507/1867, o tributo passou a ser denominado "imposto de transmissão da propriedade".

A Constituição de 1891 conferiu aos Estados a competência exclusiva para instituição de impostos sobre a transmissão de propriedade sem distinção se onerosa ou gratuita, por ato *inter vivos* ou *causa mortis*.

Essa distinção veio somente com a Constituição de 1934, que em seu artigo 8º, passou a tratar de forma separada as formas de transmissão de propriedade conforme a causa para a incidência do imposto. Com especial relevo para o estudo a ser realizado na análise do RE nº 562.045/RS, o texto constitucional de 1934 previu a progressividade para a tributação *causa mortis*: "Art. 128 – Ficam sujeitas a imposto progressivo as transmissões de bens por herança ou legado".

As Constituições de 1937 e 1946 mantiveram a competência exclusiva dos Estados e a distinção entre os impostos incidentes sobre transmissão *causa mortis* e *inter vivos*, mas não previram a progressividades das alíquotas.

Somente com a Emenda Constitucional nº 5, de 21 de novembro de 1961, o imposto sobre transmissão de propriedade *inter vivos* passaria à competência tributária municipal. Contudo, essa divisão logo é alterada pela Emenda Constitucional nº 18, de 1º de dezembro de 1965, a qual previu um imposto único sobre a transmissão a qualquer título de bens imóveis e excluiu a transmissão de bens móveis da incidência.

A Constituição de 1967 e a Emenda Constitucional de 1969 mantiveram a previsão de um único imposto sobre a transmissão a qualquer título de bens imóveis, sem incidência sobre bens móveis e com a manutenção da competência exclusiva para os Estados e Distrito Federal. Os dois textos constitucionais não trouxeram previsão de tributação progressiva para o imposto.

Finalmente, com a Constituição Federal de 1988 novamente foram separados os impostos de transmissão em razão da natureza do negócio jurídico de origem, em onerosa (*inter vivos*) e não onerosa (*causa mortis* e doação de quaisquer bens ou direitos).

Desta forma, o texto constitucional de 1988 criou o Imposto de transmissão causa mortis e Doação (ITCMD) de competência dos Estados e do Distrito

Federal e o Imposto de transmissão de Bens Imóveis e Direitos a eles relativos (ITBI) de competência dos Municípios.

Cabe observar que houve uma expansão da hipótese de incidência do imposto na transmissão por morte, que passou a prever a transmissão de quaisquer bens ou direitos, moveis e imóveis.

Por outro lado, a tributação sobre a transmissão onerosa de bens imóveis, por natureza ou acessão física e direitos a eles relativos, passou a competência dos municípios.

A Constituição Federal de 1988 não trouxe a previsão de progressividade específica para os tributos de transmissão. Todavia, a Constituição estabeleceu o princípio da capacidade contributiva, art. 145, §1º, atribuído como fundamento para aplicação da progressividade ao ITCMD, conforme será abordado na análise do RE nº 562.045/RS.

2. Regra matriz de incidência do ITCMD

A identificação da regra-matriz de incidência se dá mediante a análise das normas constitucionais e infraconstitucionais que disciplinam o tributo com objetivo de extrair antecedente e o consequente da norma tributária.

Conforme nos ensina Paulo de Barros Carvalho[2], no antecedente encontra-se a denominada hipótese tributária composta pelos critérios material, espacial e temporal. No consequente está a relação jurídica tributária, composta pelo critério pessoal (sujeitos ativo e passivo) e quantitativo (base de cálculo e alíquota).

A Constituição Federal de 1988 dispôs em seu art. 146 que normas gerais em matéria tributária devem ser veiculadas por Lei Complementar. Existe um consenso doutrinário e jurisprudencial que o Código Tributário Nacional, Lei nº 5.172 de 25 de outubro de 1966, foi parcialmente recepcionado como Lei complementar naquilo que não contrarie a Constituição e nas matérias que o Texto Maior demanda o instrumento.

[2] CARVALHO, Paulo de Barros. **Curso de Direito Tributário**. São Paulo: Saraiva, 2009. p. 337 e segs.

Desta forma, para identificação das normas que compõe a regra matriz do ITCMD, resta como debate identificar quais normas que regulamentam o imposto são compatíveis materialmente com o disposto na Constituição Federal de 1988.

O CTN regulamenta a matéria nos artigos 35 e seguintes quando trata dos impostos sobre a transmissão de bens imóveis e de direitos a eles relativos. Ressalte-se que o CTN foi editado em 1966, e que, como visto acima, várias alterações de competência e mesmo estruturais ocorreram nos impostos que incidem sobre a transmissão de bens e direitos.

Critério material

Adotando uma análise da norma não tão complexa como a defendida por Paulo de Barros Carvalho, mas com particular clareza, Geraldo Ataliba define o aspecto ou critério material da hipótese de incidência:

> O aspecto mais complexo da hipótese de incidência é o material. Ele contém a designação de todos os dados de ordem objetiva, configuradores do arquétipo em que ela (h.i) consiste; é a própria consistência material do fato ou estado de fato descrito pela h.i; é a descrição dos dados substanciais que servem de suporte à h.i. Este aspecto dá, por assim dizer, a verdadeira consistência da hipótese de incidência. Contém a indicação de sua substância substanciais que servem de suporte à hi.[3]

O ponto de partida para identificação do aspecto material do ITCMD é o texto constitucional, o qual estabelece no art. 155, I que o imposto incide sobre a "transmissão causa mortis e doação, de quaisquer bens ou direitos".

Por sua vez, editado para regulamentar a Emenda Constitucional n. 18 de 1965, o CTN dispõe que:

> Art. 35. O imposto, de competência dos Estados, sobre a transmissão de bens imóveis e de direitos a eles relativos tem como fato gerador:

[3] ATALIBA, Geraldo. **Hipótese de incidência tributária**. 6ª ed. 12ª tiragem. São Paulo: Editora Malheiros, 2011, p. 105.

> I – a transmissão, a qualquer título, da propriedade ou do domínio útil de bens imóveis por natureza ou por acessão física, como definidos na lei civil;
> II – a transmissão, a qualquer título, de direitos reais sobre imóveis, exceto os direitos reais de garantia;
> III – a cessão de direitos relativos às transmissões referidas nos incisos I e II.
> Parágrafo único. Nas transmissões causa mortis, ocorrem tantos fatos geradores distintos quantos sejam os herdeiros ou legatários.

Existe um debate sobre a recepção do art. 35 do CTN, Regina Fernandes[4] argui que o dispositivo foi parcialmente recepcionado pela Carta de 1988, uma vez que regulamenta a matéria, ainda que limitadamente, ao disciplinar a incidência do imposto causa mortis.

Por outro lado, Clayton Prado[5] sustenta que o dispositivo não teria sido recepcionado *in totum*, uma vez que o critério material determinado para o imposto é inferior ao previsto pela Constituição Federal de 1988, violando competência constitucionalmente outorgada aos Estados e ao Distrito Federal.

Essa também é a posição de Sacha Calmon Navarro Coelho[6], para quem o art. 35 do CTN não corresponde ao previsto no atual texto constitucional. Isto dado que o texto constitucional prevê a tributação sobre o conjunto de bens da pessoa que faleceu, o que não corresponde à tributação sobre determinados bens prevista pelo CTN. Além disso, o art. 35 prevê que cabe aos Estados a instituição do imposto incidente sobre transmissões imobiliárias a título oneroso, o que é incompatível com o texto constitucional vigente.

Cumpre ressaltar que a não recepção do art. 35 do CTN não impede a regulamentação pelos Estados da matéria, tendo em vista a faculdade do exercício da competência legislativa plena pelos Estados e Distrito Federal, diante da inércia da União, com fundamento no art. 34, §§3º, 4º e 5º, do ADCT; art. 24, e parágrafos da Constituição Federal.

[4] FERNANDES, Regina Celi Pedrotti Vespero. **Imposto sobre transmissão causa mortis e doação – ITCMD.** São Paulo: Revista dos Tribunais, 2002, p.60-62

[5] PRADO, Eduardo Clayton. **O Imposto sobre Transmissão Causa Mortis de Quaisquer Bens e Direitos – Regra-matriz de incidência, isenção, lançamento, decadência e prescrição.** 2007. Dissertação (Mestrado em Direito) – Pontifícia Universidade Católica de São Paulo, p. 38.

[6] COELHO, Sacha Calmon Navarro. **Curso de direito tributário brasileiro.** 7.ed. ver e atual. de acordo com o Código Civil de 2002. Rio de Janeiro: Forense, 2004. p. 550.

Assim, em razão da ausência de Lei Complementar dispondo sobre a matéria, a identificação do critério material da regra matriz do ITCMD deve ser feita a luz dos dispositivos das legislações estaduais e distritais, respeitado, por obvio, o ponto de partida disposto pela Constituição Federal.

No Distrito Federal a matéria é disciplina pela Lei nº 3.804, de 8 de fevereiro de 2006, que estabelece:

> Art. 2º O ITCD incide sobre a transmissão de quaisquer bens ou direitos havidos:
> I – por sucessão legítima ou testamentária, inclusive por sucessão decorrente de morte presumida e por sucessão provisória, nos termos da lei civil;
> II – por doação.

Desta forma, a norma distrital, diferentemente do previsto no art. 35 do CTN, mas em consonância com o art. 155, I da Constituição Federal, estabeleceu como critério material da hipótese de incidência do ITCMD a transmissão não onerosa de quaisquer bens ou direitos.

Critério Temporal

O aspecto temporal tem por função indicar o momento exato em que se realiza o fato gerador e que, portanto, determina o nascimento da obrigação tributária. Na lição de Geraldo Ataliba:

Compreendemos o critério temporal da hipótese tributária como o grupo de indicações, contidas no suposto da regra, e que nos oferecem elementos para saber, com exatidão, em que preciso instante acontece o fato descrito, passando a existir o liame jurídico que amarra devedor e credor, em função de um objeto – o pagamento de certa prestação pecuniária.[7]

Para a transmissão *causa mortis* essas indicações não estão na legislação tributária, mas é necessário buscar no direito civil elementos que definam o momento exato que surge a relação jurídico tributária.

Com efeito, o Código Civil, art. 1786, estabelece que "Aberta a sucessão, a herança transmite-se, desde logo, aos herdeiros legítimos e testamentários."

[7] CARVALHO, Paulo de Barros. **Teoria da Norma Tributária.** 4. ed. São Paulo: Max Limonad, 2002. p. 177.

Também o conceito morte é o Código Civil que vai estabelecer ao dispor sobre morte real, art. 9º, inciso I, e morte presumida, art. 212.

O próprio STF veio a consagrar na Súmula 331 que "é legítima a incidência do imposto de transmissão causa mortis no inventário por morte presumida". A jurisprudência da Corte estabelece ainda que a alíquota a ser aplicada é aquela da data da ocorrência do evento morte.

Critério espacial

Elemento do antecedente da norma tributária, da hipótese de incidência, o critério espacial é o conjunto de normas que indicam onde o fato impunível deve ocorrer para que resulte nascida a obrigação tributária.

O aspecto espacial é a indicação de circunstâncias de lugar relevantes à indicação do fato imponível, constituindo o elemento geográfico do tributo.[8]

A Constituição Federal de 1988, art. 155, §1º, trouxe elementos para identificação do aspecto espacial do ITCMD com regras iguais para doação ou transmissão por morte. Em linhas gerais, dispôs o constituinte que bens imóveis e respectivos direitos terão ITCMD recolhido para o Estado-membro (ou Distrito Federal) em que está situado o bem, mesmo que o *de cujus* ou doador possua domicílio ou residência em outro Estado-membro ou mesmo no exterior.

Para bens móveis, título e créditos, a competência tributária para o recolhimento do ITCMD caberá ao Estado-membro (ou Distrito Federal) onde se processar o inventário ou arrolamento, ou onde tiver domicílio o doador.

Os dispositivos estaduais que regulamentam a matéria, como se observa no art. 3º da Lei n. 3.804/2006[9], costumam reproduzir o texto constitucional.

[8] ATALIBA, Geraldo. **Hipótese de incidência tributária**. 6ª ed. 12ª tiragem. São Paulo: Editora Malheiros, 2011, p. 105.

[9] Art. 2º O ITCD incide sobre a transmissão de quaisquer bens ou direitos havidos:
I – por sucessão legítima ou testamentária, inclusive por sucessão decorrente de morte presumida e por sucessão provisória, nos termos da lei civil;
II – por doação.
§ 1º Para efeitos deste artigo, presume-se doação o excesso não-oneroso na divisão de patrimônio comum ou partilhado, em virtude de dissolução da sociedade conjugal por separação judicial ou divórcio, de extinção de condomínio ou sociedade de fato e de sucessão legítima ou testamentária.

Critério Pessoal

Integrante do consequente da norma ou seu prescritor, o critério pessoal tem por função definir os sujeitos da obrigação tributária. O sujeito ativo é o ente responsável pela exigência do tributo e o sujeito passivo é o contribuinte responsável pelo cumprimento da obrigação tributária.

Observe-se que a competência tributária não gera invariavelmente a condição de sujeito ativo, dado que a capacidade tributária ativa pode ser atribuída a outra pessoa jurídica.

Além disso, nem sempre o sujeito ativo está previsto expressamente, sendo que por vezes sua identificação é implícita, por lógica, em face do não exercício de delegação da atividade arrecadatória.

Por outro lado, assim como no critério material, a identificação do sujeito passivo demanda a análise das normas que instituem o ITCMD nos Estados e no Distrito Federal, uma vez que em razão da ausência de normas gerais, na forma do art. 146 da Constituição Federal de 1988, exercem a competência plena.

§ 2º No caso de sucessão provisória, aparecendo o ausente, fica assegurada a restituição do imposto recolhido.
§ 3º A incidência do Imposto alcança:
I – as transmissões causa mortis:
a) de propriedade ou domínio útil de bens imóveis e de direitos a eles relativos, situados no território do Distrito Federal, ainda que o respectivo inventário ou arrolamento seja processado em outra unidade da Federação ou no exterior;
b) de bens móveis, direitos, títulos e créditos, inclusive os que se encontrem em outra unidade da Federação ou no exterior, no caso de o inventário ou arrolamento processar-se no Distrito Federal, ainda que o de cujus fosse residente ou domiciliado no exterior;
c) de bens móveis, direitos, títulos e créditos, inclusive os que se encontrem em outra unidade da Federação ou no exterior, no caso de o inventário ou arrolamento processar-se no exterior e o herdeiro ou legatário possuir domicílio no Distrito Federal, ainda que o de cujus fosse residente ou domiciliado no exterior;
II)as doações:
a) de bens imóveis e de direitos a eles relativos, situados no território do Distrito Federal, ainda que doador, donatário ou ambos não tenham domicílio ou residência no Distrito Federal;
b) de bens móveis, direitos, títulos e créditos, inclusive os que se encontrem em outra unidade da Federação ou no exterior, quando o doador for domiciliado no Distrito Federal, ainda que tenha residência no exterior;

No entanto, o legislador estadual não é completamente livre na indicação do sujeito passivo da obrigação, uma vez que a capacidade contributiva desta deve ser manifestada pelo fato jurídico tributário, devendo cair sobre aquele que se beneficia com a transmissão. Como aponta Clayton Prado:

> No caso da sucessão causa mortis, é inquestionável que os herdeiros e fiduciários possuem essa qualidade, pois experimentam um acréscimo patrimonial, a título gratuito, ostentando um signo de riqueza passível de tributação, de tal forma que a norma estadual obedeceu ao parâmetro constitucional. Aliás, convém notar que as transmissões gratuitas representam a situação mais inequívoca de capacidade contributiva, visto que o tributo corresponde a um percentual do patrimônio herdado ou doado.[10]

Para doações, dispõe o CTN no art. 41 que o "contribuinte do imposto é qualquer das partes na operação tributada, como dispuser a lei". Tal cenário leva a que alguns Estados, no exercício de sua competência legislativa, optem por eleger como sujeito passivo o doador e outros o donatário.

Observada a ausência de opção na transmissão em razão da morte, sendo o sujeito passivo necessariamente o herdeiro ou legatário, na transmissão não onerosa inter vivos, o legislador distrital[11] optou pelo donatário como responsável pelo pagamento do tributo, opção que nos parece mais acertada, dada a capacidade contributiva manifestada pelo bem recebido.

[10] PRADO, Eduardo Clayton. **O Imposto sobre Transmissão Causa Mortis de Quaisquer Bens e Direitos – Regra-matriz de incidência, isenção, lançamento, decadência e prescrição.** 2007. Dissertação (Mestrado em Direito) – Pontifícia Universidade Católica de São Paulo, p.75 .

[11] Lei n. 3.804/2006:

Art. 10. O contribuinte do imposto é:

I – o herdeiro, o legatário, o fiduciário ou o fideicomissário, no caso de transmissão causa mortis;

II – o donatário ou o cessionário, no caso de doação ou de cessão;

III – o beneficiário de direito real, quando de sua instituição;

IV – o nu-proprietário, na extinção do direito real.

Critério quantitativo

O critério quantitativo integra o consequente ou prescritor da norma e é composto pela base de cálculo e pela alíquota. Define Geraldo Ataliba que a base de cálculo é:

> uma perspectiva dimensível do aspecto material da hipótese de incidência que a lei qualifica, com a finalidade de fixar critério para a determinação, em cada obrigação tributária concreta, do quantum debeatur.[12]

Roque Antônio Carrazza leciona que a base de cálculo possui duas funções principais:

> a) quantificar a prestação do sujeito passivo, devida desde o momento em que nasce o tributo, com a ocorrência, no mundo fenomênico (mundo em que vivemos), do fato imponível; e b) afirmar (ou confirmar) a natureza jurídica do tributo.[13]

Para **Paulo de Barros Carvalho a** base de cálculo é a:

> grandeza instituída na conseqüência da regra-matriz tributária, e que se destina, primordialmente, a dimensionar a intensidade do comportamento inserto no núcleo do fato jurídico, para que, combinando-se à alíquota, seja determinado o valor da prestação pecuniária. Paralelamente, tem a virtude de confirmar, infirmar ou afirmar o critério material expresso na composição do suposto normativo.[14]

O mesmo autor[15] atribui três funções à base de cálculo: a)- *função mensuradora*: medir as proporções econômicas do fato gerador; b)- *função objetiva*:

[12] ATALIBA, Geraldo. **Hipótese de Incidência Tributária**. São Paulo: Malheiros Editores, 2004, p.338.

[13] CARRAZZA, Roque Antônio. **Curso de Direito Constitucional Tributário São Paulo**: Malheiros Editores, 2005.

[14] CARVALHO, Paulo de Barros. **Curso de Direito Tributário**. São Paulo: Saraiva, 2009. p.108.

[15] *Ibidem*.

compor a específica determinação da dívida articulando-se com a alíquota; c)- *função comparativa*: confirmar ou infirmar o verdadeiro critério material da hipótese tributária.

A constituição não apresenta uma definição da base de cálculo do ITCMD. Assim como observado em relação ao critério pessoal da hipótese de incidência, essa escolha não pode ser realizada de forma aleatória pelo legislador infraconstitucional, mas deve estar atrelada à manifestação de riqueza em respeito ao princípio da capacidade contributiva.

O CTN, art. 38, estabelece que para os impostos sobre a transmissão a "base de cálculo do imposto é o valor venal dos bens ou direitos transmitidos".

Para a doação, a eleição do valor venal dos bens e direitos para composição da base de cálculo, seja para bens móveis ou imóveis, está em consonância com os preceitos estabelecidos na Constituição Federal de 1988.

Contudo, na transmissão *mortis causa* discute-se se essa base de cálculo respeita as normas constitucionais, uma vez que não se estaria subtraindo dívidas, encargos e despesas do espólio. Nesse sentido, como aponta Clayton Prado, a base de cálculo do ITCMD deve ser quinhão líquido herdado.

> Coerentemente com essa premissa, também foi afirmado que não se pode aceitar que a sua base de cálculo corresponda ao valor venal dos bens ou direitos transmitidos, visto tratar-se de medida inadequada para mensurar o patrimônio sucedido, sendo necessário cotejar os ativos e passivos que compõem para apurar o valor do patrimônio líquido transmitido e, portanto, o acréscimo patrimonial experimentado pelo herdeiro ou legatário.[16]

Apesar disso, poucos são os Estados[17] que possuem regras excluindo dívidas da base de cálculo do ITCMD e dessa forma adotam apenas o valor venal dos bens transmitidos.

[16] PRADO, Eduardo Clayton. **O Imposto sobre Transmissão Causa Mortis de Quaisquer Bens e Direitos – Regra-matriz de incidência, isenção, lançamento, decadência e prescrição.** 2007. Dissertação (Mestrado em Direito) – Pontifícia Universidade Católica de São Paulo, p. 80.

[17] Em uma análise de nove estados (BA, GO, MG, MS, PE, PR, RJ E SC) Clayton Prado verificou que apenas as legislações do Rio de Janeiro e São Paulo possuem regras excluindo dívidas. PRADO, op. cit., p. 87.

Outrossim, o art. 38 do CTN não trata da definição de vários aspectos na definição desse valor venal, como, por exemplo, se esse valor de avaliação deve ser o auferido no inventário ou no arrolamento.

Diante desse cenário, os Estados e o Distrito Federal utilizaram da prerrogativa mencionada anteriormente para legislar sobre o tema. No Distrito Federal, como visto, a Lei n. 3.804/2006, art.3º[18], define como momento de ocorrência do fato gerador a abertura da sucessão, o que gera problemas na apuração do quinhão líquido herdado.

Em face dessas discussões, o Supremo Tribunal Federal, entendeu que a base de cálculo para o ITCMD será o valor apurado na data da avaliação. A corte emitiu duas súmulas sobre o tema:

> Súmula 113: O Imposto de transmissão causa mortis é calculado sobre o valor dos bens na data da avaliação.
> Súmula 114: O imposto de transmissão "causa mortis" não é exigível antes da homologação do cálculo.

Por fim, cabe analisar o segundo elemento que compõe o critério quantitativo da regra matriz tributária do ITCMD, a alíquota. Ensina Geraldo Ataliba que "a alíquota é uma fração da base de cálculo a partir da qual será calculado o *quantum debeatur* do tributo, tradicionalmente expressa em uma porcentagem que incide sobre uma expressão de riqueza do sujeito passivo tributário"[19].

A Constituição Federal prevê, art. 155, §1º, IV, que o ITCMD "terá suas alíquotas máximas fixadas pelo Senado Federal". Não se trata inovação do constituinte de 88, o próprio art. 39 do CTN, regulamentando a Emenda nº 18, de 1965, estabelece semelhante preceito, embora trate também sobre a aplicação de alíquotas mais baixas às transmissões que atendam à política

[18] Art. 3º Considera-se ocorrido o fato gerador do Imposto:
I – nas transmissões causa mortis, na data da:
a) abertura da sucessão legítima ou testamentária, mesmo no caso de sucessão provisória ou decorrente de morte presumida;
b) morte do fiduciário, na substituição do fideicomisso;
II – nas transmissões por doação, na data em que ocorrer o fato ou formalização do ato ou negócio jurídico.

[19] *Op. Cit. p.113.*

nacional de habitação. Essa segunda parte do dispositivo cria previsão que conflita com o texto constitucional, motivo pelo não foi recepcionada.

O Senado Federal, mediante a Resolução nº 9/1992, estabeleceu em 8% a alíquota máxima para o ITCMD, cabendo aos Estados e Distrito Federal a competência para estabelecerem suas alíquotas.

Em razão do princípio da legalidade, e observado que o ITCMD não figura como uma das exceções constitucionais, as alíquotas do imposto devem necessariamente ser fixadas por lei.

No Distrito Federal, as alíquotas para o ITCMD são fixadas pelo art. 9º da Lei n. 3.804/2006[20]em valores que variam de 4% a 6% de forma progressiva conforme o aumento da base de cálculo. O tema da progressividade da alíquota de ITCMD será desenvolvido na análise do RE nº 562.045/RS.

[20] Art. 9º O imposto observa as seguintes alíquotas:
I – 4% sobre a parcela da base de cálculo que não exceda a R$1.000.000,00;
III – 6% sobre a parcela da base de cálculo que exceda R$ 2.000.000,00.

Capítulo 7
Imposto sobre a Propriedade Predial e Territorial Urbana – IPTU

Carlos Eduardo de Sousa Martins

Por meio do art. 156, inciso I da Constituição da República, o Constituinte conferiu aos Municípios (e ao Distrito Federal em decorrência do art. 147) a possibilidade de instituir imposto sobre a propriedade predial e territorial urbana.

A primeira coisa a se observar é que o Constituinte buscou tributar não apenas a propriedade do solo, como ocorre com o imposto sobre a propriedade territorial rural, mas também da edificação, prevendo expressamente sua incidência sobre a propriedade *predial* e territorial urbana.

Outro elemento distintivo da materialidade conferida aos Municípios e a conferida à União é a localidade. Enquanto os primeiros ficaram com a zona urbana, a segunda ficou com a zona rural, sendo indispensável para a análise da exação constatar o que diferencia cada uma dessas zonas.

Exercendo o papel de lei complementar, o Código Tributário Nacional, no § 1º do art. 32 define zona urbana para fins de incidência do IPTU como aquela localidade cuja lei municipal tenha atribuído tal característica e desde que observada a existência de, no mínimo, dois dos melhoramentos contidos em seus incisos, sendo eles: a) meio fio ou calçamento com canalização de águas pluviais; b) abastecimento de água; c) sistema e esgotos sanitários; d) rede de iluminação pública, com ou sem posteamento para distribuição domiciliar; e e) escola primária ou posto de saúde a uma distância máxima de 3 (três) quilômetros de imóvel considerado.

Excepcionando a regra acima mencionada, o § 2º dispõe que a lei municipal poderá considerar urbanas as áreas urbanizáveis ou de expansão urbana constantes de loteamentos aprovados pelos órgãos competentes e destinados à habitação, indústria ou ao comércio, mesmo que não se verifique a presença dos melhoramentos previstos no § 1º.

Cumpre ressaltar que o imóvel localizado em zona urbana, mas que comprovadamente seja utilizado para a realização de atividades rurais, não será passível da incidência do imposto sobre a propriedade predial e territorial urbana – IPTU, mas sim do Imposto Sobre Propriedade Rural – ITR, conforme preconiza o art. 15 do Decreto-Lei 57/66.

Não obstante a constituição fale apenas em *propriedade,* o Código Tributário Nacional definiu como hipótese de incidência do IPTU a propriedade, o domínio útil e a posse do bem imóvel localizado na zona urbana do Município, o que fez com que algumas vozes na doutrina vislumbrassem um alargamento que poderia extrapolar a competência constitucionalmente conferida aos municípios[1].

Entretanto, uma análise mais detida do dispositivo, considerando a sistemática da tributação, nos mostra que o legislador infraconstitucional não extrapolou a competência estabelecida pelo Constituinte, mas de fato, assim como ocorrem outras tantas vezes, não adotou a terminologia adequada para delimitar o campo de incidência do imposto, deixando brechas para que sejam construídas interpretações nas quais se possa verificar alguma inconstitucionalidade.

Não erra o legislador ao determinar que o imposto incidirá não apenas sobre a propriedade, mas também sobre o domínio útil e a posse de bem imóvel localizado em zona urbana. Na verdade, o que faz é reconhecer a existência de diversas situações que o sujeito não é juridicamente proprietário, devido à ausência de um título jurídico que lhe confira tal qualidade, mas que se porta

[1] COÊLHO, Sacha Calmon Navarro. **Curso de direito tributário brasileiro**. 17. ed. Rio de Janeiro: Forense, 2020. p. 417 e ss.

como se fosse, possuindo, inclusive, o intuito de ser. E é aqui que se verifica o vício no texto legislado, que se limitou a mencionar a posse e o domínio útil, mas não falou sobre o *animus domini*.

Ora, a mera posse ou domínio útil de imóvel urbano de fato está de fora do campo das materialidades atribuídas pelo Constituinte aos entes políticos para a instituição de impostos. Porém, o mesmo não ocorre quando algum desses direitos é exercido com o intuito de ser proprietário *(animus domini)*, ainda que não o seja[2].

Basta imaginar o quão absurdo seria submeter à incidência do imposto aquele sujeito que possui o título de proprietário do imóvel, e não fazer o mesmo com o vizinho do imóvel ao lado que o ocupa de forma mansa e pacífica, portando-se como se proprietário fosse (sem que o seja) e com vistas a obter a propriedade por meio de usucapião. A incidência do imposto em ambos os casos é um verdadeiro postulado de justiça fiscal, e completamente compatível com o ordenamento jurídico.

Assim, temos que a hipótese de incidência do imposto sobre a propriedade predial e territorial urbana é a propriedade, o domínio útil ou a posse (nestes últimos casos desde que haja *animus domini*) de bem imóvel localizado em zona urbana, sendo acertada a constatação de Sacha Calmon Navarro Coêlho segundo o qual o imposto não incide sobre o bem imóvel, mas sim sobre direitos existentes sobre ele[3].

A base de cálculo da exação é o valor venal do imóvel, compreendido este como seu valor de mercado. A verificação do referido valor é feita de forma presumida por meio de tabelas chamadas de "planta fiscal de valores", que comumente estão anexadas as leis municipais que instituem o imposto, nas quais constam o valor do metro quadrado conforme a localização, a natureza e o nível da construção[4].

Nos termos do art. 34 do CTN, o contribuinte do imposto é o proprietário do imóvel, o titular do seu domínio útil, ou seu possuidor a qualquer título.

[2] Superior Tribunal de Justiça. 2ª Turma. REsp 325.489/SP, Rel. Min. Eliana Calmon, j. 19.11.2002, DJ 24.02.2003.

[3] COELHO, Sacha Calmon Navarro. **Curso de direito tributário brasileiro**. 17. ed. Rio de Janeiro: Forense, 2020. p. 416.

[4] PAULSEN, Leandro. **Curso de Direito Tributário Completo**. 11. ed. São Paulo: Saraiva Educação, 2020. p. 536.

Sendo coerente com as premissas estabelecidas, nestes dois últimos casos a sujeição passiva, assim como a própria incidência, dependerá do *animus domini*.

Por fim, nos cabe tecer algumas considerações sobre a *progressividade* e a *seletividade* das alíquotas do IPTU.

Inicialmente a Constituição da República previa apenas no inciso art. 182, § 4º, inciso II a progressividade no tempo das alíquotas do IPTU, que poderia ser utilizada pelos Municípios em relação aos imóveis não edificados, não utilizados ou subtilizados para desestimular a manutenção do imóvel nestas condições.

Como a única previsão contida na Constituição sobre a progressividade do IPTU era ligada à realização da função social da propriedade urbana, o Supremo Tribunal Federal possuía entendimento de que não era possível a adoção de outras formas de progressividade, como por exemplo aquela que decorre do valor do imóvel. Com este entendimento foram declarados inconstitucionais diversos artigos de leis municipais que conferiam à exação progressividade distinta da autorizada pela CF/88[5].

Por outro lado, nesta época, o Supremo Tribunal Federal possuía entendimento de que era possível fixar as alíquotas do IPTU com base na seletividade conforme a destinação do imóvel[6].

Buscando contornar o entendimento fixado pelo STF, foi editada a Emenda Constitucional nº 29, que alterou o § 1º do art. 156, acrescentando a ele dois incisos, sendo que o primeiro passou a prever expressamente a progressividade em razão do valor do imóvel e o segundo confirmou o entendimento da Corte de que os Municípios poderiam se valer da seletividade para fixar as alíquotas do imposto, sendo este o atual cenário.

[5] Supremo Tribunal Federal. Tribunal Pleno. RE 153.771/MG. Rel. Min. Moreira Alves, j. 05.09.1997, DJ. 05.09.1997.

[6] Supremo Tribunal Federal. 1ª Turma. RE 229.233/SP. Rel. Min. Ilmar Galvão, j. 26.03.1999, DJ 25.06.1999.

Capítulo 8
Imposto sobre Serviços de Qualquer Natureza – ISS

Rodrigo Senne Capone

O Imposto sobre a Prestação de Serviços de Qualquer Natureza – ISS ou ISSQN, está previsto no art. 156, III, da Constituição Federal de 1988, sendo tributo de competência dos Municípios e do Distrito Federal. Ainda, de acordo com a Constituição, os serviços alcançados pelo ICMS – serviços de transporte interestadual e intermunicipal e de comunicação –, de competência dos Estados e do Distrito Federal e previstos no art. 155, II, da Constituição Federal, não podem sofrer incidência do ISS. Também determina que os serviços estejam definidos em lista veiculada por meio da edição de lei complementar.

Portanto, não é todo e qualquer serviço que sofrerá a incidência do ISS, mas somente aqueles que encontrem correspondência com os serviços listados na lista anexa à lei complementar. Na atualidade, é a Lei Complementar n. 116 de 2003 que cumpre com o papel de definir os serviços passíveis de sofrer a incidência do ISS (antes, cumpria ao Decreto-Lei n. 406 de 1968 defini-los), trazendo também outros elementos do ISS, como a definição da sua base de cálculo e as alíquotas máxima e mínima, de modo a assegurar maior uniformidade às regras sobre o tributo.[1]

[1] A Lei Complementar n. 116 de 2003 trata de diversos temas do ISS, como a definição dos serviços que podem sofrer a sua incidência, a fixação das alíquotas mínimas e máximas,

A primeira observação a ser feita diz respeito à materialidade do ISS. Afirma a Constituição que a base do ISS são os serviços. Entretanto, na prática, observa-se a incidência do ISS sobre a prestação de serviços,[2] existindo divergência quanto ao seu significado. Na prática, é adotada a concepção emprestada pelo Direito Privado, contrapondo as obrigações de fazer às obrigações de dar, da qual se extrai que prestar serviço caracteriza-se como uma obrigação de fazer, não envolvendo a entrega de algo.[3] Com base nessa construção, o Supremo Tribunal Federal já se manifestou no sentido de que não incide ISS sobre a locação de bens móveis, por se tratar de obrigação da dar, posicionamento consolidado com a edição da Súmula Vinculante 31.

Sobre o conceito de serviço tributável pelo ISS, Regina Helena Costa propõe a sua aclaração por exclusão, afastando-se dele (a) os serviços públicos, salvo nas hipóteses de serviços públicos concedidos ou permitidos; (b) os serviços não onerosos, pois a sua prestação não revela capacidade contributiva, bem como os prestados pela pessoa em benefício próprio, pois para que incida ISS, o serviço deve ser prestado a terceira pessoa; e (c) os serviços prestados em decorrência de relação de emprego, pois a natureza jurídica se afasta do serviço executado em caráter independente.[4] Feitas essas observações, conclui a autora definindo o serviço cuja prestação é passível de ser tributado pelo ISS

exclusão de incidência sobre as exportações de serviços para o exterior e regulação de isenções, incentivos e benefícios fiscais.

[2] Leciona Regina Helena Costa que "Impõe-se definir o que deve ser entendido por *serviço de qualquer natureza,* cuja prestação é tributada pelo imposto em foco. Trata-se, uma vez mais, de conceito que há de ser buscado no direito privado. Com efeito, o Código Civil, ao cuidar do assunto, estatui que a prestação de serviço, que não estiver sujeita às leis trabalhistas ou a lei especial, reger-se-á por suas normas (art. 593) e que 'toda espécie de serviço ou trabalho lícito, material ou imaterial, pode ser contratada mediante retribuição' (art. 594). Trata-se, pois de uma *obrigação de fazer*". COSTA, Regina Helena. **Curso de direito tributário**: Constituição e Código Tributário Nacional. 5. ed. rev., atual. e ampl. São Paulo: Saraiva, 2015, p. 415.

[3] Sobre o tema, Paulo Caliendo assevera que "O direito privado nacional adotou a classificação tripartida das obrigações, em dar (*dare*), fazer (*facere*) e não fazer (*non facere*). Apesar das alegações de que nas obrigações de dar sempre existe um fazer e nas obrigações de fazer sempre existe uma entrega, contudo se utilizarmos uma distinção com base no interesse do credor o que o interessa nas obrigações de dar é que lhe seja entregue algo, independentemente da atividade do devedor, bem como nas obrigações de fazer que algo lhe seja prestado.". CALIENDO, Paulo. **Curso de direito tributário.** São Paulo: Saraiva, 2017, p. 978.

[4] COSTA, Regina Helena. **Curso de direito tributário**: Constituição e Código Tributário Nacional. 5. ed. rev., atual. e ampl. São Paulo: Saraiva, 2015, p. 415.

como "a prestação de utilidade de qualquer natureza a terceiro, efetuada em caráter oneroso, sob regime de direito privado, e que não configure relação de emprego".

Quanto à lista de serviços que define em quais casos o ISS poderá incidir, reside uma relevante polêmica no que diz respeito à sua natureza: a lista é taxativa ou exemplificativa? Para os que defendem a taxatividade da lista de serviços, os Municípios e o Distrito Federal só podem tributar os serviços que estão expressamente previstos na lista. Já os que entendem ser a lista exemplificativa, defendem que a lista de serviços não exaure as espécies de serviços passíveis de serem alcançados pelo ISS.[5] O Supremo Tribunal Federal, ao julgar o Tema 296[6], fixou a seguinte tese: "É taxativa a lista de serviços sujeitos ao ISS a que se refere o art. 156, III, da Constituição Federal, admitindo-se, contudo, a incidência do tributo sobre as atividades inerentes aos serviços elencados em lei em razão da interpretação extensiva". Portanto, adotou a Corte Constitucional o entendimento de que a lista é taxativa, porém cabível a incidência do tributo sobre serviços congêneres aos elencados em lei, adotando uma interpretação extensiva.

[5] Ao tratar da natureza da lista de serviços, se taxativa ou exemplificativa, leciona Paulo Caliendo que "Existem dois entendimentos sobre o tema: o primeiro defende a natureza *numerus clausus* da Lista de Serviços em face da rigidez do nosso sistema tributário e do sistema de distribuição de competências estabelecido em nosso sistema constitucional. No entanto, defendem os municípios que esta tem natureza exemplificativa em face do princípio da autonomia municipal. Claro está que em nosso sistema tributário adota-se o princípio da rigidez normativa, o qual com clareza se constitui em um elemento de segurança jurídica e controle dos atos da administração pública. Desse modo, não pode o município, por analogia, estabelecer novos serviços sujeitos à incidência do ISS, sem acarretar ofensa ao princípio da legalidade." E conclui, afirmando que "No entanto, cabe ressaltar que, se por um lado, se veda o uso da interpretação analógica, não há vedação absoluta ao uso da interpretação extensiva, visto que se admite que a incidência do imposto decorre da natureza do serviço prestado e não de sua denominação.", entendimento que coincide com o posicionamento mais recente do STF, expressado no julgamento do Tema 296. CALIENDO, Paulo. **Curso de direito tributário**. São Paulo: Saraiva, 2017, p. 979.

[6] Tema 296 – Caráter taxativo da lista de serviços sujeitos ao ISS a que se refere o art. 156, III, da Cosntituição Federal, de relatoria da Ministra Rosa Weber, julgado em 29/06/2020. Disponível em: http://www.stf.jus.br/portal/jurisprudenciaRepercussao/verAndamentoProcesso.asp?incidente=4495933&numeroProcesso=784439&classeProcesso=RE&numeroTema=296. Acessado em: 12 jul. 2020.

Outro ponto que suscita debates diz respeito ao aspecto espacial do ISS, que se refere ao local de incidência do tributo. Esse ponto gera questionamentos, em especial pelo fato de existirem mais de 5 (cinco) mil Municípios no Brasil, todos com competência para instituir e cobrar o ISS, o que acaba por gerar conflitos de competência atrelados ao aspecto espacial. A regra é que o local da incidência, de acordo com o disposto no art. 3º da Lei Complementar n. 116 de 2003, é o do estabelecimento do prestador e,[7] na sua falta, do domicílio do prestador do serviço. Entretanto, existem situações positivadas e previstas nos incisos do art. 3º da referida Lei Complementar nas quais a incidência se dá no local da prestação do serviço.

O aspecto temporal do ISS, ou seja, quando o fato gerador é considerado como ocorrido, resultando na incidência da norma do ISS, é o momento da efetiva prestação do serviço, o que não se confunde com o momento da celebração do contrato de prestação de serviço.

É contribuinte do ISS o prestador do serviço sujeito à incidência do ISS, nos termos do art. 5º da Lei Complementar n. 116 de 2003. Caso assim deseje, pode o ente competente, de modo expresso e por meio de lei, atribuir a responsabilidade pelo crédito tributário a terceira pessoa, que tenha vínculo com o fato gerador da respectiva obrigação, em nítido caso de responsabilidade tributária, conforme disposto no art. 6º da referida Lei Complementar. Um exemplo é o da lei municipal que estabelece que o tomador de serviços tem a obrigação legal de reter o valor do ISS ao repassar o valor devido ao prestador do serviço, recolhendo a quantia retida aos cofres públicos. Nesse sentido, a própria Lei Complementar do ISS estabelece hipóteses de responsabilidade, como no caso do tomador de serviço proveniente do exterior do País, como se depreende da leitura do § 2º do art. 6º da lei.

O aspecto quantitativo é usualmente composto pela base de cálculo, que no caso do ISS corresponde ao preço do serviço, e alíquotas, que possibilitam a quantificação do valor a ser recolhido aos cofres públicos. A Lei Complementar

[7] A Lei Complementar n. 116 de 2003, no seu art. 4o, define o que entende como estabelecimento: "Considera-se estabelecimento prestador o local onde o contribuinte desenvolva a atividade de prestar serviços, de modo permanente ou temporário, e que configure unidade econômica ou profissional, sendo irrelevantes para caracterizá-lo as denominações de sede, filial, agência, posto de atendimento, sucursal, escritório de representação ou contato ou quaisquer outras que venham a ser utilizadas.".

n. 116 de 2003, nos seus arts. 8º e 8º-A, estabelece como alíquota máxima do ISS o valor de 5% (cinco por cento) e como alíquota mínima o valor de 2% (dois por cento). Ocorre que existe um regime fixo de tributação aplicável ao ISS, previsto no Decreto-Lei n. 406 de 1968, no seu art. 9º, §§1º e 3º, mais benéfico aos que prestam serviços sob a forma de trabalho pessoal do próprio contribuinte (individualmente ou em sociedade), gerando benefícios especialmente para os profissionais liberais. Da mesma forma, o benefício alcança as sociedades de profissionais que prestam serviços sem finalidade empresarial e em caráter pessoal, sendo cobrado à título de ISS um valor fixo por integrante da sociedade. No caso do regime fixo de tributação do ISS, o desempenho econômico não é considerado para fins de cálculo do tributo devido, o que acaba gerando distorções e beneficiando os que se enquadram nesse regime em detrimento de todos os demais contribuintes.

Por fim, a Lei Complementar n. 116 de 2003, no art. 8º-A, §1º, regulamenta a forma de concessão de isenções, incentivos ou benefícios em matéria de ISS, com o objetivo de evitar que a carga tributária efetiva suportada pelo contribuinte possa, de alguma forma, ser inferior à carga decorrente da aplicação da alíquota mínima de 2% (dois por cento). A inexistência de um mecanismo de proteção à alíquota mínima estabelecida faria com que perdesse a sua razão de existir, tornando-a em apenas uma formalidade sem eficácia no mundo real. Além disso, com essa limitação imposta, evita-se o agravamento da denominada "Guerra Fiscal", onde Municípios reduzem o valor do ISS, seja estipulando alíquotas muito baixas, seja concedendo isenções, incentivos ou benefícios, de modo a atrair contribuintes para o seu território, erodindo a base tributária dos demais Municípios.

Referências

AMARO, Luciano. **Direito tributário brasileiro**. 13. ed. São Paulo: Saraiva, 2007.

ATALIBA, Geraldo. **Hipótese de incidência tributária**. 6ª ed. 12ª tiragem. São Paulo: Editora Malheiros, 2011.

BRASIL. Receita Federal do Brasil. Disponível em: http://www4.receita.fazenda.gov.br/simulador/glossario.html. Acesso em 08 de ago. de 2020.

BRASIL. Supremo Tribunal Federal. **Ação Direta de Inconstitucionalidade nº. 4661 MC / DF**, Rel. Min. Marco Aurélio, decidido em 20/10/2011. Disponível em: https://jurisprudencia.stf.jus.br/pages/search?classeNumeroIncidente=%22ADI%204661%22&base=acordaos&sinonimo=true&plural=true&page=1&pageSize=10&sort=_score&sortBy=desc&isAdvanced=true. Acesso em 04 de set. de 2020

BRASIL. Secretaria da Receita Federal. **Tributação da renda no Brasil pós-real**. Brasília: Dupligráfica, 2001.

BRASIL. Supremo Tribunal Federal. Pleno, **ADI 4661 MC / DF**, Rel. Min. Marco Aurélio, decidido. em 20/10/2011.

CALIENDO, Paulo. **Curso de direito tributário**. São Paulo: Saraiva, 2017.

CARRAZZA, Roque Antônio. **Curso de Direito Constitucional Tributário São Paulo**: Malheiros Editores, 2005.

CARVALHO, Paulo de Barros, apud ROLLER, Tiago Fleury; VALADÃO, Marcos Aurélio Pereira. **O limite de dedução com despesas de educação no IRPF:** uma análise jurídica e empírica sobre sua constitucionalidade. Curitiba: CRV, 2020.

CARVALHO, Paulo de Barros. **Curso de direito tributário**. 17. ed. São Paulo: Saraiva, 2005

COÊLHO, Sacha Calmon Navarro. **Curso de Direito Tributário Brasileiro**. 17. ed. Rio de Janeiro: Forense, 2020.

COSTA, Regina Helena. **Curso de direito tributário**: Constituição e Código Tributário Nacional. 5. ed. rev., atual. e ampl. São Paulo: Saraiva, 2015.

GONÇALVES, José Artur Lima. **Imposto Sobre a Renda: Pressupostos Constitucionais**. São Paulo: Malheiros, 2002.

FERNANDES, Regina Celi Pedrotti Vespero. **Imposto sobre transmissão causa mortis e doação – ITCMD.** São Paulo: Revista dos Tribunais, 2002.

HARADA, Kiyoshi. **Direito financeiro e tributário**. 8. ed. São Paulo: Atlas, 2001.

KAWASAKI, Sérgio. Impostos federais, estaduais e municipais. In: AMARAL, Carlos Rodrigues do. (Coord.) **Curso de direito tributário**. São Paulo: Celso Bastos Editor, 2002.

MACHADO SEGUNDO, Hugo de Brito. **Manual de Direito Tributário**. 10. ed. São Paulo: Atlas, 2018.

MOSQUERA, Roberto Quiroga. **Tributação no mercado financeiro e de capitais**. São Paulo: Ed. Dialética, 1999.

NICÁCIO, Antônio. **Do impôsto de transmissão de propriedade "causa mortis"**. Rio de Janeiro: Editora Alba Limitada, 1959.

NETO, Miguel Hilú. **Imposto Sobre Importações e Imposto Sobre Exportações**. São Paulo: Quartier Latin, 2003

PAULSEN, Leandro **Curso de direito tributário.** 11ª. ed. São Paulo: Saraiva Educação, 2020.

PAULSEN, Leandro. **Direito Tributário: Constituição e Código Tributário à luz da doutrina e da jurisprudência**. 16. ed. Porto Alegre: Livraria do Advogado Editora; ESMAFE, 2014.

PENHA, José Ribamar Barros. **Imposto de renda pessoa física: norma, doutrina, jurisprudência e prática.** São Paulo: MP Ed., 2010.

PRADO, Eduardo Clayton. **O Imposto sobre Transmissão Causa Mortis de Quaisquer Bens e Direitos – Regra-matriz de incidência, isenção, lançamento, decadência e prescrição**. 2007. Dissertação (Mestrado em Direito) – Pontifícia Universidade Católica de São Paulo.

SCHOUERI, Luís Eduardo. **Normas tributárias indutoras e intervenção econômica.** 1. ed. Rio de Janeiro: Forense, 2005.

SCHOUERI, Luís Eduardo. **Direito Tributário.** 9.ed. São Paulo: Saraiva Educação, 2019.

VALADÃO, Marcos Aurélio Pereira; BASTOS, Ricardo Victor Ferreira (Orgs.). **Repercussão Geral – Análise de Casos Sobre O ICMS.** 1. ed. São Paulo: Intelecto, 2018.

VALADÃO, Marcos Aurélio Pereira; BASTOS, Ricardo Victor Ferreira (Orgs.). **Repercussão Geral no Direito Tributário:** Estudos de Casos Relacionados às Contribuições. São Paulo: Almedina, 2020.

PARTE III
ESTUDOS DE CASOS
IMPOSTOS

Capítulo 1
Recurso Extraordinário nº 562.980 – Santa Catarina

Daniel Vicente Evaldt da Silva

1. Recurso Extraordinário nº 562.980– Santa Catarina[1]

Relator originário: MINISTRO RICARDO LEWANDOWSKI
Relator para o acórdão: MINISTRO MARCO AURÉLIO
Recorrente: UNIÃO – PROCURADORIA-GERAL DA FAZENDA NACIONAL
Recorrido: IMPRIMAX LTDA.
Data de julgamento: 06/05/2009.

1.1. Ementa acórdão

> IPI – CREDITAMENTO – ISENÇÃO – OPERAÇÃO ANTERIOR À LEI Nº 9.779/99. A ficção jurídica prevista no artigo 11 da Lei nº 9.779/99 não alcança situação reveladora de isenção do Imposto sobre Produtos Industrializados – IPI que a antecedeu.

[1] BRASIL. Supremo Tribunal Federal. RE 562980, Relator(a): Min. RICARDO LEWANDOWSKI, Relator(a) p/ Acórdão: Min. MARCO AURÉLIO, Tribunal Pleno, julgado em 06/05/2009. Disponível em: https://jurisprudencia.stf.jus.br/pages/search/sjur165795/false. Acesso em 12 de ago. de 2020.

1.1.1. Especificação do caso e razões da submissão à repercussão geral

Conforme exposto no Acórdão de julgamento, o Tribunal Regional Federal da 4ª Região, com fundamento em precedente de seu Órgão Especial, deu provimento parcial a recurso de apelação do contribuinte, assentando o direito de que o mesmo poderia creditar-se do Imposto sobre Produtos Industrializados – IPI, quando na aquisição de insumos tributados em que os mesmos tenham sido utilizados na fabricação de **produtos isentos ou com alíquota zero** (grifo meu). Em outras palavras, produto final sem incidência do tributo federal.

Pretendiam os apelantes verem reconhecido o direito à compensação do referido tributo federal, por meio de restituição dos créditos de IPI, relativos à aquisição de insumos utilizados na industrialização de produtos isentos ou taxados à alíquota zero até dezembro de 1998, superando a limitação estabelecida no art. 174 do Decreto nº 2.637/98, com fundamento no princípio constitucional da não-cumulatividade do IPI, alegando que, a partir de 1º de janeiro de 1999, com o advento da Lei 9.779/99, tal se tornou possível, mediante requerimento à Receita Federal. Assim, quis, na prática, efeitos retroativos à referida norma.

Ressalta-se que a apelação foi provida parcialmente, já que permitiu que o contribuinte compensasse os créditos do IPI em questão, com outros tributos administrados pela Receita Federal, na forma dos arts. 73 e 74 da Lei 9.430/96, após o trânsito em julgado da decisão, conforme o art. 170-A do Código Tributário Nacional, observada a correção monetária e respeitada a prescrição quinquenal. O acórdão ficou assim ementado:

> EMENTA: TRIBUTÁRIO. IPI. PRODUTO ISENTO, NÃO-TRIBUTADO OU COM ALÍQUOTA ZERO. PRINCÍPIO DA NÃO-CUMULATIVIDADE. MATÉRIA PRIMA E INSUMOS TRIBUTADOS. PRESCRIÇÃO QÜINQÜENAL. PROVA DA NÃO TRANSFERÊNCIA DO ENCARGO. APROVEITAMENTO. COMPENSAÇÃO. LC 104/2001. CORREÇÃO MONETÁRIA. 1. A prescrição do direito à utilização dos créditos escriturais do IPI é qüinqüenal, na forma do art. 1º do Decreto nº 20.910/32 (EIAC nº 2000.04.01.093255-0/SC). 2. Delimitada a lide apenas até dezembro de 1998, pois a partir de 1º de janeiro de 1999, com o advento da Lei nº 9.779/99,

a ré passou a admitir o uso dos créditos do IPI na compensação com outros tributos. 3. Impõe-se o creditamento do IPI incidente na aquisição de mercadorias e insumos tributados aplicados na industrialização de produtos sujeitos à alíquota zero, pena de ofensa ao princípio constitucional da não-cumulatividade e transmutação do industrial, contribuinte de direito, em consumidor, contribuinte de fato o IPI em autêntico imposto direto. 4. Não existe ofensa ao art. 150, § 6º, da CF/88, que exige lei específica para as hipóteses de isenção e redução de base de cálculo, mas unicamente da verificação da inteligência e alcance do art. 153, § 3º, II, da Lei Maior, relativo à não cumulatividade do IPI, e o não aproveitamento do crédito obriga o contribuinte a suportar o encargo financeiro ou repassar o ônus, onerando a cadeia produtiva. 5. A vedação contida no art. 155, § 2º, II, da CF/88 é específica ao ICMS, não se aplicando, pois, ao IPI. A ausência de ressalva na regulamentação do IPI não é omissão e, sim, intenção do Constituinte Originário e não admite interpretação extensiva. 6. O art. 174, I, a, do Decreto nº 2.637/98, teve sua inconstitucionalidade reconhecida neste Egrégio Tribunal, no julgamento da Argüição de Inconstitucionalidade na AC nº 1999.72.05.008186-1/SC. 7. Não tem aplicação, in casu, o art. 166 do CTN, que condiciona a restituição de indébitos à prova do não-repasse do encargo a terceiros, haja vista a natureza escritural dos créditos pleiteados. 8. A compensação pode ser lançada na contabilidade do IPI ou, a critério do contribuinte, compensada na forma dos artigos 73 e 74 da Lei nº 9.430/96, somente após o trânsito em julgado da sentença, nos termos da LC 104/2001, por se tratar de tributo objeto de discussão judicial. 9. Sobre os créditos do IPI incidirá, a partir de 1º-01-1996, a SELIC, a partir da data em que poderiam ter sido aproveitados até o trânsito em julgado da ação, quando não mais será possível a atualização, haja vista a sua natureza contábil, conforme decisão da 1ª Seção deste Tribunal, nos Embargos Infringentes em AC nº 2000.71.10.001214-4/RS. 10. Considerados prequestionados os artigos de lei e princípios constitucionais referidos na decisão.[2]

A União, então, interpôs Recurso Extraordinário com fundamento nas alíneas 'a' e 'b' do inciso III do artigo 102 da Constituição Federal, que aduz ser cabível recurso ao Supremo Tribunal Federal quando a decisão recorrida,

[2] BRASIL. Tribunal Regional Federal da 4ª Região - TRF4, AMS 2003.70.03.008707-0, PRIMEIRA TURMA, Relator ÁLVARO EDUARDO JUNQUEIRA, D.E. 18/12/2006.

decididas em única ou última instância: a) contrariar dispositivo desta Constituição ou b) declarar a inconstitucionalidade de tratado ou lei federal.

No caso, a Procuradoria da Fazenda Nacional sustentou que o acórdão guerreado transgredira os artigos 97 e 150, § 6º, e ainda o artigo 153, § 3º inciso II, todos da Carta Política de 1988. Inicialmente, porque a decisão do órgão especial do TRF4 tratou de arguição de inconstitucionalidade de norma secundária (Art. 174, inciso 1º, alínea 'a' do Decreto nº 2637/1998), quando deveria ter tratado da norma que lhe dá base (Lei 4.502/1964, alterada pela Lei nº 7.789/1989), contrariando a reserva de declaração de inconstitucionalidade delineada no artigo 97 da Constituição Federal.

No mérito, defendeu a PGFN a constitucionalidade do art. 174, I, a, do Decreto 2.637/98, bem como a impossibilidade do aproveitamento do crédito do IPI nessas operações antes da edição da Lei 9.779/99.

O STF deixou de remeter o processo ao Procurador-Geral da República por já tê-lo feito no RE 420.068/SC, no qual o parecer foi pelo conhecimento e provimento do recurso da União.

A repercussão geral da questão constitucional foi reconhecida pelo plenário do STF mediante votação eletrônica finalizada em 29 de novembro de 2007, em decisão assim ementada:

> EMENTA: TRIBUTÁRIO. IMPOSTO SOBRE PRODUTOS INDUSTRIALIZADOS – IPI. INSUMOS TRIBUTADOS E PRODUTO FINAL SUJEITO À ALÍQUOTA ZERO OU ISENTO. PRETENSÃO AO APROVEITAMENTO DO CRÉDITO. I – O tema apresenta relevância do ponto de vista jurídico e econômico. II – Repetição em múltiplos feitos com fundamento em idêntica controvérsia. III – Repercussão geral reconhecida.[3]

> O Tribunal, em julgamento realizado pelo Pleno em 06/05/2009, por maioria, deu provimento ao recurso da União, vencidos os Ministros Ricardo Lewandowski (Relator) e Cezar Peluso, que lhe negavam provimento, e o Senhor Ministro Eros Grau, que lhe dava parcial provimento.

[3] BRASIL. Supremo Tribunal Federal. RE 562980, Relator(a): Min. RICARDO LEWANDOWSKI, Relator(a) p/ Acórdão: Min. MARCO AURÉLIO, Tribunal Pleno, julgado em 06/05/2009. Disponível em: https://jurisprudencia.stf.jus.br/pages/search/repercussao-geral147/false. Acesso em 12 de ago. de 2020.

O julgamento foi concluído em 12/06/2013, com o julgamento dos Embargos de Declaração, que, por unanimidade e nos termos do voto do Relator, foram acolhidos, sem efeitos modificativos e assim ementados:

EMBARGOS DECLARATÓRIOS – JULGAMENTO. O exame dos embargos declaratórios pressupõe compreensão da angústia das partes e dos representantes processuais. Surgindo omissão quanto à juntada das razões prevalecentes no julgamento ocorrido, impõe-se a acolhida do pedido veiculado.[4]
É o que se passou.

1.2. Mérito da decisão

Inicialmente, é possível afirmar que o julgamento foi levado a plenário porque o ministro relator, Ricardo Lewandowski, entendeu que ao caso não se aplicava jurisprudência da corte. Isso porque no julgamento dos REs 370.682/SC e 353.657/PR, o STF assentou não ser possível o creditamento do IPI nas operações realizadas com insumos ou matérias-primas isentas ou tributadas com alíquota zero. Aliás, em 27/04/2020, o Plenário do STF aprovou edição de súmula vinculante sobre o tema[5]. Em outras palavras, o Supremo, com um percurso instável, rejeitava creditamento presumido de IPI, o que, de algum modo, tangenciava o mérito do RE 562.980-SC.

Mas de fato, Sua Excelência argumentou que a controvérsia era distinta, exatamente, porque a União passou a reconhecer, após a edição da Lei nº 9.779/99, o direito de o contribuinte creditar-se do IPI nas operações realizadas com insumos, material de embalagem ou bens intermediários empregados na industrialização de produtos isentos ou gravados com alíquota zero, ou seja, criou uma lei para conceder o direito ao crédito.

[4] BRASIL. Supremo Tribunal Federal. RE 562980, Relator(a): Min. RICARDO LEWANDOWSKI, Relator(a) p/ Acórdão: Min. MARCO AURÉLIO, Tribunal Pleno, julgado em 06/05/ 2009. Disponível em: https://jurisprudencia.stf.jus.br/pages/search/sjur237522/false. Acesso em 12 de ago. de 2020.

[5] BRASIL. Supremo Tribunal Federal. Súmula vinculante 58 – Enunciado: Inexiste direito a crédito presumido de IPI relativamente à entrada de insumos isentos, sujeitos à alíquota zero ou não tributáveis, o que não contraria o princípio da não cumulatividade. Data de Aprovação Sessão Plenária de 27/04/2020. DJe nº 112 de 07/05/2020, p. 1. DOU de 08/05/2020, Seção 1, p. 1.

Retomando-se o tema de fundo, o que se queria no caso era que a lei retroagisse. A questão neste RE consistia, basicamente, então, de acordo com o relator, em saber se o contribuinte teria ou não o direito de creditar-se ou compensar-se do imposto cobrado sobre os insumos ou produtos intermediários empregados no processo de fabricação, quando o produto final, por algum motivo, não está sujeito ao IPI, em operações anteriores à lei 9.799/1999.

Como sustentou o Ministro Relator, em seu voto, sua resposta era afirmativa: o contribuinte teria o direito de creditar-se ou compensar-se do IPI cobrado sobre os insumos ou produtos intermediários empregados no processo de fabricação, mesmo quando o produto final não estivesse sujeito ao IPI. Para sustentar sua tese, o ministro alegou que o princípio da não-cumulatividade do IPI teria maior abrangência do que a do ICMS, já que este tributo recebera um tratamento distinto da CF. Vejamos o tratamento constitucional do princípio da não cumulatividade na CF/1988 para o ICMS:

> Art. 155 – § 2º – II – a isenção ou não-incidência, salvo determinação em contrário da legislação: a) não implicará crédito para compensação com o montante devido nas operações ou prestações seguintes; b) acarretará a anulação do crédito relativo às operações anteriores;

Já o texto constitucional que tratou da não cumulatividade do IPI não traz essas restrições do ICMS, ou seja, esse creditamento presumido. Vejamos:

> Art. 153 – § 3º O imposto previsto no inciso IV: II – será não-cumulativo, compensando-se o que for devido em cada operação com o montante cobrado nas anteriores.

Parece evidente que há diferença no trato constitucional da matéria. E a partir disto o ministro relator organizou sua tese:

> Importa sublinhar que o fato de não ter sido ela incorporada ao regime constitucional do IPI, não pode ser interpretado como simples omissão do constituinte derivado, configurando, ao revés, aquilo que se denomina de "silêncio eloqüente" do legislador. Em outras palavras, a limitação ao crédito do ICMS auferido em operações anteriores, nas hipóteses de isenção ou não

> incidência, foi introduzida na Lei Maior em atenção às particularidades que cercam esse imposto estadual. Não é possível, pois, estender tal proibição ao IPI, cuja sistemática de cálculo e arrecadação é substancialmente diversa, mesmo porque distintos são os seus fundamentos e objetivos (fls. 635-636).

Na visão do ministro-relator, então, o dispositivo regulamentar impugnado impedia a realização do princípio da não-cumulatividade constitucional e legalmente estabelecido.

> Parece evidente que o direito ao aproveitamento de créditos oriundos de insumos tributados, no caso de produtos isentos ou tributados à alíquota zero, não surgiu apenas com a promulgação da Lei 9.779/99, visto que deriva diretamente do princípio da não-cumulatividade abrigado na Constituição de 1988, tal como nas Cartas que a antecederam, mostrando-se, destarte, inadmissível que lei ordinária ou, o que é pior, um simples regulamento possam erigir obstáculos a tal direito. Embora a Lei 9.779/99 não estabeleça, expressamente, a retroação de seus efeitos, tal efeito encontra-se implícito na norma, visto o diploma em comento configura verdadeira "lei interpretativa", que não cria direito novo, mas apenas explicita as conseqüências que decorrem do princípio constitucional da não-cumulatividade, revestindo-se, pois, de um caráter eminentemente declaratório. Esse foi, aliás, o entendimento do Superior Tribunal de Justiça no julgamento do REsp 883.264/MG, Rel. Min. Castro Meira, 24 Turma, em 15.08.2006 (J 25.08.2006, p. 332).

Lembrou bem o ministro do comando do artigo art. 106, I, do Código Tributário Nacional que prescreve que a lei tributária se aplica a ato ou fato pretérito quando seja, expressamente, interpretativa, o que, em sua visão, seria o caso.

Após o voto do Senhor Ministro Ricardo Lewandowski (relator), conhecendo do recurso e negando-lhe provimento, o Ministro Marco Aurélio discordou. Caminhou em sentido oposto, dando provimento ao Recurso. Para o Ministro Marco Aurélio, tratava-se de inadmissível efeito legislativo em situação pretérita e que a Constituição Federal cogita de compensação, e "compensação pressupõe algo devido que terá parcela subtraída mediante esse fenômeno – o da compensação." Logo não haveria com o que se fazer a compensação, já que a última operação seria isenta. Disse ainda, que ao entender-se de forma diversa estar-se-ia procedendo à retroação dessa mesma isenção a ponto de alcançar a primeira operação e isso não estaria autorizado pelo texto constitucional. O princípio da não cumulatividade existe para evitar sobreposições, não para assegurar a extensão retroativa de benefício, considerada a operação tributada anteriormente.

A seguir, pediu vista o Ministro Eros Grau, que, ao apresentar seu voto-vista, entendeu pela manutenção do crédito relativo à operação anterior, mas desde que o industrializador não acrescentasse o valor desse crédito ao custo do produto, no que concordava com o ministro Relator, mas somente nisso, já que também, concordando com a divergência do ministro Marco Aurélio, não admitia o crédito anteriormente à vigência da Lei n. 9.779/99:

> Já no que concerne à desoneração do IPI na saída do produto industrializado mercê de incidência por alíquota zero, aí não há benefício fiscal a ser preservado, porém mera técnica fiscal. Não vejo como admitir-se a manutenção de crédito, nesse caso, anteriormente à vigência da Lei n. 9.779/99. Acompanho, neste ponto, o voto do Ministro Marco Aurélio no RE 460.785. Logro assim, como se vê, a façanha de a um só tempo acompanhar e divergir, parcialmente, dos votos dos Ministros relatores desses dois recursos extraordinários. Tudo, no entanto, para manter-me em coerência com meu voto anterior, já mencionado, no RE 353.657.

O ministro Menezes Direito e a ministra Carmem Lúcia acompanharam integralmente a divergência. O ministro Carlos Britto também não admitiu o que ele chamou de crédito presumido.

O ministro Cezar Peluso, porém, acompanhou o relator.

Por fim, o presidente da sessão, Ministro Gilmar Mendes também acompanhou a divergência.

Ausentes, registre-se, justificadamente, o Senhor Ministro Celso de Mello e a Senhora Ministra Ellen Gracie.

Esta foi a decisão final do julgamento:

> Após o voto do Senhor Ministro Ricardo Lewandowski (relator), conhecendo do recurso e negando-lhe provimento, e do voto do Senhor Ministro Marco Aurélio, que dele conhecia e dava-lhe provimento, pediu vista dos

autos o Senhor Ministro Eros Grau. Falaram: pela recorrente, o Dr. Luís Carlos Martins Alves Jr., Procurador da Fazenda Nacional e, pela recorrida, o Dr. Fernando Albino. Presidência do Senhor Ministro Gilmar Mendes. Plenário, 18.06.2008. Decisão: O Tribunal, por maioria, conheceu e deu provimento ao recurso extraordinário, vencidos os Senhores Ministros Ricardo Lewandowski (Relator) e Cezar Peluso, que lhe negavam provimento, e o Senhor Ministro Eros Grau, que lhe dava parcial provimento. Votou o Presidente, Ministro Gilmar Mendes. Redigirá o acórdão o Senhor Ministro Marco Aurélio. Ausentes, justificadamente, o Senhor Ministro Celso de Mello e a Senhora Ministra Ellen Gracie. Plenário, 06.05.2009.

Assim, pois ficou ementada a tese originada do presente RE:

> O direito do contribuinte de utilizar-se de crédito relativo a valores pagos a título de Imposto sobre Produtos Industrializados – IPI, oriundo da aquisição de matéria-prima a ser empregada em produto final beneficiado pela isenção ou tributado à alíquota zero, somente surgiu com a Lei nº 9.779/1999, não se mostrando possível a aplicação retroativa da norma. Obs: Redação da tese aprovada nos termos do item 2 da Ata da 12ª Sessão Administrativa do STF, realizada em 09/12/2015.

1.3. Análise crítica

O cerne da controvérsia era efetivamente a extensão do princípio da não cumulatividade aplicado ao IPI. E prevaleceu no julgamento do RE 562.980-SC tese relativamente sólida no tema de creditamento do IPI: o STF não admite crédito presumido ou instituições assemelhadas. Exige-se lei.

O princípio da não cumulatividade é nos dizeres de Paulo de Barros Carvalho, técnica de apuração do valor devido a título do tributo[6]. Trata-se de um sistema de subtração direta, como bem lembrado por Maurício do Valle, ao afirmar que juridicamente não se trata de imposto sobre valor agregado, já que independentemente do que seja adicionado ao produto, poderá haver

[6] CARVALHO, Paulo de Barros. **Imposto sobre Produtos Industrializados**. São Paulo: Resenha Tributária, 1976, p. 142.

direito ao creditamento (imposto contra imposto), evitando assim o imposto em cascata. Ainda para o tributarista, o princípio da Não Cumulatividade decorre do princípio da capacidade contributiva objetiva e relativa, que, por sua vez, decorrem do princípio da isonomia e ainda do princípio constitucional da vedação ao efeito de confisco[7].

É evidente que o fato de a constituição ter utilizado a expressão "compensando-se o que for devido em cada operação com o montante cobrado nas operações anteriores', ao se referir ao princípio da Não Cumulatividade aplicável ao IPI, gerou fortes críticas da doutrina especializada. Boa parte dela, contudo, parece preferir não apenas criticá-la tecnicamente, mas ignorar que a Constituição foi, de alguma maneira, bastante clara, ao exigir pagamento de tributo em operação anterior ou posterior para que houvesse o direito à compensação. O postulado do legislador racional, como amplamente debatido na doutrina constitucional, não pode supor a exigência de impecável técnica legislativa em todos os temas. Esta tarefa é da doutrina e dos Tribunais[8].

Aliás, a moderna teoria constitucional assevera no método hermenêutico-concretizador que no processo interpretativo (ir e vir) a norma deve ser o limite da interpretação, uma lembrança que deve ser feita a parte da Doutrina, de tempos em tempos. Não se trata, no caso, de interpretação literal. Mas de respeito ao texto constitucional.

A comparação com o ICMS parece válida no campo argumentativo, já que neste tributo o poder constituinte derivado acabou por ser mais assertivo nas restrições ao creditamento deste imposto do que fora o constituinte originário, ao tratar do IPI. Mas é interpretação teratológica e além do limite da ética dizer que por não haver restrição aqui e haver lá, a daqui é, necessariamente, mais ampla. Não cabe. É desrespeito à Constituição, ao princípio da legalidade, da segurança jurídica e, finalmente, às debilitadas finanças públicas brasileiras. Por estes motivos, não nos alinhamos à doutrina de Paulo

[7] VALLE, M. D. T. Princípios Constitucionais e Regras-Matrizes do IPI. São Paulo: Noeses, 2016, p. 488-489.

[8] MENDES, Gilmar Ferreira; BRANCO, Paulo Gustavo Gonet. Curso de Direito Constitucional. 10. ed. São Paulo: Saraiva, 2017.

de Barros Carvalho[9], Eduardo Domigos Bottallo[10] e Maurício Dalri Timm do Valle[11].

Assim, ao nosso ver, o caminho trilhado pelo STF neste julgamento esteve alinhado à sua jurisprudência, mais recente, diga-se de passagem, e às normas constitucionais. É que o STF, embora de modo vacilante, não admite creditamento presumido do IPI. Como julgou no Agravo Regimental do Recurso Extraordinário 531.263-1, não se admite compensação do IPI com bem de consumo ou integração de ativo fixo.

Na mesma linha, nos julgamentos dos RE 353657-8-PR e RE 370-682/SC, o STF deixou assente que não se cogita de creditamento quando o insumo entra na indústria com alíquota zero. Não sem motivo. Consta claramente na Constituição Federal, em seu artigo 150, § 6º, que:

Qualquer subsídio ou isenção, redução de base de cálculo, concessão de crédito presumido, anistia ou remissão, relativos a impostos, taxas ou contribuições, só poderá ser concedido mediante lei específica, federal, estadual ou municipal, que regule exclusivamente as matérias acima enumeradas ou o correspondente tributo ou contribuição, sem prejuízo do disposto no art. 155, § 2.º, XII, g.

Como se vê, não se trata, meramente, de interpretação literal, mas de aplicação do comando constitucional inequívoco. Aliás, como ficou evidente na análise até aqui feita, a Lei Federal veio. Exata e precisamente em 1999. Trata-se do artigo 11 da Lei nº 9.779/1999. Vejamos:

> Art. 11. O saldo credor do Imposto sobre Produtos Industrializados – IPI, acumulado em cada trimestre-calendário, decorrente de aquisição de matéria-prima, produto intermediário e material de embalagem, aplicados na industrialização, inclusive de produto isento ou tributado à alíquota zero, que o contribuinte não puder compensar com o IPI devido na saída de outros produtos, poderá ser utilizado de conformidade com o disposto nos arts. 73 e

[9] CARVALHO, P. B. Isenções Tributárias do IPI em face do princípio da não cumulatividade. RDDT: São Paulo, 1998, p. 160.

[10] BOTTALLO, E. D. MELO, J. Eduardo. Comentários às súmulas tributárias do STF e do STJ. São Paulo: Quartier Latin, 2007, p. 724.

[11] VALLE, M. D. T. Princípios Constitucionais e Regras-Matrizes do IPI. São Paulo: Noeses, 2016, p. 496-524

> 74 da Lei no 9.430, de 27 de dezembro de 1996, observadas normas expedidas pela Secretaria da Receita Federal do Ministério da Fazenda.

Ao bem da verdade, é preciso ressaltar que o STF que motivou a edição da referida Lei, já que o Tribunal, no julgamento do RE 212.484-2-RS[12] passou a admitir creditamento do IPI em operação anterior (insumo) isenta. Sem dúvida, a jurisprudência vacilante do STF a motivar legislação reativa e, posteriormente, modificada pelo próprio STF é um dos processos mais patológicos que a sociedade brasileira tem experimentado nos últimos anos, em diversas áreas, causa de uma cultura jurídica despreocupada com a função principal da Jurisdição e do próprio Direito, a saber, assegurar a segurança jurídica e a paz social.

Como se vê, a Constituição diz que se necessita de lei para obter-se benefício fiscal. Então, o STF aplicou a Constituição ao vedar creditamento presumido do IPI. O Congresso Nacional concedeu o benefício. Não poderia o Supremo dar à referida lei efeitos retroativos. É antijurídico, embora, ressalva-se o CTN admite estes efeitos no seu artigo 106 que ressalva a lei expressamente interpretativa. Ora, a palavra expressamente do CTN é o limite da interpretação do Código. Deveria tê-lo observado melhor o ministro Relator do RE 562980-SC. Por sorte, saiu derrotado.

[12] BRASIL. SUPREMO TRIBUNAL FEDERAL. RExt 212484-2-RS; EMENTA: CONSTITUCIONAL. TRIBUTÁRIO. IPI. ISENÇÃO INCIDENTE SOBRE INSUMOS. DIREITO DE CRÉDITO. PRINCÍPIO DA NÃO CUMULATIVIDADE. OFENSA NÃO CARACTERIZADA. Não ocorre ofensa à CF (art. 153, § 3º, II) quando o contribuinte do IPI credita-se do valor do tributo incidente sobre insumos adquiridos sob o regime de isenção. Recurso não conhecido. (RE 212484, Relator(a): ILMAR GALVÃO, Relator(a) p/ Acórdão: NELSON JOBIM, Tribunal Pleno, julgado em 05/03/1998, DJ 27-11-1998 PP-00022 EMENT VOL-01933-04 PP-00725 RTJ VOL-00167-02 PP-00698)

Capítulo 2
Recurso Extraordinário nº 561.485 – Rio Grande do Sul

Thaís Soares de Oliveira Almeida

1. Recurso Extraordinário nº 561.485 Rio Grande do Sul[1]

Relator: Min. Ricardo Lewandowski
Data de julgamento: 13 de agosto de 2009
Data da Publicação: 26 de fevereiro de 2010

1.1. Ementa

> TRIBUTÁRIO. IMPOSTO SOBRE PRODUTOS INDUSTRIALIZADOS. CRÉDITO-PRÊMIO. DECRETO-LEI 491/1969 (ART. 1º). ADCT, ART. 41, § 1º. INCENTIVO FISCAL DE NATUREZA SETORIAL. NECESSIDADE DE CONFIRMAÇÃO POR LEI SUPERVENIENTE À CONSTITUIÇÃO FEDERAL. PRAZO DE DOIS ANOS. EXTINÇÃO DO BENEFÍCIO. RECURSO EXTRAORDINÁRIO CONHECIDO E DESPROVIDO. I – O crédito-prêmio de IPI constitui um incentivo fiscal de natureza setorial de que trata o do art. 41, caput, do Ato das Disposições Transitórias da

[1] BRASIL. Supremo Tribunal Federal. Recurso Extraordinário 561485. Relator(a): RICARDO LEWANDOWSKI, Tribunal Pleno, julgado em 13/08/2009. Disponível em: https://jurisprudencia.stf.jus.br/pages/search/sjur354784/false. Acesso em 12 de ago. de 2020.

Constituição. II – Como o crédito-prêmio de IPI não foi confirmado por lei superveniente no prazo de dois anos, após a publicação da Constituição Federal de 1988, segundo dispõe o § 1º do art. 41 do ADCT, deixou ele de existir. III – O incentivo fiscal instituído pelo art. 1º do Decreto-Lei 491, de 5 de março de 1969, deixou de vigorar em 5 de outubro de 1990, por força do disposto no § 1º do art. 41 do Ato de Disposições Constitucionais Transitórias da Constituição Federal de 1988, tendo em vista sua natureza setorial. IV – Recurso conhecido e desprovido.

1.1.1. Especificação do caso e razões da submissão à repercussão geral

O objeto posto à discussão no RE 561.485 visa a identificar o prazo de vigência do "estímulo fiscal", consubstanciado no crédito-prêmio de IPI, estabelecido no art. 1º, do Decreto-Lei 491/1969, que autorizava o ressarcimento de tributos recolhidos internamente mediante a constituição de créditos tributários sobre as vendas ao exterior realizadas pelas empresas fabricantes e exportadoras de manufaturados.

A controvérsia foi gerada em razão de inúmeras normas atinentes à vigência temporal do crédito-prêmio, tais como:

A edição do Decreto-Lei 1.658/1979, que reduzia gradualmente o crédito--prêmio até sua extinção definitiva em 30 de junho de 1983. Ocorre que, antes mesmo do encerramento deste termo final estabelecido, outros diplomas foram editados alterando o prazo de vigência do estímulo fiscal.

O Decreto-Lei 1.722/79 alterou o § 2º do art. 1º do Decreto-Lei 1.658/79 para permitir ao Ministro de Estado da Fazenda reduzir, gradualmente, o incentivo até junho de 1983, como pode ser verificado do texto modificado:

Decreto-Lei 1.658/1979:

Art. 1º – O estímulo fiscal de que trata o artigo 1º do Decreto-lei nº 491, de 5 de março de 1969, será reduzido gradualmente, até sua definitiva extinção.

§ 1º – Durante o exercício financeiro de 1979, o estímulo será reduzido:

a) a 24 de janeiro, em 10% (dez por cento);

b) a 31 de março, em 5% (cinco por cento);

c) a 30 de junho, em 5% (cinco por cento);

d) a 30 de setembro, em 5% (cinco por cento);

e) a 31 de dezembro, em 5% (cinco por cento).

> § 2º O estímulo será reduzido de vinte por cento em 1980, vinte por cento em 1981, vinte por cento em 1982 e de dez por cento até 30 de junho de 1983, de acordo com ato do Ministro de Estado da Fazenda. **(Redação dada pelo Decreto-lei nº 1.722, de 1979)** (grifo nosso)

Ocorre que, em curto espaço de tempo, sobreveio o Decreto-Lei 1.724/79, que revogou a norma que estabelecia uma data para a extinção do crédito-prêmio, além de atribuir ao Ministro de Estado a atribuição para defini-la:

> Art. 1º O Ministro de Estado da Fazenda fica autorizado a aumentar ou reduzir, temporária ou definitivamente, ou **extinguir os estímulos fiscais de que tratam os artigos 1º** e **5º do Decreto-lei nº 491, de 5 de março de 1969**.
> Art. 2º Este Decreto-lei entrará em vigor na data de sua publicação, revogadas as disposições em contrário. (grifo nosso)

Logo após, em 1981, adveio o Decreto-Lei 1.894/81, que restaurou o estímulo fiscal sem prazo de vigência, e, além de estendê-lo às empresas exportadoras de produtos de fabricação nacional, adquiridos no mercado interno, delegou, novamente, ao Ministro da Fazenda poderes para extingui-lo:

> Art. 1º Às empresas que exportarem, contra pagamento em moeda estrangeira conversível, produtos de fabricação nacional, adquiridos no mercado interno, fica assegurado:
> I – o crédito do imposto sobre produtos industrializados que haja incidido na aquisição dos mesmos;
> II – o crédito de que trata o artigo 1º do Decreto-lei nº 491, de 5 de março de 1969.
> [...]
> **Art. 3º – O Ministro da Fazenda fica autorizado, com referência aos incentivos fiscais à exportação, a:**
> **I – estabelecer prazo, forma e condições, para sua fruição**, bem como reduzi-los, majorá-los, suspendê-los ou extingui-los, em caráter geral ou setorial;
> [...] (grifo nosso)

Várias Portarias sobre o tema foram editadas pelo Ministro da Fazenda, sendo a mais relevante a Portaria 176/1984, que determinou a extinção definitiva do crédito-prêmio em 01 de maio de 1985.

Deste momento até a promulgação da Constituição Federal de 1988, não foi editada mais nenhuma norma sobre a vigência do crédito-prêmio de IPI, considerando-se que o Decreto-Lei 2.413/88 tratou do tema de maneira implícita, para reconhecer que o incentivo fiscal manteve-se íntegro até esta data:

> Art. 1º O lucro decorrente de exportações incentivadas será tributado, pelo imposto de renda, à alíquota de 3% (três por cento) no exercício financeiro de 1989 e à alíquota de 6% (seis por cento) a partir do exercício financeiro de 1990. (Vide Lei nº 7.988, de 1989)
> § 1º A tributação por alíquota especial referida neste artigo aplica-se ao lucro decorrente das exportações de que tratam:
> [...]
> b) os artigos 3º e 4º do Decreto-lei nº 1.248, de 29 de novembro de 1972, com a redação dada pelo art. 2º do Decreto-lei nº 1.894, de 16 de dezembro de 1981, e pelo art. 3º do Decreto-lei nº 1.721, de 3 dezembro de 1979 (exportação por intermédio de e por empresas comerciais exportadoras);

Após a edição dessas normas, o tema foi tratado novamente pela Constituição Federal, que assim previu no art. 41, § 1º, do ADCT:

> Art. 41. Os Poderes Executivos da União, dos Estados, do Distrito Federal e dos Municípios reavaliarão todos os incentivos fiscais de natureza setorial ora em vigor, propondo aos Poderes Legislativos respectivos as medidas cabíveis.
> § 1º Considerar-se-ão revogados após dois anos, a partir da data da promulgação da Constituição, os incentivos que não forem confirmados por lei.

O STF, em 26 de novembro de 2001, declarou a inconstitucionalidade parcial do art. 1º do Decreto-Lei 1.724/79 e do inciso I, do art. 3º, do Decreto-Lei 1.894/81, por entender que a delegação de competência ao Ministro da Fazenda para reduzir, suspender ou extinguir o crédito-prêmio do IPI, contrariava a Constituição Federal de 1967.

Desse modo, o Senado Federal editou a Resolução 71/2005, para nos termos do art. 52, X, da CF/88, suspender a execução das expressões declaradas inconstitucionais[2]:

> O Senado Federal, no uso de suas atribuições que lhe são conferidas pelo inciso X do art. 52 da Constituição Federal e tendo em vista o disposto em seu Regimento Interno, e nos estritos termos das decisões definitivas do Supremo Tribunal Federal,
> Considerando a declaração de inconstitucionalidade de textos de diplomas legais, conforme decisões definitivas proferidas pelo Supremo Tribunal Federal nos autos dos Recursos Extraordinários nºs 180.828, 186.623, 250.288 e 186.359,
> Considerando as disposições expressas que conferem vigência ao estímulo fiscal conhecido como "crédito-prêmio de IPI", instituído pelo art. 1º do Decreto-Lei nº 491, de 5 de março de 1969, em face dos arts. 1º e 3º do Decreto-Lei nº 1.248, de 29 de novembro de 1972; dos arts. 1º e 2º do Decreto-Lei nº 1.894, de 16 de dezembro de 1981, assim como do art. 18 da Lei nº 7.739, de 16 de março de 1989; do § 1º e incisos II e III do art. 1º da Lei nº 8.402, de 8 de janeiro de 1992, e, ainda, dos arts. 176 e 177 do Decreto nº 4.544, de 26 de dezembro de 2002; e do art. 4º da Lei nº 11.051, de 29 de dezembro de 2004,
> Considerando que o Supremo Tribunal Federal, em diversas ocasiões, declarou a inconstitucionalidade de termos legais com a ressalva final dos dispositivos legais em vigor,
> RESOLVE:
> Art. 1º É suspensa a execução, no art. 1º do Decreto-Lei nº 1.724, de 7 de dezembro de 1979, da expressão "ou reduzir, temporária ou definitivamente, ou extinguir", e, no inciso I do art. 3º do Decreto-Lei nº 1.894, de 16 de dezembro de 1981, das expressões "reduzi-los" e "suspendê-los ou extingui-los", preservada a vigência do que remanesce do art. 1º do Decreto-Lei nº 491, de 5 de março de 1969.

[2] Decreto 1.724/79: Art. 1º O Ministro de Estado da Fazenda fica autorizado a aumentar os estímulos fiscais de que tratam os artigos 1º e 5º do Decreto-lei nº 491, de 5 de março de 1969. (Expressão suspensa pela Resolução do Senado Federal nº 71, de 2005) (grifo nosso) Decreto 1.894/91: Art. 3º – O Ministro da Fazenda fica autorizado, com referência aos incentivos fiscais à exportação, a: I – estabelecer prazo, forma e condições, para sua fruição, bem como , majorá-los, , em caráter geral ou setorial; (Expressões suspensas pela Resolução do Senado Federal nº 71, de 2005) (grifo nosso)

A quantidade de normas editadas sobre o tema e a declaração de inconstitucionalidade proferida pelo STF das normas previstas nos Decretos-Lei 1.724/79 e 1.894/81, teve como consequência o surgimento de três diferentes soluções para a definição do termo final de vigência do estímulo fiscal, inclusive no âmbito do próprio STJ, que assim as resumiu, por ocasião do julgamento do REsp 1.111.148/SP, sob a sistemática do art. 543-C, do CPC/73[3] (Recurso Repetitivo):

> [...]
> 3. Relativamente ao prazo de vigência do estímulo fiscal previsto no art. 1º do DL 491/69 (crédito-prêmio de IPI), três orientações foram defendidas na Seção. **A primeira**, no sentido de que o referido benefício foi extinto em 30.06.83, por força do art. 1º do Decreto-lei 1.658/79, modificado pelo Decreto-lei 1.722/79. Entendeu-se que tal dispositivo, que estabeleceu prazo para a extinção do benefício, não foi revogado por norma posterior e nem foi atingido pela declaração de inconstitucionalidade, reconhecida pelo STF, do art. 1º do DL 1.724/79 e do art. 3º do DL 1.894/81, na parte em que conferiram ao Ministro da Fazenda poderes para alterar as condições e o prazo de vigência do incentivo fiscal.
> 4. **A segunda** orientação sustenta que o art. 1º do DL 491/69 continua em vigor, subsistindo incólume o benefício fiscal nele previsto. Entendeu-se que tal incentivo, previsto para ser extinto em 30.06.83, foi restaurado sem prazo determinado pelo DL 1.894/81, e que, por não se caracterizar como incentivo de natureza setorial, não foi atingido pela norma de extinção do art. 41, § 1º do ADCT.
> 5. **A terceira** orientação é no sentido de que o benefício fiscal foi extinto em 04.10.1990, por força do art. 41 e § 1º do ADCT, segundo os quais "os Poderes Executivos da União, dos Estados, do Distrito Federal e dos Municípios reavaliarão todos os incentivos fiscais de natureza setorial ora em vigor, propondo aos Poderes Legislativos respectivos as medidas cabíveis", sendo que "considerar-se-ão revogados após dois anos, a partir da data da promulgação da Constituição, os incentivos fiscais que não forem confirmados por lei". Entendeu-se que a Lei 8.402/92, destinada a restabelecer incentivos fiscais, confirmou, entre vários outros, o benefício do art. 5º do Decreto-Lei 491/69, mas não o do seu artigo 1º. Assim, tratando-se de incentivo de natureza

[3] Correspondência: Art. 1.036, do CPC/15.

setorial (já que beneficia apenas o setor exportador e apenas determinados produtos de exportação) e não tendo sido confirmado por lei, o crédito-prêmio em questão extinguiu-se no prazo previsto no ADCT. (grifo nosso)

Em síntese, foram as seguintes conclusões, indicando que o crédito-prêmio: **i.** foi extinto em 30 de junho de 1983 pelo Decreto-Lei 1.658/79; **ii.** continua em vigor até o presente, em razão de não ter sido abrangido pelo dispositivo transitório constitucional por não apresentar natureza setorial; **iii.** foi extinto em 04 de outubro de 1990, conforme art. 41 e § 1º, do ADCT, principalmente em razão de seu caráter setorial.

Em razão dessa profusão de normas e sua interpretação, diversas ações foram propostas, como essa sob *examen*, pleiteando a compensação dos débitos tributários administrados pela Receita Federal com o crédito-prêmio do IPI, relativamente ao período de 10 (dez) anos, sob o argumento de que o art. 1º, do Decreto-Lei 491/69 permanece em vigor e, consequentemente, o benefício fiscal nele previsto e, por não ser setorial, uma vez que beneficia todos os exportadores, não foi atingido pelas normas do art. 41, do ADCT.

A União sustenta que o crédito-prêmio foi extinto em 30 de junho de 1983, pelo Decreto-Lei 1.658/79 e a Lei 8.402/92, editada para restabelecer os incentivos fiscais, em obediência ao art. 41 do ADCT não é fundamento para embasar a pretensão do crédito-prêmio.

O STJ, por fim, firmou entendimento, sob a sistemática de Recurso Repetitivo, que o crédito-prêmio do IPI foi extinto em 05/10/1990, por força do art. 41, § 1º, do ADCT, considerando que o incentivo fiscal é aplicável às exportações realizadas entre 30/06/1983 e 05/10/1990, sendo o prazo prescricional de 5 (cinco) anos da data de extinção do benefício.

A repercussão geral sobre a matéria foi reconhecida no RE 577.302/RS[4], também de relatoria do Ministro Ricardo Lewandowski, referenciada por ora do julgamento deste RE, sob o fundamento da repetição da discussão em inúmeros processos, cabendo à Corte Suprema definir o alcance da norma do art. 41, do ADCT, para definir a permanência, ou não, do direito do crédito-prêmio de IPI.

[4] Em 27/09/2011, o RE 561.485/RS, sob análise, substituiu o paradigma de repercussão geral - RE 577.302/RS

1.1.2. Critério de conhecimento da repercussão geral

Ao tratar da repercussão geral da matéria (RE 577.302/RS), o Ministro Ricardo Lewandwski apontou como razões para o seu reconhecimento a relevância jurídica e econômica da prestação jurisdicional.

Sob o aspecto econômico, a questão é relevante, porque atinge todos os exportadores contribuintes do IPI, além da possibilidade de causar grande impacto na arrecadação tributária. Sob a perspectiva jurídica, mostra-se importante ante a necessidade de definir o alcance do art. 41, § 1º, do ADCT.

Desse modo, a Corte Suprema reconheceu a existência da repercussão geral da matéria em decisão assim ementada:

> EMENTA: CONSTITUCIONAL. IPI. CRÉDITO-PRÊMIO. EXTINÇÃO. ART. 41, § 1º, DO ADCT. EXISTÊNCIA DE REPERCUSSÃO GERAL. Questão relevante do ponto de vista econômico e jurídico.

Cumpre ressaltar que não houve manifestação da Ministra Ellen Gracie.

1.2. Mérito da decisão

O Recurso Extraordinário nº 561.485 foi julgado em 13 de agosto de 2009, em sessão plenária presidida pelo Ministro Gilmar Mendes. O Tribunal, por unanimidade e nos termos do voto do Relator, conheceu e negou provimento ao recurso extraordinário. Deliberou, ainda, o Tribunal a aplicação do artigo 543-B, do Código de Processo Civil, vencido no ponto o Senhor Ministro Marco Aurélio. Votou o Presidente, Ministro Gilmar Mendes. Ausentes, licenciados, os Senhores Ministros Joaquim Barbosa e Menezes Direito. Falaram, pela recorrente, o Dr. Carlos Mário da Silva Velloso e, pela recorrida, o Dr. Fabrício da Soller, Procurador da Fazenda Nacional. Estavam presentes na sessão os Senhores Ministros Celso de Mello, Marco Aurélio, Ellen Gracie, Cezar Peluso, Carlos Britto, Ricardo Lewandowski, Eros Grau e Cármen Lúcia.

1.2.1. Voto condutor

O voto condutor foi exarado pelo Ministro Ricardo Lewandowski.

Primeiramente, o Ministro realizou o histórico das diversas normas editadas sobre o tema, que gerou a controvérsia sobre o prazo de vigência do benefício.

Após, houve a aferição da inconstitucionalidade parcial dos Decretos-Lei 1.724/79 e 1.894/81 que não só eliminou o crédito-prêmio do ordenamento jurídico, como tornou indeterminado seu termo final de vigência, condicionado ao disposto no art. 41, § 1º, do ADCT, entendendo que o crédito-prêmio não foi extinto em 30 de outubro de 1983, mas permaneceu vigente por prazo indeterminado até o advento da CF/88, que deu outro tratamento ao tema.

Expõe que o benefício fiscal é setorial, uma vez que da leitura das normas que tratam sobre o tema, a começar do Decreto-Lei 491/69, a sua criação teve como finalidade promover o desenvolvimento de um setor determinado na economia, qual seja, o setor industrial, mediante incentivo à exportação de produtos manufaturados.

A industrialização de produtos, pressuposto para a configuração da hipótese de incidência do IPI, imposto ao qual o crédito-prêmio está vinculado, evidencia o caráter setorial do incentivo, estando contemplado pela expressão "incentivos fiscais de natureza setorial", contida no dispositivo constitucional transitório.

Desse modo, o art. 41, do ADCT, teve como escopo rever todos os incentivos fiscais vigentes à época, com exceção dos de caráter regional. No espaço temporal de dois anos, caso os Governos entendessem pela pertinência dos incentivos, deveriam confirmá-los mediante a edição de lei específica.

Entendeu assim que, por ser o crédito-prêmio do IPI setorial, para continuar vigorando, deveria ser confirmado por lei superveniente no prazo de dois anos da publicação da CF/88, e ante a inexistência dessa lei, foi extinto em 05 de outubro de 1990.

Por fim, destacou que a Lei 8.402/92 não teve o condão de restabelecer o crédito-prêmio, porque foi editada após o biênio determinado constitucionalmente, e apenas pretendeu revigorar o art. 5º, do Decreto-Lei 491/69, não mencionando sobre seu art. 1º, que é a norma que instituiu o benefício, não sendo possível sua repristinação, sem expressa previsão legal, conforme determina o art. 2º, § 3º, da Lei de Introdução às Normas de Direito Brasileiro.

1.2.2. Votos vencidos

Não houve votos vencidos, mas apenas divergências nas fundamentações.

1.3. Análise crítica

No julgamento do RE 561.485/RS, o Plenário do STF, à unanimidade, decidiu que o crédito-prêmio IPI foi extinto em 05 de outubro de 1990, dois anos após a promulgação da Constituição Federal de 1988, conforme estabelecido no art. 41, § 1º, do ADCT.

O crédito-prêmio IPI, criado pelo Decreto-Lei 491/1969, consubstanciou-se em um incentivo fiscal relacionado às exportações de produtos industrializados e uma forma de ressarcimento de tributos pagos internamente pelas empresas exportadoras, visando maior competitividade dos produtos brasileiros no exterior em razão da desoneração fiscal. Tal norma outorgava o benefício às empresas industriais-exportadoras, por meio da incidência de um percentual sobre o valor das vendas para o exterior, de modo que o resultado fosse utilizado como crédito escritural para dedução do próprio IPI ou compensação com outros tributos federais.

O beneficiário do incentivo, ou seja, aquele que podia creditar o benefício em sua escrituração fiscal, era o produtor-fabricante de produto industrializado, que realizava suas exportações diretamente ou por intermédio de terceiros. O benefício alcançava, por excelência, o industrial exportador, conforme dicção do art. 1º, do Decreto-Lei 491/1969.

Sobre as diversas normas que foram criadas para regulamentar o tema, no citado julgamento, foi exposto o seu histórico, de modo a se chegar à conclusão do julgamento. O Decreto-Lei 491/1969 não indicou a duração do benefício. O Decreto-Lei 1.658/79 previu uma extinção gradual do incentivo até junho de 1983. Em seguida, sobreveio o Decreto-Lei 1.722/79 delegando ao Ministro da Fazenda o poder para reduzir ou até extinguir o benefício. Neste mesmo ano, ainda foi editado o Decreto-Lei 1.724/79 que revogou a data definida para extinção do crédito-prêmio IPI, atribuindo poderes do Ministro da Fazenda para aumentar, diminuir ou extinguir o incentivo. Após a edição de Portarias pelo Ministro da Fazenda, foi criado o Decreto-Lei 1.894/81, que restaurou o benefício sem prazo para o fim, delegando, novamente, poderes ao Ministro da Fazenda.

Tendo sido declarados parcialmente inconstitucionais os Decretos-Leis 1.724/79 e 1.894/81, na parte que delegavam poderes ao Ministro da Fazenda para reduzir ou extinguir o benefício, permaneceu em vigor o Decreto-Lei 1.894/81, que restaurou a vigência do crédito-prêmio sem determinação do seu termo final.

Ocorre que, com a promulgação da Constituição Federal de 1988, restou estabelecido no art. 40, § 1º, do ADCT, a revogação dos incentivos setoriais em dois anos, caso não fossem confirmados por lei.

Nesse sentido, importante destacar que a aplicabilidade da norma foi consequência do entendimento aplicado pelo STF de que o crédito-prêmio IPI caracteriza-se como um incentivo fiscal de cunho setorial, uma vez que beneficia apenas o setor exportador e apenas determinados produtos de exportação, *in verbis*:

> Com efeito, a sucessiva edição, no tempo, de normas referentes a esse estímulo fiscal (crédito-prêmio de IPI), ou seja, de 5 de março de 1969 (Decreto-Lei 481/1969) a 10 de fevereiro de 1988 (Decreto-Lei 2.403/88), gerou para os contribuintes a legítima expectativa de que ele se manteve em vigor pelo menos até a promulgação da Constituição de 1988, especialmente em face do pronunciamento do STF quanto à inconstitucionalidade da delegação de poderes ao Ministro da Fazenda para dispor sobre o assunto.
> Assim, baseado nos argumentos retro expendidos e lastreado, ainda, nos princípios da boa-fé objetiva e, sobretudo, da segurança jurídica, que devem nortear a relação fisco-contribuinte, entendo que o crédito-prêmio do IPI não foi extinto em 30 de outubro de 1983, mas permaneceu vigente por prazo indeterminado até o advento da nova Carta Magna, que deu outro tratamento ao tema.
> [...]
> Destarte, não vejo como deixar de concluir que o crédito-prêmio, instituído pelo art. 1º do Decreto-Lei 491/1969, configura típico incentivo fiscal de natureza setorial, visto que foi, inequivocamente, direcionado à ampliação das exportações do setor industrial.
> [...]

> Para finalizar, assento que, por ser um incentivo fiscal de cunho setorial, o crédito-prêmio do IPI, para continuar vigorando, deveria ter sido confirmado por lei superveniente no prazo de dois anos após a publicação da Constituição de 1988. Como isso não ocorreu, ele foi, inexoravelmente, extinto em 5 de outubro de 1990 (RE nº. 577.348-5/RS, Tribunal Pleno, Relator Min. Ricardo Lewandowski, julgado em 13.8.2009).

Assim sendo, considerando que o crédito-prêmio IPI, sendo um benefício de caráter setorial, destinado ao conjunto dos exportadores, sejam eles pertencentes à indústria, ao comércio ou à produção em si, adequa-se à semântica do art. 41, § 1º, do ADCT, requerendo sua aplicação, tal como definido pelo STF.

Capítulo 3
Recurso Extraordinário nº 601.234 – São Paulo

Ricardo Lima de Oliveira

1 Recurso Extraordinário nº 601.234 – São Paulo[1]

Autor: Ricardo Lima de Oliveira
Relator: Ministra Ellen Gracie
Voto vencedor: Ministra Ellen Gracie
Data de julgamento: 27 de agosto de 2009

1.1 Considerações iniciais

O RE 601.234/SP teve seu seguimento negado em 27 de agosto de 2009, pela Ministra Relatora Ellen Gracie, por se tratar de questão idêntica à tratada no Agravo de Instrumento nº 712.743-QO.

Dessa forma, a análise será feita relativa ao Agravo de Instrumento.

[1] BRASIL. Supremo Tribunal Federal. Recurso Extraordinário nº. 561485. Relator(a): RICARDO LEWANDOWSKI, Tribunal Pleno, julgado em 13/08/2009. Disponível em: https://jurisprudencia.stf.jus.br/pages/search/sjur354784/false. Acesso em 12 de ago. de 2020.

1.1.1 Ementa

> TRATA-SE DE RECURSO EXTRAORDINÁRIO INTERPOSTO DE ACÓRDÃO O QUAL AFASTOU A COBRANÇA DA ALÍQUOTA PROGRESSIVA DO IPTU, INSTITUÍDA POR LEI ANTERIOR À EMENDA CONSTITUCIONAL 29/2000.
> 2. ESTE TRIBUNAL, NO JULGAMENTO DO AI 712.743-QO, POR MIM RELATADO, PLENÁRIO, UNÂNIME, DJE 07.05.2009, RECONHECEU A EXISTÊNCIA DA REPERCUSSÃO GERAL DA MATÉRIA PARA QUE OS EFEITOS DO ART. 543-B DO CPC POSSAM SER APLICADOS. NA MESMA OPORTUNIDADE, ESTA CORTE RATIFICOU O ENTENDIMENTO ANTERIORMENTE FIRMADO NO SENTIDO DA INCONSTITUCIONALIDADE DA PROGRESSIVIDADE DO IPTU ANTES DA EC 29/00, CONFORME SEDIMENTADO NA SÚMULA STF 668. O ACÓRDÃO RECORRIDO NÃO DIVERGIU DESSE ENTENDIMENTO.
> ANTE O EXPOSTO, NEGO SEGUIMENTO AO RECURSO EXTRAORDINÁRIO.

1.1.2 Especificação do caso

O Recurso Extraordinário nº 601.234/SP, ora em análise, trata da inconstitucionalidade da progressividade do IPTU – Imposto sobre a Propriedade Predial e Territorial Urbana.

O recurso foi interposto pela Casa do Azulejo Ltda – empresa situada na cidade de Santos, em São Paulo – em face do Município de Santos/SP, que cobrou IPTU progressivo referente aos exercícios de 1996 e 1997.

Diante da inadmissão pelo Tribunal de Justiça do Estado de São Paulo, contrariando o disposto na Súmula 668 do STF, a empresa apresentou o referido Agravo de Instrumento.

Não houve manifestação da Procuradoria-Geral da República.

Em 27 de agosto de 2009, a Ministra Ellen Gracie, em decisão monocrática, negou seguimento ao referido Extraordinário, tendo em vista a similaridade com o julgado do AI 712.743-QO, que passa a ser analisado no seguinte tópico.

1.1.3 AI 712.743-QO

Segundo informações do sítio do Supremo Tribunal Federal, "a Emenda Constitucional nº 45/2004 incluiu a necessidade de a questão constitucional trazida nos recursos extraordinários possuir repercussão geral para que fosse analisada pelo Supremo Tribunal Federal. O instituto foi regulamentado mediante alterações no Código de Processo Civil e no Regimento Interno do Supremo Tribunal Federal".

Tal instituto – Repercussão Geral – foi inserido na Carta Magna brasileira pela referida Emenda Constitucional, que acrescentou o §3º ao inciso III do artigo 102.

A exigência, para que seja reconhecida a Repercussão Geral, compete ao recorrente, que deve demonstrar as questões relevantes do ponto de vista econômico, político, social ou jurídico, que ultrapassem os interesses subjetivos da causa.

Sendo assim, o referido Agravo de Instrumento teve sua repercussão geral reconhecida pelos Ministros do Supremo Tribunal Federal de forma unânime, em 12 de março de 2009.

Eis a ementa da repercussão geral, reconhecida na Questão de Ordem dentro do Agravo de Instrumento nº 712.743:

> QUESTÃO DE ORDEM. AGRAVO DE INSTRUMENTO. CONVERSÃO EM RECURSO EXTRAORDINÁRIO (CPC, ART. 544, PARÁGRAFOS 3º E 4º). IPTU. INCIDÊNCIA DE ALÍQUOTAS PROGRESSIVAS ATÉ A EC 29/2000. RELEVÂNCIA ECONÔMICA, SOCIAL E JURÍDICA DA CONTROVÉRSIA. RECONHECIMENTO DA EXISTÊNCIA DE REPERCUSSÃO GERAL DA QUESTÃO DEDUZIDA NO APELO EXTREMO INTERPOSTO. PRECEDENTES DESTA CORTE A RESPEITO DA INCONSTITUCIONALIDADE DA COBRANÇA PROGRESSIVA DO IPTU ANTES DA CITADA EMENDA. SÚMULA 668 DESTE TRIBUNAL. RATIFICAÇÃO DO ENTENDIMENTO. POSSIBILIDADE DE APLICAÇÃO DOS PROCEDIMENTOS DA REPERCUSSÃO GERAL (CPC, ART. 543-B). 1. MOSTRAM-SE ATENDIDOS TODOS OS PRESSUPOSTOS DE ADMISSIBILIDADE, INCLUSIVE QUANTO À FORMAL E EXPRESSA DEFESA PELA REPERCUSSÃO GERAL DA MATÉRIA SUBMETIDA A ESTA CORTE SUPREMA. DA MESMA FORMA,

> O INSTRUMENTO FORMADO TRAZ CONSIGO TODOS OS SUBSÍDIOS NECESSÁRIOS AO PERFEITO EXAME DO MÉRITO DA CONTROVÉRSIA. CONVENIÊNCIA DA CONVERSÃO DOS AUTOS EM RECURSO EXTRAORDINÁRIO. 2. A COBRANÇA PROGRESSIVA DE IPTU ANTES DA EC 29/2000 – ASSUNTO DE INDISCUTÍVEL RELEVÂNCIA ECONÔMICA, SOCIAL E JURÍDICA – JÁ TEVE A SUA INCONSTITUCIONALIDADE RECONHECIDA POR ESTA CORTE, TENDO SIDO, INCLUSIVE, EDITADA A SÚMULA 668 DESTE TRIBUNAL. 3. RATIFICADO O ENTENDIMENTO FIRMADO POR ESTE SUPREMO TRIBUNAL FEDERAL, APLICAM-SE AOS RECURSOS EXTRAORDINÁRIOS OS MECANISMOS PREVISTOS NO PARÁGRAFO 1º DO ART. 543-B, DO CPC. 4. QUESTÃO DE ORDEM RESOLVIDA, COM A CONVERSÃO DO AGRAVO DE INSTRUMENTO EM RECURSO EXTRAORDINÁRIO, O RECONHECIMENTO DA EXISTÊNCIA DA REPERCUSSÃO GERAL DA QUESTÃO CONSTITUCIONAL NELE DISCUTIDA, BEM COMO RATIFICADA A JURISPRUDÊNCIA DESTA CORTE A RESPEITO DA MATÉRIA, A FIM DE POSSIBILITAR A APLICAÇÃO DO ART. 543-B, DO CPC.[2]

1.2 Mérito da decisão

1.2.1 Voto condutor

A Relatora do presente Agravo de Instrumento, convertido em Recurso Extraordinário em estudo, Ministra Ellen Gracie, apreciou a constitucionalidade da cobrança do IPTU progressivo, feito pelo Município de Santos/SP em face da empresa Casa do Azulejo.

É sabido que a Constituição Federal de 1988 reservou o artigo 156 para os impostos a serem instituídos pelos Municípios, sendo essa a redação original do referido dispositivo, no que tange ao IPTU:

[2] BRASIL. Supremo Tribunal Federal. Agravo de Instrumento nº. 712743 QO-RG, RELATOR(A): MIN. ELLEN GRACIE, JULGADO EM 12/03/2009. Disponível em: https://jurisprudencia.stf.jus.br/pages/search/repercussao-geral821/false. Acesso em 12 de ago. de 2020.

> Art. 156. Compete aos Municípios instituir impostos sobre:
> I – propriedade predial e territorial urbana;
> (...)
> *§ 1º O imposto previsto no inciso I poderá ser progressivo, nos termos de lei municipal, de forma a assegurar o cumprimento da função social da propriedade.*

Ocorre que com a Emenda Constitucional nº 29 de 2000, assim ficou a redação do referido dispositivo:

> Art. 156. Compete aos Municípios instituir impostos sobre:
> I – propriedade predial e territorial urbana;
> (...)
> *§ 1º Sem prejuízo da progressividade no tempo a que se refere o art. 182, § 4º, inciso II, o imposto previsto no inciso I poderá:* (Redação dada pela Emenda Constitucional nº 29, de 2000)
> I – ser progressivo em razão do valor do imóvel; e (Incluído pela Emenda Constitucional nº 29, de 2000)
> II – ter alíquotas diferentes de acordo com a localização e o uso do imóvel. (Incluído pela Emenda Constitucional nº 29, de 2000)

Dessa forma, a progressividade do IPTU foi alterada substancialmente no ano 2000, alterando a ampla e irrestrita possibilidade de progressividade (desde que promovido para garantir a função social da propriedade), pela progressividade apenas relativa ao valor do imóvel.

Nesse sentido, o Supremo Tribunal Federal já havia consolidado seu entendimento, em 2003, no enunciado nº 668, *in verbis*:

> É inconstitucional a lei municipal que tenha estabelecido, antes da Emenda Constitucional 29/2000, alíquotas progressivas para o IPTU, salvo se destinada a assegurar o cumprimento da função social da propriedade urbana.

Dessa forma, só seria constitucional a Lei Municipal que instituísse o IPTU progressivo, se o intuito fosse o de promover a função social da propriedade. Ou seja, se o intuito fosse meramente arrecadatório, tal Lei seria inconstitucional.

1.2.2 Votos vencidos

No caso em tela, o Agravo de Instrumento foi reconhecido, convertido em Recurso Extraordinário e dado provimento de forma unânime.

1.3 Análise crítica

O julgamento do Recurso Extraordinário nº 601.234/SP, bem como o do Agravo de Instrumento nº 712.743, não suscitou grandes debates entre os senhores Ministros do STF.

Por certo, a Súmula nº 668 do STF é muito clara ao dispor que as Leis Municipais anteriores à EC 29/2000 deveriam ter por objeto o cumprimento da função social da propriedade.

A declaração de inconstitucionalidade do referido dispositivo legal (Lei do Município de Santos), baseada na análise de diversos princípios de Direito Tributário, que existem para limitar o poder de tributar do Estado, protegeu o Contribuinte de uma cobrança indevida. Coube ao STF fazer valer a proteção constitucional no caso concreto.

Certo é, que na análise deste Extraordinário, ficou evidente a violação do art. 156, §1º, da Constituição Federal, ao se instituir o IPTU progressivo sem objetivar o cumprimento da função social da propriedade.

Nos termos do voto condutor, restou evidente que o legislador constituinte desejou que o IPTU progressivo apenas fosse instituído visando dar cumprimento à função social da propriedade urbana, não sendo instrumento meramente arrecadatório, inibindo o uso especulativo das propriedades.

Sendo assim a declaração da inconstitucionalidade da Lei Municipal Santista foi medida garantia da segurança jurídica proferida pela Corte máxima brasileira.

Capítulo 4
Recurso Extraordinário nº 592.905 – Santa Catarina

Rodrigo Senne Capone

1 RE nº. 592.905/Santa Catarina[1]

Relator: Ministro Eros Grau
Voto Vencedor: Ministro Eros Grau
Data de julgamento: 02 de dezembro de 2009

1.1 Ementa

EMENTA: RECURSO EXTRAORDINÁRIO. DIREITO TRIBUTÁRIO. ISS. ARRENDAMENTO MERCANTIL. OPERAÇÃO DE LEASING FINANCEIRO. ARTIGO 156, III, DA CONSTITUIÇÃO DO BRASIL. O arrendamento mercantil compreende três modalidades, [i] o leasing operacional, [ii] o leasing financeiro e [iii] o chamado lease back. No primeiro caso há locação, nos outros dois, serviço. A lei complementar não define o que é serviço, apenas o declara, para os fins do inciso III do artigo 156 da Constituição. Não o inventa, simplesmente descobre o que é serviço para os efeitos do inciso III

[1] BRASIL. Supremo Tribunal Federal. Recurso Extraordinário nº. 592.905/GO. Relator(a): Min. Eros Grau, Tribunal Pleno, julgado em 02/12/2009. Disponível em: http://portal.stf.jus.br/processos/detalhe.asp?incidente=2638475. Acesso em: 10 out 2019.

do artigo 156 da Constituição. No arrendamento mercantil (leasing financeiro), contrato autônomo que não é misto, o núcleo é o financiamento, não uma prestação de dar. E financiamento é serviço, sobre o qual o ISS pode incidir, resultando irrelevante a existência de uma compra nas hipóteses do leasing financeiro e do lease-back. Recurso extraordinário a que se nega provimento.

1.1.1 Especificação do caso e razões da submissão à repercussão geral

O caso ora em análise diz respeito à incidência do imposto sobre prestação de serviços – ISS, de competência dos Municípios e do Distrito Federal, nos termos do art. 156, III, da Constituição Federal de 1988 – CF/88, sobre operações de arrendamento mercantil financeiro (*leasing* financeiro). Duas correntes se opuseram no decorrer do debate. De acordo com uma das correntes, a operação de *leasing* financeiro se traduziria em obrigação de dar, estando, portanto, fora da esfera de incidência do ISS. Já para a segunda corrente, a operação de *leasing* financeiro se caracterizaria como prestação de serviço, sendo a obrigação tipicamente de fazer, enquadrando-se, assim, na zona de incidência do ISS. A depender da corrente adotada, o ISS estaria autorizado pela Constituição Federal 1988 a incidir sobre o arrendamento mercantil financeiro ou não.

No caso submetido à Repercussão Geral, o HSBC Investment Bank Brasil S/A – Banco de Investimento (Recorrente) questionou a constitucionalidade da incidência do ISS sobre operações de arrendamento mercantil financeiro, buscando ver afastado o entendimento exarado pelo Tribunal de Justiça do Estado de Santa Catarina – TJSC que, no Incidente de Uniformização da Jurisprudência em Embargos Infringentes n. 2006.030585-0, do Município de Caçador – SC (Recorrido), entendeu ser aplicável a Súmula 138 do Superior Tribunal de Justiça – STJ ao arrendamento mercantil (*leasing*), reconhecendo a incidência do ISS, resultando na edição da Súmula 18 do TJSC: "O ISS incide na operação de arrendamento mercantil de coisas móveis".

Inicialmente, o Município de Caçador – SC constituiu, em face do Recorrente, crédito tributário referente a ISS incidente sobre contratos de arrendamento mercantil financeiro.

Em sede de Embargos à Execução Fiscal[2], buscou o Recorrente a anulação da Certidão de Dívida Ativa, por entender pela não incidência do ISS sobre contratos de arrendamento mercantil financeiro. É importante destacar que, conforme se aduz do Recurso Extraordinário, as causas de pedir nos Embargos à Execução Fiscal não se restringiram apenas à possibilidade de o ISS incidir ou não. Havia outros fundamentos e pedidos, mas o Recurso Extraordinário ora analisado somente enfrentou a questão da incidência ou não incidência do ISS sobre contratos de arrendamento mercantil financeiro.[3]

Portanto, o presente trabalho se restringe a analisar o objeto do Recurso Extraordinário interposto, qual seja, a incidência ou não do ISS sobre operações de arrendamento mercantil financeiro, sendo que os demais pontos questionados pelo Recorrente em sede de Embargos à Execução Fiscal não serão enfrentados.

Os Embargos à Execução Fiscal opostos pelo Recorrente foram, em primeiro grau, julgados improcedentes, tendo entendido o Juízo de primeiro grau que o ISS incide sobre os contratos de arrendamento mercantil financeiro, concluindo pela aplicação da Súmula 138 do Superior Tribunal de Justiça ao caso.

Não conformado com a decisão exarada, o Recorrente interpôs Apelação, devolvendo a matéria para apreciação da segunda instância. Por sua vez, o Tribunal de Justiça do Estado de Santa Catarina encampou, por maioria, a tese jurídica apresentada pelo Recorrente, reconhecendo como ilegal e inconstitucional a incidência do ISS sobre operações de arrendamento mercantil. O Recorrido opôs Embargos de Declaração, os quais não foram acolhidos.

Foram opostos Embargos Infringentes pelo Município de Caçador, buscando fazer prevalecer o entendimento vencido quando do julgamento da Apelação, de que incide ISS sobre operações de arrendamento mercantil financeiro.

[2] Execução Fiscal nº 012.04.003204-5.

[3] Na peça do Recurso Extraordinário interposto pelo Recorrido, consta, às fls. 2, que: "Os fundamentos [=causas de pedir] com base nos quais formulou tais pedidos foram os seguintes: (I) o ISS não incide sobre as operações de arrendamento mercantil [*leasing*]; (II) sobre parte do crédito tributário já se operou a decadência; (III) o Município de Caçador é incompetente para a cobrança do ISS; (IV) a base de cálculo adotada é irregular; (V) a Lei Complementar nº 56/87 padece de vício formal de inconstitucionalidade; e (VI) a multa aplicada no percentual de 100% possui caráter confiscatório".

É importante destacar que foi suscitado Incidente de Uniformização de Jurisprudência, com a finalidade de uniformizar o entendimento do Tribunal de Justiça do Estado de Santa Catarina sobre o tema, vez que existiam divergências internas. Julgados os Infringentes, decidiu o referido Tribunal, por maioria, que é legal e constitucional a incidência do ISS sobre operações de arrendamento mercantil. A tese fixada foi que há incidência do ISS na operação de arrendamento mercantil sobre coisas móveis. Prevaleceu o entendimento de que a Constituição de 1988, ao prever a tributação sobre serviços de qualquer natureza, adotou o conceito econômico de serviço, que não deve ser confundido com o conceito do direito civil de prestação de serviço[4].

Frente à decisão proferida pelo Tribunal de Justiça do Estado de Santa Catarina, o HSBC Investment Bank Brasil S/A – Banco de Investimento interpôs Recurso Extraordinário.

No seu Recurso Extraordinário, o Recorrente afirmou haver violação do princípio da segurança jurídica do contribuinte, pois o Município Recorrido, ao fazer incidir sobre operações de arrendamento mercantil financeiro o ISS, agiu de forma inconstitucional, pois a referida operação não se afeiçoaria à hipótese de incidência do aludido tributo.

Para o Recorrente, a Constituição de 1988, ao tratar do imposto sobre serviços, elegeu como elemento do aspecto material do tributo a prestação de serviços, segundo a conceituação esculpida pelo Direito Privado. Para o Recorrente, o *leasing* se operacionaliza tão somente por obrigações de dar, o que não se amoldaria ao elemento prestar serviço, que seria típica obrigação de fazer algo.

Ante a divergência acerca da natureza do arrendamento mercantil, entende-se relevante apresentar os argumentos apresentados pelo Recorrente no seu Recurso Extraordinário, já que, posteriormente, serão apresentados

[4] Em trecho do Incidente de Uniformização da Jurisprudência em Embargos Infringentes (fls. 4), o Des. Relator Cesar Abreu destaca que "No RE n. 100.779 (RTJ 109/799-808) ficou consignado que 'o conceito de serviço, que impera no direito tributário, não é mais o mesmo do Direito Civil, mas o que se ampliou na interpretação econômica dos serviços, postos como meio de satisfação das necessidades imateriais, como os bens o são para as necessidades materiais. É o conceito tradicional de serviço em economia, ampliado da tradicional locação de serviços do Código Civil, que contrabalançava com a locação de coisas, e se atinha, sobretudo, à locação de trabalho – serviço pessoal do trabalhador, para abranger os serviços impessoais, que constituem hoje, o setor mais importante e mais significativo da atividade econômica'".

os argumentos adotados pela maioria dos Ministros do Supremo Tribunal Federal ao decidir o caso.

Para o Recorrente, a adoção do conceito econômico de serviço seria incompatível com o que preleciona a Constituição Federal de 1988 e o Código Tributário Nacional. Alega, em especial, que tal posicionamento viola o art. 156, III e o art. 146, III, alínea "a", ambos da Constituição da República.

Indagou o Recorrente qual seria o elemento factual que predomina no arrendamento mercantil. A resposta possibilitaria classificar o arrendamento mercantil como obrigação de dar ou de fazer, atraindo ou não a incidência do ISS ao caso.

Suscitou o Recorrente a decisão do Pleno do Supremo Tribunal Federal no Recurso Extraordinário nº 116.121-3, no ano de 2000, oportunidade na qual foi decidido que o ISS não incide sobre o contrato de locação de bens móveis, declarando incidentalmente a inconstitucionalidade da expressão "locação de bens móveis", constante do item 79 da Lista de Serviços anexa ao Decreto-Lei nº 406 de 1968 (alterado pela Lei Complementar nº 56 de 1987). Entendeu a Corte Suprema que os institutos, as expressões e os vocábulos têm sentido próprio, devendo ser observado o que dispõe o Código Civil sobre a locação de bens móveis e imóveis.

É importante salientar que o referido julgado não tratava de arrendamento mercantil financeiro, operado por instituição financeira, mas sim de locação de guindastes. Trata-se de um julgado que merece ser lido, pela riqueza dos argumentos apresentados pelos Ministros que compunham o Supremo Tribunal Federal. Merece destaque uma passagem do voto do Ministro Carlos Velloso, que levou aos autos do Recurso Extraordinário as lições de Bernardo Ribeiro de Moraes, que leciona pelo afastamento do conceito de prestação de serviços utilizado pelo Código Civil, pois a Constituição e a legislação tributária teriam adotado um conceito distinto do que o de simples contrato de fornecimento de trabalho mediante remuneração. O conceito a ser utilizado deveria ser, de acordo com aquele autor, o conceito econômico de prestação de serviços, que abrange não só o fornecimento de trabalho, como outras atividades, dentre elas, a locação de bens móveis.

O Recorrente alegou que o entendimento exarado naquela ocasião pelo Supremo Tribunal Federal deveria, por extensão, ser aplicado ao seu caso de arrendamento mercantil financeiro. Afirmou que, para o legislador, o arrendamento mercantil financeiro, por envolver obrigação de dar, é uma espécie de locação.

No decorrer do seu Recurso Extraordinário, o Recorrente alegou em diversos momentos que a incidência do ISS no caso apresentado não poderia ocorrer, pois o arrendamento mercantil financeiro envolve uma obrigação de dar, o que não pode ser equiparado à prestação de um serviço. Para o Recorrente, o conceito de serviço adotado pela Constituição de 1988 é o conceito veiculado pelo Código Civil, o que afastaria o conceito econômico, usado como base para a decisão que reconheceu a incidência do ISS no seu caso pelo Tribunal de Justiça de Santa Catarina.

Quanto ao contrato de arrendamento mercantil financeiro, afirmou o Recorrente que o elemento factual que predomina é a locação, ainda que não seja uma locação comum, pois comporta uma incerta opção futura de compra dos bens locados pelo arrendatário. Portanto, a locação seria o elemento principal do contrato de arrendamento mercantil financeiro, onde ocorre a entrega do bem locado ao locatário, sendo verdadeira obrigação de dar. Não haveria, segundo o Recorrente, nenhuma prestação, afastando a possibilidade de se falar em obrigação de fazer.

Assim, por se tratar de contrato de arrendamento mercantil de veículos, não seria possível incidir o ISS, pois o elemento preponderante seria a locação, consubstanciando uma obrigação de dar que, por sua vez, estaria fora da zona de incidência do ISS.

Por fim, explica o Recorrente as distinções existentes entre as modalidades de arrendamento mercantil (*leasing*), que seriam espécies de locação. Conforme consta da peça recursal, o *leasing* financeiro, modalidade praticada pelo Recorrente, é a modalidade clássica ou pura de arrendamento mercantil. A arrendadora (Recorrente) adquire bens de um fabricante ou fornecedor e disponibiliza seu uso e gozo ao arrendatário, que realizará, periodicamente, o pagamento de uma contraprestação. Ao final da locação, existe a possibilidade de ser devolvido o bem à arrendadora, ser renovado o contrato ou ser comprado o bem pelo valor previsto no contrato.

Segundo o Recorrente, no *leasing* financeiro prepondera o caráter de financiamento da operação, desempenhando a arrendadora função de locadora. Alegou que como todos os gastos referentes ao bem móvel são realizados pelo arrendatário, não haveria prestação de serviço algum, não podendo o ISS incidir sobre a situação.

Já no *leasing* operacional, as contraprestações pagas pelo arrendatário se destinam a cobrir o custo do arrendamento do bem e os demais serviços prestados pela arrendadora (manutenção e assistência técnica do bem, que ficam a cargo da arrendadora) e o valor de compra ao final é o valor de mercado do bem.

Logo, segundo o Recorrente, no *leasing* financeiro, prepondera o fator financiamento, enquanto no *leasing* operacional, prepondera o aspecto locação. O caso analisado, por tratar de *leasing* financeiro, impossibilitaria a incidência do ISS.[5]

Apresentadas as razões jurídicas do Recorrente no seu Recurso Extraordinário, passa-se à exposição das razões apresentadas pelo Município Recorrido.

Ao apresentar as suas contrarrazões, afirmou o Recorrido que o contrato de arrendamento possui o elemento locação, mas alerta que não é por possuir o elemento locação que se torna um típico contrato de locação. A espécie de *leasing* debatida no Recurso Extraordinário em análise é o *leasing financeiro* (recordando que existem outras duas espécies: *leasing* operacional e *lease-back*). O *leasing* financeiro oferece ao arrendatário três opções: (a) adquirir o bem arrendado, pagando o valor residual previsto no contrato; (b) renovar o arrendamento sem a aquisição do bem; e (c) devolver o bem arrendado. Assim, não há como se falar, segundo alegado pelo Recorrido, em pura e simples locação.

Acrescentou que, na exposição de motivos que acompanhou o anteprojeto do Decreto-Lei nº 406 de 1968, o Ministro da Fazenda esclareceu o porquê de não ter definido o termo serviços, pois já antevia a série de problemas que uma definição tipificada poderia gerar. Como isso, optou-se pela criação de uma lista de serviços, listando aqueles aptos a atrair a incidência do ISS.

[5] No Recurso Extraordinário interposto pelo Recorrente, às fls. 23 (fls. 861 do processo), este afirma que: "Com relação ao negócio jurídico *leasing* financeiro, não há nenhuma obrigação de fazer como atividade integrante da operação. O Recorrente tem a obrigação apenas de dar, ao arrendatário, o uso e gozo do bem, pelo período do contrato, tal como em uma locação. Não há, ainda, qualquer obrigação de fazer, já que nessa modalidade de arrendamento mercantil, a manutenção dos veículos ou outros bens móveis sequer são de responsabilidade da empresa arrendante". (destaque original)

Ressaltou que, tanto na lista anexa ao Decreto-Lei nº 406 de 1968, como na anexa à Lei Complementar nº 116 de 2003, as operações de arrendamento mercantil (*leasing*) se fazem presentes, estando autorizada, portanto, a incidência do ISS.

> **Decreto-Lei nº 406 de 1968**
>
> 79. Locação de bens móveis, inclusive arrendamento mercantil;
>
> **Lei Complementar nº 116 de 2003**
>
> 15 – Serviços relacionados ao setor bancário ou financeiro, inclusive aqueles prestados por instituições financeiras autorizadas a funcionar pela União ou por quem de direito.
>
> (...)
>
> 15.09 – Arrendamento mercantil (leasing) de quaisquer bens, inclusive cessão de direitos e obrigações, substituição de garantia, alteração, cancelamento e registro de contrato, e demais serviços relacionados ao arrendamento mercantil (leasing).

Suscitou, ainda, a necessidade de ser observada a Súmula 138 do Superior Tribunal de Justiça, que afirma incidir ISS sobre o arrendamento mercantil de coisas móveis. Também colacionou decisões de julgados do Superior Tribunal de Justiça que enfrentaram o tema, que ressaltam em suas ementas que a declaração de inconstitucionalidade pelo Supremo Tribunal Federal, no Recurso Extraordinário nº 116.121/SP, apenas alcançou a parte inicial do item 79 da lista de serviços anexa ao Decreto-Lei nº 406 de 1968, com a redação dada pela Lei Complementar nº 56 de 1987.

Ou seja, a Corte Suprema reconheceu a inconstitucionalidade apenas da expressão "locação de bens móveis", em nada alterando o restante da redação do item 79 da referida lista. Com isso, tem-se que a incidência do ISS sobre as operações de arrendamento mercantil em nada foi afetada pela decisão no Recurso Extraordinário supracitado.

Com base nos argumentos do Recorrente e do Recorrido acima expostos, passa-se à análise do julgamento do mérito pelo Supremo Tribunal Federal do Recurso Extraordinário aqui analisado.

1.1.2 Critério de conhecimento da repercussão geral

O Recurso Extraordinário ora analisado foi submetido à repercussão geral pelo Ministro Relator Eros Grau que, na ocasião, de forma sucinta, apontou que o Extraordinário questionava a possibilidade de incidir imposto sobre serviços – ISS sobre arrendamento mercantil (*leasing*) financeiro.

O Ministro Relator destacou a tese defendida pelo Recorrente de que a incidência do ISS *in casu* negaria vigência aos arts. 156, III e 146, III, alínea "a", da Constituição Federal de 1988, pois o arrendamento mercantil (*leasing*) financeiro traduz-se em obrigação de dar, não sendo tal hipótese comportada pela hipótese de incidência do ISS, que incide sobre prestação de serviço, onde a obrigação é, tipicamente, de fazer.

E com isso, o Ministro Eros Grau entendeu que a questão constitucional suscitada no Recurso Extraordinário nitidamente ultrapassava os interesses subjetivos da causa, motivo pelo qual se manifestou pela existência de repercussão geral da questão.

O Ministro Marco Aurélio se pronunciou de maneira contrária, entendendo que não haveria ocorrido o esgotamento da jurisdição na origem, o que prejudicaria a admissibilidade do próprio recurso extraordinário. Entendeu não haver decisão de última ou única instância quanto à causa, apesar de ter reconhecido a relevância do tema. Com isso, posicionou-se pela inadequação do recurso protocolado, entendendo que o exame relativo à repercussão geral restaria prejudicado.

Superado o posicionamento contrário do Ministro Marco Aurélio, o Tribunal reconheceu a existência de repercussão geral da questão constitucional suscitada no recurso extraordinário, não tendo se manifestado os Ministros Cezar Peluso e Cármen Lúcia.

Com isso, fixou-se o tema da Repercussão Geral nº 125, descrito da seguinte forma: "Incidência do ISS sobre operações de arrendamento mercantil".

1.2 Mérito da decisão

O Recurso Extraordinário nº 592.905/SC foi julgado em 02 de dezembro de 2009, em Sessão Plenária presidida pela Ministro Gilmar Mendes, onde estavam presentes os Ministros Celso de Mello, Marco Aurélio, Ellen Gracie, Cezar Peluso, Carlos Britto, Joaquim Barbosa, Eros Grau, Ricardo Lewandowski, Cármen Lúcia e Dias Toffoli.

Apreciando o tema de Repercussão Geral nº 125, o Tribunal, por maioria e nos termos do voto do Relator, Ministro Eros Grau, negou provimento ao Recurso Extraordinário, vencido o Ministro Marco Aurélio, que o provia. Declarou-se impedido o Ministro Joaquim Barbosa.

A tese fixada foi a seguinte: "É constitucional a incidência do Imposto sobre Serviços de Qualquer Natureza – ISS sobre as operações de arrendamento mercantil (leasing financeiro)".

1.2.1 Voto condutor

O voto condutor foi proferido pelo Ministro Eros Grau, também relator do Recurso Extraordinário. Em seu voto, o Ministro Relator buscou esclarecer qual é a natureza jurídica das três espécies de contrato de arrendamento mercantil (*leasing*).

Iniciou o seu voto afirmando que o arrendamento mercantil é contrato autônomo, citando Orlando Gomes e Fábio Konder Comparato, para quem o arrendamento mercantil se consubstancia na fusão de elementos de outros contratos, dotado de autonomia, não podendo ser classificado como contrato misto, que seria composto por prestações típicas da locação, da compra e de outros contratos. O contrato de arrendamento mercantil, na visão dos autores supracitados, tem causa própria. Apesar da pluralidade de relações obrigacionais típicas que compõem o *leasing*, ele é uno, sendo sempre a causa do negócio o financiamento de investimento produtivo.

Continua o Relator e explica e distingue as três modalidades de arrendamento mercantil: (a) o *leasing* operacional, (b) o *leasing* financeiro e (c) o chamado *lease-back*. Conforme afirma o Ministro Relator, no caso do *leasing* operacional, há locação. Já no *leasing* financeiro e no *lease-back*, serviço.

No *leasing* operacional (arrendamento mercantil), nos dizeres do Ministro Eros Grau, "o fabricante de um bem o dá em locação a quem dele fará uso. O arrendante é o próprio produtor industrial". Cita como exemplo o caso dos fabricantes de carros que arrendam os veículos que produzem para as grandes locadoras de veículos. Nesse caso, quem realiza a manutenção dos veículos é a arrendante. Aponta o Ministro a Resolução nº 2.309 de 1996[6], do Banco Central do Brasil, que no seu art. 6º, traz a definição legal do arrendamento mercantil operacional.

Já o *leasing* financeiro é a modalidade clássica ou pura de *leasing* e é a espécie na qual se enquadra a operação debatida nos autos do Recurso Extraordinário ora em análise. Nessa hipótese, a "arrendadora adquire bens de um fabricante ou fornecedor e entrega seu uso e gozo ao arrendatário, mediante pagamento de uma contraprestação periódica". E, ao final do prazo de locação do bem, oportuniza-se ao arrendatário a possibilidade de renovar a locação, devolver o bem ou adquiri-lo pelo preço residual fixado no contrato. Destaca o Ministro Eros Grau no seu voto que, no *leasing* financeiro, prepondera o caráter de financiamento. A arrendadora, que exerce a função de locadora, é uma intermediária entre o fornecedor do bem e o arrendatário.

Colaciona nos autos o art. 5º da Resolução nº 2.309 de 1996[7], do Banco Central do Brasil, que define o arrendamento mercantil financeiro.

[6] Art. 6º Considera-se arrendamento mercantil operacional a modalidade em que:
I – as contraprestações a serem pagas pela arrendatária contemplem o custo de arrendamento do bem e os serviços inerentes a sua colocação à disposição da arrendatária, não podendo o valor presente dos pagamentos ultrapassar 90% (noventa por cento) do "custo do bem;"
II – o prazo contratual seja inferior a 75% (setenta e cinco por cento) do prazo de vida útil econômica do bem;
III – o preço para o exercício da opção de compra seja o valor de mercado do bem arrendado;
IV – não haja previsão de pagamento de valor residual garantido.
Parágrafo 1º As operações de que trata este artigo são privativas dos bancos múltiplos com carteira de arrendamento mercantil e das sociedades de arrendamento mercantil.
Parágrafo 2º No cálculo do valor presente dos pagamentos deverá ser utilizada taxa equivalente aos encargos financeiros constantes do contrato.
Parágrafo 3º A manutenção, a assistência técnica e os serviços correlatos à operacionalidade do bem arrendado podem ser de responsabilidade da arrendadora ou da arrendatária. (Redação dada ao Art. 6º pela Resolução 2465, de 19/02/1998).

[7] Art. 5º Considera-se arrendamento mercantil financeiro a modalidade em que:
I – as contraprestações e demais pagamentos previstos no contrato, devidos pela arrendatária, sejam normalmente suficientes para que a arrendadora recupere o custo do bem arrendado

Baseando-se nas lições de Athos Gusmão Carneiro, o Ministro Relator aponta que no *leasing* financeiro prepondera o fator financiamento. Por sua vez, no *leasing* operacional, sobreleva o aspecto locação.

Por fim, no *sale and lease-back*, "a própria arrendatária vende um bem que lhe pertence à arrendadora e, em seguida, toma-o de volta, em arrendamento mercantil". Apesar dessa especificidade, é modalidade que possui todos os elementos existentes no contrato de *leasing* financeiro.[8]

Após indicar e explicar as modalidades de *leasing*, passou o Ministro Eros Grau a analisar o aspecto que prepondera no caso do *leasing* financeiro (ou arrendamento mercantil financeiro).

Afirmou, no seu voto, que financiamento é serviço, podendo haver a incidência do ISS. No caso do *leasing* financeiro e do *lease-back*, não importa existir ou não uma compra. Para o Ministro, "toda e qualquer prestação de serviço envolve, em intensidades distintas, a utilização de algum bem".[9]

Continua e no seu voto entende que na atividade que envolve o *leasing* financeiro há prestação de considerável parcela de serviços diversos, a cargo dos dirigentes, prepostos, auxiliares e empregados da arrendadora, serviços que não são absorvidos pela posterior operação de locação de bens.

Levanta o Ministro ponto importante, onde entende que a arrendadora não gera obrigação de dar um bem, mas sim de pôr a coisa à disposição do

durante o prazo contratual da operação e, adicionalmente, obtenha um retorno sobre os recursos investidos;
II – as despesas de manutenção, assistência técnica e serviços correlatos à operacionalidade do bem arrendado sejam de responsabilidade da arrendatária;
III – o preço para o exercício da opção de compra seja livremente pactuado, podendo ser, inclusive, o valor de mercado do bem arrendado.

[8] Sobre o *lease-back* na legislação brasileira, apontou o Ministro Relator o art. 9º da Lei nº 6.099 de 1974, com as alterações introduzidas pela Lei nº 7.132 de 1983, bem como a sua previsão no art. 23 da Resoluçõa no 2.309 de 1996, do Banco Central do Brasil.

[9] O ex-Ministro Ilmar Galvão, em parecer ao qual faz referência o Ministro Eros Grau no decorrer do seu voto, afirma, em trecho que se mostra importante que "3.30. Como ficou dito acima, trata-se de serviços assim conceituados por força da própria lei, configurando atividades que, em si mesmas, não revestem essa natureza, mas que, também, não exprimem, rigorosamente, a natureza de outro tipo de atividade diferentemente tributada, de tal sorte que, sem aquela definição legal, tais atividades, injustificadamente, ficaram a cobro de qualquer exação fiscal.".

locatário (arrendatário), bem como de garantir que o seu uso seja pacífico, deveres que mais se assimilam a prestação de serviço do que a entrega de bem.

Caminhando para o final do seu voto, o Ministro Relator leciona que há serviços que, por serem de qualquer natureza, não são típicas obrigações de fazer. O Ministro Relator não encampa a tese jurídica de que somente incide ISS sobre prestações de fazer, nos termos do que define o direito privado, o que faria tábula rasa da expressão "de qualquer natureza", insculpida no art. 156, III, da Constituição de 1988.

Para o Ministro Relator, a atividade de dar não se dissocia completamente das atividades de fazer, afirmando que "não me excedo em lembrar que toda atividade de dar consubstancia também um fazer e há inúmeras atividades de fazer que envolvem um dar".

Ademais, afirma que o arrendamento mercantil financeiro é contrato autônomo e não misto, tendo como núcleo a atividade de financiamento, e não uma prestação de dar, como alegara o Recorrente nos autos do seu Recurso Extraordinário.

Financiamento, por ser serviço, atrai a incidência do ISS, sendo irrelevante a existência de uma compra nas modalidades de *leasing* financeiro e *lease-back*.

Após a exposição dos seus fundamentos, o Ministro Relator Eros Grau negou provimento ao Recurso Extraordinário, entendendo pela incidência do ISS sobre o *leasing* financeiro, vez haver prestação de serviços, inclusive para o fim disposto no art. 156, III, da Constituição de 1988.

1.2.2 Demais votos

A decisão foi tomada por maioria, sendo importante destacar alguns pontos exarados nos votos dos demais membros da Corte Suprema.

O Ministro Dias Toffoli acompanhou o voto do Ministro Relator Eros Grau, entendendo haver a prestação de serviço, apontando que a Lei Complementar nº 116 de 2003, prevê no seu item 15.09 a possibilidade de incidir o ISS sobre o arrendamento mercantil.

Por sua vez, a Ministra Cármen Lúcia acompanhou o voto do Ministro Relator, considerando que o arrendamento mercantil financeiro se caracteriza como prestação de serviço, o que autoriza a incidência do ISS *in casu*, reforçando que a legislação autoriza a sua incidência.

Acompanhando o Ministro Relator, o Ministro Ricardo Lewandowski entendeu que o contrato de *leasing* é complexo, no qual predomina a prestação de serviço, sendo tributável, portanto, pelo ISS. Afirmou que os operadores de *leasing* estavam no melhor mundo possível, não pagando ISS, ICMS e nem IOF. Questionou, retoricamente, qual seria o tributo que incidiria sobre a referida operação, concluindo que seria o ISS, indicado na lei complementar como passível de incidir sobre a operação de arrendamento mercantil.

O Ministro Carlos Britto votou pela constitucionalidade da exação do ISS sobre operações de *leasing* financeiro, entendendo que disponibilizar crédito para a obtenção de um bem destinado a uso é um ato de intermediação, que se reveste em uma obrigação de fazer. Afirmou que "na linguagem coloquial, nunca se diz dar um empréstimo, mas sim fazer um empréstimo". Alegou não ser o contrato de *leasing* confundível com o contrato de locação de bens móveis.

O Ministro Cezar Peluso votou acompanhando o Ministro Relator, destacando que

> [...] observando apenas que as dificuldades teóricas opostas pelas teses contrárias a todos os votos já proferidos vêm, a meu ver, de um erro que eu não diria apenas histórico, mas um erro de perspectiva, qual seja o de tentar interpretar não apenas a complexidade da economia do mundo atual, mas sobretudo os instrumentos, institutos e figuras jurídicos com que o ordenamento regula tais atividades complexas com a aplicação de concepções adequadas a certa simplicidades do mundo do império romano, em que certo número de contratos típicos apresentavam obrigações explicáveis com base na distinção escolástica entre obrigações de dar, fazer e não fazer. O mundo moderno é extremamente mais complexo para poder ser explicado à luz da economia do mundo romano ou à luz dos institutos que ali os regiam.

Entendeu ser possível reduzir o contrato de arrendamento mercantil financeiro, apesar de complexo, à produção individualizada de uma só atividade, que seria a prestação de serviços, atraindo, assim, a incidência do ISS.

Por fim, o Ministro Gilmar Mendes acompanhou o voto do Ministro Relator, pela incidência do ISS sobre operações de *leasing* financeiro.

1.2.3 Voto vencido

O Ministro Marco Aurélio divergiu do Ministro Relator e dos demais que aderiram ao seu voto. Em suas razões, afirmou que locação (gênero) não é serviço. Entendeu que o serviço que a Constituição de 1988 autoriza ser tributado pelo ISS é aquele prestado, que envolve o desempenho de atividade caracterizada como obrigação de fazer e não de dar.

Citou o art. 110 do Código Tributário Nacional, que trata sobre a utilização de conceitos do direito privado no Direito Tributário e alegou que o conceito de serviço não pode ser confundido com a locação que, para o Ministro, seria o caso do *leasing* financeiro, onde o arrendador se obriga a entregar o bem e o arrendatário se obriga a realizar o pagamento das parcelas pactuadas a título de aluguel do bem.

Segundo o Ministro Marco Aurélio, não há prestação de serviços (e muito menos a sua preponderância) no caso de *leasing* financeiro. Entendeu o Ministro, portanto, ser o *leasing* financeiro espécie de locação, não havendo prestação de serviço, o que impossibilitaria a incidência do ISS.

Segundo o Ministro, o Plenário do Supremo Tribunal Federal, quando do julgamento do RE nº 116.121-3/SP, defrontou-se como situação que guardava semelhança absoluta com o caso aqui analisado, onde se decidiu pela impossibilidade de incidir o ISS sobre a locação de bens móveis.

Concluiu o Ministro Marco Aurélio afirmando que a arrendadora não presta serviços à arrendatária. Na verdade, o que faz é entregar um bem e por isso recebe uma contraprestação pela utilização do bem entregue. Assim, decidiu o Ministro Marco Aurélio pelo desprovimento do Recurso Extraordinário, entendendo pela não incidência do ISS sobre operações de *leasing* financeiro.

1.3 Análise crítica

O julgado analisado objetivou dar resposta a uma questão de grande relevância jurídica e econômica. A incidência ou não do ISS sobre operações de arrendamento mercantil, em especial o arrendamento mercantil financeiro, mostrou-se de extrema importância.

Caso a tese jurídica apresentada pelo Recorrido tivesse sido acatada, qual imposto incidiria sobre a manifestação de riqueza nas operações de arrendamento mercantil financeiro? Nem o ISS, nem o ICMS, nem o IOF, ou seja, nenhum imposto. Como afirmou o Ministro Ricardo Lewandowski, estariam as empresas atuantes nesse segmento no melhor dos mundos.

O Direito Tributário busca fazer com que os tributos incidam sobre manifestações de riqueza, ou nos dizeres da Constituição de 1988, busca identificar a capacidade contributiva sempre que possível. Negar a presença de signos presuntivos de riqueza em contratos financeiros de arrendamento mercantil é não enxergar a realidade.

Toda a construção apresentada pelo Recorrente para se esquivar da incidência do ISS, ainda que engenhosa, mostra-se falha, especialmente do ponto de vista constitucional-tributário.

Alegar que o conceito de serviço a ser adotado pelo Direito Tributário deve ser aquele apresentado pelo Direito Civil viola o próprio texto constitucional que, ao tratar da competência para instituição do ISS, no art. 156, III, afirma que podem sofrer a incidência do imposto os serviços de "qualquer natureza", e não apenas aquelas prestações classificadas como serviços por outros ramos do Direito, em especial pelo Direito Civil. A Constituição possibilita ao legislador infraconstitucional identificar situações que configurem serviços, independentemente da natureza que possuam perante outros ramos jurídicos, e sobre eles fazer incidir a norma jurídico-tributária do ISS.

É claro que limites existem e são impostos pela própria Constituição. Alegar que a decisão pela incidência do ISS no caso ora analisado abre um portal para que qualquer situação seja classificada como serviço é, no mínimo, um exagero infundado. Situações que de fato não envolvam qualquer tipo de prestação de serviço de qualquer natureza não poderão ser classificadas como serviços e nem sofrer a incidência do ISS, ainda que o legislador diga o contrário.

Querer delimitar a incidência do ISS afirmando que o arrendamento mercantil financeiro não envolve a prestação de serviços não condiz com a realidade. Retirando-se os biombos jurídicos, tem-se uma típica atividade de financiamento, onde documentos são requeridos, ligações são realizadas, reuniões são agendadas, papéis são assinados, condições são debatidas, até que o negócio chega ao ponto no qual o bem é colocado à disposição do arrendatário. É muito mais "fazer" do que "dar".

Negar que a atividade de financiamento que predomina no arrendamento mercantil financeiro é um fazer, uma prestação de um serviço à um terceiro, é uma frágil tentativa de negar fatos.

A Constituição de 1988 autorizou e o legislador infraconstitucional, ao elaborar a lista de serviços submetidos à incidência do ISS, inseriu o arrendamento mercantil como espécie de serviço de qualquer natureza.

A tentativa de equiparar o arrendamento mercantil financeiro à um típico contrato de locação de bens móveis não restou frutífera, e com razão. A sociedade é dinâmica, a forma de celebrar negócios sofre alterações constantes e o Direito não pode ser engessado por uma teoria dos conceitos, o que o impediria de cumprir com a sua finalidade de regular as relações sociais com eficácia.

Como bem destacou o Ministro Cezar Peluso, a alta complexidade do mundo contemporâneo em nada se assemelha àquela existente no Império Romano. Ainda assim, institutos do Direito Civil Romano são suscitados, como se situações complexas aceitassem soluções simplistas.

Ao afirmar que serviço é apenas um fazer, um prestar, impossibilitando que diante de casos concretos, onde há uma maior complexidade, o próprio legislador não pudesse enquadrar a realidade no arquétipo legal, seria negar a razão de existir do legislador infraconstitucional. O mesmo argumento se estende ao julgador que, ao se deparar com um caso concreto, não pode ter negada a possibilidade de interpretar a situação e encontrar a melhor solução jurídica possível.

É possível enxergar no caso concreto uma multiplicidade de "fazeres" que, sem dúvida alguma, são o traço mais expressivo do arrendamento mercantil financeiro, não tendo o condão de afastar a incidência do ISS o fato de que, ao final, é disponibilizado ao arrendatário o bem para o uso.

Com isso, é certo que a interpretação que o Supremo Tribunal Federal deu ao caso se mostrou coerente com o texto da Constituição de 1988, que teve o cuidado de não limitar o campo de incidência do ISS ao que dispõem outros ramos jurídicos que, em muitos casos, impossibilitaria a identificação da real natureza expressada pelos fatos, afastando a aplicação da norma tributária de situações nas quais há de incidir.

O Supremo Tribunal Federal, ao decidir pela incidência do ISS sobre contratos de arrendamento mercantil financeiro cumpre a vontade expressada pela Constituição de 1988, que em momento algum adotou um conceito estático de serviços. Pelo contrário, possibilita uma leitura dinâmica do que é serviço, compatibilizando o sistema jurídico-tributário ao dinamismo da sociedade contemporânea.

Capítulo 5
Recurso Extraordinário nº 626.706 – São Paulo

Rodrigo Senne Capone

1 Recurso Extraordinário nº 626.706 – São Paulo[1]

Relator: Ministro Gilmar Mendes
Voto Vencedor: Ministro Gilmar Mendes
Data de julgamento: 08 de setembro de 2010

1.1 Ementa

> TRIBUTÁRIO. IMPOSTO SOBRE SERVIÇOS (ISS). NÃO INCIDÊNCIA SOBRE LOCAÇÃO DE BENS MÓVEIS. FILMES CINEMATOGRÁFICOS, VIDEOTEIPES, CARTUCHOS PARA VIDEO GAMES E ASSEMELHADOS. SÚMULA VINCULANTE N. 31. ART. 156, INCISO III, DA CONSTITUIÇÃO FEDERAL.

[1] BRASIL. Supremo Tribunal Federal. Recurso Extraordinário nº. 626706, Relator(a): Min. GILMAR MENDES, Tribunal Pleno, julgado em 08/09/2010. Disponível em: http://portal.stf.jus.br/processos/detalhe.asp?incidente=3914692. Acesso em: 29 de abr. de 2020.

1.1.1 Especificação do caso e razões da submissão à repercussão geral

Trata-se de Recurso Extraordinário interposto pelo Município de São Paulo, no Estado de São Paulo, contra o acórdão exarado em sede de Apelação pela Décima Quinta Câmara de Direito Público do Tribunal de Justiça de São Paulo que entendeu não ser devido Imposto sobre a Prestação de Serviços de Qualquer Natureza (ISS) ao Município de São Paulo em se tratando de atividade de entrega de bem móvel, favorecendo, portanto, a Recorrida, ENTERPRISE VIDEO COMERCIAL E LOCADORA LTDA ME. A ementa do julgado restou assim assentada:

> AÇÃO ANULATÓRIA COM PEDIDO DE TUTELA ANTECIPADA – ISS – Locação de bens móveis – Filmes cinematográficos, vídeos tapes, cartuchos para vídeo games e assemelhados – Atividades que não envolvem prestação de serviço – Tributação descabida – Sentença reformada – Sucumbência invertida – Apelo da contribuinte provido.

A decisão de primeira instância julgou improcedente a Ação Anulatória de Lançamento Fiscal com pedido de tutela antecipada ajuizada pela Recorrida, entendendo incidir o ISS sobre as atividades que envolvem a locação de bens móveis. Vejamos, de forma resumida, a cronologia dos fatos.

A Fazenda do Município de São Paulo (Estado de São Paulo) realizou o lançamento do ISS sobre a atividade de locação de filmes cinematográficos, videotepie, cartuchos para videogames e assemelhados, utilizando como suporte normativo a então vigente Lei Municipal n.º 10.423, de 29 de dezembro de 1987, que trazia a lista de serviços tributáveis pelo ISS naquele Município. No Item 78 da referida norma municipal, estava prevista a incidência do ISS sobre "78 – locação de bens móveis, inclusive arrendamento mercantil"[2], que coincidia com a redação do Item 79 da já revogada Lei Complementar n.º 56, de 15 de dezembro de 1987, que continha a lista de serviços alcançados pelo ISS (hoje, a lista de serviços consta da Lei Complementar n.º 116, de 31 de

[2] Cf. https://leismunicipais.com.br/a/sp/s/sao-paulo/lei-ordinaria/1987/1042/10423/lei-ordinaria-n-10423-1987-confere-nova-redacao-a-lista-de-servicos-tributaveis-pelo-imposto-sobre-servicos-de-qualquer-natureza-e-da-outras-providencias. Acesso em: 29 de abril de 2020.

julho de 2003, que não abarca a incidência do ISS sobre serviços de locação de bens móveis como fazia a sua antecessora).

Inconformada com a decisão, a empresa Recorrente interpôs recurso de Apelação, apontando que a Súmula 138 do Superior Tribunal de Justiça que afirma que "O ISS incide na operação de arrendamento mercantil de coisas móveis", não seria aplicável ao caso em análise, bem como alegando a inconstitucionalidade do Item 78 da Lei Municipal que tratava sobre o ISS, entendendo que a locação de bens móveis não configura prestação de serviços e, com isso, estaria fora do campo de incidência do imposto.

Ao analisar a Apelação interposta pela recorrida, reconheceu-se nos autos que a atividade então tributada pelo ISS consistia na atividade de locação de bens móveis. Com isso, entendeu-se que o Município havia alterado a definição e o alcance de conceitos de direito privado, violando o que dispõe o art. 110 do Código Tributário Nacional. Além disso, a cobrança realizada pelo Município esbarraria no entendimento pacificado pelo Plenário do STF, que já havia decidido pela não incidência do ISS sobre a locação de bens móveis desde o regime previsto no Decreto-Lei n.º 406 de 1968 (o referido Decreto-Lei dispunha sobre o ISS e continha a lista anexa de serviços. No seu Item 52, previa a incidência do ISS sobre "Locação de bens móveis").

Com base nesses argumentos, o Tribunal de Justiça do Estado de São Paulo decidiu pela não incidência do ISS nas atividades de locação de bens móveis, declarando a nulidade dos autos de infração impugnados judicialmente pela Recorrida, reformando, assim, a sentença combatida.

O Município de São Paulo, frente à negativa do seu pleito, interpôs Recurso Extraordinário, que teve o seu processamento negado. Com isso, foi interposto o Agravo de Instrumento n.º 766.684 – São Paulo – perante o Supremo Tribunal Federal. Em decisão proferida em 14 de maio de 2010 pelo Ministro Relator Gilmar Mendes, o Agravo foi provido e convertido em Recurso Extraordinário (objeto desta análise). Destaque-se desde já que a repercussão geral foi reconhecida enquanto a matéria era tratada no Agravo de Instrumento (ou seja, antes da sua conversão em RE).

1.1.2 Critério de conhecimento da repercussão geral

> TRIBUTO. IMPOSTO SOBRE SERVIÇOS – ISS. INCIDÊNCIA SOBRE LOCAÇÃO DE BENS MÓVEIS. RELEVÂNCIA DO PONTO DE VISTA ECONÔMICO, POLÍTICO, SOCIAL E JURÍDICO. REPERCUSSÃO GERAL RECONHECIDA. APRESENTA REPERCUSSÃO GERAL RECURSO QUE VERSA SOBRE A CONSTITUCIONALIDADE, OU NÃO, DA INCIDÊNCIA DE ISS SOBRE LOCAÇÃO DE BENS MÓVEIS.[3]

Como já mencionado, a repercussão geral foi reconhecida nos autos do Agravo de Instrumento interposto contra a decisão que negou seguimento ao Recurso Extraordinário interposto pelo Município de São Paulo. Posteriormente, o Agravo de Instrumento foi convertido em Recurso Extraordinário. A seguir, uma breve síntese dos votos publicados.

O Ministro Relator Cezar Peluso recordou que o Supremo Tribunal Federal já havia declarado, em diversas ocasiões, a inconstitucionalidade da cobrança de ISS sobre operações envolvendo a locação de bens móveis. Com isso, posicionou-se pelo não reconhecimento de existência de repercussão geral no caso concreto.

Por sua vez, o Ministro Marco Aurélio se manifestou contrário à sujeição de Agravo de Instrumento à sistemática da Repercussão Geral, argumentando que o instituto da repercussão geral seria aplicável ao Recurso Extraordinário, sendo inadequada a sua aplicação em caso de Agravo de Instrumento.

A Ministra Ellen Gracie decidiu pela existência de repercussão geral no caso, visando garantir a aplicação da jurisprudência da Corte Suprema, de modo a evitar a manutenção de decisões divergentes com o entendimento do Supremo Tribunal Federal.

Por sua vez, o Ministro Ricardo Lewandowski entendeu existir repercussão geral no caso. Sob a ótica jurídica, argumentou a relevância do tema, vez que a decisão iria servir de norte para o julgamento de inúmeros processos similares nos demais tribunais brasileiros. E sob a ótica econômica, entendeu que a decisão poderia ensejar relevante impacto financeiro no orçamento dos

[3] BRASIL. Supremo Tribunal Federal. Agravo de Instrumento nº. 766684 RG, Relator(a): Min. CEZAR PELUSO, julgado em 22/10/2009. Disponível em: https://jurisprudencia.stf.jus.br/pages/search/repercussao-geral1306/false. Acesso 12 de ago de 2020.

Municípios. Com isso, decidiu de modo a reconhecer que a questão constitucional no caso ultrapassava o interesse subjetivo das partes, manifestando-se pela existência de repercussão geral.

1.2 Mérito da decisão

O Recurso Extraordinário nº 626.706 foi julgado em 08 de setembro de 2010, em sessão plenária presidida pelo Ministro Cezar Peluso, onde estavam presentes os Ministros Celso de Mello, Marco Aurélio, Gilmar Mendes, Ayres Britto, Joaquim Barbosa, Ricardo Lewandowski, Cármen Lúcia e Dias Toffoli. O Recurso Extraordinário foi conhecido e não provido, por unanimidade, nos termos do voto do relator Ministro Gilmar Mendes.

1.2.1 Voto condutor

O voto condutor foi proferido pelo Ministro Relator Gilmar Mendes, onde entendeu não assistir razão ao Recorrente. Suscitou a Súmula Vinculante 31, de 2010, a qual dispõe que "É inconstitucional a incidência do Imposto sobre Serviços de Qualquer Natureza – ISS – sobre operações de locação de bens móveis". Entendeu o Ministro Relator que o caso apresentado no Recurso Extraordinário em análise estava de acordo com o entendimento consagrado na referida Súmula Vinculante.

Destacou que na situação objeto de análise a atividade de locação de bens móveis da Recorrida (locação de filmes cinematográficos, cartuchos para videogames e assemelhados) está dissociada da prestação de serviços e, diante disso, lembrou o Ministro que sequer houve debate quando da edição da súmula sobre situações como a dos autos (quando não há prestação de serviço associada). E com base na jurisprudência vinculante do Supremo Tribunal Federal, representada pela Súmula Vinculante 31, o Ministro Relator negou provimento ao recurso.

1.2.2 Voto do Ministro Marco Aurélio

O Ministro Marco Aurélio destacou que o caso em análise não envolvia uma operação mista (locação de bens móveis e prestação de serviço) que, por sua vez, ainda era uma matéria em aberto para o Tribunal discutir. Feita essa observação, acompanhou o voto exarado pelo Ministro Relator, e reiterou o seu entendimento contrário ao reconhecimento da repercussão geral no Agravo de Instrumento (*in casu*, posteriormente convertido para Recurso Extraordinário).

1.2.3 Votos vencidos

O Tribunal, por unanimidade e nos termos do voto do Relator, negou provimento ao Recurso Extraordinário, não havendo voto vencido.

1.3 Análise crítica

O julgado trata de um tema sensível para o Direito Tributário. O art. 110 do Código Tributário Nacional[4] prevê que os institutos do Direito Privado, quando utilizados para fins tributários, não podem ter o seu sentido alterado. Ocorre que, em alguns casos, apesar de a situação fática ultrapassar os limites impostos pelos institutos do Direito Privado utilizados, não é alcançada pela norma tributária, ainda que a situação claramente manifeste capacidade econômica, pois o conceito econômico não pode se sobrepor ao conceito jurídico para fins de tributação, pautada pelo princípio da legalidade. Eis o caso da locação de bens móveis.

Entende-se como serviço aquelas atividades que exigem um fazer (no caso do ISS, remunerado) em prol de um terceiro. Ao contrário do que ocorre na locação de bens móveis, onde se tem um "entregar algo a alguém", quando há a prestação de um serviço, há uma atividade que exige esforço de uma das partes com a finalidade de cumprir com o que foi contratado. Atualmente, a incidência tributária se encontra restringida aos limites traçados pelo Direito Privado ao conceituar serviço, ainda que isso resulte em incoerências dentro do sistema tributário.

[4] Art. 110. A lei tributária não pode alterar a definição, o conteúdo e o alcance de institutos, conceitos e formas de direito privado, utilizados, expressa ou implicitamente, pela Constituição Federal, pelas Constituições dos Estados, ou pelas Leis Orgânicas do Distrito Federal ou dos Municípios, para definir ou limitar competências tributárias.

É importante recordar o julgamento do RE 116.121/SP, ocasião na qual o Supremo Tribunal Federal decidiu, dentre outras coisas, pela inconstitucionalidade do Item 79, constante da Lista de Serviços contida no Decreto-Lei n.º 406, de 31 de dezembro de 1968, revogado nessa parte e alterado pela Lei Complementar n.º 56, de 15 de dezembro de 1987, conforme se depreende da ementa do julgado abaixo colacionada:

> TRIBUTO – FIGURINO CONSTITUCIONAL. A supremacia da Carta Federal é conducente a glosar-se a cobrança de tributo discrepante daqueles nela previstos. IMPOSTO SOBRE SERVIÇOS – CONTRATO DE LOCAÇÃO. A terminologia constitucional do Imposto sobre Serviços revela o objeto da tributação. Conflita com a Lei Maior dispositivo que imponha o tributo considerado contrato de locação de bem móvel. Em Direito, os institutos, as expressões e os vocábulos têm sentido próprio, descabendo confundir a locação de serviços com a de móveis, práticas diversas regidas pelo Código Civil, cujas definições são de observância inafastável – artigo 110 do Código Tributário Nacional.[5]

Naquela ocasião, o Supremo já delimitou o alcance do termo "serviços", restringindo o seu conteúdo ao que dispõe o Direito Privado, afastando, portanto, a possibilidade de interpretá-lo com base em critérios puramente econômicos, o que limitou o alcance da norma tributária.

É importante destacar que a Súmula Vinculante 31 não existia à época da interposição do Agravo de Instrumento que resultou no julgamento do Recurso Extraordinário ora analisado. Quando do julgamento do Recurso Extraordinário, o entendimento do Supremo Tribunal Federal sobre o tema já havia sido sedimentado, firmando o posicionamento quanto à não incidência do ISS sobre locação de bens móveis, conforme se observa da sua redação: "É inconstitucional a incidência do imposto sobre serviços de qualquer natureza – ISS sobre operações de locação de bens móveis".

[5] BRASIL. Supremo Tribunal Federal. Recurso Extraordinário nº. 116121, Relator(a): Min. OCTAVIO GALLOTTI, Relator(a) p/ Acórdão: Min. MARCO AURÉLIO, Tribunal Pleno, julgado em 11/10/2000. Disponível em: https://jurisprudencia.stf.jus.br/pages/search/sjurl04127/false. Acesso em 12 de ago de 2020.

Portanto, é nítida a posição adotada pelo Supremo Tribunal Federal quanto à possibilidade de o ISS incidir sobre a locação de bens móveis, ficando bem claros os argumentos que utiliza para justificar as suas decisões sobre o tema.

Com isso, entende-se que a decisão da Suprema Corte no Recurso Extraordinário objeto desta análise foi acertada, vez que compatível com a jurisprudência da Corte, afastando a adoção de critérios econômicos para interpretar as normas tributárias, observando os limites impostos pela Constituição e pelo Código Tributário Nacional, vez que, por opção do legislador, os institutos de Direito Privado devem ter a sua essência preservada quando utilizados na matriz de incidência de um tributo.

O que não pode ocorrer também é tentar emprestar ao ISS a natureza de imposto residual do ICMS, ou seja, todas as atividades não abarcadas pelo ICMS seriam passíveis de sofrer a incidência do ISS. Isso não é possível pelo fato já sustentado em diversas ocasiões pelo Supremo Tribunal Federal de que a legislação tributária pátria (em especial o art. 110 do Código Tributário Nacional) determina que os institutos de Direito Privado utilizados na regra matriz de incidência tributária devem respeitar os limites que lhe são impostos pelo próprio Direito Privado, não podendo serem criados conceitos próprios para fins tributários e nem mesmo alargados os seus limites conceituais, sob pena de serem criados dentro de um sistema jurídico, diversos outros sistemas independentes, desconectados.

Como destacado, o presente caso, ainda que pacificado na jurisprudência pátria, é um dos diversos problemas que uma futura reforma tributária terá que buscar solucionar. Uma saída seria a criação de um imposto que incida sobre a circulação de mercadorias, prestação de serviços e as demais atividades econômicas, envolvendo ou não transferência de bens ou prestação de serviços, sempre a título oneroso, não se restringindo apenas aos conceitos legais dos termos empregados pelo legislador, mas buscando identificar a manifestação de capacidade econômica dos envolvidos e, consequentemente, tributando-a. Com isso, as lacunas hoje existentes poderiam ser deixadas de lado, tornando o sistema tributário mais eficiente (litígios como o aqui analisado seriam evitados) e mais igualitário, de modo a respeitar com mais rigor a capacidade econômica, pois a atual utilização do termo "serviços" de fato restringe o campo de incidência do ISS, pois há um conceito próprio do que é serviço no Direito Privado, não podendo ser transposto pelo Direito Tributário.

Capítulo 6
Recurso Extraordinário nº 592.891 – São Paulo

Maria das Graças Patrocínio Oliveira
Marcos Aurélio Pereira Valadão

1. Recurso Extraordinário nº 592.891 [1]

Relator: Ministra Rosa Weber
Voto Vencedor: Ministra Rosa Weber
Data de julgamento: 25 de abril de 2019

1.1 Ementa

> TRIBUTÁRIO. REPERCUSSÃO GERAL. IMPOSTO SOBRE PRODUTOS INDUSTRIALIZADOS – IPI. CREDITAMENTO NA AQUISIÇÃO DIRETA DE INSUMOS PROVENIENTES DA ZONA FRANCA DE MANAUS. ARTIGOS 40, 92 E 92-A DO ADCT. CONSTITUCIONALIDADE. ARTIGOS 3º, 43, § 2º, III, 151, I E 170, I E VII DA CONSTITUIÇÃO FEDERAL. INAPLICABILIDADE DA REGRA CONTIDA NO ARTIGO 153, § 3º, II DA CONSTITUIÇÃO FEDERAL À ESPÉCIE. O fato de os produtos

[1] BRASIL. Supremo Tribunal Federal. Recurso Extraordinário nº. 592.891, Relatora: Min. Rosa Weber, Tribunal Pleno, julgado em 25.04.2019. Disponível em: http://redir.stf.jus.br/paginadorpub/paginador.jsp?docTP=TP&docID=750909416. Acesso em 04 de set de 2020.

serem oriundos da Zona Franca de Manaus reveste-se de particularidade suficiente a distinguir o presente feito dos anteriores julgados do Supremo Tribunal Federal sobre o creditamento do IPI quando em jogo medidas desonerativas. O tratamento constitucional conferido aos incentivos fiscais direcionados para sub-região de Manaus é especialíssimo. A isenção do IPI em prol do desenvolvimento da região é de interesse da federação como um todo, pois este desenvolvimento é, na verdade, da nação brasileira. A peculiaridade desta sistemática reclama exegese teleológica, de modo a assegurar a concretização da finalidade pretendida. À luz do postulado da razoabilidade, a regra da não cumulatividade esculpida no artigo 153, § 3º, II da Constituição, se compreendida como uma exigência de crédito presumido para creditamento diante de toda e qualquer isenção, cede espaço para a realização da igualdade, do pacto federativo, dos objetivos fundamentais da República Federativa do Brasil e da soberania nacional. Recurso Extraordinário desprovido.

1.1.1 Especificação do caso e razões da submissão à repercussão geral

No Recurso Extraordinário nº 592.891 discutiu-se, à luz do art. 153, § 3º, II, da Constituição Federal de 1988, a constitucionalidade, ou não, do aproveitamento de créditos do Imposto sobre Produtos Industrializados (IPI) decorrentes de aquisição de insumos, matéria-prima e material de embalagem, sob o regime de isenção, oriunda da Zona Franca de Manaus.

O recurso foi interposto pela União em face de acórdão proferido pelo Tribunal Regional da 3ª Região, que reconheceu à empresa Nokia do Brasil Ltda o direito ao aproveitamento dos créditos de IPI decorrentes de aquisição de insumos, matérias-primas e materiais de embalagem sob o regime de isenção, quando oriundas da Zona Franca de Manaus, ao seguinte fundamento:

> Portanto, no caso daquelas isenções concedidas às empresas situadas na Zona Franca de Manaus, a exemplo do que também ocorreria nas chamadas Zonas Livres de Comércio, é preciso ter presente que a desoneração tem objetivos de desenvolvimento regional, colaborando de molde a baratear a aquisição dos insumos, e a obtenção de preço final mais competitivo, nos produtos resultantes do processo de industrialização, na medida em que o adquirente não precisa pagar o valor do imposto.

> De fato, se as empresas, adquirindo o produto intermediário a preços mais vantajosos, não pudessem creditar-se do montante que seria devido à título de IPI, que se erigia no diferencial que motivara a aquisição de empresa situada em local distante, se tomado em conta as regiões sul e sudeste, por certo ela acabaria mudando de fornecedor, tendo em vista outras indústrias do mesmo ramo, situadas na mesma região, barateando o transporte.

Assim, o voto condutor do acórdão proferido pelo Tribunal Regional Federal da 3ª Região, a despeito de considerar que o princípio da não-cumulatividade não autoriza o creditamento de insumos que não foram tributados, defendeu que tal conclusão não se aplicaria aos insumos oriundos da Zona de Franca de Manaus, em face da previsão constitucional que autoriza a concessão de incentivos regionais constante do artigo 43, § 1°, inciso II e § 2°, da Constituição Federal, que constituiriam limites objetivos à cumulatividade.

O acórdão recorrido resultou na seguinte ementa:

> TRIBUTÁRIO. IPI. CREDITAMENTO. INSUMOS E MATÉRIA-PRIMA ADQUIRIDOS SOB REGIME DE INSENÇÃO, ALÍQUOTA ZERO OU NÃO INCIDÊNCIA JUNTO À ZONA FRANCA DE MANAUS. PRINCÍPIO DA NÃO-CUMULATIVIDADE.
> 1. Acolhe-se a apropriação dos créditos decorrentes de insumos, matéria-prima e material de embalagem adquiridos junto à Zona Franca de Manaus sob o regime de isenção, consoante entendimento já preconizado pelo C. STF (RE 212.484).
> 2. Incabível a correção monetária, posto se tratar de crédito escritural, na linha de precedentes do C. STF.
> 3. O prazo prescricional é de cinco anos, nos termos do art. 1º do Decreto nº 20.910/32.
> 4. Apelação a que se dá provimento." (fl. 262).

Atuaram como *amicus curiae* o Estado do Amazonas, a Federação das Indústrias do Estado do Amazonas (FIEAM) e a Associação das Indústrias e Empresas de Serviços do Polo Industrial do Amazonas (AFICAM).

O recurso em questão foi julgado em conjunto com o Recurso Extraordinário 596.614, de relatoria do Ministro Marco Aurélio.

A decisão se deu por maioria, negando provimento ao recurso da Fazenda Nacional.

Em seu Recurso Extraordinário a União argumentou que o aproveitamento de créditos de IPI, com fundamento no princípio da não-cumulatividade prescrito no art. 153, § 3º, II, da Constituição Federal, pressupõe a cobrança do tributo na operação anterior.

Segundo afirma a Procuradoria-Geral da Fazenda Nacional (PGFN), a Constituição da República ao tratar expressamente do assunto reconhece a compensação com o montante cobrado, ou seja, incidente nas operações anteriores. Não existindo cobrança, não há o que compensar, concluindo que o texto constitucional realmente estabeleceu a proibição de creditamento nos casos em que não houver cobrança ou pagamento do tributo.

Em outras palavras, o aproveitamento dos créditos do IPI não se caracteriza quando a matéria-prima utilizada na fabricação de produtos tributados reste desonerada, sejam os insumos isentos, sujeitos à alíquota zero ou não tributáveis, porquanto a compensação com o montante devido na operação subsequente pressupõe, necessariamente, a existência de crédito gerado na operação anterior, o que não ocorre nas hipóteses exoneratórias.

Reforça a União seu argumento – no sentido da inexistência de direito ao crédito –, citando o precedente do Supremo Tribunal Federal, firmado nos autos do RE nº 353.657, por meio do qual aquela Corte Maior concluiu que não há direito a crédito presumido de IPI em relação a insumos isentos, sujeitos à alíquota zero ou não tributáveis. Segundo a União, as premissas fixadas naquele julgado são inteiramente aplicáveis ao caso em exame, a despeito da existência de previsão constitucional prestigiando os incentivos regionais.

Por fim, consignou que o ressarcimento dos créditos relativos ao IPI apenas poderá ser concretizado quando for implementado por lei específica, uma vez que a autorização prevista no art. 43, § 2ª, da Constituição Federal, trata-se de norma de eficácia limitada e, como tal, necessita de regulamentação para que possa ser implementada.

Dessa forma, segundo esse entendimento, a impossibilidade de aproveitamento de crédito na aquisição de insumos provenientes da Zona Franca de Manaus decorre da ausência de lei federal dispondo sobre o tema, conforme estabelece o art. 150, § 6º, da Constituição Federal, segundo o qual somente uma lei específica poderá conceder subsídio, isenção, redução de base de cálculo, crédito presumido, anistia ou remissão.

1.1.2 Critério de conhecimento da repercussão geral

Em 16/08/2010, o Tribunal reconheceu a existência de repercussão geral da questão constitucional suscitada, tendo então como relatora a ministra Ellen Gracie. Vencido o Ministro Cezar Peluso. Não se manifestou o Ministro Joaquim Barbosa.

Segundo a ministra Ellen Gracie, a questão é relevante na medida em que o acórdão recorrido estabeleceu uma cláusula de exceção à orientação geral firmada por esta Corte quanto à não-cumulatividade do IPI e porque a questão extrapola os interesses subjetivos da causa.

Com isso, fixou-se o tema da Repercussão Geral nº 322, descrito da seguinte forma:

> REPERCUSSÃO GERAL NO RECURSO EXTRAORDINÁRIO 592891
> 1. No presente recurso extraordinário, interposto com fundamento no art. 102, III, a, da Constituição Federal, a União aponta violação ao art. 153, § 3º, II, pelo acórdão recorrido, o qual reconheceu o direito ao creditamento de IPI na entrada de insumos provenientes da Zona Franca de Manaus. Entende que a invocação da previsão constitucional de incentivos regionais constante do art. 43, § 1º, II, e § 2º, III, não justifica exceção ao regime da não-cumulatividade, que, no entendimento desta Corte, não daria direito ao creditamento de IPI que não tenha sido suportado na entrada.
> 2. A questão é relevante na medida em que o acórdão recorrido estabeleceu uma cláusula de exceção à orientação geral firmada por esta Corte quanto à não-cumulatividade do IPI, o que precisa ser objeto de análise para que não restem dúvidas quanto ao seu alcance. Relevante, ainda, porque a questão extrapola os interesses subjetivos da causa.
> 3. Assim, manifesto-me pela existência de repercussão geral da questão constitucional.

1.2 Mérito da decisão

O Recurso Extraordinário nº 592.891 foi julgado em 25 de abril de 2019, em Sessão Plenária presidida pelo Ministro Dias Toffoli, onde estavam presentes os ministros Celso de Mello, Marco Aurélio, Ricardo Lewandowski, Dias Toffoli, Luiz Fux, Rosa Weber, Roberto Barroso, Edson Fachin e Alexandre de Moraes. Apreciando o tema de Repercussão Geral nº 322, o Tribunal negou provimento ao recurso por maioria e nos termos do voto da relatora, a Ministra Rosa Weber. Ausentes nessa sessão os ministros Gilmar Mendes e Cármen Lúcia.

No julgamento formaram-se duas correntes: a primeira (corrente vencedora), defende que o direito ao creditamento no âmbito da Zona Franca de Manaus está previsto na Constituição Federal e na legislação tributária infraconstitucional e representa exceção à regra geral com a finalidade de neutralizar as desigualdades em prol do desenvolvimento do país, do fortalecimento da federação e da soberania nacional. Segundo os ministros que votaram por essa corrente, o artigo 40 do ADCT, ao constitucionalizar a Zona Franca de Manaus, promoveu o princípio da igualdade por meio da redução das desigualdades regionais.

A segunda corrente preconiza a necessidade de lei específica permitindo o creditamento e afirma ainda que, se não houve o pagamento desses insumos não haveria direito ao crédito.

A tese fixada nesse julgamento foi a seguinte:

> Há direito ao creditamento de IPI na entrada de insumos, matéria-prima e material de embalagem adquiridos junto à Zona Franca de Manaus sob o regime da isenção, considerada a previsão de incentivos regionais constante do art. 43, § 2º, III, da Constituição Federal, combinada com o comando do art. 40 do ADCT.

1.2.1 Voto condutor

O voto condutor foi proferido pela Ministra Rosa Weber, relatora do Recurso Extraordinário 592.891, na sessão de 25/05/2016. Em seu voto, afirmou a ministra que o caso da utilização de créditos relativos às mercadorias advindas da Zona Franca de Manaus constitui exceção à regra geral estabelecida pela jurisprudência do STF. Em precedente firmado em 2007, o Supremo Tribunal Federal concluiu pela ausência de direito ao creditamento no caso de mercadoria sujeita à alíquota zero do IPI. A ministra menciona ainda o RE 398.365, de relatoria do Ministro Gilmar Mendes, que em 2015, reafirmou o entendimento da Corte com efeitos de repercussão geral.

Para a ministra, não há o direito ao creditamento em qualquer hipótese desonerativa, mas no caso em questão há autorização constitucional para tal. Menciona o art. 40 do Ato das Disposições Constitucionais Transitórias (ADCT), que constitucionalizou a previsão da Zona Franca de Manaus, e ainda a promoção do princípio da igualdade – por meio da redução das desigualdades regionais. Menciona também a aplicação do pacto federativo e o compromisso com a redução das dessimetrias.

Segundo a relatora, "o tratamento constitucional diferenciado da Zona Franca de Manaus é uma consubstanciação do pacto federativo, e com isso a isenção do IPI direcionada para a Zona Franca, mantida pela Constituição, é uma isenção em prol do federalismo". Para a ministra, trata-se de incentivos fiscais específicos para uma situação peculiar, e, portanto, não podem ser interpretados restritivamente. No caso, trata-se de uma isenção especial de natureza federativa e, diante dela, a vedação ao creditamento não encontra espaço para ser aplicada.

Optaram pela possibilidade do creditamento, tanto no RE 592.891 quanto no RE 596.614, a ministra Rosa Weber, e os ministros Edson Fachin, Luís Roberto Barroso, Ricardo Lewandowski, Celso de Mello e Dias Toffoli. Neste RE, estava impedido o ministro Marco Aurélio e declarou suspeição o ministro Luiz Fux.

Ressaltou o ministro Luis Roberto Barroso em seu voto que a Zona Franca de Manaus recebeu um tratamento específico e, para ele, parte deste tratamento traz um efeito indireto que é a proteçao da floresta amazônica. Para ele, incentivar a instalação de empresas e indústrias em Manaus pode ser um capítulo importante para que desenvolvam alternativas naquela região ao desflorestamento. "Há um fundamento constitucional, não apenas expresso, que é a referência à Zona Franca de Manaus, como esse fundamento ainda maior que é a proteção do meio ambiente e da floresta amazônica."

1.2.2 Votos vencidos

Os ministros analisaram o tema primeiro no RE 596.614. Em seguida, replicaram o resultado no RE 592.891, com repercussão geral reconhecida, em que declarou suspeição o ministro Luiz Fux e impedido o ministro Marco Aurélio. Vencidos os ministros Alexandre de Moraes e Cármen Lúcia, que acompanharam integralmente o relator do RE 596.614, ministro Marco Aurélio.

O voto vencido proferido pelo ministro Marco Aurélio no RE 596.614 foi no sentido de que o direito ao crédito de IPI pressupõe a existência de imposto devido na etapa anterior e previsão legislativa. Para esses ministros, se não há lei específica que preveja o creditamento de IPI para a região, há de prevalecer a jurisprudência do STF no sentido de que, não tendo havido pagamento de tributo na compra de insumos, não há direito à compensação. Dessa forma, votaram pelo provimento do recurso extraordinário.

Afirmou o ministro Marco Aurélio que a regra é voltada ao não creditamento, assim, "não cabe ao órgão julgador avançar no campo do benefício justamente onde o texto constitucional não fez", completou.

Esse ministro pontuou que a norma constitucional buscou promover a industrialização naquela determinada localidade e que visou estimular a instalação de parque industrial completo. Para ele, a possibilidade de manutenção do creditamento beneficiaria indevidamente empresas fora da Zona Franca. O ministro considerou que esse crédito ficto implica extensão de benefício não previsto em lei.

1.2.3 Embargos de Declaração

A União, com amparo no art. 1022 do CPC/2015, opôs embargos de declaração, reputando omisso e obscuro o julgado proferido no RE 592.891.

Alegou obscuridade quanto à necessidade de explicitação "de que o julgado não autoriza o creditamento pela aquisição de insumos não-tributados e tributados à alíquota zero" e "dos beneficiários do creditamento". Sustentou que a interpretação integrativa levada a efeito no julgamento embargado, na medida que criou direito a crédito sem suporte legal e em contrariedade à orientação constitucional consolidada acerca da não-cumulatividade, violou o princípio da separação de poderes. Apontou omissão quanto à alegação de "ofensa aos princípios da separação de poderes, da reserva legal e da própria isonomia".

Asseverou "que o creditamento autorizado nestes autos subverte a essencialidade e impacta gravemente a carga tributária imposta justamente aos produtos menos essenciais – e que deveriam, portanto, ser tributados em maior medida. Ao deixar de avaliar a dessintonia entre o direito ao crédito e o princípio constitucional da seletividade – diretamente atrelado à regra da não-cumulatividade – mostrou-se o julgado embargado omisso e obscuro".

A ministra Rosa Weber rejeitou os embargos de declaração, reputando-os de caráter meramente infringentes, sob o argumento de que a embargante deixou de indicar qualquer omissão, obscuridade, contradição ou erro material, restringindo-se a atacar os fundamentos do julgado, hipótese em que, segundo afirma, não se insere no rol art. 1022 do Código de Processo Civil.

Segundo afirmou, não se ressente o julgado de qualquer vício passível de aclaratórios, devidamente explicitadas as razões de decidir e enfrentadas as questões necessárias e suficientes ao deslinde da controvérsia, consideradas, nos termos do art. 489, IV, do CPC, bem como da jurisprudência do STF, aquelas assertivas recursais capazes de, em tese, infirmar a conclusão adotada pelo julgador.

Argumenta a ministra no seguinte sentido:

i) No que diz com a alegada violação do princípio da legalidade, está explicitamente registrado, no *decisum* embargado, que o art. 150, § 6º, da Lei Maior não tem aplicação quando a própria Constituição assegura a isenção, como no art. 40 do ADCT, relativamente à Zona Franca de Manaus;
ii) Quanto ao princípio da igualdade arguido, explicitado que "a regra da não cumulatividade esculpida no artigo 153, § 3º, II, da Constituição, se compreendida como uma exigência de crédito presumido para creditamento diante de toda e qualquer isenção, cede espaço para a realização da igualdade, do pacto federativo, dos objetivos fundamentais da República Federativa do Brasil e da soberania nacional", transcreve trechos de seu voto no recurso extraordinário embargado, reforçando a especificidade da Zona Franca de Manaus;

iii) Acerca da alegada necessidade de explicitação "de que o julgado não autoriza o creditamento pela aquisição de insumos não-tributados e tributados à alíquota zero", está explicitamente registrado, na tese de repercussão geral fixada, o entendimento de que *"há direito ao creditamento de IPI na entrada de insumos, matéria prima e material de embalagem adquiridos junto à Zona Franca de Manaus* ***sob o regime da isenção,*** *considerada a previsão de incentivos regionais constante do art. 43, § 2º, III, da Constituição Federal, combinada com o comando do art. 40 do ADCT".* (grifos do original)

iv) No que diz com a necessidade de delimitação dos beneficiários do creditamento, não cabe a esta Suprema Corte, na fixação da tese de repercussão geral, tal delimitação, que deve ser procedida caso a caso, à luz da distinção já consignada no acórdão embargado;

v) Quanto ao aspecto, esclarecido que "o***s incentivos fiscais atinentes à Zona Franca de Manaus*** *encampados pela Constituição, como visto, são incentivos fiscais específicos para uma situação peculiar: neutralizar as desigualdades em prol do desenvolvimento do país, do fortalecimento da federação e da soberania nacional. Logo, não podem ser interpretados restritivamente.* ***A isenção fiscal*** *em jogo é uma isenção especial: isenção federativa e por isso, diante dela, a vedação do creditamento não encontra espaço para ser aplicada".* (grifos do original)

O ministro Ricardo Lewandowski também analisou os embargos de declaração, tendo proferido voto no sentido de que não está presente nenhuma hipótese autorizadora da oposição do recurso declaratório.

O Tribunal, por unanimidade, rejeitou os embargos de declaração, nos termos do voto da relatora. Impedidos os Ministros Gilmar Mendes e Marco Aurélio. Afirmou suspeição o Ministro Luiz Fux. Não participou deste julgamento, por motivo de licença médica, o Ministro Celso de Mello. Plenário, Sessão Virtual de 7.2.2020 a 13.2.2020.

1.3 Análise crítica

A questão trazida a lume no presente julgado é de grande relevância econômica e estratégica para o País. Diz respeito acerca da possibilidade de aproveitamento de créditos do IPI por parte dos adquirentes de insumos provindos da Zona Franca de Manaus com isenção, e utilizados na industrialização de mercadorias com saída tributada.

A Carta Constitucional de 1988 prescreveu expressa e objetivamente, no artigo 153, § 3º, inciso II, a obrigação de observância da não-cumulatividade em relação ao referido imposto, ao dispor que deverá ser compensado em cada operação o montante cobrado nas operações anteriores.

Leandro Paulsen assim define a não-cumulatividade:

> (...) a não cumulatividade é uma técnica de tributação (...).
> Visa impedir que as incidências sucessivas nas diversas operações da cadeia econômica de um produto impliquem um ônus tributário muito elevado, decorrente da múltipla tributação da mesma base econômica.[2]

O objetivo do princípio da não-cumulatividade é evitar a incidência do imposto nas várias etapas do processo produtivo, de modo que se uma etapa já foi submetida à tributação, esse ônus seja reduzido no produto final.

Embora o STF tenha firmado posição no sentido de que os insumos isentos não geram direito ao crédito do IPI (RE 566.819, relator ministro Marco Aurélio)[3], neste julgado a tese vencedora nessa Corte, justificando a excepcionalidade do caso, foi construída à luz de uma interpretação constitucional sistemática, pela conjugação de diversos dispositivos da Constituição Federal que, interpretados com a legislação infraconstitucional, admitem tal exceção.

Segundo o art. 1º do Decreto-Lei nº 288, de 28 de fevereiro de 1967, a Zona Franca foi concebida com a finalidade de:

> criar no interior da Amazônia um centro industrial, comercial e agropecuário dotado de condições econômicas que permitam seu desenvolvimento, em face dos fatôres locais e da grande distância, a que se encontram, os centros consumidores de seus produtos.

[2] PAULSEN, Leandro. Direito Tributário: Constituição e Código Tributário à Luz da Doutrina e da jurisprudência. 13 ed. Porto Alegre: Livraria do Advogado Editora, 2011, p. 308.

[3] BRASIL. Supremo Tribunal Federal. Recurso Extraordinário nº 566.819, Relator: ministro Marco Aurélio. Julgado em 29 set. 2010, DJ-027 de 10.02.11.

Para viabilizar o desenvolvimento pretendido, o referido Decreto-Lei prescreveu e disciplinou uma série de incentivos fiscais.

Nas palavras de Cezaroti,

> Quando se trata de Zona Franca de Manaus, não se pode deixar de ter em mente que é um ponto geográfico distante dos maiores centros consumidores do País, que a sua ligação com as demais regiões por rodovias, ferrovias ou mesmo hidrovias é diminuta, que a região tem baixa densidade demográfica, enfim, que as condições sociais existentes a tornam pouco atraentes para ocupação.[4]

Dentre os benefícios previstos no Decreto-Lei nº 288/67, destaca-se a previsão contida no artigo 4º, que estabelece a equiparação, para todos os efeitos fiscais, entre as exportações e as remessas de mercadorias para consumo ou industrialização na Zona Franca de Manaus, de modo que as operações realizadas por empresas nacionais com outras empresas situadas no aludido polo industrial terão o mesmo tratamento das exportações.

Nesse cenário, a Constituição Federal de 1988, por intermédio do artigo 40 do Ato das Disposições Constitucionais Transitórias, manteve a Zona Franca de Manaus, bem como os incentivos fiscais a ela inerentes, nos seguintes termos:

> Art. 40. É mantida a Zona Franca de Manaus, com suas características de área livre de comércio, de exportação e importação, e de incentivos fiscais, pelo prazo de vinte e cinco anos, a partir da promulgação da Constituição.[5]

Visando incentivar a ocupação econômica da região, o Decreto-Lei nº 288/67, recepcionado pelo artigo 40 do ADCT, concedeu, em seu art. 9º, isenção do IPI para os produtos industrializados na Zona Franca de Manaus, nos seguintes termos:

[4] CEZAROTI, Guilherme. Argumentação Jurídica e o Direito ao Crédito Presumido de IPI dos Insumos e Matérias-Primas Isentos Adquiridos na Zona Franca de Manaus. Revista Dialética de Direito Tributário, nº 221, fev.2014, p. 46.

[5] A Emenda Constitucional 83/2014 prorrogou os incentivos fiscais especiais do projeto ZFM até o ano de 2073.

> Art. 9° Estão isentas do Imposto sobre Produtos Industrializados (IPI) todas as mercadorias produzidas na Zona Franca de Manaus, quer se destinem ao seu consumo interno, quer à comercialização em qualquer ponto do Território Nacional. (Redação dada pela Lei nº 8.387, de 30.12.91)
> § 1° A isenção de que trata este artigo, no que respeita aos produtos industrializados na Zona Franca de Manaus que devam ser internados em outras regiões do País, ficará condicionada à observância dos requisitos estabelecidos no art. 7° deste decreto-lei. (Incluído pela Lei nº 8.387, de 30.12.91)
> § 2° A isenção de que trata este artigo não se aplica às mercadorias referidas no § 1° do art. 3° deste decreto-lei. (Incluído pela Lei nº 8.387, de 30.12.91).

A Zona Franca de Manaus tem por finalidade criar no interior da Amazônia um centro industrial dotado de condições econômicas para permitir seu desenvolvimento, com vistas ao desenvolvimento nacional e à superação de desigualdades regionais, objetivos fundamentais da República Federativa do Brasil, nos termos do artigo 3º da Constituição Federal. Por conseguinte, deve ser ampla a exegese da legislação disciplinadora da concessão de benefícios fiscais relacionados a essa área.

Dessa forma, conforme destacado pelos ministros do STF que abraçaram a tese vencedora, tendo em vista que o texto constitucional conferiu tratamento diferenciado à Zona Franca de Manaus, em razão das especificidades econômicas e geográficas da região amazônica, de forma que representa uma área estratégica de defesa da soberania brasileira, cujo regime jurídico ali aplicável tem intuito essencialmente desenvolvimentista e diante da conjugação de dispositivos constitucionais interpretados em conjunto com a legislação tributária infraconstitucional, a exigência de lei federal de que trata o art. 150, § 6º, da CF/88, deve ser tratada conforme a situação específica da Zona Franca de Manaus.

Assim, a nosso ver, a interpretação dada ao caso pelo Supremo Tribunal Federal, ao reconhecer o direito das empresas que adquirem insumos isentos da Zona Franca de Manaus de se creditarem do IPI, se mostrou a mais consentânea com a Carta Magna.

Ressalte-se, contudo, que parte do grupo entende que os incentivos fiscais conferidos à Zona Franca de Manaus não consubstanciam critério de distinção de tratamento na sistemática da não-cumulatividade do IPI. Ou seja, ao se conceder o creditamento do imposto para insumos oriundos da ZFM, sem lei autorizativa, configurada está ofensa ao § 6º do art. 150 da Carta Magna, porquanto qualquer concessão de crédito presumido demanda lei específica.

Por fim, cumpre destacar nesse julgado a grande participação do *amicus curiae*, que permitiu pluralizar e enriquecer o debate de questão tão complexa.

Capítulo 7
Recurso Extraordinário nº 611.586 – Paraná

Leidson Rangel Oliveira Silva

1 Recurso ExtraordináriO nº 611.586 – Paraná[1]

Relator: Ministro Joaquim Barbosa
Data de julgamento: 10 de abril de 2013.

1.1 Ementa

> TRIBUTÁRIO. INTERNACIONAL. IMPOSTO DE RENDA E PROVENTOS DE QUALQUER NATUREZA. PARTICIPAÇÃO DE EMPRESA CONTROLADORA OU COLIGADA NACIONAL NOS LUCROS AUFERIDOS POR PESSOA JURÍDICA CONTROLADA OU COLIGADA SEDIADA NO EXTERIOR.
> LEGISLAÇÃO QUE CONSIDERA DISPONIBILIZADOS OS LUCROS NA DATA DO BALANÇO EM QUE TIVEREM SIDO APURADOS ("31 DE

[1] BRASIUL. SUPREMO TRIBUNAL FEDERAL. RECURSO EXTRAORDINÁRIO 611586. Relator(a): JOAQUIM BARBOSA, Tribunal Pleno, julgado em 10/04/2013. Disponível em: http://redir.stf.jus.br/paginadorpub/paginador.jsp?docTP=TP&docID=6924336. Acesso em 08 de set. de 2020.

DEZEMBRO DE CADA ANO"). ALEGADA VIOLAÇÃO DO CONCEITO CONSTITUCIONAL DE RENDA (ART. 143, III DA CONSTITUIÇÃO). EMPRESA CONTROLADA SEDIADA EM PAÍS DE TRIBUTAÇÃO FAVORECIDA OU CLASSIFICADO COMO "PARAÍSO FISCAL". MP 2.158-35/2001, ART. 74. LEI 5.720/1966, ART. 43, § 2º (LC 104/2000).
1. Ao examinar a constitucionalidade do art. 43, § 2º do CTN e do art. 74 da MP 2.158/2001, o Plenário desta Suprema Corte se dividiu em quatro resultados:
1.1. Inconstitucionalidade incondicional, já que o dia 31 de dezembro de cada ano está dissociado de qualquer ato jurídico ou econômico necessário ao pagamento de participação nos lucros;
1.2. Constitucionalidade incondicional, seja em razão do caráter antielisivo (impedir "planejamento tributário") ou antievasivo (impedir sonegação) da normatização, ou devido à submissão obrigatória das empresas nacionais investidoras ao Método de Equivalência Patrimonial – MEP, previsto na Lei das Sociedades por Ações (Lei 6.404/1976, art. 248);
1.3. Inconstitucionalidade condicional, afastada a aplicabilidade dos textos impugnados apenas em relação às empresas coligadas, porquanto as empresas nacionais controladoras teriam plena disponibilidade jurídica e econômica dos lucros auferidos pela empresa estrangeira controlada;
1.4. Inconstitucionalidade condicional, afastada a aplicabilidade do texto impugnado para as empresas controladas ou coligadas sediadas em países de tributação normal, com o objetivo de preservar a função antievasiva da normatização.
2. Orientada pelos pontos comuns às opiniões majoritárias, a composição do resultado reconhece:
2.1. A inaplicabilidade do art. 74 da MP 2.158-35 às empresas nacionais coligadas a pessoas jurídicas sediadas em países sem tributação favorecida, ou que não sejam "paraísos fiscais";
2.2. A aplicabilidade do art. 74 da MP 2.158-35 às empresas nacionais controladoras de pessoas jurídicas sediadas em países de tributação favorecida, ou desprovidos de controles societários e fiscais adequados ("paraísos fiscais", assim definidos em lei);
2.3. A inconstitucionalidade do art. 74 par. ún., da MP 2.158-35/2001, de modo que o texto impugnado não pode ser aplicado em relação aos lucros apurados até 31 de dezembro de 2001.

3. No caso em exame, a empresa controlada está sediada em país inequivocamente classificado como "paraíso fiscal".
Recurso extraordinário conhecido, mas ao qual se nega provimento.

1.1.1 Especificação do caso e razões da submissão à repercussão geral

Trata-se, na origem, de mandado de segurança preventivo, impetrado pela Cooperativa Agropecuária Mourãoense Ltda, atualmente denominada Coamo Agroindustrial Cooperativa, contra ato do Delegado da Receita Federal em Maringá, pleiteando a abstenção da exigência de tributos por parte do impetrado ou seus subordinados e o reconhecimento da inconstitucionalidade do art. 74 da Medida Provisória nº 1.258-34 (posteriormente reeditada sob o nº 2.158-35, de 24/08/2001)[2], por violação aos arts. 145, §1º e 153, inciso III da Constituição Federal, vez que no seu entender inexiste disponibilidade efetiva da renda obtida pela controlada da impetrante no exterior.

A Coamo é controladora da sociedade Coamo Internacional A.V.V., constituída em Aruba. Declarou que a controlada tem por finalidade o comércio, no mercado internacional, dos produtos agrícolas recebidos pela impetrante de seus associados. Destacou que no tocante aos lucros e perdas apurados pela controlada, o estatuto social desta estabelece que eles estão inteiramente à disposição da assembleia geral e que não são pagos quando, na opinião da diretoria administrativa, o interesse da sociedade se opuser ao pagamento.

Afirmou também que, tendo em vista as disposições estatutárias, até a data em que impetrou o Mandado de Segurança nunca tinha recebido quaisquer valores oriundos de distribuição de lucros, embora a controlada possuísse lucros acumulados dos quais parte caberia à controladora.

A Coamo definiu como questão central do mandado de segurança a discussão acerca da legalidade da previsão condita no art. 74 da MP nº 2.158-35, de 24 de agosto de 2001, que versa, no seu entender, sobre a incidência de

[2] Art. 74. Para fim de determinação da base de cálculo do imposto de renda e da CSLL, nos termos do art. 25 da Lei no 9.249, de 26 de dezembro de 1995, e do art. 21 desta Medida Provisória, os lucros auferidos por controlada ou coligada no exterior serão considerados disponibilizados para a controladora ou coligada no Brasil na data do balanço no qual tiverem sido apurados, na forma do regulamento.

imposto de renda e contribuição social sobre o lucro apurado por investida sediada no exterior e por si controlada, mas não distribuído ou pago.

No seu entendimento, o dispositivo não possui fundamento de validade, ofende o seu direito líquido e certo de não se submeter à exação tributária que margeiam a exigência de tributos no sistema tributário nacional.

Discorrendo acerca da evolução normativa do tema, apontou inicialmente: i) o art. 25 da Lei nº 9.249, de 26 de dezembro de 1995; ii) o art. 1º da Lei nº 9.532, de 10 de dezembro de 1997; e iii) a Lei nº 9.959, de 27 de janeiro de 2000.

Notificado a prestar informações, o Delegado da Receita Federal em Maringá sustentou, preliminarmente, que a impetrante não possuía interesse processual, face a inexistência de direito líquido e certo, pelo que pediu a extinção liminar do feito sem o julgamento de mérito.

Quanto à questão meritória, informou ao magistrado que ao longo dos últimos anos diversas medidas tributárias direcionadas ao combate da utilização fraudulenta de estruturas em jurisdições com regime de tributação favorecida e da prática abusiva dos preços de transferência foram adotadas pela legislação brasileira.

No que tange à tributação de filiais, sucursais e subsidiárias, sustentou que é a jurisprudência é unânime no sentido de compreender que são prolongamentos da personalidade jurídica da matriz e que os lucros por aquelas obtidos no exterior são evidenciados na contabilidade desta, no Brasil e, portanto, diretamente tributados, sem a necessidade de distribuição prévia.

Adicionalmente, informou que a tributação de lucros auferidos no exterior por controlada ou coligada busca diminuir fraudes decorrentes da criação de tais estruturas em jurisdições de tributação favorecida, e que nestes casos, quando o lucro é gerado ele está disponível, visto que há direito sobre ele em forma de disponibilidade jurídica, mesmo que o lucro continue na controlada ou coligada como lucros acumulados para aumento do patrimônio. Haveria, portanto, acréscimo patrimonial que é fato gerador do Imposto de Renda (IR), uma vez que o art. 43 do Código Tributário Nacional – CTN, define como fato gerador do IR a aquisição da disponibilidade econômica ou jurídica da renda.

Por derradeiro, consignou que, teoricamente, os lucros poderiam permanecer por tempo indefinido no exterior, sem tributação no Brasil, ao passo que os recursos poderiam vir para o Brasil por outras empresas situadas em outros países de modo que não se conseguisse descobrir o caminho percorrido.

Em sua manifestação, o Ministério Público Federal opinou pela improcedência do Mandado de Segurança Preventivo, ao entender que o lucro obtido no encerramento do balanço anual da controlada fica disponibilizado à controladora, integrando o seu capital de giro, ainda que ficticiamente esteja no exterior. E que desta maneira, aí estaria a disponibilidade jurídica da renda.

Sustentou que a empresa controlada é uma mera extensão da controladora, que a utiliza como forma descentralizada de atuar no exterior, e que isso ocorreria provavelmente para fuga de encargos tributários no Brasil.

O Ministério Público defendeu também que não há inconstitucionalidade no artigo questionado, e que o CTN sofreu alterações para permitir à lei o estabelecimento do momento de ocorrência do fato gerador, de modo que não há violação à Constituição Federal.

Por fim, afirmou que o encerramento do balanço, com a apuração do lucro, gera a disponibilidade econômica e jurídica para a controladora, se ela vai remanejar o lucro ou deixá-lo à disposição, é ato de gestão. Inobstante, esse ato não poderá ter o condão de afastar a legislação tributária ou o momento de incidência de tributo.

O juízo de primeira instância proferiu sentença decidindo pela improcedência do pedido face não restarem caracterizadas as inconstitucionalidade e ilegalidades suscitadas pela impetrante.

Ao dissertar sobre o lucro retido pela controlada, a magistrada destacou que a decisão de reter o lucro foi da própria impetrante, de modo que "a disponibilidade efetiva da renda está e esteve inteiramente adstrita ao âmbito da autonomia da vontade da impetrante", apontando que esta característica a diferenciava das situações que tinham sido examinadas nos precedentes por ela trazidos.

Concluiu que não havia que se falar em inconstitucionalidade, uma vez que não foi ferida a capacidade contributiva da impetrante e que o §2º do art. 43 do CTN apenas cumpriu o mandamento constitucional previsto na alínea "a" do inciso III do art. 146 da Constituição Federal, que remete a definição dos fatos geradores dos impostos à lei complementar.

Inconformada com a decisão proferida na primeira instância, a Coamo apelou ao Tribunal Regional Federal da 4ª Região.

Na ocasião reiterou os argumentos aduzidos no mandado de segurança impetrado, reforçando que o fato gerador do imposto sobre a renda é a aquisição da disponibilidade econômica ou jurídica de renda ou de proventos de qualquer natureza, e que a simples existência de renda sem a sua efetiva disponibilidade não seria suficiente para o nascimento da obrigação tributária.

Ademais, consignou que a inserção do §2º ao art. 43 do CTN teve o propósito de autorizar a manipulação do elemento material do fato gerar por parte do legislador, e que ele só pode ser aceito se interpretado no sentido de que, existindo efetiva disponibilidade econômica ou jurídica da renda, poderia o legislador dispor sobre os casos em que ela fosse auferida no exterior.

Por derradeiro, repisou que artigo do estatuto social da empresa prevê que opinião contrária da diretoria administrativa poderá obstar o pagamento de lucros, de modo que, ainda que haja interesse da assembleia geral de acionistas, nenhum lucro teria como ser disponibilizado para fins de incidência tributária, o que, no seu entender, corrobora a tese de que o art. 74 da MP nº 2.158-34, de 2001, contém uma inconstitucional ficção legal.

Em contrarrazões ao recurso de apelação, a Procuradoria-Seccional da Fazenda Nacional em Maringá requereu a integral manutenção da sentença recorrida e o desprovimento do apelo, reiterou os termos das informações prestadas pela autoridade administrativa, acrescentando que a matéria está restrita a questões de direito e que, nestes casos, o julgador fica limitado à legislação vigente e aplicável ao caso.

Em parecer oferecido, o Ministério Público Federal entendeu que não merecia guarida a pretensão da apelante, uma vez que para ele havia acréscimo patrimonial que permitiria à União o exercício da sua competência tributária. E que, nesta situação, a União teria liberdade para determinar o momento em que o acréscimo deve ser apurado e incluído no lucro líquido para fins de determinação do lucro real. Colacionou decisão do STF na qual havia ressalva apenas para as sociedades coligadas, situação diversa da apelante, que era controladora, opinando assim pelo não provimento do recurso.

A apelação em mandado de segurança foi julgada pela 2ª Turma do Tribunal Regional Federal da 4ª Região, onde teve por relatora a Juíza Eloy Bernst Justo.

Após breve relatório, a magistrada fez apontamentos acerca do histórico normativo da matéria, enfatizando a prescrição contida no art. 248 da

Lei nº 6.404/76[3] que cuida da avaliação de investimentos pelo método da equivalência patrimonial para, confrontando-o com o questionado art. 74 da MP nº 2.158-35/01 concluir que a valorização do investimento de sociedade controladora em controlada apurado pelo MEP, configura acréscimo patrimonial sujeito à incidência tributária, afastando, portanto, a tese de que haveria tributação de receita fictícia.

Salientou, por fim, que o STF já estaria examinando a questão objeto do mandado de segurança nos autos da ADI nº 2.588[4] e que a relatora da ação,

[3] Redação vigente à época da impetração do Mandado de Segurança:
Art. 248. No balanço patrimonial da companhia, os investimentos relevantes (artigo 247, parágrafo único) em sociedades coligadas sobre cuja administração tenha influência, ou de que participe com 20% (vinte por cento) ou mais do capital social, e em sociedades controladas, serão avaliados pelo valor de patrimônio líquido, de acordo com as seguintes normas:
I – o valor do patrimônio líquido da coligada ou da controlada será determinado com base em balanço patrimonial ou balancete de verificação levantado, com observância das normas desta Lei, na mesma data, ou até 60 (sessenta) dias, no máximo, antes da data do balanço da companhia; no valor de patrimônio líquido não serão computados os resultados não realizados decorrentes de negócios com a companhia, ou com outras sociedades coligadas à companhia, ou por ela controladas;
II – o valor do investimento será determinado mediante a aplicação, sobre o valor de patrimônio líquido referido no número anterior, da porcentagem de participação no capital da coligada ou controlada;
III – a diferença entre o valor do investimento, de acordo com o número II, e o custo de aquisição corrigido monetariamente; somente será registrada como resultado do exercício:
a) se decorrer de lucro ou prejuízo apurado na coligada ou controlada;
b) se corresponder, comprovadamente, a ganhos ou perdas efetivos;
c) no caso de companhia aberta, com observância das normas expedidas pela Comissão de Valores Mobiliários.
§ 1º Para efeito de determinar a relevância do investimento, nos casos deste artigo, serão computados como parte do custo de aquisição os saldos de créditos da companhia contra as coligadas e controladas.
§ 2º A sociedade coligada, sempre que solicitada pela companhia, deverá elaborar e fornecer o balanço ou balancete de verificação previsto no número I.

[4] Após o julgamento, a ADI 2.588 restou assim ementada:
TRIBUTÁRIO. INTERNACIONAL. IMPOSTO DE RENDA E PROVENTOS DE QUALQUER NATUREZA. PARTICIPAÇÃO DE EMPRESA CONTROLADORA OU COLIGADA NACIONAL NOS LUCROS AUFERIDOS POR PESSOA JURÍDICA CONTROLADA OU COLIGADA SEDIADA NO EXTERIOR. LEGISLAÇÃO QUE CONSIDERA DISPONIBILIZADOS OS LUCROS NA DATA DO BALANÇO EM QUE TIVEREM SIDO APURADOS ("31 DE DEZEMBRO DE CADA ANO"). ALEGADA VIOLAÇÃO DO CONCEITO CONSTITUCIONAL DE RENDA (ART. 143, III DA CONSTITUIÇÃO). APLICAÇÃO DA NOVA METODOLOGIA DE APURAÇÃO DO TRIBUTO PARA A PARTICIPAÇÃO NOS LUCROS

a Ministra Ellen Gracie, já havia proferido voto no sentido que apenas no caso das empresas coligadas é que não se poderia falar em disponibilidade jurídica para a coligada brasileira.

O colegiado, por unanimidade, decidiu negar provimento à apelação, nos termos do voto da relatora.

A apelante apresentou embargos declaratórios que foram aceitos somente para fins de prequestionamento.

Inconformada com a decisão proferida pelo TRF quando do julgamento da apelação, a COAMO apresentou recurso extraordinário, com fulcro na alínea "a" do inciso III do art. 102[5] da Constituição Federal, uma vez que, no seu entendimento, a matéria possuía natureza constitucional.

APURADA EM 2001. VIOLAÇÃO DAS REGRAS DA IRRETROATIVIDADE E DA ANTERIORIDADE. MP 2.158-35/2001, ART. 74. LEI 5.720/1966, ART. 43, § 2º (LC 104/2000).
1. Ao examinar a constitucionalidade do art. 43, § 2º do CTN e do art. 74 da MP 2.158/2001, o Plenário desta Suprema Corte se dividiu em quatro resultados:
1.1. Inconstitucionalidade incondicional, já que o dia 31 de dezembro de cada ano está dissociado de qualquer ato jurídico ou econômico necessário ao pagamento de participação nos lucros;
1.2. Constitucionalidade incondicional, seja em razão do caráter antielisivo (impedir "planejamento tributário") ou antievasivo (impedir sonegação) da normatização, ou devido à submissão obrigatória das empresas nacionais investidoras ao Método de de Equivalência Patrimonial – MEP, previsto na Lei das Sociedades por Ações (Lei 6.404/1976, art. 248);
1.3. Inconstitucionalidade condicional, afastada a aplicabilidade dos textos impugnados apenas em relação às empresas coligadas, porquanto as empresas nacionais controladoras teriam plena disponibilidade jurídica e econômica dos lucros auferidos pela empresa estrangeira controlada;
1.4. Inconstitucionalidade condicional, afastada a aplicabilidade do texto impugnado para as empresas controladas ou coligadas sediadas em países de tributação normal, com o objetivo de preservar a função antievasiva da normatização.
2. Orientada pelos pontos comuns às opiniões majoritárias, a composição do resultado reconhece:
2.1. A inaplicabilidade do art. 74 da MP 2.158-35 às empresas nacionais coligadas a pessoas jurídicas sediadas em países sem tributação favorecida, ou que não sejam "paraísos fiscais";
2.2. A aplicabilidade do art. 74 da MP 2.158-35 às empresas nacionais controladoras de pessoas jurídicas sediadas em países de tributação favorecida, ou desprovidos de controles societários e fiscais adequados ("paraísos fiscais", assim definidos em lei);
2.3. A inconstitucionalidade do art. 74 par. ún., da MP 2.158-35/2001, de modo que o texto impugnado não pode ser aplicado em relação aos lucros apurados até 31 de dezembro de 2001.
Ação Direta de Inconstitucionalidade conhecida e julgada parcialmente procedente, para dar interpretação conforme ao art. 74 da MP 2.158-35/2001, bem como para declarar a inconstitucionalidade da clausula de retroatividade prevista no art. 74, par. ún., da MP 2.158/2001.

[5] Art. 102. Compete ao Supremo Tribunal Federal, precipuamente, a guarda da Constituição, cabendo-lhe:
...

Quanto à existência de repercussão geral, necessário para o conhecimento do recurso, a recorrente apontou que o assunto ultrapassava os interesses subjetivos das partes, além de também apresentar elevada repercussão econômica, em face dos valores envolvidos na discussão, e deste modo, o recurso merecia ser conhecido, uma vez que atendidos os requisitos exigidos.

No que tange aos fundamentos para reforma do acórdão recorrido, apontou que a decisão, ao denegar a segurança pretendida, entendeu que a destinação dos lucros da controlada estaria situada no âmbito da autonomia da vontade da controladora, ora recorrente, o que autorizaria a tributação imediata pois, no entendimento da Corte, os lucros da controlada estariam sob sua disponibilidade, conforme previsto no *caput* e no parágrafo único do art. 74 da Medida Provisória nº 2.158-34/2001, de modo que esta não teria violado os arts. 145, §1º, 150, III, "a" e 153, III da Constituição Federal.

De maneira contrária, a recorrente sustentou o entendimento de que o texto legal seria inconstitucional e que, portanto, a apelação merecia ser reformada.

Neste sentido, reiterou os argumentos esposados no mandado de segurança preventivo, apontando ainda para a existência de jurisprudência do Supremo Tribunal Federal (RE 172.058), o qual reconheceu a impossibilidade de se tributar pelo imposto de renda, na pessoa do acionista, o lucro apurado pela pessoa jurídica da qual faça parte, registrado no balanço desta, mas não distribuído, de modo efetivo, ao sócio.

A recorrente afirmou que naquele julgado o STF havia assentado o entendimento de que, ante a existência de contrato social que contenha cláusula que considera automaticamente distribuídos aos sócios os lucros apurados em balanço na data da apuração, seria constitucional a exigência do tributo, uma vez que caracterizado o fato gerador da obrigação tributária, conforme o enunciado do art. 43 do CTN.

Por sua vez, a recorrente sustentava que, na hipótese contrária, o tributo não poderia ser exigido quando inexistisse previsão contratual que estabelecesse a distribuição automática dos lucros, de modo que exação somente

III – julgar, mediante recurso extraordinário, as causas decididas em única ou última instância, quando a decisão recorrida:
a) contrariar dispositivo desta Constituição;
...

seria devida quando houvesse a distribuição dos lucros de maneira efetiva, situação similar à por ele narrada no mandado de segurança.

Por tais razões, sustentou que o entendimento adotado pelo STF no referido julgado seria aplicável ao presente caso sem nenhuma restrição, uma vez que a empresa controlada pela recorrente estava sediada no exterior, possuía lucros acumulados, passíveis de distribuição que, entretanto, lá permaneciam retidos sem que tivessem sido disponibilizados em favor dos seus acionistas.

Argumentou ainda que a alteração implementada no art. 43 do Código Tributário Nacional, promovida pela Lei Complementar nº 104, de 2001, não pode ser entendida como uma autorização concedida ao legislador ordinário para que disponha sobre o fato gerador do imposto de renda de maneira diversa daquela insculpida no caput do art. 43, e ao qual os parágrafos devem observância. Neste sentido, apontou que quando o CTN adota a expressão aquisição, ele se refere à aquisição efetiva/real, já que no sistema constitucional não se permite a ocorrência do fato gerador por ficção legal.

Sinalizou que o voto proferido pelo Ministro Marco Aurélio, e que fora acompanhado por outros ministros, no julgamento da ADI 2.588, havia caminhado naquele sentido, permitindo concluir que o § 2º do art. 43 do CTN só autorizaria o legislador ordinário a dispor sobre a renda auferida no exterior quando houvesse efetiva disponibilidade, econômica ou jurídica. O que, no seu entendimento, não se verificava com o art. 74 da MP nº 2.158-34, de 2001, e portanto, inconstitucional, vez que, ao seu ver, configuraria uma ficção legal, ao dispor que a renda seria considerada disponibilizada na data do balanço em que o lucro fosse apurado, independentemente da efetiva disponibilização.

Um último aspecto abordado pela recorrente foi a inconstitucionalidade dos dispositivos, por ofensa ao princípio da irretroatividade, insculpido no art. 150, inciso III da Constituição Federal. É que para ela, o dispositivo impugnado, apesar de prescrever que o fato gerador ocorreria em 31 de dezembro de 2002, tornaria por alcançar lucros apurados pelo contribuinte em anos anteriores.

A União, por sua vez, apresentou contrarrazões ao recurso extraordinário, na qual requereu a inadmissão do recurso e, caso conhecido, o seu desprovimento.

Como razões para o seu pedido, pontuou que a Constituição Federal outorgou à União a competência para instituir impostos que recaíssem sobre a renda, e que caberia à lei complementar estabelecer os contornos gerais sobre o tributo, missão que foi cumprida pelo CTN, mais especificamente pelo seu art. 43, que veio a ser alterado pela Lei Complementar nº 104, de 2001, a qual determinou que a lei ordinária estabeleceria as condições e o momento em que se daria a disponibilidade para fins de incidência do imposto sobre as receitas ou rendimentos oriundos do exterior.

Em seguida, apontou que com o art. 74 da MP 2.158-34, de 2001, o método da equivalência patrimonial permitia refletir o lucro da controlada sobre o patrimônio da controladora, destacando que no, entendimento firmado no acórdão combatido, a corte entendeu que o dispositivo impugnado não havia maculado a regra matriz do Imposto de Renda, prevista no art. 43 do CTN, vez que, preexistindo acréscimo patrimonial, havia autorização para que a lei apontasse o momento em que seria considerado disponibilizado o lucro para a controladora.

Adicionalmente, destacou trecho do voto proferido pela Ministra Ellen Gracie no curso do julgamento da ADI 2.588, o qual declarava inconstitucional a aplicação do dispositivo impugnado, apenas no que alcançava as coligadas, para defender que não se podia falar em inconstitucionalidade do art. 74, e que ao que tudo indicava, a posição da Ministra, provavelmente seria a que prevaleceria no julgamento daquela ação direta de inconstitucionalidade.

O recurso extraordinário foi admitido pelo TRF da 4ª Região, que entendeu terem sido preenchidos os requisitos previstos na legislação processual.

1.1.2 Critério de conhecimento da repercussão geral

No Supremo Tribunal Federal o Recurso Extraordinário recebeu o nº 611.586 e teve por relator o Ministro Joaquim Barbosa. Este, após fazer breve síntese do caso, sinalizou que havia preliminar formal de repercussão geral e que, no seu sentir, a matéria discutida no recurso transcendia os interesses localizados das partes, manifestando-se assim pela presença da repercussão geral do objeto discutido nos autos.

Adicionalmente, registrou que a controvérsia lidava com dois relevantes valores constitucionais. De um lado, a adoção da tributação em base universais e, do outro, o respeito ao fato jurídico tributário do imposto de renda.

Consignou que a matéria estava também sendo discutida na Ação Direta de Inconstitucionalidade nº 2.588/DF, mas que esta ação não tinha o condão de conferir aos recursos que cuidavam da mesma temática os efeitos do julgamento com repercussão geral.

Único ministro a apresentar manifestação além do relator, o Ministro Marco Aurélio também admitiu a existência de repercussão geral e, reportando-se à ADI nº 2.588, apontou que a controvérsia abordada no Recurso Extraordinário envolvia o próprio sistema tributário.

O Tribunal, por fim, reconheceu a existência de repercussão geral da questão constitucional suscitada.

1.2 Mérito da decisão

O Recurso Extraordinário nº 611.586 teve o seu julgamento iniciado em 3 de abril de 2013, tendo sido apreciado conjuntamente com o Recurso Extraordinário nº 541.090[6] e com a Ação Direta de Inconstitucionalidade nº 2.588.

Diferentemente do RE nº 611.586, no qual era questionada apenas a constitucionalidade do art. 74 da MP 2.158-35/2001, tanto no RE nº 541.090

[6] Após o julgamento, este RE restou assim ementado:
CONSTITUCIONAL. TRIBUTÁRIO. IMPOSTO DE RENDA. LUCROS PROVENIENTES DE INVESTIMENTOS EM EMPRESAS COLIGADAS E CONTROLADAS SEDIADAS NO EXTERIOR. ART. 74 DA MEDIDA PROVISÓRIA 2.158-35/2001.
1. No julgamento da ADI 2.588/DF, o STF reconheceu, de modo definitivo, (a) que é legítima a aplicação do art. 74 da Medida Provisória nº 2.158-35/2001 relativamente a lucros auferidos por empresas
controladas localizadas em países com tributação favorecida (= países considerados "paraísos fiscais"); e (b) que não é legítima a sua aplicação relativamente a lucros auferidos por empresas coligadas sediadas em países sem tributação favorecida (= não considerados "paraísos fiscais"). Quanto às demais situações (lucros auferidos por empresas controladas sediadas fora de paraísos fiscais e por empresas coligadas sediadas em paraísos fiscais), não tendo sido obtida maioria absoluta dos votos, o Tribunal considerou constitucional a norma questionada, sem, todavia, conferir eficácia erga omnes e efeitos vinculantes a essa deliberação.
2. Confirma-se, no presente caso, a constitucionalidade da aplicação do caput do art. 74 da referida Medida Provisória relativamente a lucros auferidos por empresa controlada sediada em país que não tem tratamento fiscal favorecido. Todavia, por ofensa aos princípios constitucionais da anterioridade e da irretroatividade, afirma-se a inconstitucionalidade do seu parágrafo único, que trata dos lucros apurados por controlada ou coligada no exterior até 31 de dezembro de 2002.
3. Recurso extraordinário provido, em parte.

quanto na ADI nº 2.588 discutia-se adicionalmente a constitucionalidade do art. 7º, §1º da Instrução Normativa nº 213/2002 e do §2º do art. 43 do CTN, respectivamente.

Importante assinalar que no julgamento da ADI nº 2.588 já tinham sido proferidos dez votos, restando apenas o voto do Ministro Joaquim Barbosa.

Aqui, nos concentraremos nos argumentos e no *decisum* acerca da constitucionalidade do art. 74 da MP 2.158-35/2001, de modo que não nos debruçaremos sobre a discussão dos dispositivos questionados na ADI e no outro RE.

Assim, em sessão plenária do dia 10 de abril de 2013, presidida pelo Ministro Joaquim Barbosa, relator do caso, o tribunal, por maioria e nos termos do voto do relator, negou provimento ao recurso extraordinário, ficando vencido apenas o Ministro Marco Aurélio. São os fundamentos dos votos que levaram a esta decisão que passam a ser analisados a partir de agora.

1.2.1 Voto condutor

Como dito, tramitavam no Supremo Tribunal Federal três processos relativos à matéria de fundo que aqui se analisa. O primeiro, a ADI 2.588, no âmbito da qual restava ser proferido o voto do Ministro Joaquim Barbosa. Os outros dois, os Recursos Extraordinários 541.090 e 611.586. Apesar de a presente análise se limitar a este último RE, é inevitável que em alguns momentos sejam apontados argumentos utilizados nos outros dois, em especial da ADI, tendo em vista que, como se observará, alguns ministros, ao decidir o RE 611.586, ou colacionaram o voto lá proferido ou a eles se referiram expressamente.

O Ministro Joaquim Barbosa iniciou a sua manifestação com o intuito inicial de finalizar o julgamento conjunto a partir da ADI 2.588. Relatou que nos três processos os contribuintes sustentavam que a Constituição somente permitiria a tributação de lucros ou de proventos se houvesse a efetiva disponibilidade econômica ou jurídica dos respectivos valores. Razão pela qual visualizavam incompatibilidade da legislação questionada, uma vez que fixava artificialmente o dia 31 de dezembro de cada ano como o momento em que a disponibilização ocorreria, independentemente de qualquer ato jurídico ou econômico pertinente.

Sintetizou a situação processual da ADI 2.588, destacando que haviam sido proferidos dez votos que se agrupavam da seguinte forma:

a) um voto pela parcial inconstitucionalidade do texto impugnado, circunscrita às empresas coligadas, da eminente Ministra Ellen Gracie;
b) três votos pela constitucionalidade do texto impugnado, no que se referisse às empresas submetidas à técnica societária do Método da Equivalência Patrimonial, proferidos pelos Ministros Nelson Jobim, Eros Grau e Cezar Peluso (este último com particularidades);
c) quatro votos pela inconstitucionalidade da norma de presunção absoluta (art. 74 da MP 2.158-35/2001), com a interpretação conforme do art. 43, § 2º do CTN para excluir qualquer sentido que permitisse a tributação dissociada da disponibilidade econômica ou jurídica da renda ou dos proventos, proferidos pelos Ministros Sepúlveda Pertence, Marco Aurélio, Ricardo Lewandowski e Celso de Mello;
d) um voto pela constitucionalidade incondicional dos dispositivos, respeitadas outras normas potencialmente aplicáveis, como os tratados internacionais para evitar dupla tributação, e ainda mantida a possibilidade de discussão sobre alguns elementos que não seriam componentes do conceito de renda, como a variação cambial positiva, da lavra do Ministro Ayres Britto;
e) o Ministro Gilmar Mendes tinha se declarado impedido.

Em seguida, iniciando o seu voto, o relator delineou que o que se discutia era se a legislação do Imposto sobre a Renda das Pessoas Jurídicas poderia determinar o momento no qual se consideravam disponibilizados, pelas empresas estrangeiras, os lucros às empresas coligadas ou controladoras domiciliadas no Brasil, independentemente da efetiva distribuição econômica ou da deliberação jurídica pelos órgãos de gestão daquelas empresas.

Apontou que no julgamento da ADI 2.588, e até aquele momento, três linhas de orientação haviam sido propostas pelo plenário.

A primeira, esposada pela então relatora da ADI, Ministra Ellen Gracie, de que apenas no caso das empresas controladoras é que haveria disponibilidade jurídica em 31 de dezembro de cada ano, uma vez que a gestão das empresas coligadas não está sob o exclusivo arbítrio da coligada brasileira.

Já a segunda linha de orientação, sustentada pelos então Ministros Nelson Jobim, Eros Grau e Cezar Peluso, sustentava que apenas no caso das empresas sujeitas à avaliação pelo Método da Equivalência Patrimonial – MEP é que seria constitucional a antecipação do marco temporal necessário à caracterização da disponibilidade do lucro.

Por derradeiro, o relator apontou que a terceira linha, subscrita pelos Ministros Marco Aurélio, Ricardo Lewandowski, Sepúlveda Pertence e Celso de Mello, afastava as normas impugnadas em sua integralidade, uma vez que entendiam que a disponibilidade jurídica do lucro somente ocorreria após a deliberação societária para a distribuição. O que implicava reconhecer que os dispositivos eram inconstitucionais independentemente da espécie de vínculo societário.

Para o relator, estavam em debate duas questões constitucionais de maior relevância. A primeira, se o Estado estaria autorizado, ante as preocupações com o abuso na evasão e elisão fiscal, a atalhar o devido processo legal. E a segunda, se seria possível uma evolução na interpretação do texto constitucional, de modo a acompanhar as mudanças sociais, garantindo assim as expectativas fiscais.

No entendimento do Ministro Joaquim Barbosa, não existe qualquer relação entre o dia trinta e um de dezembro e a disponibilização de recursos provenientes de participação nos lucros e nos resultados. Não podendo também, a autoridade fiscal, amparar-se na obsolescência da legislação tributária para proteger-se da evasão fiscal, de modo que os princípios constitucionais do devido processo legal, da legalidade tributária e do direito à propriedade impediriam a utilização de ficções ou presunções imoderadas e desproporcionais. Na sua concepção, a administração tributária dispõe dos meios técnicos adequados para aferição da disponibilidade econômica e jurídica dos lucros ao contribuinte.

Por outro lado, o relator ponderou que o Método da Equivalência Patrimonial (MEP) é forma de avaliação de investimentos que não reflete alterações nos ingressos patrimoniais do contribuinte investidor. Em sua opinião, o MEP é útil para medir expectativa de aumento patrimonial, mas não supre a disponibilidade jurídica da participação nos lucros.

Pontuou que o direito à participação nos lucros depende do cumprimento de requisitos, dentre os quais a deliberação da empresa, que não possuem pertinência com o encerramento do exercício no Brasil. Ou seja, o término do ano civil para fins tributários não pode ser considerado o momento no qual há a distribuição de lucros aos sócios ou acionistas.

Refutando a terceira linha argumentativa, o Ministro Joaquim Barbosa sustentou que a possibilidade de deliberar sobre a distribuição dos lucros, detida pelo controlador, não equivale à alocação dos lucros aos seus pretendentes.

O Ministro finalizou o seu voto esposando entendimento de que o objetivo do combate à sonegação e à distribuição disfarçada de lucros devidos pelas empresas estrangeiras às controladas ou coligadas brasileiras poderia manter a sujeição ao MEP para presunção da distribuição dos lucros. Entretanto, assinalou que o texto impugnado pelo recorrente tratava os países com tributação favorecida e os países com tributação dita normal de maneira idêntica, o que representava gravosa desproporcionalidade para atendimento daquele objetivo.

Assim, entendeu que na hipótese de a entidade estrangeira estar situada em país com tributação favorecida ou sem controles e registros societários rígidos (paraíso fiscal), seria cabível a presunção da evasão e a aplicação o dispositivo impugnado. Por outro lado, não estando localizada em paraíso fiscal, caberia à autoridade tributária a prova da evasão fiscal.

Deste modo, negou provimento ao recurso extraordinário do contribuinte, já que a empresa estrangeira estava localizada em paraíso fiscal. Afirmou ainda que, pelo fato de o contribuinte brasileiro ser uma cooperativa, a manutenção de entidade controlada no exterior careceria de explicações no sentido de comprovar o propósito negocial.

Assim, ao proferir o seu voto, o Ministro Joaquim Barbosa, ao mesmo tempo em que finalizou o julgamento da ADI 2.588, vide ementa retro transcrita, iniciou a apreciação do RE 611.586.

Em continuidade ao julgamento deste RE, o segundo a proferir voto foi o Ministro Teori Zavaski.

Inicialmente sinalizou que os dispositivos impugnados tiveram origem em medida provisória publicada antes da promulgação da Emenda Constitucional nº 32, de 2001, cujo art. 2º teve o condão de promover ampla convalidação das medidas provisórias que ainda não tinham sido convertidas em lei. Deste modo, assinalou o Ministro, restava superada qualquer discussão quanto ao atendimento ou não dos requisitos da relevância e urgência dos artigos questionados no Recurso Extraordinário.

Afirmou que o dispositivo impugnado não criou um novo tributo, que somente promoveu alteração no sistema de aferição do momento em que os lucros auferidos por controlada ou coligada no exterior serão considerados disponibilizados, tendo passado do regime de caixa para o regime de competência.

Em seguida, fez uma retrospectiva histórica da legislação aplicável à tributação dos ganhos originados de fontes situadas no exterior, chegando à conclusão de que o art. 74 da MP 2.158-34 apenas estendeu às controladas e coligadas o mesmo tratamento que era conferido às filiais e sucursais no exterior, e já aplicável, desde 1976, às companhias sujeitas ao MEP. No seu entendimento, o dispositivo impugnado teve o condão de estender o MEP às controladas e coligadas, afirmando que se trata de instrumento reconhecidamente eficaz para dar transparência e objetividade às demonstrações financeiras e aos resultados econômicos das companhias.

Apontou que a questão posta se circunscrevia à adoção do regime de competência para as coligadas e controladas no exterior, inserido pelo art. 74, e a apreciação de eventual ofensa ao conceito de renda que poderia ser extraído da Constituição ou ao sentido da expressão disponibilidade, prevista no art. 43 do CTN. Destacou que, assim, a controvérsia se resumia a avaliar se o conceito de disponibilidade somente seria compatível com o regime de caixa, ou se também seria compatível com o regime de competência.

O Ministro Teori Zavascki proferiu voto cujos argumentos foram extraídos do julgamento da ADI 2.588, mais especificamente daqueles apresentados pelo Ministro Nelson Jobim, de maneira que colacionou diversos trechos para sustentar a sua linha argumentativa.

Inicialmente, transcreveu trechos que cuidavam da distinção entre disponibilidade econômica e disponibilidade financeira, apontando que possuíam sentidos distintos quando aplicados às pessoas físicas e às pessoas jurídicas, e que esta distinção possui por base o regime por cada pessoa adotado, uma vez que, enquanto as pessoas físicas adotam o regime de caixa – no qual receitas e despesas são registradas quando efetivamente recebidas ou pagas –, as pessoas jurídicas adotam o regime de competência – no qual receitas e despesas são consideradas independentemente do efetivo pagamento ou recebimento. Salientou assim que no regime de competência não há que se falar em disponibilidade efetiva de recursos para a inclusão na base de cálculo do IR.

Com base neste raciocínio, o Ministro Nelson Jobim afirmou que nas pessoas jurídicas a disponibilidade econômica representa acréscimo patrimonial sem o recebimento físico dos ganhos financeiros, caracterizado pela incorporação econômica de renda ou proventos de qualquer natureza ao patrimônio, independentemente da efetiva existência de recursos financeiros. Afirmou ainda esta espécie de disponibilidade seria consequência da adoção do regime de competência.

Por outro lado, ainda de acordo com os argumentos buscados no voto do Ministro Nelson Jobim, a disponibilidade financeira restaria caracterizada com o efetivo ganho de recursos monetários, pressupondo a existência física dos recursos em caixa. Com a disciplina instituída pela MP 2.158/01, haveria disponibilidade econômica e, por consequência, acréscimo patrimonial – ainda que contábil, com a submissão os recursos e rendimentos apurados no exterior por companhias brasileiras submetidas ao MEP. Assim, na dicção do Ministro Nelson Jobim, a variação no patrimônio da investida importaria em acréscimo patrimonial na companhia investidora, em decorrência do MEP, posto que o regime é de competência, e que eventual decisão da coligada ou controlada no sentido de impedir a distribuição de lucros não obsta a ocorrência do acréscimo patrimonial da companhia brasileira.

Nesta toada, o Ministro Nelson Jobim afirmou que o art. 74 da MP 2.158/01, lei ordinária, não extrapolou limites constitucionais de suas atribuições, pois apenas estabeleceu o momento em que restaria evidenciada a disponibilização da renda, sem ter efetuado qualquer modificação nos conceitos de disponibilidade e/ou de renda. Ponderou também ser irrelevante o fato de a companhia brasileira controlar ou não a estrangeira, uma vez que o controle, apesar de relevante para a decisão quanto ao fluxo de riqueza, não é para a aferição do aumento do valor do patrimônio, neste caso feito pelo MEP.

O Ministro Teori Zavascki concluiu o seu voto afirmando não haver incompatibilidade entre o art. 43 do CTN e o regime de competência, estabelecido na Lei nº 6.404, de 1976, e pelo art. 74 da MP 2.158-35/2001.

Por conseguinte, votou para negar provimento ao recurso extraordinário, reconhecendo a constitucionalidade do caput do art. 74 da Medida Provisória nº 2.158-35/2001, e entendendo desnecessária quaisquer ressalvas quanto a empresas não sujeita ao MEP ou quanto a acordos internacionais.

Em suscinto voto, o Ministro Luiz Fux apenas apontou que não votou na ADI e que possuía impedimento para votar no outro recurso, uma vez que tinha anteriormente exercido a função de Ministro do Superior Tribunal de

Justiça. Já neste RE, votou no sentido de acompanhar a decisão vinculante exarada na ADI e de negar provimento ao Recurso Extraordinário.

Por sua vez, o Ministro Dias Toffoli afirmou que no seu entendimento o caso em análise era diverso do apreciado no RE nº 172.058/SC, no qual a discussão se circunscreveu à constitucionalidade do imposto sobre a renda oriunda dos dividendos distribuídos a pessoas físicas na qualidade de acionistas, quotistas ou sócios individuais. Portanto, ao seu ver, não deveria ser aplicada a solução de um ao outro.

Em seguida, declarou que no julgamento da ADI nº 2.588/DF ficou decidido que o §2º do art. 43 do CTN não era inconstitucional, uma vez que não teria dado carta branca ao legislador ordinário.

Afirmou que o cerne da questão consistia em aferir se o caput do art. 74 teria estabelecido a tributação de lucro fictício. Iniciou o voto lembrando que a lei nº 9.249, de 1995, inovou no ordenamento jurídico ao instituir a chamada Tributação em Bases Universais (TBU), alcançando assim todos os rendimentos e ganhos independentemente de onde foram gerados. Alertou, porém, que a Receita Federal havia limitado a aplicação da norma, restringindo o dispositivo, por meio da IN RFB 38/1996, ao regime de caixa, que posteriormente veio a ser positivada com a Lei nº 9.532, de 1997. E que, somente com a MP 2.158/2001 é que foi retomado o regime de competência, ao prever o momento no qual restaria configurada a disponibilidade da renda.

Sustentou assim que a discussão girava em torno do conceito de disponibilidade e, neste sentido, colacionou doutrina de Alcides Jorge Costa, tomando-a por empréstimo do voto proferido pelo Ministro Cezar Peluso no julgamento da ADI 2.588/DF, que ao abordar aquele conceito, afirmou que nos casos das pessoas jurídicas o momento da disponibilidade está vinculado ao regime de apuração do lucro contábil que, em regra, é o de competência, dentro do qual as receitas e despesas são lançadas no período em que adquiridas ou incorridas, independentemente do seu recebimento ou pagamento.

Destacou que no julgamento da ADI 2.588/DF, que teve por relatora a Ministra Ellen Gracie, o Ministro Nelson Jobim, ao analisar o modelo jurídico adotado pela Lei nº 6.404, de 1976, quanto à ocorrência da disponibilidade econômica ou jurídica da renda, havia feito importante distinção entre disponibilidade econômica e financeira.

Pontuou que naquela quadra o Ministro Nelson Jobim havia afirmado que a disponibilidade da renda não pode se limitar, para as pessoas jurídicas, ao efetivo recebimento de moeda ou dinheiro, e que o aumento patrimonial da pessoa jurídica já de dava com a disponibilidade econômica, mesmo antes da decisão de realizar a disponibilidade financeira. Lembrou que as duas expressões são usualmente utilizadas em sentido próprio. A primeira, relacionada às pessoas jurídicas, em contraposição à segunda, que representaria o efetivo ganho de recursos monetários.

Neste cenário, o Ministro Toffoli entendeu que o art. 74 da MP 2.158-35, observando o regime de competência e fundado na disponibilidade econômica e jurídica, teve o condão de alterar o momento em que se dá o acréscimo patrimonial das pessoas jurídica para fins da tributação, que é aferido por via do balanço patrimonial.

Em seguida, consignou que o balanço patrimonial tem por objetivo evidenciar o patrimônio líquido da entidade em uma determinada data, e que deve observar a proporção da participação societária da investidora brasileira, sejam controladoras ou coligadas, nas empresas estrangeiras, pontuando que tais participações tem natureza jurídica de ativo permanente, gerando consequências importantes para a disponibilidade do lucro no exterior.

O Ministro afirmou que é por força do Método da Equivalência Patrimonial (MEP), previsto no art. 248 da Lei das Sociedades Anônimas, que os investimentos são avaliados, e que a partir daquele método de avaliação, o lucro auferido pela empresa estrangeiras é registrado no balanço da empresa brasileira, destacando que a sua distribuição é irrelevante para fins de verificação do real crescimento do lucro líquido da empresa brasileira, vez que adotado o regime de competência.

Por este raciocínio, concluiu que é renda da empresa o acréscimo patrimonial que se obtém a partir do ajuste do valor do investimento permanente, destacando que este ajuste reflete no valor da avaliação das ações da empresa comerciáveis na bolsa, bem como é considerado no valor da companhia, no caso em que deseja vender seus ativos, demonstrando assim a repercussão no mercado financeiro e o benefício conferido à empresa brasileira pela renda apurada daquela maneira.

Adicionalmente, enfatizou que o art. 197 da Lei das Sociedades Anônimas prevê a possibilidade de distribuição de dividendo da receita originada da equivalência patrimonial positiva, ainda que não ocorrida a disponibilidade financeira.

Por outro lado, concordou com o registro feito pelo Ministro Cezar Peluzo no julgamento da multicitada ADI, segundo o qual é virtual o lucro produzido pela empresa no exterior, relativo aos investimentos avaliados pelo método de custo, somente repercutindo na empresa brasileira quando efetivamente pago ou creditado, uma vez que submetidos ao regime de caixa.

O Ministro Toffoli concluiu o seu voto afirmando que o art. 74 da MP 2.158-35/2001, adotando o regime de competência, deslocou o momento da incidência do imposto, não tendo firmado presunção, mas sim, definição de novo aspecto temporal para a regra matriz de incidência.

Assim, votou para negar provimento ao recurso extraordinário, assentando a constitucionalidade do caput do art. 74 da MP 2.158-25/2001, destacando que estava aplicando ao caso a conclusão à qual se chegou no julgamento da ADI 2588/DF, na qual se conferiu eficácia erga omnes e efeito vinculante para conferir interpretação conforme, no sentido de que o art. 74 da MP nº 2.158/2001 não se aplica às empresa coligadas localizadas em países sem tributação favorecida (não paraísos fiscais), e que o referido dispositivo se aplica às empresas controladas localizadas em países de tributação favorecida ou desprovidos de controles societários e fiscais adequados (paraísos fiscais, assim definidos em lei).

Já a Ministra Cármen Lúcia, por sua vez, limitou-se a afirmar que negava provimento ao recurso da empresa, aplicando o que havia sido decidido no julgamento da Ação Direta de Inconstitucionalidade.

Também em suscinto voto, o Ministro Ricardo Lewandowski acompanhou o relator.

Ao proferir o seu voto, o Ministro Celso de Mello se reportou ao julgamento da ADI nº 2.588 para lembrar que naquela ocasião havia fica vencido ao votar pela sua improcedência.

No entanto, destacando a observância ao princípio da colegialidade, votou para negar provimento ao recurso extraordinário em análise.

O Ministro Gilmar Mendes, por sua vez, iniciou seu voto apontando que a questão jurídica envolvida no Recurso Extraordinário dizia respeito à constitucionalidade do contido no §2º do art. 43 do Código Tributário Nacional e no art. 74 da Medida Provisória 2.158-35, de 24 de agosto de 2001.

Pontuou que com a conclusão do julgamento da ADI 2.588, com o voto do Ministro Joaquim Barbosa, havia ao menos três entendimentos quanto à matéria discutida. Além dos três já listados quando da análise do voto do relator, um quarto, o próprio voto do relator, que entendeu ser a regra do art. 74 aplicável apenas às empresas controladas ou coligadas situadas em paraísos fiscais.

Ponderou que as alterações legislativas implementadas no Brasil, a exemplo do dispositivo impugnado, tiveram por objetivo permitir ao Fisco adaptar-se aos desafios e necessidades contemporâneos da administração tributária, decorrentes das mudanças no cenário econômico internacional, caracterizado pela internacionalização das atividades empresariais e seus consectários.

Fez apanhado histórico-normativo acerca da tributação dos lucros, rendimentos e ganhos de capital no exterior para, chegando ao art. 74 ora impugnado, apontar que ele estaria amparado em dois propósitos: a) a redução da elisão tributária praticada por meio da criação de empresas controladas ou coligadas em paraísos fiscais e b) a coerção à postergação indefinida da incidência tributária, inclusive quanto às empresas não situadas em paraísos fiscais.

No seu entender, o disposto no art. 74 encontra amparo no §2º do art. 43 do Código Tributário Nacional, o qual prescreve que a lei "estabelecerá as condições e o momento em que se dará sua disponibilidade", dispositivo que, no entendimento do ministro, não destoa do conceito constitucional de renda, tampouco burla alguma das hipóteses de exigência constitucional de lei complementar.

Para o ministro, não se exige edição de lei complementar para a definição das condições e do momento em que se dá a disponibilidade da renda, ou seja, o aspecto temporal da regra matriz, momento em que se reputa ocorrido o fato gerador, de modo que basta lei ordinária.

Apontou que, no caso concreto, o dispositivo impugnado definiu a data do balanço como momento no qual ocorre a disponibilidade da renda, que independe da distribuição financeira. Entendeu que o art. 74 da MP 2.158 não estava criando renda fictícia onde não existiria disponibilidade de receitas, de modo que ao seu ver, o dispositivo não violaria nenhuma norma constitucional.

Ao abordar o conceito de renda, afirmou que a constituição não possui um conceito pronto e acabado de renda, que se trata de conceito jurídico-positivo a ser delimitado pelo legislador infraconstitucional.

Colacionou doutrina de Ricardo Lobo Torres para sustentar que tanto o conceito de renda quanto o de proventos são abertos, e que o legislador tem liberdade para promover a concretização normativa.

Com efeito, entendeu que a disponibilidade da renda em favor da investidora detentora de participação em empresas controladas e coligadas, situadas no exterior, deve ser reconhecida independentemente de ter ocorrido a distribuição financeira dos lucros, uma vez que, na sua compreensão, o acréscimo patrimonial da investidora brasileira ocorre de maneira imediata.

Afirmou que dois fatos corroboram para a confirmação do seu entendimento. O primeiro, de que já ocorre incremento no valor de mercado da investidora com as alterações no balanço da investida. E o segundo, de que existe autorização legal (art. 197, inciso I da Lei nº 6.404, de 1976) para que a investidora possa distribuir lucro aos seus sócios, na proporção da sua participação, decorrente de valor correspondente ao lucro das coligadas ou controladas, independentemente da distribuição financeira por partes destas. Apesar da possibilidade de a Assembleia Geral de acionistas da investidora obstar a distribuição.

Concordou e destacou os fundamentos do voto do Ministro Nelson Jobim, na ADI 2.588, para quem a aquisição e transferência de direitos decorrentes dos negócios entre as organizações e seus sócios são concretizadas na forma de registros contábeis, de modo que para o Ministro Jobim, no caso das pessoas jurídicas, não se pode limitar a disponibilidade da renda ao efetivo recebimento de numerário. O Ministro Jobim ancorou-se nos conceitos de disponibilidade econômica e financeira. Para ele, no primeiro, o acréscimo patrimonial ocorre sem o recebimento físico dos ganhos financeiros, condição necessária para a concretização do segundo.

Para o Ministro Gilmar Mendes, a ideia nuclear para o fato gerador do imposto de renda é a de acréscimo patrimonial, que na sua opinião estaria configurado na situação narrada no recurso extraordinário, pois nas pessoas jurídicas controladas e coligadas essa ideia opera-se independentemente da distribuição efetiva dos lucros apurados no exterior.

Adicionalmente, sustentou que não caberia ao tribunal reconstruir a política fiscal do governo, nem propor novas alternativas fora do nível da lei.

Infirmando os argumentos trazidos pelos demais Ministros, nos votos proferidos na ADI 2588, discordou da Ministra Ellen Gracie, pois entendia que a distinção entre controlada e coligada não era fundamental para definir se o dispositivo impugnado era constitucional ou não. Para ele, o argumento era inválido por três razões: i) na realização do balanço, a disponibilidade da renda se operava de igual modo tanto em nas coligadas quanto nas controladas; ii) a disponibilidade da renda não seria consequência da manutenção do poder de controle, mas sim do efeito e imediato acréscimo patrimonial da investidora; e iii) o fato de que, como consequência desta interpretação, ocorreria favorecimento à reestruturação de grupos econômicos que buscariam evitar a aplicação do tributo.

Por outro lado, também afirmou discordar da linha argumentativa que promovia a distinção entre paraísos fiscais e países com tributação regular como critério para exame da constitucionalidade do questionado art. 74. No seu entender, este não foi o modelo adotado pela legislador, apesar de afirmar que, da lei, decorreriam consequências diversas conforme se tratasse de empresa situada em um ou outro local, uma vez que no caso de empresas situadas em países com tributação não favorecida, haveria o direito ao crédito de imposto e à compensação do tributo.

Assim, votou para reconhecer a constitucionalidade do art. 74 da Medida Provisória nº 2.158-35 negando provimento ao extraordinário.

1.2.2 Votos vencidos

O Ministro Marco Aurélio foi o único a votar no sentido de dar provimento ao Recurso Extraordinário. Colacionou como voto tudo o que havia proferido no julgamento da Ação Direta de Inconstitucionalidade nº 2.588.

Iniciou o voto proferido naquela ADI criticando a decisão do Tribunal Regional Federal da 4ª Região. Para o ministro, o acórdão havia assentado que pouco importava a disponibilidade econômica ou jurídica para que houvesse a incidência do imposto de renda no Brasil sobre os lucros obtidos pela pessoa jurídica no exterior, esteja ela na situação de controlada ou coligada.

Em seguida, declarou que estava votando pelo provimento do recurso, fundamentado no voto por ele proferido no julgamento da ADI nº 2.588, transcrito agora no recurso extraordinário.

Naquela ocasião o Ministro abriu o seu voto afirmando que aquela ação direta de inconstitucionalidade atacava o art. 74 da Medida Provisória nº 2.158-35, de 24 de dezembro de 2001, destacando que na inicial da ADI o proponente, mediante transcrição de jurisprudência da Corte, apontava que o STF tinha estabelecido o conceito constitucional de renda, o que se deu com a intepretação do art. 15, inciso IV, da Constituição de 1946, cujo teor seria praticamente igual ao do art. 153, inciso III, da Constituição de 1988.

O proponente da ADI sustentava, então, que o art. 74 da MP 2.158-35/2001 entrava em conflito com três dispositivos da Constituição Federal: i) o art. 62, uma vez que ausente a urgência que deflagrasse a edição de medida provisória; ii) os arts. 153, inciso III, e 165, inciso I, alínea c, em razão da exigência de imposto e contribuição sob situação jurídica que não configurava renda ou lucro; e iii) o art. 150, inciso III, alíneas "a" e "b", por ferimento aos princípios da irretroatividade e anterioridade.

Quanto ao primeiro conflito suscitado, o Ministro entendeu que a edição de medida provisória atentava contra a Constituição, uma vez que ausentes a relevância e urgência da matéria, o que, na sua opinião, eram confirmadas pelo fato de que até a data de julgamento da ADI, a medida provisória não tinha sido objeto de deliberação e conversão pelo Congresso Nacional.

Fundamentaram os argumentos do ministro a situação fática de que o Presidente da República dispõe de prerrogativa para solicitação de urgência a projeto de lei de sua autoria, bem como o fato de que, sob o ângulo normativo, a matéria já possuía disciplina, e ao tempo da edição da medida provisória, ainda restavam seis meses para o encaminhamento de espécie normativa diversa daquela, de modo que não havia justificativa fundada no art. 62 para edição da MP 2.158-35.

Doutra banda, no tocante à suposta exigência de imposto e contribuição sobre situação que não configuraria renda ou lucro, o ministro apontou que a Constituição Federal possui previsão inafastável quanto à tipicidade dos tributos. Que sob a ótica da contribuição prevista no art. 195, inciso I, alínea "c", o texto constitucional remete ao lucro, ao passo que sob a ótica do imposto, a disciplina constitucional remete à renda e aos proventos de qualquer natureza.

Adicionalmente, destacou que, conforme comando do art. 110 do Código Tributário Nacional, a lei tributária não pode alterar a definição, o conteúdo e o alcance de institutos, conceitos e formas de direito privado, utilizados, expressa ou implicitamente pela Constituição Federal, pelas Constituições do Estados ou pelas Leis Orgânicas do Distrito Federal ou dos Municípios, para definir ou limitar competências tributárias.

Na esteira deste raciocínio, concluiu que a existência de coligação ou de controle não permite a confusão entre uma empresa possuidora de personalidade jurídica e outra na qual possui participações qualificadas daquela forma. E que a disponibilidade possui sentido próprio, tanto sob o aspecto da língua portuguesa quanto sob a sua definição técnica, não podendo ser deturpado de maneira a permitir a existência de disponibilidade econômica ou jurídica onde concretamente não haja, como ocorre no caso em que o lucro da coligada ou controlada existente no exterior seja lá mantido no próprio patrimônio da empresa que o apurou, não sendo considerado transferido à empresa brasileira, e consequentemente não configurando renda no balanço da empresa.

No entendimento do Ministro Marco Aurélio, a introdução do §2º do art. 43 não teve o condão de autorizar o legislador ordinário a desprezar a natureza das coisas e criar novo fato gerador do tributo como se fosse legislador complementar. Para o Ministro, o referido dispositivo deve ser interpretado à luz da Constituição Federal, que é imperativa quanto à tipologia do tributo: a renda. Ainda no campo da interpretação do dispositivo, o Ministro consignou que o parágrafo deve ser interpretado a partir da cabeça do artigo, o qual crava que o fato gerador do imposto é a aquisição da disponibilidade econômica ou jurídica, o que na sua opinião não se verifica enquanto o lucro permanecer no estrangeiro.

Salientou ainda que a Medida Provisória restabeleceu sistema que havia sido mitigado pela Receita Federal do Brasil, e que esta contenção respeitava a Constituição Federal e o Código Tributário Nacional.

Colacionou jurisprudência do Supremo Tribunal Federal, especificamente o Recurso Extraordinário nº 117.887-6/SP, no qual foi declarada a inconstitucionalidade de dispositivo legal que previa o fato gerador do tributo para o acionista em decorrência da simples existência de lucro no balanço da pessoa jurídica. Assim, sustentou que o tema já havia sido objeto de apreciação pelo tribunal, o qual firmou a necessidade de que o fato gerador do imposto de renda somente estaria presente ante a existência de disponibilidade econômica e jurídica.

Apontou ainda que naquela oportunidade, o Ministro Carlos Velloso havia ressaltado que a disponibilidade econômica significa a obtenção de renda, na forma de ingresso real de moeda ou equivalente no patrimônio da pessoa, ou a possibilidade de a pessoa dispor da renda. E que a disponibilidade jurídica, por sua vez, significa a possibilidade de o sujeito dispor de uma renda posta a sua disposição, tendo em vista disposições jurídicas ou contratuais. Ainda de acordo com o Ministro, a disponibilidade jurídica não ocorreria apenas com o aperfeiçoamento do direito à percepção do rendimento, sendo, mais do que isso, configurada somente quando o seu recebimento em moeda ou quase-moeda dependa somente do contribuinte.

O Ministro Marco Aurélio destacou ainda que no Recurso Extraordinário citado, o ministro Octavio Galotti havia ressaltado que em se tratando de sociedades anônimas, a disponibilidade do lucro dependeria de deliberação da assembleia. E que o Ministro Sepúlveda Pertence havia registrado que os lucros apurados em balanço de pessoa jurídica integram o patrimônio desta e não dos sócios, já que estes, considerados isoladamente, deles não dispõem, quer sob o ângulo econômico, quer, até mesmo, sob o jurídico.

Por fim, no tocante ao dispositivo questionado no atual recurso extraordinário, o Ministro Marco Aurélio entendeu que a existência de um mero elo, seja sob a forma de coligação ou de controle, não seria suficiente para fulminar a exigência da disponibilidade, que é da própria essência do tributo. Deste modo, votou para conferir interpretação conforme a Constituição ao §2º do art. 43 do CTN, excluindo do seu alcance qualquer desprezo à disponibilidade econômica ou jurídica da renda, e pela inconstitucionalidade do art. 74 da Medida Provisória 2.158-35.

1.3 Análise crítica

O julgamento do RE 611.586 foi extremamente influenciado pela decisão proferida na ADI 2.588. E não poderia ter sido diferente. Como visto, a conclusão da apreciação daquela ação direta de inconstitucionalidade dependia apenas do voto a ser proferido pelo Ministro Joaquim Barbosa, relator deste recurso extraordinário.

Diante deste cenário, era iminente o risco de que fossem proferidas decisões conflitantes numa mesma assentada. Talvez, não por outra razão, cinco ministros votaram expressamente no sentido de acompanhar o decidido naquela ADI.

Neste aspecto, é louvável a decisão do colegiado em ter privilegiado o princípio da segurança jurídica e da colegialidade, posto que, mesmo diante da mudança na composição do plenário, optou por não modificar a recente a jurisprudência que acabara de ser firmada pela corte. Merece destaque especial a posição dos ministros que não participaram do primeiro julgamento, mas decidiram de acordo com o que lá tinha sido proferido.

Por outro lado, são merecedores de críticas tanto o processo de julgamento em si, especialmente pela dificuldade em se encontrar um voto médio, o que traz consequências para a apreciação de futuros casos, quanto pelas razões de decidir adotadas individualmente para se chegar à conclusão firmada pela corte.

No mérito, e como bem delimitou o ministro Joaquim Barbosa, a questão central debatida foi "se a legislação do IRPJ pode definir o momento no qual se considera que as empresas estrangeiras disponibilizam lucros às empresas coligadas ou controladoras domiciliadas no Brasil, independentemente da efetiva distribuição econômica ou da deliberação jurídica dos respectivos órgãos de gestão".

Em outras palavras, se a disponibilização, por força de lei, na data do balanço, dos lucros auferidos por companhia coligada ou controlada no exterior, cuja avaliação no balanço da investidora se dá pelo método da equivalência patrimonial, se amoldaria ao fato gerador do imposto sobre a renda.

Na prática, se o art. 74 da MP 2.158-35/2001, cujo texto impugnado, a seguir transcrito, e posteriormente alterado, afronta a constituição federal.

> Art. 74. Para fim de determinação da base de cálculo do imposto de renda e da CSLL, nos termos do art. 25 da Lei no 9.249, de 26 de dezembro de 1995, e do art. 21 desta Medida Provisória, os lucros auferidos por controlada ou coligada no exterior serão considerados disponibilizados para a controladora ou coligada no Brasil na data do balanço no qual tiverem sido apurados, na forma do regulamento.
>
> Parágrafo único. Os lucros apurados por controlada ou coligada no exterior até 31 de dezembro de 2001 serão considerados disponibilizados em 31 de

> dezembro de 2002, salvo se ocorrida, antes desta data, qualquer das hipóteses de disponibilização previstas na legislação em vigor.

Ao nosso ver, o desenlace do julgamento passa por duas questões que mereciam, e foram, ainda que tangencialmente, enfrentadas. A primeira dizia respeito à existência de um suposto conceito constitucional de renda ao qual estaria vinculada toda a legislação tributária que disciplinasse o tributo. Já a segunda, o alcance da expressão "disponibilidade econômica ou jurídica" gravada no art. 43 do Código Tributário Nacional, cuja redação assim dispõe:

> Art. 43. O imposto, de competência da União, sobre a renda e proventos de qualquer natureza tem como fato gerador a aquisição da disponibilidade econômica ou jurídica:
> I – de renda, assim entendido o produto do capital, do trabalho ou da combinação de ambos;
> II – de proventos de qualquer natureza, assim entendidos os acréscimos patrimoniais não compreendidos no inciso anterior.
> § 1º A incidência do imposto independe da denominação da receita ou do rendimento, da localização, condição jurídica ou nacionalidade da fonte, da origem e da forma de percepção.
> § 2º Na hipótese de receita ou de rendimento oriundos do exterior, a lei estabelecerá as condições e o momento em que se dará sua disponibilidade, para fins de incidência do imposto referido neste artigo.

Relativamente ao conceito constitucional de renda, nos alinhamos ao que consignaram o Ministro Joaquim Barbosa, no RE 582.252, e o Ministro Luiz Fux, no RE 591.340[7].

Para o primeiro, não existe um conceito constitucional de renda de dimensões absolutas, caráter imutável e existente independentemente da linguagem, capaz de ser violado pelo legislador infraconstitucional.

Em sintonia, para o Ministro Luiz Fux o legislador infraconstitucional possui competência para definir conceitos de renda e lucro, devendo, porém, respeitar os limites semânticos do texto constitucional, as condições impostas

[7] Os recursos extraordinários citados também foram objeto de referência na análise do RE 591.340, igualmente objeto de estudo nesta obra.

pelo sistema e a eficiência da tributação no alcance dos objetivos constitucionais atingidos por meio da arrecadação.

Nesta toada, compreendemos que os legisladores complementar e ordinário possuem certa discricionariedade na concretização do conceito constitucional de renda, devendo sempre levar em conta tanto os limites quanto os objetivos impostos pela carta política.

No que se refere à tributação da investidora por lucros auferidos por investida no exterior, o exercício desta atividade de concretização normativa se deu, ao nosso ver, por exemplo, com a combinação do art. 43 do CTN e do art. 74, da MP 2.158-35/2001 e outros dispositivos da legislação tributária e societária.

Assim, com a aplicação do MEP o que há é uma modificação do aspecto temporal da regra matriz de incidência tributária, e que evidencia a aquisição da disponibilidade de acréscimo patrimonial por parte da investidora.

Desta forma, nos parece acertada a conclusão firmada nos votos de alguns Ministros no sentido de que a utilização daquela técnica deflagra a incidência do imposto sobre a renda, diante da ocorrência do seu fato gerador.

Este entendimento é corroborado pelas relevantes ponderações trazidas nos votos dos Ministros Dias Toffoli, Teori Zavaski e Gilmar Mendes, quanto à possibilidade de distribuição de dividendo da receita originada da equivalência patrimonial positiva e quanto ao imediato incremento no valor de mercado da investidora como reflexo do balanço da investida.

Por outro lado, entendemos irrelevantes a distinção proposta e acatada quanto à aplicação diversa do dispositivo para coligadas e controladas e para a localização das investidas em país com tributação normal ou país com tributação favorecida.

Ora, se de fato a aplicação do Método da Equivalência Patrimonial, por si só, implica a aquisição de disponibilidade do acréscimo patrimonial, fato gerador do imposto de renda, são irrelevantes os fatos de a investida ser controlada ou coligada, ou de ela estar ou não localizada em país com tributação favorecida. É que, em qualquer situação, sendo o investimento avaliado pelo MEP e tendo havido lucro no balanço da investida, há fato gerador do imposto sobre a renda.

Por fim, questão interessante diz respeito à extração do voto médio. Apesar de o julgamento deste RE ter sido altamente influenciado pelo resultado da ADI 2.588, os votos aqui proferidos podem ser agrupados da seguinte forma:

a) 2 (dois) votos pela constitucionalidade condicional, apenas quanto às investidas situadas em países com tributação favorecida (voto do relator): Ministros Joaquim Barbosa e Ricardo Lewandowski;
b) 2 (dois) votos pela constitucionalidade incondicional: Ministros Teori Zavascki e Gilmar Mendes;
c) 4 (quatro) votos pela inconstitucionalidade quanto às investidas coligadas situadas em países com tributação dita "normal" e pela constitucionalidade quanto às investidas controladas situadas em países com tributação favorecida (resultado da ADI 2.588): Ministros Luiz Fux, Dias Toffoli, Cármen Lúcia e Celso de Mello; e
d) 1 (um) voto pela inconstitucionalidade incondicional: Ministro Marco Aurélio.

Visualmente, considerando que não houve manifestação quanto à constitucionalidade da utilização do Método da Equivalência Patrimonial, os votos proferidos podem ser classificados de acordo com a seguinte matriz que considera apenas a situação da investida (controlada ou coligada) e o local em que está situada (país com tributação "normal" ou país com tributação favorecida).

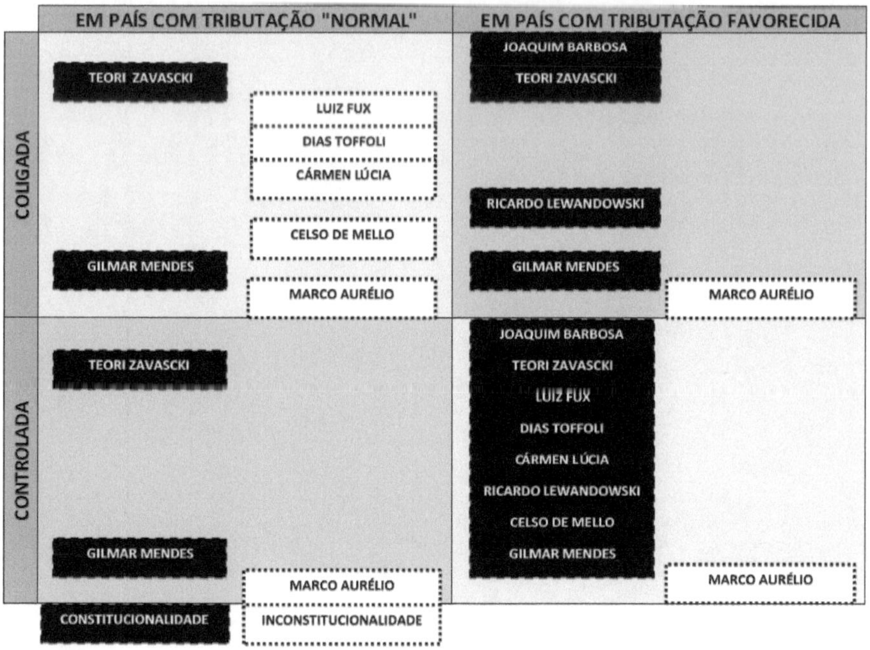

Como se vê, a maioria, quando formada, só o foi por força dos votos proferidos que remeteram ao julgamento da ADI 2.588, cujas razões de decidir foram as mais diversas possíveis, conforme registrou o Ministro Joaquim Barbosa. É inegável que o resultado do presente RE poderá trazer dificuldades futuras, especialmente quanto à necessidade de superação da decisão aqui adota.

Isto posto, não obstante o plenário do Supremo Tribunal Federal tenha conseguido chegar a um voto médio, exarado na ementa da decisão, ousamos discordar do resultado proclamado, especialmente no que tange à formulação da solução que passou pela combinação dos elementos tributação favorecida e coligação/controle.

Em nossa opinião, não há fundamento constitucional para realização de tal distinção uma vez que, partindo da premissa que, de fato, a avaliação do investimento pelo MEP evidencia a renda, não haveria que se promover a distinção feita pelo plenário da Corte. Adicionalmente, compreendemos que o fato de a legislação ora vigente ser considerada tecnicamente ruim não confere ao Supremo Tribunal Federal o poder para legislar sobre a matéria.

Portanto, apesar de respeitar a decisão proferida, entendemos que ela não representou a melhor solução para o caso.

Capítulo 8
Recurso Extraordinário nº 756.915 – Rio Grande do Sul

Carlos Eduardo de Sousa Martins
Ricardo Victor Ferreira Bastos

1. Recurso Extraordinário nº. 756.915/RS [1]

Relator: Ministro Gilmar Mendes
Voto Vencedor: Ministro Gilmar Mendes
Data de julgamento: 18 de outubro de 2013

1.1. Ementa

> Tributário. 2. Imposto Sobre Serviços de Qualquer Natureza (ISSQN). Incidência sobre serviços de registros públicos, cartorários e notariais. Constitucionalidade. 3. Imunidade recíproca. Inaplicabilidade. 4. Constitucionalidade da lei municipal. 5. Repercussão geral reconhecida. Recurso provido. Reafirmação de jurisprudência.

[1] BRASIL. Supremo Tribunal Federal. Recurso Extraordinário nº 756.915/RS. Relator: Min. Gilmar Mendes. Plenário Virtual. Julgado em: 18/10/2013. Publicado em: 12/11/2013. Disponível em: <http://portal.stf.jus.br/processos/detalhe.asp?incidente=4425005>. Acesso em: 10 out. 2019.

1.1.1. Especificação do caso e razões da submissão à repercussão geral

Trata-se de Recurso Extraordinário interposto pelo Prefeito do Município de Guaporé, com fulcro no art. 102, III, "a" e "b"[2] da Constituição da República, em face da decisão do Tribunal de Justiça do Estado do Rio Grande do Sul, que julgou procedente a ação direta de inconstitucionalidade ajuizada pelo Procurador-Geral de Justiça do referido Estado, declarando a inconstitucionalidade do art. 22, § 1º, itens 21 e 21.01, da Lei Municipal nº 2.342/2001[3], com redação dada pela Lei Municipal nº 2.504/2003, do Município de Guaporé. Tais dispositivos previam a incidência do Imposto Sobre Serviços de Qualquer Natureza – ISSQN sobre os serviços cartorários e notariais.

Segundo o Recorrente, a decisão proferida pelo Tribunal de Justiça do Rio Grande do Sul, é uma afronta ao disposto nos artigos 30, III[4],

[2] Art. 102. Compete ao Supremo Tribunal Federal, precipuamente, a guarda da Constituição, cabendo-lhe:
III – julgar, mediante recurso extraordinário, as causas decididas em única ou última instância, quando a decisão recorrida:
a) contrariar dispositivo desta Constituição;
b) declarar a inconstitucionalidade de tratado ou lei federal; (BRASIL. Constituição da República Federativa do Brasil de 1988. Promulgada em 05 out. 1988. Disponível em: <http://www.planalto.gov.br/ ccivil_03/Constituicao/Constituicao.htm>. Acesso em: 27 set. 2019).

[3] Art. 22. O Imposto Sobre Serviços de Qualquer Natureza – ISS tem como fato gerador a prestação de serviços por pessoa natural, empresário ou pessoa jurídica, com ou sem estabelecimento fixo.
§ 1º Para os efeitos deste artigo, são considerados serviços, nos termos da lei complementar prevista no art. 156, inciso III, da Constituição Federal, os constantes da seguinte Lista, ainda que os serviços não se constituam como atividade preponderante do prestador: [...]
21 – Serviços de registros públicos, cartorários e notariais.
21.01 – Serviços de registros públicos, cartorários e notariais. (BRASIL. Lei Municipal nº 2.342 de 11 de dezembro de 2001. Estabelece o Código Tributário do Município, consolida a legislação tributária e dá outras providências. Diário Oficial do Município de Guaporé – RS, 12/12/2001. Disponível em: <https://leismunicipais.com.br/a/rs/g/guapore/lei-ordinaria/2001/235/2342/lei-ordinaria-n-2342-2001-esta belece-o-codigo-tributario-do-municipio-consolida-a-legislacao-tributaria-e-da-outras-providencias>. Ace sso em: 27 set. 2019).

[4] Art. 30. Compete aos Municípios:
I – legislar sobre assuntos de interesse local; [...] (BRASIL. Constituição da República Federativa do Brasil de 1988. Promulgada em 05 out. 1988. Disponível em: <http://www.planalto.gov.br/ccivil_03/Constituicao /Constituicao.htm>. Acesso em: 27 set. 2019).

146[5] e 156, III[6] da CF/88, pois não seria possível compatibilizar a não tributação dos serviços cartorários e notariais por meio do ISSQN, com os dispositivos mencionados.

O recurso não foi admitido na origem, sob o fundamento de que a Suprema Corte possui entendimento no sentido de que os emolumentos decorrentes da prestação dos serviços em análise possuem natureza de taxa, o que segundo o TJRS, impossibilitaria a incidência do ISSQN.

Diante disso, foi interposto agravo de instrumento, ao qual o Ministro Relator deu provimento, permitindo o processamento do presente recurso, ainda que o Ministério Público tenha reiterado o posicionamento do TJRS, se manifestando pelo não provimento do agravo.

A matéria teve sua Repercussão Geral reconhecida por unanimidade no dia 17 de outubro de 2013, através do Plenário Virtual, tendo em vista que a questão possui relevância do ponto de vista econômico, social e jurídico, conforme determina o art. 1.035, § 1º do Código de Processo Civil[7], ultrapassando os interesses jurídicos do Município recorrente.

[5] Art. 146. Cabe à lei complementar:
I – dispor sobre conflitos de competência, em matéria tributária, entre a União, os Estados, o Distrito Federal e os Municípios;
II – regular as limitações constitucionais ao poder de tributar;
III – estabelecer normas gerais em matéria de legislação tributária, especialmente sobre:
a) definição de tributos e de suas espécies, bem como, em relação aos impostos discriminados nesta Constituição, a dos respectivos fatos geradores, bases de cálculo e contribuintes;
b) obrigação, lançamento, crédito, prescrição e decadência tributários;
c) adequado tratamento tributário ao ato cooperativo praticado pelas sociedades cooperativas.
d) definição de tratamento diferenciado e favorecido para as microempresas e para as empresas de pequeno porte, inclusive regimes especiais ou simplificados no caso do imposto previsto no art. 155, II, das contribuições previstas no art. 195, I e §§ 12 e 13, e da contribuição a que se refere o art. 239. (BRASIL. Constituição da República Federativa do Brasil de 1988. Promulgada em 05 out. 1988. Disponível em: <http://www.planalto.gov.br/ccivil_03/Constituicao/Constituicao.htm>. Acesso em: 27 set. 2019).

[6] Art. 156. Compete aos Municípios instituir impostos sobre:
III – serviços de qualquer natureza, não compreendidos no art. 155, II, definidos em lei complementar. (BRASIL. Constituição da República Federativa do Brasil de 1988. Promulgada em 05 out. 1988. Disponível em: <http://www.planalto.gov.br/ccivil_03/Constituicao/Constituicao.htm>. Acesso em: 27 set. 2019).

[7] Art. 1.035. O Supremo Tribunal Federal, em decisão irrecorrível, não conhecerá do recurso extraordinário quando a questão constitucional nele versada não tiver repercussão geral, nos termos deste artigo.

1.2. Mérito da decisão

O Recurso Extraordinário nº 756.915 foi julgado em 17 de outubro de 2013, através do plenário virtual, sendo conhecido e provido, por maioria, a fim de se reafirmar a jurisprudência da Corte sobre a matéria, reconhecendo a incidência do ISSQN sobre as atividades cartorárias e notariais, e por consequência, a constitucionalidade dos arts. 22, § 1º, itens 21 e 21.01 da Lei Municipal nº 2.342/2001, alterada pela Lei Municipal nº 2.504/2003, do Município de Guaporé, nos termos do voto do Relator Min. Gilmar Mendes, ficando vencidos os Ministros Joaquim Barbosa e Marco Aurélio.

Tendo em vista que o julgamento se deu por meio eletrônico, não há amplo acesso às razões que levaram a maioria dos ministros a ratificarem seu entendimento, bem como às que levaram os ministros vencidos a divergirem.

1.2.1. Voto condutor

O voto condutor foi proferido pelo Ministro Gilmar Mendes, ora relator, que iniciou suas considerações delimitando a controvérsia à questão da constitucionalidade da tributação dos serviços cartorários e notariais através do Imposto Sobre Serviços de Qualquer Natureza – ISSQN.

Segundo o Relator, a questão já foi objeto de diversos julgados da Suprema Corte, tanto em controle concentrado como em controle difuso, havendo entendimento consolidado sobre o tema no sentido de se admitir a constitucionalidade da incidência do ISSQN sobre os serviços notariais, nos termos dos itens 21 e 21.1 da lista anexa à Lei Complementar 116/2003, não tendo que se falar em violação à imunidade reciproca prevista no art. 150, inciso VI, alínea "a" da CF/88, pois, devido ao seu caráter lucrativo, o serviço se encaixa na exceção contida no § 3º do artigo supramencionado.

§ 1º Para efeito de repercussão geral, será considerada a existência ou não de questões relevantes do ponto de vista econômico, político, social ou jurídico que ultrapassem os interesses subjetivos do processo. (BRASIL. Lei nº 13.105 de 16 de março de 2015. Código de Processo Civil. Diário Oficial da República Federativa do Brasil, Brasília, DF, 17 mar. 2015. Disponível em: <http://www.planalto.gov.br/ccivil_03/_a to2015-2018/2015/lei/l13105.htm >. Acesso em: 28 set. 2019).

Sustenta ainda que o fato de os serviços cartorários e notariais serem prestados mediante delegação do poder público, nos termos do art. 236 da CF/88, não impede a sua tributação, visto que se encaixam perfeitamente na hipótese de incidência descrita no art. 156, III da CF/88.

O Ministro Relator destaca que os itens 21 e 21.1 da lista anexa à Lei Complementar nº 116 foram objeto da Ação Direta de Inconstitucionalidade nº 3.089/DF[8], de relatoria do Min. Carlos Ayres Britto, que foi julgada improcedente, reconhecendo a constitucionalidade da cobrança do referido tributo sobre tais situações. Em seguida, cita alguns julgados do STF, em sede de controle difuso, onde ficou assentado o mesmo entendimento, dentre os quais o Agravo Regimental no Recurso Extraordinário nº 599.527PR[9], e o Agravo Regimental no Recurso Extraordinário nº 690.583/MS[10].

Diante do exposto, o relator votou pela existência de repercussão geral e pela reafirmação da jurisprudência acima exposta, dando provimento ao recurso extraordinário para declarar a constitucionalidade do art. 22, § 1º, itens 21 e 21.01 da Lei Municipal nº 2342/2001, alterada pela Lei Municipal nº 2.504/2003, do Município de Guaporé.

1.2.2. Votos vencidos

Conforme dito anteriormente, o julgamento foi realizado através do plenário virtual, o que nos impede de saber as razões pelas quais os Ministros Joaquim Barbosa e Marco Aurélio divergiram do voto do relator.

O interessante é que o Ministro Joaquim Barbosa proferiu o voto condutor no julgamento da Ação Direta de Inconstitucionalidade nº 3.089/DF,

[8] BRASIL. Supremo Tribunal Federal. Ação Direta de Inconstitucionalidade ADI 3.089/DF. Relator: Min. Ayres Britto. Plenário. Julgado em: 13/02/2008. Publicado em: 22/02/2008. Disponível em: <http://portal.stf.jus.br/ processos/detalhe.asp?incidente=2190234>. Acesso em: 10 out. 2019.

[9] BRASIL. Supremo Tribunal Federal. Agravo Regimental no Recurso Extraordinário nº 599.527/PR. Relator: Min. Joaquim Barbosa. Segunda Turma. Julgado em: 15/03/2011. Publicado em: 25/03/2011. Disponível em: <http://portal.stf.jus.br/processos/detalhe.asp?incidente=2674254>. Acesso em: 27 set. 2019.

[10] BRASIL. Supremo Tribunal Federal. Agravo Regimental no Recurso Extraordinário nº 690.583/MS. Relatora: Min. Cármen Lúcia. Segunda Turma. Julgado em: 18/09/2012. Publicado em: 27/09/2012. Disponível em: <http://portal.stf.jus.br/processos/detalhe.asp?incidente=4249561>. Acesso em: 15 out. 2019.

mudando seu entendimento no julgamento do Recurso Extraordinário em análise.

1.3. Análise Crítica

De antemão deixamos claro que reputamos correto o entendimento fixado pelo Supremo Tribunal Federal no julgamento do Recurso Extraordinário em análise, no sentido de não ser inconstitucional a incidência de ISSQN sobre os serviços notariais e registrais. Entretanto, não coadunamos com as premissas adotadas pela Corte, que reforçando o entendimento anteriormente firmado, que acabou por admitir a natureza de taxa dos emolumentos cartorários, entende que os referidos serviços, embora sejam serviços públicos, enquadram-se na exceção prevista no § 3º do art. 150 da CF/88.

Para nós a conclusão obtida no julgamento em comento deveria inevitavelmente ter passado pelo crivo das atividades cartorárias e notariais serem ou não serviços públicos propriamente ditos, e por consequência, pela natureza jurídica dos emolumentos cartorários.

Conforme dito anteriormente, o reconhecimento da constitucionalidade da cobrança do tributo sobredito no Recurso em tela foi apenas uma reafirmação da jurisprudência do STF, com base em diversos julgados, dentre os quais se destaca a Ação Direta de Inconstitucionalidade nº 3.089/DF[11]. Justamente por isso, nos valeremos, ora ou outra, de alguma consideração realizada no julgamento da referida ADI, onde o tema foi enfrentado com mais afinco.

É pacífico na jurisprudência do STF que os emolumentos cartorários possuem natureza de tributo, mais especificamente, de taxa. O pressuposto para que se conclua que os emolumentos cartorários são taxas, é que os mesmos decorram da prestação de um serviço público típico, que no caso, seriam os serviços notariais e registrais. Temos então que para o STF estes serviços são serviços públicos. Por outro lado, ao analisar a constitucionalidade da incidência do ISSQN sobre os referidos serviços, a Corte deu fortes indicações de que não são serviços públicos propriamente ditos. Fato interessante é que

[11] BRASIL. Supremo Tribunal Federal. Ação Direta de Inconstitucionalidade ADI 3.089/DF. Relator: Min. Ayres Britto. Plenário. Julgado em: 13/02/2008. Publicado em: 22/02/2008. Disponível em: <http://portal.stf.jus.br/processos/detalhe.asp?incidente=2190234>. Acesso em: 10 out. 2019.

no julgamento da ADI 3.089/DF o Ministro Gilmar Mendes cita essa incongruência, porém, sem que a questão seja enfrentada pelos demais ministros.

A inconsistência acima apontada é de grande influência na construção do raciocínio sobre a incidência do ISSQN sobre os serviços notariais e registrais, sendo por isso, indispensável seu enfrentamento. Para tanto, faremos uma breve digressão a questões basilares do direito tributário e do direito administrativo.

De acordo com os ensinamentos de Paulo de Barros Carvalho, temos que a espécie tributária é determinada pela análise conjunta da sua hipótese de incidência e base de cálculo, sendo esta última confirmadora dos traços daquela primeira[12].

Como se sabe, a taxa consiste em uma espécie tributária que tem como traço característico o fato de ter como hipótese de incidência a prestação direta de uma atividade estatal em favor do contribuinte. Tal atividade poderá ser uma prestação de serviço público específico e divisível, ou o exercício do poder de polícia, o que divide as taxas em taxa de serviço e taxa de polícia. Por isso, falamos que a taxa é um tributo vinculado a uma prestação estatal, e tem o condão de remunerar essa prestação.

Ao contrário das taxas, os impostos são tributos que não têm como hipótese de incidência qualquer prestação estatal, mas sim expressões de riqueza, razão pela qual falamos que são tributos não-vinculados.

Quanto aos impostos, não são necessárias maiores considerações neste momento. Porém, é importante destacar uma grande celeuma existente na jurisprudência e na doutrina, que diz respeito a quando o serviço público será remunerado por taxa e quando será por tarifa. A questão é demasiadamente controversa, pois a cada momento se adota um critério distinto para chegar a conclusões que muitas vezes são frágeis.

A fim de se alcançar uma resposta para a problemática sobredita, com base na doutrina de Luiz Alberto Pereira Filho[13], propomos a adoção do regime jurídico sob o qual o serviço é prestado como critério para definição de quando o mesmo deverá ser remunerado por taxa e quando deverá ser remunerado

[12] CARVALHO, Paulo de Barros. *Curso de Direito Tributário*. 29. ed. São Paulo: Saraiva, 2018. p. 60.

[13] FILHO, Luiz Alberto Pereira. As taxas no sistema tributário brasileiro. 2. ed. Curitiba: Jeruá, 2003. p. 77 e ss

por tarifa. Desde já ressalta-se que o referido critério, além de ir em desencontro com o entendimento do Supremo Tribunal Federal contido na Súmula 545[14], também é incompatível com o entendimento do Superior Tribunal de Justiça, que conforme manifestação no julgamento do Recurso Especial 167.489/SP[15], definiu que a natureza da relação estabelecida entre o particular e o prestador do serviço não influi na adoção da taxa ou da tarifa.

Para que se compreenda o critério proposto, é necessário fazer a distinção entre serviço público e serviço governamental, com base na proposta de Luiz Alberto Pereira Filho[16]. O elemento que difere os dois tipos de serviço é o regime jurídico de direito público, constante apenas nos serviços públicos. Os serviços governamentais são prestados em regime de direito privado, ainda que prestados diretamente pelo Estado. Os ditos serviços governamentais são atividades prestadas pelo Estado (ou por quem lhe faça as vezes) por conveniência, determinação legal ou constitucional, mas que não são essencialmente estatais ao ponto de demandar a sua prestação direta, por isso se submetem ao regime de direito privado. Note que não estamos a negar que o serviço é essencialmente estatal, mas sim que não é tanto quanto outros, podendo por isso ter sua prestação transferida a particulares.

Podemos inferir então que a terminologia serviço público pode ser adotada tanto em um sentido lato quanto em um sentido estrito, de sorte que em sentido amplo abrange tanto os serviços públicos em sentido estrito quanto os serviços governamentais. Com proposta semelhante, o Ministro Carlos Ayres Britto se manifestou em seu voto, no julgamento da ADI 3.089/DF, reconhecendo um sentido amplo e estrito da nomenclatura.

[14] BRASIL. Supremo Tribunal Federal. Súmula 545. Preços de serviços públicos e taxas não se confundem, porque estas, diferentemente daqueles, são compulsórias e têm sua cobrança condicionada à prévia autorização orçamentária, em relação à lei que as instituiu. Disponível em: <http://www.stf.jus.br/portal/ jurisprudencia/menuSumarioSumulas.asp?sumula=2346>. Acesso em: 22. set. 2019.

[15] BRASIL. Superior Tribunal de Justiça. Recurso Extraordinário n.º 167.489/SP. Relator: Min. José Delgado. Julgado em: 02 jun. 1998. Publicado em: 24 ago. 1998. Disponível em: <http://www.stj.jus.br/ SCON/jurisprudencia/toc.jsp?i=1&b=ACOR&livre=((%27RESP%27.clap.+e+@num=%27167489%27)+ou+(%27RESP%27+adj+%27167489%27.suce.))&thesaurus=JURIDICO&fr=veja>. Acesso em: 23 out. 2019.

[16] FILHO, Luiz Alberto Pereira. As taxas no sistema tributário brasileiro. 2. ed. Curitiba: Jeruá, 2003. p. 77 e ss.

A partir dessa leitura, compreendemos que ao fazer menção aos "serviços públicos" em seu art. 145, inciso II, a Constituição da República está na verdade se referindo aos serviços públicos propriamente ditos, ou seja, os serviços públicos em sentido estrito.

Com isso, podemos afirmar que somente os serviços públicos propriamente ditos (em sentido estrito), ou seja, aqueles prestados mediante regime jurídico de direito público, são suscetíveis da incidência de taxa de serviço, devendo os serviços governamentais – aqueles prestados sob regime de direito privado – serem remunerados mediante tarifa.

Feitas tais considerações, retomamos a análise dos serviços notariais e registrais.

Nos termos do art. 236 da CF/88, os serviços notariais e de registro são exercidos em caráter privado, por delegação do Poder Público[17]. O delegatário será necessariamente pessoa física, aprovada em concurso público de provas e títulos[18], e tem plena responsabilidade pela administração e condução dos serviços prestados[19], se submetendo a fiscalização do poder judiciário[20].

Considerando a classificação anteriormente citada, que distingue os serviços públicos em sentido estrito dos serviços governamentais, fica evidente que os serviços notariais e registrais não são serviços públicos propriamente ditos, pois conforme pode ser observado, são prestados por particular mediante

[17] BRASIL. Constituição da República Federativa do Brasil de 1988. Promulgada em 05 out. 1988. Disponível em: <http://www.planalto.gov.br/ccivil_03/Constituicao/Constituicao.htm>. Acesso em: 27 set. 2019.

[18] Art. 236 [...]

§ 3º O ingresso na atividade notarial e de registro depende de concurso público de provas e títulos, não se permitindo que qualquer serventia fique vaga, sem abertura de concurso de provimento ou de remoção, por mais de seis meses. (BRASIL. Constituição da República Federativa do Brasil de 1988. Promulgada em 05 out. 1988. Disponível em: <http://www.planalto.gov.br/ccivil_03/Constituicao/Constituicao.htm>. Acesso em: 27 set. 2019).

[19] MAZZA, Alexandre. *Manual de Direito Administrativo*. 9. ed. São Paulo: Saraiva, 2019. p. 764.

[20] Art. 236 [...]

§ 1º Lei regulará as atividades, disciplinará a responsabilidade civil e criminal dos notários, dos oficiais de registro e de seus prepostos, e definirá a fiscalização de seus atos pelo Poder Judiciário. (BRASIL. Constituição da República Federativa do Brasil de 1988. Promulgada em 05 out. 1988. Disponível em: <http://www.planalto.gov.br/ccivil_03/Constituicao/Constituicao.htm>. Acesso em: 27 set. 2019).

regime de direito privado e com inequívoco intuito lucrativo, se assemelhando bastante com o que ocorre nas concessões e permissões.

Por si só, isso já seria o suficiente para afirmar que os emolumentos aos quais se refere o art. 236, § 2º da CF/88[21], tem na verdade natureza jurídica de preço público (tarifa), e não de taxa. Porém, destaca-se ainda o fato de que os valores arrecadados a título de emolumentos cartorários não serão de titularidade do Estado, mas sim do particular que exerce tais atividades por delegação, tendo liberdade de aplicação destes recursos.

Reiterando o que já foi dito linhas atrás, a determinação da natureza jurídica dos emolumentos cartorários é de suma importância para se analisar a constitucionalidade da cobrança do ISSQN sobre os serviços notariais e registrais.

Caso se compreenda que os emolumentos são taxas, não haverá como falar em incidência do ISSQN, pois neste caso estaríamos a admitir que os serviços objeto do presente trabalho são serviços públicos propriamente ditos, uma vez que este é o pressuposto para que haja incidência da taxa de serviço. Sendo serviço público, a atividade exercida pelos cartorários estaria coberta pela imunidade recíproca, prevista no art. 150, inciso VI, alínea "a" da CF/88.

Por outro lado, admitindo que os emolumentos cartorários possuem natureza de tarifa, e que, portanto, a atividade desempenhada pelos notariais e registrais não é serviço público em sentido estrito, não haverá qualquer inconstitucionalidade na incidência do ISSQN sobre tais atividades, uma vez que não são alcançadas pela imunidade prevista no art. 150, VI, alínea "a" da CF/88, visto que se enquadram perfeitamente na exceção contida no § 3º do art. 150, *in verbis:*

> Art. 150. Sem prejuízo de outras garantias asseguradas ao contribuinte, é vedado à União, aos Estados, ao Distrito Federal e aos Municípios: [...]
> VI – instituir impostos sobre:
> a) patrimônio, renda ou serviços, uns dos outros; [...]

[21] Art. 236 [...]
§ 2º Lei federal estabelecerá normas gerais para fixação de emolumentos relativos aos atos praticados pelos serviços notariais e de registro. (BRASIL. Constituição da República Federativa do Brasil de 1988. Promulgada em 05 out. 1988. Disponível em: <http://www.planalto.gov.br/ccivil_03/Constituicao/Constitu icao.htm>. Acesso em: 27 set. 2019).

> § 3º – As vedações do inciso VI, «a», e do parágrafo anterior não se aplicam ao patrimônio, à renda e aos serviços, relacionados com exploração de atividades econômicas regidas pelas normas aplicáveis a empreendimentos privados, ou em que haja contraprestação ou pagamento de preços ou tarifas pelo usuário, nem exonera o promitente comprador da obrigação de pagar imposto relativamente ao bem imóvel. [...]

Observe que o disposto acima coaduna perfeitamente com a distinção entre serviços públicos (em sentido estrito) e serviços governamentais proposta no presente trabalho, pois, no caso desses últimos, busca-se afastar a imunidade recíproca por se submeterem ao regime jurídico de direito privado, tendo viés lucrativo e sendo remunerados por preços ou tarifas. Com isso, se mostra plenamente condizente com o sistema o disposto no § 3º do art. 1º da Lei Complementar nº 116/2003, *in verbis:*

> Art. 1º O Imposto Sobre Serviços de Qualquer Natureza, de competência dos Municípios e do Distrito Federal, tem como fato gerador a prestação de serviços constantes da lista anexa, ainda que esses não se constituam como atividade preponderante do prestador.
>
> [...]
>
> § 3º O imposto de que trata esta Lei Complementar incide ainda sobre os serviços prestados mediante a utilização de bens e serviços públicos explorados economicamente mediante autorização, permissão ou concessão, com o pagamento de tarifa, preço ou pedágio pelo usuário final do serviço[22].

É importante ter em mente que o instituto da imunidade recíproca decorre da isonomia dos entes constitucionais, que se funda na estrutura federativa do Estado brasileiro e na autonomia dos municípios, e tem como finalidade preservar tal isonomia, evitando que membros do pacto federativo venham a interferir na esfera jurídica uns dos outros, mediante a imposição tributária sobre seus patrimônios, rendas e serviços[23]. Dito de outra forma, tem como condão beneficiar os entes políticos, e é justamente por isso que não faz

[22] Lei Complementar 116/03.

[23] CARVALHO, Paulo de Barros. Curso de Direito Tributário. 29. ed. São Paulo: Saraiva, 2018. p. 208.

sentido algum tentar estender a imunidade recíproca aos serviços notariais e registrais, pois esta providencia não traria qualquer benefício ou proteção aos entes políticos, mas apenas ao particular que desempenha a atividade cartorária, que indiscutivelmente possui capacidade contributiva, não guardando qualquer ligação com a finalidade do instituto em questão.

Ademais, não há qualquer previsão no texto constitucional que justifique a incidência de tributos sobre os serviços prestados mediante concessão ou permissão, e não incidência dos mesmos tributos sobre serviços prestados por delegação em caráter privado. Logo, se for considerado que os serviços prestados por cartorários gozam de imunidade recíproca, o mesmo deverá ser considerado quanto a vários outros serviços, como por exemplo os serviços de transporte coletivo, o fornecimento de energia elétrica e a prestação de serviços de telecomunicação, o que soa absurdo.

Sendo assim, a incidência do ISSQN sobre as atividades notariais e registrais além de estar em plena consonância com a Constituição da República, é verdadeiro postulado de justiça fiscal, posto que não seria minimamente justificável afastar a tributação sobre serviços que se enquadram perfeitamente na hipótese descrita no art. 156, III da CF/88, sob pena de se violar primados constitucionais, como o da isonomia e da capacidade contributiva, além da própria sistemática do tributo em questão.

Capítulo 9
Recurso Extraordinário n. 562.045 – Rio Grande do Sul

Henrique Paiva de Araujo

1. RE nº. 562045/Rio Grande do Sul[1]

Relator: Ministro Ricardo Lewandowski
Voto Vencedor: Ministra Carmen Lúcia
Data de julgamento: 06 de fevereiro 2013

1.1. Ementa

> EMENTA: RECURSO EXTRAORDINÁRIO. CONSTITUCIONAL. TRIBUTÁRIO. LEI ESTADUAL: PROGRESSIVIDADE DE ALÍQUOTA DE IMPOSTO SOBRE TRANSMISSÃO CAUSA MORTIS E DOAÇÃO DE BENS E DIREITOS. CONSTITUCIONALIDADE. ART. 145, § 1º, DA CONSTITUIÇÃO DA REPÚBLICA. PRINCÍPIO DA IGUALDADE MATERIAL TRIBUTÁRIA. OBSERVÂNCIA DA CAPACIDADE CONTRIBUTIVA. RECURSO EXTRAORDINÁRIO PROVIDO.

[1] BRASIL. Supremo Tribunal Federal. Recurso Extraordinário n. 562045/RS, Relator(a): Min. Ricardo Lewandowski, Tribunal Pleno, julgado em 06-02-2013, ACÓRDÃO ELETRÔNICO REPERCUSSÃO GERAL – MÉRITO DJe-018 Divulg 26-11-2013 Public 27-11-2013. Disponível em: http://portal.stf.jus.br/processos/detalhe.asp?incidente=2554479. Acesso em: 16 set 2019.

1.1.1. Especificação do caso e razões da submissão à repercussão geral

Embora já constasse expressamente na Constituição Federal de 1946[2], e implicitamente em outros textos constitucionais[3], foi somente com a Constituição Federal de 1988 que o princípio da capacidade contributiva, previsto de forma manifesta, ganhou maior relevância no tange a sua aplicação e alcance.

> Art. 145 (...) § 1º Sempre que possível, os impostos terão caráter pessoal e serão graduados segundo a capacidade econômica do contribuinte, facultado à administração tributária, especialmente para conferir efetividade a esses objetivos, identificar, respeitados os direitos individuais e nos termos da lei, o patrimônio, os rendimentos e as atividades econômicas do contribuinte.

A redação do dispositivo, contudo, trouxe uma série de dúvidas quanto a sua interpretação. A primeira grande questão diz respeito à expressão "sempre que possível", posto que em uma primeira leitura não resta claro se a locução refere-se exclusivamente ao caráter pessoal dos imposto ou inclui a sujeição à gradação pela capacidade contributiva.

Além disso, em razão também da referida expressão, indaga-se qual seria discricionariedade do ente tributante em atender ao princípio. Nesse sentido, ter-se-ia aqui uma mera opção do legislador segundo sua conveniência ou, uma referência a uma condição fática, no sentido que se as circunstâncias factuais permitirem deve necessariamente ser observado o princípio.

[2] Artigo 202 Os tributos terão caráter pessoal, sempre que isso for possível, e serão graduados conforme a capacidade econômica do contribuinte".
O princípio foi revogado pelo art. 25 da Emenda Constitucional n. 18 de 1965,

[3] A Constituição de 1824 previu um esboço do princípio da capacidade contributiva:
'Art. 179 – A inviolabilidade dos Direitos Civis, e políticos dos Cidadãos Brazileiros, que tem por base a liberdade, a segurança individual, e a propriedade, é garantida pela Constituição do Império, pela maneira seguinte:
XV – Ninguém será exempto de contribuir para as despesas do Estado em proporção dos seus haveres. (UCKMAR, 1999, p. 84 apud Mota Filho, 2006, p. 59).'
A Constituição de 1934 fez menção a progressividade dos impostos incidentes nas transmissões de bens por herança ou legado (art.128); estabeleceu a proibição de que nenhum imposto poderia ser elevado além de 20% de seu valor no instante de aumento (art.185) e previu a proibição de que as multas de mora impusessem ônus exorbitante ao contribuinte, que não poderia superar 10% do valor do imposto ou taxa devidos (art. 184, parágrafo único).

Por outro lado, em que pese o constituinte referir-se a capacidade econômica, a doutrina de forma mais pacífica entende que o comando constitucional se reporta à capacidade contributiva, entendida como a parcela de riqueza passível de tributação para além do mínimo vital.

Ainda, retratando um limite máximo a tributação contida no conceito, Regina Costa, define capacidade contributiva como "a aptidão da pessoa colocada na posição de destinatário legal tributário para suportar a carga tributária, sem o perecimento da riqueza lastreadora da tributação".[4]

Capacidade contributiva é, assim, a aptidão para contribuir com as despesas públicas, respeitados estes dois limites: mínimo vital e proibição do confisco.

Com especial relevo para o caso em tela, dentre as aplicações que dão concretude ao princípio da capacidade contributiva, desponta a técnica da progressividade tributária, a qual estabelece que as alíquotas se elevem conforme aumente a base de cálculo.

Nesse cenário normativo, após a promulgação da Constituição de 1988, alguns entes federativos foram conferindo alíquotas progressivas a alguns impostos, dentre eles o ITCMD.

A exemplo de outras unidades federativas, o Estado do Rio Grande do Sul, mediante a Lei n. 8.821/89, instituiu alíquotas progressivas do ITCMD em razão do valor do imóvel.

> Art. 18. No Imposto sobre a Transmissão "Causa Mortis" a alíquota é definida com base no resultado da soma do valor venal da totalidade dos bens imóveis, móveis, títulos e créditos, bem como dos direitos a eles relativos, do patrimônio inventariado, estabelecendo-se:
> I – isenção, se os valores supra referidos não excedem 2.000 Unidades de Padrão Fiscal;
> II – em um por cento, se os valores referidos no "caput" deste artigo estiverem entre 2001 e 4000 Unidades de Padrão Fiscal;
> III – em dois por cento, se os valores referidos no "caput" deste artigo estiverem entre 4001 e 6000 Unidades de Padrão Fiscal;

[4] COSTA, Regina Helena. **Princípio da capacidade contributiva**. São Paulo: Malheiros, 1993. P.101.

> IV – em três por cento, se os valores referidos no "caput" deste artigo estiverem entre 6001 e 9000 Unidades de Padrão Fiscal;
> V – em quatro por cento, se os valores referidos no "caput" deste artigo estiverem entre 9001 e 12000 Unidades de Padrão Fiscal;
> VI – em cinco por cento, se os valores referidos no "caput" deste artigo estiverem entre 12001 e 20000 Unidades de Padrão Fiscal;
> VII – em seis por cento, se os valores referidos no "caput" deste artigo estiverem entre 20001 e 30000 Unidades de Padrão Fiscal;
> VIII – em sete por cento, se os valores referidos no "caput" deste artigo estiverem entre 30001 e 50000 Unidades de Padrão Fiscal;
> IX – em oito por cento, se os valores referidos no "caput" deste artigo estiverem acima de 50001 Unidades de Padrão Fiscal.'[5]

Insurgindo contra a aplicação das alíquotas progressivas, foi suscitada a inconstitucionalidade dos dispositivos em sede de controle difuso. Analisando recurso de apelação, o Tribunal de Justiça do Estado do Rio Grande do Sul julgou inconstitucional o art. 18 da Lei Estadual n. 8.821/1989, que instituiu um sistema progressivo de alíquotas para o ITCMD, e determinou que fosse aplicada a sua alíquota mínima. A Corte do Rio Grande do Sul fundamentou sua decisão afirmando que a progressividade prevista no art. 145, § 1º, da Constituição Federal somente se refere aos impostos de natureza pessoal.

Contra essa decisão, o Estado do Rio Grande do Sul interpôs Recurso Extraordinário sustentando, com fundamento no próprio art. 145, § 1º, que inexiste vedação constitucional à progressividade do Imposto sobre a Transmissão Causa Mortis Doações de bens ou direitos, mesmo para os tributos de natureza real.

Em contrarrazões o recorrido apenas reiterou os fundamentos da decisão recorrida.

Apesar de alterações posteriores promovidas no art. 18 da Lei n. 8.821/89[6], conforme observou o relator, essas modificações mantiveram o caráter progressivo para as alíquotas de ITCMD.

[5] Disponível em: http://www.al.rs.gov.br/FileRepository/repLegisComp/Lei%20nº%2008.821.pdf. Acesso em 25 set 2019.

[6] A data do Julgamento o art. 18 da Lei n. 8.821/89 sofrera alterações pelas Leis estaduais n. 8.963/89, 9.099/90, 9.939/93, 10.800/96, 11.074/97 e 13.337/09, atualmente a redação do dispositivo é conferida pela Lei n. 14.741/15.

Observou ainda o relator que, embora a Lei n. 13.337/09 tenha estabelecido alíquota linear única de 4%, previu o diploma duas condições para a aplicação do benefício retroativo: requerimento do contribuinte e recolhimento da totalidade do tributo até 30 de junho de 2010. Em razão disso, e em face do reconhecimento de repercussão geral já conferido à época, conclui o relator pela manutenção do interesse jurídico na causa.

O processo não foi remetido ao Ministério Público Federal, tendo em vista idêntica matéria tratada no RE n. 544.438/RS, com parecer pelo provimento do Procurador-Geral da República.

1.1.2. Critério de conhecimento da repercussão geral

Em 30/11/2007, decidiu[7] a Corte pela existência de repercussão geral do tema constitucional debatido nos autos do RE n. 462.045/RS, tendo em vista a existência de questão relevante do ponto de vista econômico, social e jurídico que ultrapassava o interesse subjetivo da causa.

Neste sentido, observou o relator, Ministro Ricardo Lewandowski, a matéria poderia afetar um contingente incontável de contribuintes em relação não apenas ao Rio Grande do Sul, mas dos demais Estados da Federação que também passaram a adotar a progressividade do ITCMD.

Ainda, entendeu o relator que a interpretação conferida ao dispositivo constitucional poderia afetar a arrecadação da totalidade dos Estados-membros, motivo pelo qual se justificava a medida.

1.2. Mérito da decisão

O Recurso Extraordinário n. 562.045/RS foi julgado em 06 de fevereiro de 2013, em Sessão Plenária, sob a Presidência do Ministro Joaquim Barbosa. O Tribunal, por maioria de votos, deu provimento ao recurso extraordinário

[7] BRASIL. Supremo Tribunal Federal. Recurso Extraordinário nº. 562.045/RS, Relator(a): Min. Ricardo Lewandowski, Tribunal Pleno, julgado em 25-05-2017, ACÓRDÃO ELETRÔNICO REPERCUSSÃO GERAL – MÉRITO DJe-036 Divulg28-02-2008 Public29-02-2008.Disponível em: http://redir.stf.jus.br/paginadorpub/paginador.jsp?docTP=AC&docID=512275. Acesso em: 26 set 2019.

nos termos do voto da Ministra Cármen Lúcia, vencidos os Ministros Ricardo Lewandowski, relator, e Marco Aurélio.

A tese fixada foi a seguinte: a aplicação da técnica de alíquotas progressivas ao ITCMD, de forma a assegurar a aferição da capacidade econômica do contribuinte, confere concretude ao princípio da igualdade material tributária.

1.2.1. Voto condutor

O voto condutor foi proferido pela Ministra Carmen Lúcia, tendo em vista o não acolhimento do voto do Relator Ministro Ricardo Lewandowski.

Inicialmente, sustentou a Ministra que a jurisprudência da Corte entendia pela constitucionalidade da progressividade da alíquota do ITCMD. Além disso, caso fosse alterado esse posicionamento da Corte, seria necessário o Tribunal expressar a nova posição para garantia da segurança jurisprudencial, tendo em vista a adoção da alíquota progressiva para o ITCMD por outras unidades federativas, bem como do reconhecimento de repercussão geral conferido ao RE n. 562.045/RS.

A Ministra acompanhou a dissidência iniciada pelo Ministro Eros Grau, o qual asseverou que todos os impostos, sem exceção, "estão sujeitos ao princípio da capacidade contributiva, especialmente os diretos, independentemente de sua classificação como de caráter real ou pessoal; a qual é completamente irrelevante para esse efeito".

Ressaltou a Ministra que a norma constante do § 1º do art. 145 da Constituição da República é a introdução expressa pelo constituinte originário do princípio da igualdade material, devendo ser observado pelos Estados em todos os casos. A aplicação da técnica progressividade dá concretude ao princípio, não existindo, portanto, inconstitucionalidade.

1.2.2. Voto vencido

Em seu voto, o Ministro relator Ricardo Lewandowski afirmou que o tema central está na interpretação conferida ao § 1º do art. 145 da Constituição Federal.

Nessa esteira, o Ministro observou que a Corte já havia analisado o tema ao cuidar da progressividade do IPTU, no julgamento do RE n.153.771/MG[8], sendo relator o Ministro Carlos Velloso e redator para o acórdão o Ministro Moreira Alves.

Nessa ocasião, decidiu o Supremo Tribunal Federal que o IPTU é imposto com caráter real, e que dessa forma não aplicava a ele o comando do artigo 145, § 1º do texto constitucional, admitida apenas a progressividade ao imposto na hipótese constante do art. 182 do texto constitucional, porque prevista expressamente.

> EMENTA: – IPTU. Progressividade. – No sistema tributário nacional é o IPTU inequivocamente um imposto real. – Sob o império da atual Constituição, não é admitida a progressividade fiscal do IPTU, quer com base exclusivamente no seu artigo 145, § 1º, porque esse imposto tem caráter real que é incompatível com a progressividade decorrente da capacidade econômica do contribuinte, quer com arrimo na conjugação desse dispositivo constitucional (genérico) com o artigo 156, § 1º (específico). A interpretação sistemática da Constituição conduz inequivocamente à conclusão de que o IPTU com finalidade extrafiscal a que alude o inciso II do § 4º do artigo 182 é a explicitação especificada, inclusive com limitação temporal, do IPTU com finalidade extrafiscal aludido no artigo 156, I, § 1o. – Portanto, é inconstitucional qualquer progressividade, em se tratando de IPTU, que não atenda exclusivamente ao disposto no artigo 156, § 1º, aplicado com as limitações expressamente constantes dos §§ 2º e 4º do artigo 182, ambos da Constituição Federal.

Ressalvou o Ministro Ricardo Lewandowski que a sujeição de todos os impostos ao princípio da capacidade contributiva foi matéria sustentada pelo voto vencido do Ministro Carlos Velloso. Contudo, em votação majoritária, o plenário assentou que a Constituição Federal de 1988 adotou a distinção clássica de impostos em reais e pessoais.

[8] BRASIL. Supremo Tribunal Federal. Recurso Extraordinário n. 153.771/MG, Relator(a): Min. Carlos Velloso, Redator do Acórdão Min. Moreira Alves, Tribunal Pleno, julgado em 06-02-2013, ACÓRDÃO ELETRÔNICO REPERCUSSÃO GERAL – MÉRITO DJe-018 Divulg 20-11-1996 Public 27-11-1996. Disponível em: http://redir.stf.jus.br/paginadorpub/paginador.jsp?docTP=AC&docID=211634. Acesso em: 16 set 2019.

Assim, asseverou o Ministro que no RE n. 153.771/MG fixou a Corte entendimento que a expressão "sempre que possível", constante do art. 145, § 1º da Constituição Federal, se refere tanto ao caráter pessoal do imposto como a sujeição ao princípio da capacidade contributiva.

> Em face desse dispositivo não se pode pretender que a expressão sempre que possível se refira apenas ao caráter pessoal do imposto, e que, por isso, o princípio da capacidade contributiva seja aplicável a todos os impostos ainda quanto não tenham caráter pessoal.

No mesmo sentido, recordou o Ministro Relator, foi a decisão da Corte no RE n. 234.105/SP[9], o qual discutia a possibilidade de fixação de alíquotas progressivas para o Imposto de Transmissão de Bens Imóveis – ITBI.

Neste processo, decidiu o Supremo Tribunal Federal pela inconstitucionalidade de alíquotas progressivas ao ITBI com fundamento na distinção entre impostos de natureza real e pessoal.

> EMENTA: CONSTITUCIONAL. TRIBUTÁRIO. IMPOSTO DE TRANSMISSÃO DE IMÓVEIS, INTER VIVOS – ITBI. ALÍQUOTAS PROGRESSIVAS. C.F., art. 156, II, § 2º. Lei nº 11.154, de 30.12.91, do Município de São Paulo, SP. I. – Imposto de transmissão de imóveis, inter vivos – ITBI: alíquotas progressivas: a Constituição Federal não autoriza a progressividade das alíquotas, realizando-se o princípio da capacidade contributiva proporcionalmente ao preço da venda. II. – R.E. conhecido e provido.

Segundo o Ministro Ricardo Lewandowski, entendimento diverso, ou seja, o de que o § 1º do art. 145 da Constituição faculta ou, até mesmo, determina a graduação de todos os impostos segundo a capacidade contributiva, seria concluir pela desnecessidade dos dispositivos constitucionais que previram a técnica, inclusive os que foram inseridos no texto magno pelo constituinte derivado, o que, a seu ver, seria incorreto.

[9] BRASIL. Supremo Tribunal Federal. Recurso Extraordinário n. 234.105/SP, Relator(a): Min. Carlos Velloso,Tribunal Pleno, julgado em 08-04-1999, Publicação DJ 31-03-2000. Disponível em: http://stf.jus.br/portal/jurisprudencia/listarJurisprudencia.asp?s1=%28RE%24%2ESCLA%2E+E+234105%2ENUME%2E%29+OU+%28RE%2EACMS%2E+ADJ2+234105%2EACMS%2E%29&base=baseAcordaos&url=http://tinyurl.com/c9murxb. Acesso em 20 set de 2019.

Assim, entendeu o Ministro que a técnica da progressividade só pode ser adotada para impostos reais se houver expressa previsão constitucional, circunstância essa que, ainda assim, não permitiria uma tributação baseada, direta ou exclusivamente, na capacidade econômica do contribuinte, mas em alguma outra finalidade extrafiscal.

Ainda, a previsão constitucional, art. 155, § 1º, IV, que determina que caberá ao Senado Federal a fixação de alíquotas máximas de ITCMD não preveria, segundo o Ministro Relator, a progressividade da alíquota, mas o estabelecimento de um teto uniforme válido para todos os entes federados, evitando, assim que assumam um caráter confiscatório.

Segundo o Ministro Relator, o Senado teria excedido a competência que lhe foi conferida pelo constituinte quando autorizou o legislador estadual a fixar alíquotas progressivas para o ITCM por meio da Resolução 9/1992[10].

Sustentou o Ministro Ricardo Lewandowski que fere a lógica do sistema tributário a possibilidade de um ente federado, mediante a progressividade do ITCMD, evitar a concentração da renda por razões de preferências ideológicas dos governantes.

Finalmente, em seu voto, o Ministro Relator manifestou que os princípios da isonomia tributária, da vedação do confisco, e da não-afetação, além da natureza não vinculada dos impostos afastam a ideia de uma autorização geral e indiscriminada para a adoção da progressividade no que se refere a toda a espécie de impostos.

1.2.3. Voto vista do Ministro Eros Grau

Em que pese a tese central tratar da aplicabilidade de alíquotas progressivas ao ITCMD, a mudança jurisprudencial manifestada no RE n. 562.045/RS

[10] RESOLUÇÃO Nº 9 - DE 5 DE MAIO DE 1992.
Art. 1º A alíquota máxima do Imposto de que trata a alínea "a", inciso I, do art. 155 da Constituição Federal será de oito por cento, a partir de 1º de janeiro de 1992.
Art. 2º As alíquotas dos Impostos, fixadas em lei estadual, poderão ser progressivas em função do quinhão que cada herdeiro efetivamente receber, nos termos da Constituição Federal.
Disponível em:http://appl.sefaz.mt.gov.br/0325677500623408/07FA81BED2760C6B8425 6710004D3940/2CD5F43072B7AA2A03256812004E0415. Acesso em 26 set 2019.

demanda uma análise de aspectos dos demais votos para uma melhor compreensão das novas balizas fixadas pelo STF para a matéria.

Em voto vista, o Ministro Eros Grau aduziu que todos os impostos estão sujeitos ao princípio da capacidade contributiva, mesmo os que não tenham caráter pessoal. Isto porque o § 1º do art. 145 da Constituição determina como devem ser os impostos, todos eles, não somente como devem ser alguns deles.

Assim, ressalta o Ministro "estão sujeitos ao princípio da capacidade contributiva, especialmente os diretos, independentemente de sua classificação como de caráter real ou pessoal; isso é completamente irrelevante".

1.2.4. Voto do Ministro Ayres Brito

Em seu voto, o Ministro Ayres Brito, citou a decisão proferida no RE n. 423.768/SP[11], da relatoria do Min. Marco Aurélio, e ressaltou que todos os tributos, por definição, devem ter caráter pessoal. Esta decisão tratou de precedente em que se examinou a progressividade do Imposto Predial e Territorial Urbano (IPTU).

> Neste sentido é que foi redigido o § 1º do art. 145 da Constituição, *verbis*: a expressão constitucional 'caráter pessoal' não é usada para classificar tributos, mas para exprimir que o tributo de natureza real não elimina o ingrediente da pessoalidade em sua abstrata conformação.

Nessa linha, segundo o Ministro, só é admitido que o caráter pessoal dos impostos seja mitigado naturalmente naquelas hipóteses em que eles já se definam como do tipo indireto, por incidirem sobre o serviço prestado ou o produto objeto de negócio (como o IPI e o ICMS).

[11] BRASIL. Supremo Tribunal Federal. Recurso Extraordinário n. 423.768/SP, Relator(a): Min. Marco Aurélio.Tribunal Pleno, julgado em 01-12-2010, Public DJ 09-05-2011. Disponível em: http://stf.jus.br/portal/jurisprudencia/listarJurisprudencia.asp?s1=%28RE%24%2ESCLA%2E+E+423768%2ENUME%2E%29+OU+%28RE%2EACMS%2E+ADJ2+423768%2EACMS%2E%29&base=baseAcordaos&url=http://tinyurl.com/c2du4p9. Acesso em 02 out 2019.

Avançando em seu raciocínio, o Ministro asseverou que a "expressão constitucional 'caráter pessoal' não é usada para classificar tributos, mas para exprimir que o tributo de natureza real não elimina o ingrediente da pessoalidade em sua abstrata conformação".

Assim, concluiu o Ministro, a aplicação da técnica da progressividade constitui fórmula que possibilita a concreção maximizada ou otimizada dos princípios da função social da propriedade, da justiça social-tributária e da isonomia.

1.2.5. Voto da Ministra Ellen Gracie

No que tange a suposta mudança de posicionamento do STF, mormente a jurisprudência da Corte, quanto à aplicação de alíquotas progressivas ao ITBI, a Ministra Ellen Gracie fez uma distinção das duas situações.

Entendeu a Ministra que no fato gerador de ITCMD há necessariamente um engrandecimento do patrimônio do recipiente, seja doação ou herança, enquanto que no imposto o *inter vivos* geralmente há onerosidade, ou seja, adquire-se o bem imóvel, mas, em contrapartida, adquire-se também a obrigação do pagamento, onde a efetiva capacidade contributiva é meramente presumida, não necessariamente real.

1.2.6. Voto do Ministro Marco Aurélio

O Ministro Marco Aurélio votou pelo indeferimento do recurso, porém, divergindo do fundamento do Ministro Relator, ou seja, da necessidade de previsão na constituição para aplicação de alíquota progressivas a impostos reais.

Entendeu o Ministro que a progressividade das alíquotas do Imposto *Causa Mortis* olvida completamente a situação real patrimonial do sujeito passivo, contrariando, a um só tempo, o princípio da capacidade contributiva e o da isonomia tributária.

Outrossim, entendeu o Ministro que a aplicação das alíquotas progressivas ao ITCMD institui, em realidade, um imposto sobre grandes fortunas, sem lei complementar e com alteração da competência, o que não seria admissível.

1.3. Análise crítica

A análise da decisão manifestada no RE n. 562.045/RS possui relevância não apenas para a compreensão da aplicabilidade da técnica da progressividade nas alíquotas do ITCMD, como também para identificação dos contornos do princípio da capacidade tributária e sua aplicabilidade conferidos pelo Supremo Tribunal Federal a todos os impostos.

Nessa esteira, o debate central situou-se na interpretação do art. 145, § 1º do texto constitucional, em especial, no que tange à expressão "sempre que possível" e sua conjugação, necessária ou não, com a sujeição ao princípio da capacidade contributiva constante do dispositivo.

Como bem manifestou o Ministro Eros Grau, o art. 145, § 1º, da Constituição prescreveu um *dever ser, e assim,* os impostos deverão ter caráter pessoal sempre que possível. Também nesse sentido trata Carraza quando analisa o dispositivo:

> A nosso ver, ele não está fazendo – como já querem alguns – mera recomendação ou um simples apelo para o legislador ordinário. Em outras palavras, ele não está autorizando o legislador ordinário a, se for de seu agrado, graduar os impostos que criar, de acordo com a capacidade econômica dos contribuintes. O sentido desta norma jurídica é muito outro. Ela, segundo pensamos, assim deve ser interpretada: se for da índole constitucional do imposto, ele deverá obrigatoriamente ser graduado de acordo com a capacidade econômica do contribuinte. Ou melhor: se a regra matriz do imposto (traçado na CF) permitir, ele deverá obrigatoriamente obedecer ao princípio da capacidade contributiva.[12]

Assim, a Constituição não traz uma opção, uma adoção facultativa, ao legislador. Trata-se na verdade de condicionamento da viabilidade fática de ser considerada a pessoalidade quando da construção da regra matriz de incidência, o que pode se mostrar inviável, como nos tributos indiretos[13].

[12] CARRAZA, Roque Antonio. **Curso de Direito Constitucional Tributário.** 29ªed. São Paulo: Malheiros, 2013.p.63.

[13] Cumpre ressaltar que existem defensores da progressividade mesmo para tributos indiretos, ainda que isso atividades complexas dos órgãos fazendários, como defende Clécio Nunes. NUNES, Clécio Santos. Justiça Tributária. Belo Horizonte:2019. P.325 e segs.

Carvalho, debruçando sobre essa possibilidade fática chega a relativizar a importância da expressão:

> A cláusula inicial – sempre que possível – é totalmente despicienda. As normas jurídicas, por força da própria região ôntica sobre que incidem, não podem operar no campo das condutas necessárias ou impossíveis, remanescendo o intervalo do possível como espaço único e exclusivo para o impacto da incidência. Como decorrência inevitável, a citada cláusula é algo que deve estar presente sempre, ali onde houver uma regra de direito.[14]

Por outro lado, se mesmo apesar de relativa, essa facultatividade de adoção de impostos se dirige apenas ao aspecto pessoal dos impostos, isto é, a mesma não se aplica à sujeição dos impostos ao princípio da capacidade contributiva constante do mesmo dispositivo constitucional.

Com efeito, estabelece o dispositivo constitucional que os impostos, sem prever exceções, incluindo, portanto, os denominados reais, serão graduados segundo a capacidade econômica do contribuinte.

Assim, em que pese a tradicional distinção realizada pela doutrina de impostos de natureza real e de natureza pessoal, parece-nos que a mesma não tem o condão de limitar o princípio da capacidade contributiva.

De outra forma, a própria análise da classificação revela problemas. Tratando desse tema, para Zelmo Denari "o imposto pessoal é instituído levando em conta a situação pessoal do contribuinte, além da matéria tributável"[15], imposto real, por sua vez, "é instituído levando em conta a matéria tributável, sem consideração à condição pessoal do contribuinte"[16].

Ocorre que a referida classificação por vezes se mostra imprecisa, isto porque, mesmo nos impostos tradicionalmente classificados como reais, existe aspectos pessoais que podem e devem ser eleitos para construção da regra matriz, como por exemplo, isenções ou redução de alíquotas de IPTU para pessoas de baixa renda.

[14] CARVALHO, Paulo de Barros. Legalidade. Separata da RTD, V Congresso Brasileiro de Direito Tributário, 1991. p. 57

[15] DENARI, Zelmo. **Curso de direito tributário**, 9ª edição. Atlas, 06/2008. VitalSource Bookshelf Online. P. 83

[16] *Idem.*

> A classificação é falha, por isso que os impostos, quaisquer que sejam, são pagos sempre por pessoas. Mesmo o imposto sobre o patrimônio, o mais real deles, atinge o proprietário independentemente da coisa, pois o vínculo *ambulat cum dominus*, isto é, segue o seu dono.[17]

O Ministro Ayres Brito, em seu voto vista, fez considerações que a expressão "caráter pessoal" constante do art. 145, § 1º da Constituição não se refere a classificação mencionada, mas a aspectos pessoais presentes em todos os impostos, ainda que tradicionalmente classificados como reais: "A expressão caráter pessoal não é usada para classificar tributos, mas para exprimir que o tributo de natureza real não elimina o ingrediente da pessoalidade em sua abstrata conformação".

No que tange ao entendimento da matéria pelo STF, a própria aplicação de alíquotas progressivas, entendida como aplicação do princípio da capacidade contributiva, já havia sido admitida para impostos reais. Esta posição observa-se no RE n. 423.768/SP, que tratou da admissibilidade de alíquotas progressivas para o IPTU após a Emenda n. 29/2000.

> É essa ideia primaz de efetiva igualdade no suportar acarga tributária do Brasil que deve orientar o poder impositivo fiscal do Estado. Ideia elementar de que toda pessoa detentora de maior patrimônio, de renda mais expressiva ou de maior volume de atividades econômicas, deve contribuir mais fortemente; ou seja, quem tem mais e mais se relaciona economicamente, mais contribui. Logo, os tributos, por definição, devem ter caráter pessoal. Caráter pessoal apenas mitigado naturalmente naquelas hipóteses em que eles já se definam como do tipo indireto, por incidirem sobre o serviço prestado ou o produto objeto de negócio (como o IPI e o ICMS).

Por certo, a progressividade concretiza o mandamento do §1º, art. 145, sendo meio de exteriorização do princípio da capacidade contributiva. Mais que isso, a graduação dos impostos segundo a capacidade econômica emerge do princípio da igualdade material, motivo pelo qual mesmo sob a égide dos textos constitucionais de 67 e 69, os quais não previam expressamente o princípio, se entendia vigente.

[17] COELHO, Sacha Calmon Navarro. *Curso de direito tributário brasileiro*, 2004, p. 82.

> Quanto à capacidade contributiva, o princípio deve ser atuante, permeando os impostos do sistema. Aliás, a capacidade contributiva, assim como o princípio da isonomia, do direito adquirido, da irretroatividade das leis, são princípios gerais do direito. Nem precisavam estar expressos. É da constituição real dos povos medianamente cultos. Na Constituição de 67 era ele inexpressivo. Todavia, foi muitas vezes invocado e atendido tanto pelo Legislativo quanto pelo Judiciário e até mesmo pelo Executivo.[18]

Defendendo a aplicabilidade irrestrita do princípio, Ataliba sustentava que a desobediência ao princípio, com "a instituição de impostos que não sejam progressivos, resultam em injustiça e inconstitucionalidade"[19].

Deste modo, não aderimos ao posicionamento do Ministro Relator Ricardo Lewandowski que a aplicação de alíquotas progressivas somente é possível quando houver expressa previsão constitucional.

Igualmente, conforme sustentado pelo Ministro Relator, e pelo Ministro Marco Aurélio, não se visualiza na aplicação da técnica da progressividade ao ITCMD violação ao princípio da isonomia tributária, mas ao contrário concretização do princípio da igualdade, do qual é corolário, em seu sentido material.

> O princípio da igualdade pressupõe um tratamento desigual dos indivíduos que se apresentem em situações desiguais, de modo a propiciar uma coincidência de tratamentos. No campo tributário não pode ser diferente. Os contribuintes devem repartir entre si o ônus tributário na medida de suas desigualdades e de suas necessidades individuais particulares.[20]

Tampouco, como sustentado pelo Ministro Relator, não identificamos na aplicação de alíquotas progressivas ao ITCMD, de per si, em violação à vedação

[18] COÊLHO, Sacha Calmon Navarro. **Comentários à Constituição de 1988** : sistema tributário, Rio de Janeiro: Forense, 1993. P.90.

[19] ATALIBA, Geraldo, **Progressividade e Capacidade Contributiva**, Separata da RDT, 1991, p. 49.

[20] MEIRELLES, José Ricardo. **O princípio da capacidade contributiva**. Disponível em: https://www2.senado.leg.br/bdsf/bitstream/handle/id/315/oprincipiodacapacidade.pdf?sequence=6 . Acesso em 01 out 2019. p.339

ao confisco, posto que esta proibição integra a própria carga axiológica do princípio da capacidade contributiva.

> A capacidade contributiva é estremada por dois limites que também configuram princípios constitucionais tributários da mais alta importância. Brevemente, de um lado a capacidade contributiva termina onde começam os *efeitos confiscatórios* expressamente vedados pela Constituição. De outro, a capacidade contributiva é ferida quando a tributação atinge o mínimo existencial. Compreendido em relação aos seus limites, verifica-se que o princípio equivale a um preceito de razoabilidade na tributação que não deve ser débil, o que ocasionaria uma má repartição da carga tributária, tampouco deve ser intensa a ponto de comprometer o direito à vida ou à propriedade.[21]

Destarte, parece-nos que somente no caso concreto, quando não observada razoabilidade e proporcionalidade, é possível identificar como confisco a aplicação de progressividade às alíquotas de ITCMD. Deve-se ter em mente, contudo, que tratando-se do ITCMD, as alíquotas máximas são definidas pelo Senado Federal[22], conforme prevê o art. 155, § 1º, IV da Constituição Federal.

De todo exposto, não se observa na aplicação de alíquotas progressivas ao ITCMD em violação ao princípio da contributiva conforme sustentado pelo Ministro Marco Aurélio. O próprio exemplo relatado pelo Ministro em seu voto, o do recebimento de herança por indivíduos com situação econômica distintas, revela o problema, com a devida vênia, da análise feita pelo magistrado.

A capacidade contributiva daquele que recebe um bem em herança revela-se pelo próprio montante recebido, signo presuntivo de riqueza eleito como critério material da regra matriz tributária.

[21] MOREIRA. André Mendes. **Capacidade Tributária.** Disponível em:https://enciclopediajuridica.pucsp.br/verbete/264/edicao-1/capacidade-contributiva. Acesso em 02 de out de 2019.

[22] Mediante a Resolução n. 9 de 5 de maio de 1992 o Senado Federal fixou a alíquota máxima do ITCMD em 8%. Segundo o Relatório do Institute Center For Economic Studies (Cesifo), analisando as alíquotas de imposto sobre herança aplicadas nos países da Europa, na Austrália, Japão, Canadá e Nova Zelândia, nos países mais progressistas as alíquotas podem variar de 30% a 80% dependendo do grau de parentesco e do valor e modalidade da herança. Mesmo nos outros casos, é bastante comum encontrar uma alíquota superior à 15%. Disponível em: https://observatorio-politica-fiscal.ibre.fgv.br/posts/o-imposto-sobre-heranca. Acesso em 02 out 2019.

É dizer, como bem observado pelo Ministro Ayres Brito "aquele que recebe herança pode não ter capacidade financeira, entendida como a disponibilidade, mas possui capacidade contributiva revelada pelo acrescido patrimonial percebido".

A disponibilidade imediata de recursos daquele que recebe herança para recolher o ITCMD, ou qualquer outro tributo, é revelador da capacidade financeira do contribuinte, conceito diverso e não tutelado pela Constituição.

> Assim, atenderá ao princípio da capacidade contributiva a lei que, ao criar o imposto, colocar em sua hipótese de incidência fatos deste tipo. Fatos que Alfredo Augusto Becker, com muita felicidade, chamou de fatos-signos presuntivos de riqueza (fatos que, a priori, fazem presumir que quem os realiza tem riqueza suficiente para ser alcançado pelo imposto específico). Com o fato-signo presuntivo de riqueza tem-se por incontroversa a existência de capacidade contributiva.
> Pouco importa se o contribuinte que praticou o fato imponível do imposto não reúne, por razões personalíssimas (v.g., está desempregado) condições para suportar a carga tributária.[23]

Também não identificamos, como defendeu o Ministro Marco Aurélio, qualquer instituição transversa do imposto sobre grandes fortunas na aplicação das alíquotas progressivas ao ITCMD, mas de aplicação do princípio da capacidade contributiva a que está obrigatoriamente sujeito o legislador estadual.

Até o julgamento do RE n. 562.045/RS, o STF não tinha posição clara sobre a aplicabilidade da progressividade de alíquota do ITCMD. Desta forma, por exemplo, na decisão proferida pelo Ministro Marco Aurélio, no RE n. 563.261/RS[24], decidiu a Corte pela aplicabilidade da técnica como manifestação do princípio da capacidade contributiva.

[23] CARRAZZA, Roque Antonio. **Curso de Direito Constitucional Tributário**. 13ª ed. São Paulo-SP: Malheiros, 1999. Pp.74/75

[24] BRASIL Supremo Tribunal Federal. Recurso Extraordinário nº. 563.261/RS, Relator(a): Min. Marco Aurélio DJe-127 DIVULG 19/10/2007 PUBLIC 22/10/2007 DJ 22/10/2007 PP-00102 Disponível em: http://stf.jus.br/portal/jurisprudencia/listarJurisprudencia.asp?s1=%28RE%24%2ESCLA%2E+E+563261%2ENUME%2E%29+NAO+S%2EPRES%2E&base=baseMonocraticas&url=http://tinyurl.com/ydg92xle. Acesso em 01 out 019.

Em sentido oposto, no AI n. 581.154/PE[25], o Ministro Sepúlveda Pertence entendeu ser inconstitucional a aplicação de alíquotas progressivas ao ITCMD, posto que não sendo um imposto pessoal, não existiria norma autorizadora na Constituição.

IMPOSTO SOBRE TRANSMISSÃO CAUSA MORTIS E DOAÇÃO – ALÍQUOTAS PROGRESSIVAS – CAPACIDADE CONTRIBUTIVA – PRECEDENTE – RECURSO EXTRAORDINÁRIO – PROVIMENTO.
1. O Tribunal de origem, ao entender inconstitucional a fixação de alíquotas progressivas na disciplina do imposto sobre transmissão causa mortis e doação, proferiu acórdão conflitante com interpretação desta Corte. Confiram, a propósito, trecho do voto do ministro Carlos Velloso, ao relatar o Recurso Extraordinário nº 234.105-3/SP, decidido por unanimidade no Plenário: Tem-se, portanto, a regra: enquanto na transmissão causa mortis, ou no imposto sucessorial, realiza-se o princípio da capacidade contributiva mediante alíquotas progressivas, na transmissão inter vivos aquele princípio realiza-se proporcionalmente ao preço da venda. Naquela oportunidade, discorrendo sobre o princípio da capacidade contributiva, consignei: Leio o preceito para minha reflexão, para minha tranqüilidade maior quanto à conclusão a que vou chegar acerca do tema:
Art. 145 (...)
§ 1º Sempre que possível, os impostos terão caráter pessoal e serão graduados segundo a capacidade econômica do contribuinte, facultado à administração tributária, especialmente para conferir efetividade a esses objetivos, identificar, respeitados os direitos individuais e nos termos da lei, o patrimônio, os rendimentos e as atividades econômicas do contribuinte. A meu ver não temos, no teor do dispositivo, qualquer distinção, qualquer limitação quanto ao alcance do que nele se contém. O alvo do preceito é único, a estabelecer uma gradação que leve à justiça tributária, ou seja, onerando aqueles com maior capacidade para o pagamento do imposto.
2. Ante o precedente, conheço e dou provimento ao extraordinário para, reformando o acórdão de origem, assentar a constitucionalidade da progressividade do imposto sobre transmissão causa mortis e doação, prevista na norma legal estadual.

[25] BRASIL Supremo Tribunal Federal. Agravo de Instrumento n. 563.261/PE, Relator Min. Sepúlveda Pertence. Julgamento: 16-03-2006 Publicação DJ 06-04-2006. Disponível em: http://stf.jus.br/portal/jurisprudencia/listarJurisprudencia.asp?s1=%28AI%24%2ESCLA%2E+E+581154%2ENUME%2E%29+NAO+S%2EPRES%2E&base=baseMonocraticas&url=http://tinyurl.com/ybo6fmhc. Acesso em 01 out 2019.
CONSTITUCIONAL e TRIBUTÁRIO. IMPOSTO DE TRANSMISSÃO CAUSA MORTIS E DOAÇÃO (ICD). NATUREZA. COBRANÇA. PROGRESSIVIDADE. IMPOSSIBILIDADE. AGRAVO DE INSTRUMENTO PROVIDO. DECISÃO INDISCREPANTE. – A Constituição Federal adotou o sistema de progressividade de alíquotas para hipóteses taxativamente elencadas, enumerando, expressamente, quais os impostos a serem exigidos dessa maneira, excluindo desse delimitado âmbito o ICD, que não possui caráter pessoal. – Os impostos de natureza real e proporcional, a exemplo do ICD, não se submetem ao princípio da graduação tributária, isto é, a uma escala de alíquotas, variável consoante a capacidade econômica do contribuinte.

No RE n. 411.493/RS[26], em decisão monocrática, o Ministro Eros Grau entendeu pela constitucionalidade da progressividade das alíquotas do ITCMD em razão do princípio da capacidade contributiva, todavia, em relação ao ITBI, manifestou-se pela admissibilidade apenas da proporcionalidade.

A importância da decisão proferida no RE n. 562.045/RS não se restringe à aplicabilidade de alíquotas progressivas ao ITCMD, mas, a nosso ver, nesse acórdão o STF sinalizou novas balizas quanto à aplicação do princípio da capacidade contributiva a todos os impostos.

Isto porque, embora no RE n. 423.768/SP a Corte tenha admitido a aplicação de alíquotas progressivas para o IPTU após a Emenda n. 29/2000, e com isso admitido a aplicação da técnica para impostos de natureza real, o tema central foi a violação de cláusula pétrea, direitos e garantias individuais, pela Emenda.

Dessa forma, o RE n. 423.768/SP não tratou da aplicabilidade por meio do art. 145, § 1º da progressividade a todos os impostos, mas apenas da possibilidade a extensão da técnica pelo constituinte derivado. Este posicionamento da Corte é observável pela edição da Sumula 668.

> Sumula 668 – É inconstitucional a lei municipal que tenha estabelecido, antes da Emenda Constitucional 29/2000, alíquotas progressivas para o IPTU, salvo se destinada a assegurar o cumprimento da função social da propriedade urbana.

[26] BRASIL Supremo Tribunal Federal. Recurso Extraordinário n. 411943 / RS Julgamento: 15-05-2006 Publicação DJ 31-05-2006 Disponível em: http://stf.jus.br/portal/jurisprudencia/listarJurisprudencia.asp?s1=%28RE%24%2ESCLA%2E+E+411943%2ENUME%2E%29+NAO+S%2EPRES%2E&base=baseMonocraticas&url=http://tinyurl.com/l9yftq3. Acesso em 01 out 2019.

DECISÃO: Discute-se no presente recurso extraordinário a constitucionalidade da progressividade da alíquota do Imposto de Transmissão Causa Mortis e Doação – ICD. 2. O Tribunal de Justiça do Estado do Rio Grande do Sul afirmou ser constitucional a legislação estadual que fixa alíquotas progressivas para o aludido tributo. 3. O recorrente alega violação do disposto nos artigos 145, § 1º, e 52, da Constituição do Brasil. 4. O Ministro Carlos Velloso, no julgamento do RE n. 234.105, Pleno, DJ de 31.3.00, ressaltou que "enquanto na transmissão causa mortis, ou no imposto sucessorial, realiza-se o princípio da capacidade contributiva mediante alíquotas progressivas, na transmissão inter vivos aquele princípio realiza-se proporcionalmente ao preço da venda.

Igual posição da Corte também é observável no RE n.227.033-1/SP[27] que tratou da progressividade das alíquotas de ITBI. Nessa ocasião, decidiu o STF pela inconstitucionalidade da técnica ao imposto de transmissão, posto que de natureza real e ausente previsão constitucional:

> Súmula 656 STF – é inconstitucional a lei que estabelece alíquotas progressivas para o imposto de transmissão "inter vivos" de bens imóveis – ITBI, com base no valor venal do imóvel.

Assim, de forma inovadora, no acórdão proferido no RE n. 562.045/RS o tribunal afastou a classificação dos impostos em reais e pessoais para definição da sujeição ao princípio da capacidade contributiva.

Estabeleceu a Corte que todos os impostos devem ser orientados pelo princípio da capacidade contributiva como concretude do princípio da igualdade material, sendo a técnica da progressividade aplicável nesse sentido. Deve-se, todavia, serem feitas duas ressalvas a essa conclusão.

Inicialmente, cabe observar que a Ministra Ellen Gracie ressalvou a distinção entre a aplicabilidade de progressividade ao ITBI e ao ITCMD, ao fundamento de que na transmissão onerosa o adquirente assume o ônus da contrapartida e que, portanto, face ao pagamento do preço, pode revelar-se sem capacidade contributiva.

Entendemos extensíveis a essa análise da Ministra as considerações feitas ao voto do Ministro Marco Aurélio quando tratou como conceitos equivalentes capacidade contributiva e capacidade financeira. Nesse sentido, entendemos que a aquisição onerosa é por si só signo de capacidade contributiva.

Por outro lado, cumpre considerar que o Ministro Ayres Brito no RE n. 562.045/RS ressalvou diferença entre essa decisão e a proferida no acórdão RE n. 423.768/SP do IPTU.

[27] BRASIL Supremo Tribunal Federal. Recurso Extraordinário nº. 227.033/SP, Relator: Min. Moreira Alves, Primeira Turma, julgado em 10-08-1999, divulgação 17-09-1999 Disponível em: http://stf.jus.br/portal/jurisprudencia/listarJurisprudencia.asp?s1=%28RE%24%2ESCLA%2E+E+227033%2ENUME%2E%29+OU+%28RE%2EACMS%2E+ADJ2+227033%2EACMS%2E%29&base=baseAcordaos&url=http://tinyurl.com/yar29lq4. Acesso em 02 out 2019.

Considerou o Ministro que para o IPTU o texto constitucional originário previu a progressividade disciplinada em lei municipal o que, portanto, era óbice a outras aplicações da progressividade. Tal obstáculo foi retirado com a Emenda n. 29/2000, a qual incluiu o inciso I do § 1º do art. 156.

Apesar destas considerações, temos que a maioria dos ministros se posicionou pela aplicabilidade da capacidade contributiva a todos os impostos. A se confirmar essa posição, entendemos que caberiam ser revistas algumas posições da Corte, em especial, as súmulas 656 e 668.

Nesse mesmo sentido, no que toca à jurisprudência do STF sobre a aplicabilidade de progressividade ao ITBI, Rosenblatt assevera:

> Assim, compreende-se que a redação da Súmula 656 do STF fazia sentindo perante o antigo posicionamento da Corte sobre o tema, à época de sua edição. Agora, contudo, que o STF reviu seus conceitos, e passou a aceitar a progressividade de um imposto real sem qualquer previsão constitucional, não é possível encontrar qualquer argumento jurídico que ainda impeça a admissibilidade da progressividade das alíquotas do ITBI, razão pela qual a Súmula 656 do STF perdeu completamente sua justificativa.[28]

Posição que entendemos correta, posto que, além dos argumentos aqui apresentados, o princípio da capacidade contributiva é instrumento para alcance da justiça social-tributária.

Efetivamente, o princípio da capacidade contributiva está relacionado com o princípio da solidariedade e sua aplicação necessariamente atua como redutor da concentração de patrimônio na medida em que dimensiona, segundo a capacidade pessoal de cada contribuinte, seu ônus em suportar os custos do Estado.

Não se trata, assim, de mera implementação de preferências ideológicas, mas de observância de norma com força normativa e carga axiológica definidas pelo constituinte originário.

[28] ROSENBLATT, Paulo; PEREIRA, Juliana Studart. **Alíquotas progressivas no imposto sobre a transmissão de bens imóveis: proposta de superação da súmula 656 do Supremo Tribunal Federal.** Revista de informação legislativa: RIL, v. 54, n. 215, p. 195-212, jul./set. 2017. Disponível em: http://www12.senado.leg.br/ril/edicoes/54/215/ril_v54_n215_p195. Acesso em 01 out 2019. P.208.

Nesse sentido, logicamente quem tem mais, ou ganha mais, deve contribuir mais para manutenção do Estado, não importando, na distribuição desse encargo, a classificação que de se dê aos impostos.

Capítulo 10
Recurso Extraordinário nº 567.935 – Santa Catarina

Rodrigo Senne Capone
Rodrigo Gabriel Alarcón

1. Recurso Extraordinário n.º 567.935[1]

Relator: Ministro Marco Aurélio Mello
Voto Vencedor: Ministro Marco Aurélio Mello
Data de julgamento: 04 de setembro de 2014

1.1. Ementa

> IMPOSTO SOBRE PRODUTOS INDUSTRIALIZADOS – VALORES DE DESCONTOS INCONDICIONAIS – BASE DE CÁLCULO – INCLUSÃO – ARTIGO 15 DA LEI Nº 7.798/89 – INCONSTITUCIONALIDADE FORMAL – LEI COMPLEMENTAR – EXIGIBILIDADE. Viola o artigo 146, inciso III, alínea "a", da Carta Federal norma ordinária segundo a qual hão de ser incluídos, na base de cálculo do Imposto sobre Produtos Industrializados – IPI, os valores relativos a descontos incondicionais concedidos quando das operações de saída de produtos, prevalecendo o disposto na alínea "a" do inciso II do artigo 47 do Código Tributário Nacional.

[1] BRASIL. Supremo Tribunal Federal. Recurso Extraordinário nº. 576.935/SC, Relator: Min. MARCO AURÉLIO, Tribunal Pleno, julgado em 04/09/2014. Disponível em: http://portal.stf.jus.br/processos/detalhe.asp?incidente=2568745. Acesso em: 25 de maio de 2020.

1.1.1. Especificação do caso e razões da submissão à repercussão geral

Trata-se de Recurso Extraordinário interposto pela União Federal contra acórdão exarado em sede de Apelação pela 1ª Turma do Tribunal Regional Federal da 4ª Região que, por unanimidade de votos, reconheceu o direito da exclusão do valor dos descontos incondicionais da base de cálculo do Imposto sobre Produtos Industrializados – IPI, favorecendo, portanto, a Recorrida, ADLIN PLÁSTICOS LTDA. O acórdão restou assim ementado:

> TRIBUTÁRIO. IPI. DESCONTOS INCONDICIONAIS. JUROS. BASE DE CÁLCULO. PRESCRIÇÃO QÜINQÜENAL. PROVA DA NÃO TRANSFERÊNCIA DO ENCARGO. APROVEITAMENTO. CORREÇÃO MONETÁRIA. SUCUMBÊNCIA. 1. A prescrição do direito à utilização dos créditos escriturais do IPI é quinquenal, na forma do art. 1º do Decreto nº 20.910/32 (EIAC nº 2000.04.01.093255-0/SC). 2. A determinação de não exclusão do valor dos descontos incondicionais da base de cálculo do IPI é inconstitucional, consoante já declarado por este Regional na Arguição de Inconstitucionalidade na AMS nº 96.04.59407-9/PR. 3. Os juros do contrato de financiamento, despesa estranha ao ciclo de industrialização, não podem integrar o preço do produto e, em consequência, a base de cálculo do IPI. 4. Não tem aplicação, *in casu*, o art. 166 do CTN, que condiciona a restituição de indébitos à prova do não-repasse do encargo a terceiros, haja vista a natureza escritural dos créditos pleiteados. 5. O aproveitamento dos valores indevidamente pagos a título do IPI se dará pelo lançamento na escrita fiscal da empresa, com o abatimento entre créditos e débitos, nos termos da legislação de regência. 6. Sobre os créditos do IPI incidirá a UFIR até 31-12-1995 e, a partir de 1º-01-1996, a SELIC, a partir da data em que poderiam ter sido aproveitados até o trânsito em julgado da ação, quando não mais será possível a atualização, haja vista a sua natureza contábil, conforme decisão da 1ª Seção deste Tribunal, nos Embargos Infringentes em AC nº 2000.71.10.001214-4/RS. 7. Em virtude da sucumbência mínima da parte autora, a ré deverá arcar com as custas processuais e os honorários advocatícios, fixado em 10% sobre o valora da causa atualizados. Precedentes desta Corte.

O objeto da análise era definir se a inclusão dos descontos incondicionados na base de cálculo do IPI era constitucional ou não. A questão recaia sobre o instrumento legislativo utilizado para alterar a base de cálculo, pois a Constituição exige edição de lei complementar para tratar da matéria e a inclusão dos descontos incondicionados na base de cálculo ocorreu por meio de edição de lei ordinária. O art. 15 da Lei nº 7.798 de 1989 deu nova redação ao § 2º do artigo 14 da Lei nº 4.502 de 1964, incluindo os descontos incondicionados na base de cálculo do IPI. Apontou-se afronta ao disposto no art. 146, III, alínea "a", da Constituição de 1988.

Em primeira instância, foi proferida sentença que julgou procedente o pleito da Recorrida, entendendo que as alterações introduzidas na legislação do Imposto sobre Produtos Industrializados – IPI, com a modificação da sua base de cálculo, seriam flagrantemente inconstitucionais, vez que veiculadas por lei ordinária quando a matéria era reservada à lei complementar (art. 146, III, alínea "a", da CF/88[2]).

Inconformada com esse entendimento, a União Federal interpôs recurso de Apelação no qual, em síntese, defendeu a constitucionalidade da norma que ampliou a base de cálculo do IPI ao determinar que os descontos incondicionados a integram.

Ao analisar a apelação interposta pelo Ente Fazendário, o Tribunal Regional Federal da 4ª Região referendou a sentença sob o fundamento de que o §2º do art. 14 da Lei nº 4.502/64[3], integrado ao texto por obra da redação que lhe deu o art. 15 da Lei nº. 7.798/89, ao estipular que os descontos, diferenças ou abatimentos concedidos a qualquer título, ainda que incondicionais, não podem ser deduzidos do valor da operação para fins de fixação da base de cálculo do IPI, colidiu com a disposição expressa no inciso II, alínea "a", do art. 47 do CTN[4], operando verdadeiro vício de constitucionalidade, porque

[2] Art. 146. Cabe à lei complementar: [...] III – estabelecer normas gerais em matéria de legislação tributária, especialmente sobre: [...] a) definição de tributos e de suas espécies, bem como, em relação aos impostos discriminados nesta Constituição, a dos respectivos fatos geradores, bases de cálculo e contribuintes;

[3] Art. 14. Salvo disposição em contrário, constitui valor tributável: [...] § 2º. Não podem ser deduzidos do valor da operação os descontos, diferenças ou abatimentos, concedidos a qualquer título, ainda que incondicionalmente.

[4] Art. 47. A base de cálculo do imposto é: [...] II – no caso do inciso II do artigo anterior: (art. 46 – a sua saída dos estabelecimentos) [...] a) o valor da operação de que decorrer a saída da mercadoria;

a referida lei ordinária invadiu competência constitucionalmente reservada à lei complementar, consoante preceitua o art. 146, III, alínea "a" da CF/88.

A União Federal, frente à negativa do seu pleito, interpôs Recurso Extraordinário fundamentado na alínea "b" do permissivo constitucional, arguindo a transgressão dos artigos 146, inciso III, alínea "a", e 150, inciso I, da Constituição Federal. Acrescentou em suas razões ser plenamente possível que lei ordinária verse sobre os elementos integrantes do conceito de valor da operação, base de cálculo prevista no Código Tributário Nacional para o Imposto sobre Produtos Industrializados. Argumentou que a Lei nº 7.798/89 buscou esclarecer conceito jurídico indeterminado. Por fim, pleiteou a declaração de constitucionalidade do § 2º do artigo 14 da Lei nº 4.502, de 1964, com redação dada pelo artigo 15 da Lei nº 7.798, de 1989.

Admitido na origem, o recurso foi remetido para o Supremo Tribunal Federal, cuja repercussão geral restou reconhecida em decisão do plenário virtual proferida em 24 de maio de 2008.

1.1.2. Critério de conhecimento da repercussão geral

> IMPOSTO SOBRE PRODUTOS INDUSTRIALIZADOS – BASE DE CÁLCULO – DESCONTOS – INTEGRAÇÃO – INCONSTITUCIONALIDADE DECLARADA. Possui repercussão geral controvérsia sobre a constitucionalidade, ou não, do artigo 15 da Lei nº 7.798/89.

O Ministro Relator Marco Aurélio Mello assentou que a simples circunstância de, na origem, haver-se declarado o conflito de lei federal com a Carta da República, revela a repercussão geral do tema. Assentou que a situação vertente exigia o crivo da Corte a fim de evitar a avalanche de processos que eventualmente discutam a mesma matéria, de modo que reconheceu a repercussão geral da matéria.

1.2. Mérito da decisão

O Recurso Extraordinário nº 567.935/SC foi julgado em 04 de setembro de 2014, em sessão plenária presidida pelo Ministro Ricardo Lewandowski, onde estavam presentes os Ministros Marco Aurélio, Gilmar Mendes, Cármen

Lúcia, Dias Toffoli, Luiz Fux, Rosa Weber, Teori Zavascki e Roberto Barroso. O recurso foi conhecido e não provido, por unanimidade, nos termos do voto do relator, Ministro Marco Aurélio, "declarando-se a inconstitucionalidade do § 2º do artigo 14 da Lei nº 4.502, de 1964, com a redação dada pelo artigo 15 da Lei nº 7.798, de 1989, no tocante à regra de inclusão, na base de cálculo do Imposto sobre Produtos Industrializados – IPI, dos valores atinentes aos descontos incondicionais concedidos quando das operações de saída de produtos".

Instado a se manifestar, o Ministério Público Federal opinou pelo conhecimento e desprovimento do Recurso Extraordinário da União Federal. Segundo compreendeu o *Parquet*, no caso restava clara a violação ao art. 146, inciso III, alínea "a", da Constituição Federal, porquanto a disciplina da base de cálculo do imposto estabelecida no art. 15 da Lei nº 7.798, de 1989 extrapola o previsto no artigo 47, inciso II, alínea "a", do Código Tributário Nacional.

1.2.1. Voto condutor

O voto condutor foi proferido pelo relator, Ministro Marco Aurélio Mello, que concluiu pela improcedência do Recurso Extraordinário interposto pela União Federal, declarando a inconstitucionalidade do § 2º do art. 14 da Lei nº 4.502/1964, com a redação dada pelo art. 15 da Lei nº 7.798/89, apenas quanto à previsão de inclusão dos descontos incondicionais na base de cálculo do Imposto sobre Produtos Industrializados – IPI.

Destacou o Ministro Relator, em seu voto, que importam ao deslinde da controvérsia vertente as funções versadas no art. 146 da CF/88, o qual confere à lei complementar a qualidade de norma nacional.

Afirmou que, depois de muita divergência doutrinária acerca da função dúplice ou tríplice da lei complementar tributária, prevaleceu a sua função tríplice, que envolve as funções de evitar conflitos de competência, regular as limitações ao poder de tributar e dispor sobre normas gerais de direito tributário. Quanto à função da lei complementar de dispor sobre normas gerais de direito tributário, afirmou o Relator que "atuando entre a rigidez da Carta e a mutabilidade constante da legislação ordinária, a lei complementar, com caráter de lei nacional, explicita princípios e conceitos indeterminados da primeira, a fim de balizar a confecção da segunda". Conclui e afirma que "A ação posterior do legislador ordinário deve, portanto, observar as normas gerais contidas na lei complementar".

Nesse contexto, considerado o comando da alínea "a" do preceito constitucional aplicável ao caso de que se cuida, ao legislador complementar cumpre definir os fatos geradores, bases de cálculo e os contribuintes dos impostos previstos na Constituição Federal de modo que, com base no entendimento do Supremo Tribunal Federal, "a incidência dos impostos apenas pode ocorrer se formuladas, previamente, tanto as normas gerais por meio de lei complementar, relativas aos fatos geradores, bases de cálculo e contribuintes, quanto as normas instituidoras, propriamente ditas, dessa espécie tributária, de competência do legislador ordinário de cada ente tributante e em conformidade com as aludidas diretrizes gerais".

Com essas considerações, concluiu que a lei complementar, por revelar normas gerais em matéria tributária – de interesse de toda a unidade federativa – é lei do Estado Nacional e vincula as pessoas constitucionais que compõem a Federação, incluída a União, sem que isso represente lesão ao pacto federativo. É, pois, em razão disso que o legislador ordinário federal, ao instituir impostos, deve observar o regramento básico acerca do fato imponível, base de cálculo e sujeito passivo, sob pena de incorrer em inconstitucionalidade formal, como ocorreu *in casu*.

Nessa esteira, afirmou que o art. 15 da Lei nº 7.798/89 – dispositivo impugnado no RE – deu nova redação ao § 2º do artigo 14 da Lei nº 4.502/64 que, ao dispor sobre a base de cálculo do IPI, determinou fosse incluído nessa os valores de descontos incondicionais concedidos quando da saída dos produtos, o que não ocorria até então.

Em breve preâmbulo, o Ministro Marco Aurélio destacou que "sob a óptica jurídico-contábil, os descontos incondicionais são parcelas redutoras dos preços de compra e venda, outorgados independentemente de evento posterior, devendo figurar no corpo da nota fiscal emitida. Esse tipo de abatimento, também conhecido como 'desconto comercial', normalmente utilizado para atrair clientela, repercute necessariamente no preço final praticado, ou seja, no 'valor da operação'. Uma vez concedido, o valor correspondente não será pago pelo adquirente do produto, não fazendo parte do preço praticado em definitivo".

Portanto, sendo o "valor da operação de que decorrer a saída da mercadoria" a base de cálculo do imposto, tal como expressamente definido na alínea "a" do inciso II do art. 47 do CTN, a legislação ordinária impugnada, "ao impossibilitar a dedução do desconto incondicional, como se este compusesse o preço final cobrado, acabou por disciplinar de forma inovadora a base de cálculo do Imposto sobre Produtos Industrializados – IPI, ampliando o alcance material desse elemento da obrigação tributária para além do previsto na norma complementar competente".

Entendeu o Ministro Relator que o legislador ordinário, ao ampliar o alcance material da base de cálculo para além do previsto no Código Tributário Nacional – lei complementar autorizada a tratar do tema – incorreu em inconstitucionalidade formal, invadindo área reservada à lei complementar pela Constituição Federal, extrapolando as balizas quantitativas por ela estabelecidas.

Portanto, com base nos argumentos apresentados, entendeu o Ministro Relator pela inconstitucionalidade da inclusão dos descontos incondicionais na base de cálculo do IPI, uma vez não ter sido a matéria versada por meio do veículo normativo exigido pela Constituição, qual seja, lei complementar, violando, assim, o disposto no seu art. 146, III, alínea "a".

O Ministro Luís Roberto Barroso, em seu voto, acompanhou o voto do condutor, mas fez uma ressalva quanto o reconhecimento da inconstitucionalidade formal. Entendeu que a lei ordinária poderia dispor sobre a base de cálculo do IPI, contanto que observados os limites delimitados pela lei complementar – no caso, o CTN. Poderia ter atuado dentro da moldura da lei complementar, o que não ocorreu no caso. Afirmou que tinha dúvida se tal situação configurava inconstitucionalidade formal.

Concluiu o seu voto dizendo que quando uma lei ordinária viola um aspecto material da Constituição, configura-se inconstitucionalidade material e não inconstitucionalidade formal. Após tecer essas considerações, afirmou que o resultado prático não seria afetado, aderindo à conclusão pela inconstitucionalidade elaborada pelo relator.

Após os debates em Plenário, o Ministro Barroso fez um esclarecimento, defendendo mais uma vez a sua opinião de se tratar de inconstitucionalidade material. Primeiro, afirmou que a lei que trata dos descontos condicionais e incondicionais, na parte em que fala dos descontos condicionais, é constitucional, mas na parte que trata dos descontos incondicionais, é ilegítima. Com isso, concluiu que "se a lei pode tratar dos descontos, ela não é em si formalmente inconstitucional, porque senão os outros também seriam. De modo que eu acho que é material, mas a conclusão é a mesma".

Por sua vez, o Ministro Gilmar Mendes, acompanhando o voto do Ministro Relator, reforçou a tese de se tratar de inconstitucionalidade formal, afirmando que quando há reserva de lei complementar e o legislador ordinário não a observa, configura-se uma inconstitucionalidade formal.

1.2.2. Votos vencidos

O Tribunal, por unanimidade e nos termos do voto do Relator, negou provimento ao Recurso Extraordinário, declarando a inconstitucionalidade do § 2º do art. 14 da Lei nº 4.502/1964, com a redação dada pelo art. 15 da Lei nº 7.798/89, apenas quanto à previsão de inclusão dos descontos incondicionais na base de cálculo do Imposto sobre Produtos Industrializados – IPI, não havendo, portanto, voto vencido.

1.3. Análise Crítica

A decisão exarada pelo Supremo Tribunal Federal foi acertada, mantendo a coerência do sistema tributário brasileiro desenhado pela Constituição Federal de 1988, que deve operar de forma harmônica e coordenada. O cerne da controvérsia recai sobre a utilização do instrumento normativo incorreto para modificar a base de cálculo de tributo, uma vez que para esse fim a Constituição prevê, explicita e diretamente, a necessidade de edição de lei complementar.

No caso objeto de análise restou demonstrado que o legislador ordinário alargou a base de cálculo do Imposto sobre Produtos Industrializados pela via errada, qual seja, por meio da edição de lei ordinária.

A alteração legislativa declarada inconstitucional pela Corte Suprema buscava alargar a base de cálculo do IPI, de modo a fazê-lo incidir também sobre o valor dos descontos incondicionais concedidos nas operações de venda de mercadorias.

Ao analisar o caso, é preciso considerar que a tributação incide sobre a renda auferida, renda poupada (patrimônio) e renda consumida (consumo), não sendo possível considerar que os descontos incondicionados representam algum tipo de manifestação de renda ou sequer integram o valor da operação de saída de mercadoria industrializada.

Considerando uma mercadoria com preço de venda de R$ 1.000,00, onde se concede um desconto incondicionado de R$ 200,00, tem-se a base de cálculo de R$ 800,00. De acordo com a lei declarada inconstitucional, o IPI deveria incidir sobre os R$ 1.000,00, considerando o valor do desconto incondicionado na base de cálculo. Ocorre que essa alteração só poderia ser veiculada por meio da edição de lei complementar, em observância ao art. 146, III, alínea "a", da Constituição de 1988.

Caso o legislador nacional tivesse ampliado a base de cálculo do IPI para considerar os descontos incondicionados via edição de lei complementar, poderia ter evitado a declaração de inconstitucionalidade formal, ressaltando-se que a matéria poderia ser questionada quanto à uma possível inconstitucionalidade material.

À parte dessa questão de cunho jurídico, entende-se que inserir na base de cálculo do IPI valores referentes aos descontos incondicionados não encontraria explicação lógico-tributária, pois o valor do desconto concedido não é renda auferida pelo comerciante, nem renda consumida pelo adquirente, não se vislumbrando manifestação de riqueza no caso.

Entretanto, pensa-se que seria uma violação aos objetivos que orientam o desenho da matriz tributária brasileira, em especial quando considerada a sua função de reduzir desigualdades socioeconômicas, o que exige a distribuição do ônus tributário de acordo com o primado do princípio da igualdade material. Com isso, melhor se adequa à esse cenário uma tributação mais progressiva do que regressiva e, considerar o valor dos descontos incondicionados na base de cálculo do IPI acaba por potencializar uma das características mais prejudiciais do atual sistema, qual seja, a elevada tributação do consumo, marcada pela sua regressividade dada a dificuldade de mensurar a capacidade contributiva do contribuinte de fato.

Portanto, parece-nos desaconselhável ampliar a base de cálculo de tributos que incidem sobre o consumo, salvo exceções pontuais, como no caso de bens supérfluos ou maléficos à saúde, já que leva o sistema à direção oposta de construir uma matriz tributária mais progressiva e, no que tange à circulação de mercadorias, mais neutra.

Capítulo 11
Recurso Extraordinário Nº 590.809 – Rio Grande Sul

Maria das Graças Patrocínio Oliveira
Marcos Aurélio Pereira Valadão

1. Recurso Extraordinário nº 590.809/RS[1]

Relator: Ministro Marco Aurélio
Voto Vencedor: Ministro Marco Aurélio
Data de julgamento: 22 de outubro de 2014

1.1 Ementa

> AÇÃO RESCISÓRIA *VERSUS* UNIFORMIZAÇÃO DA JURISPRUDÊNCIA. O Direito possui princípios, institutos, expressões e vocábulos com sentido próprio, não cabendo colar a sinonímia às expressões "ação rescisória" e "uniformização da jurisprudência".
>
> AÇÃO RESCISÓRIA – VERBETE Nº 343 DA SÚMULA DO SUPREMO. O verbete nº 343 da Súmula do Supremo deve de ser observado em situação

[1] BRASIL. Supremo Tribunal Federal. Recurso Extraordinário nº. 590.809, Relator: Min. Marco Aurélio, Tribunal Pleno, julgado em 22.10.2014. Disponível em: http://redir.stf.jus.br/paginadorpub/paginador.jsp?docTP=TP&docID=7303880. Acesso em 04 de set. de 2020.

jurídica na qual, inexistente controle concentrado de constitucionalidade, haja entendimentos diversos sobre o alcance da norma, mormente quando o Supremo tenha sinalizado, num primeiro passo, óptica coincidente com a revelada na decisão rescindenda.

1.1.1 Especificação do caso e razões da submissão à repercussão geral

O Recurso Extraordinário nº 590.809 foi interposto pela empresa Metabel Indústria Metalúrgica Ltda contra acórdão do Tribunal Regional da 4ª Região no qual essa Corte, evocando o decidido no acórdão do STF no Recurso Extraordinário nº 353.657/PR – quando concluiu pela inviabilidade do creditamento do IPI nas hipóteses de insumo adquirido não tributado ou sujeito à alíquota zero, considerada a circunstância de implicar ofensa ao princípio constitucional da não-cumulatividade –, julgou procedente ação rescisória ajuizada pela União visando desconstituir o acórdão rescidendo. Em seguida, afastou o reconhecimento do direito ao crédito referido, conforme ementa do ato recorrido que se transcreve:

> AÇÃO RESCISÓRIA. PRAZO DECADENCIAL. TERMO INICIAL. RECURSO NÃO CONHECIDO. INTEMPESTIVIDADE. SÚMULA 343 DO STF. SÚMULA 63 DESTE TRF-4ª R. AJUIZAMENTO DE AÇÃO RESCISÓRIA COMO MEIO RECURSAL. INOCORRÊNCIA. IPI. NÃO CUMULATIVIDADE. CREDITAMENTO. INSUMOS ISENTOS, IMUNES, NÃO TRIBUTADOS E COM ALÍQUOTA ZERO. IMPOSSIBILIDADE.
> Tanto a jurisprudência desta Corte como a do Superior Tribunal de Justiça comungam do entendimento de que, nos casos em que a declaração definitiva de intempestividade do recurso tenha se dado em data posterior a dois anos do decurso do prazo para recorrer da decisão atacada, o termo inicial para propor a rescisória deve ser computado do trânsito em julgado da decisão final em que se declarou a intempestividade.
> Não se aplica ao caso vertente a orientação contida na Súmula nº 343 do STF, uma vez que está pacificado pela Súmula nº 63 deste Tribunal Regional Federal ser inaplicável aquele enunciado nas ações rescisórias versando matéria constitucional. No caso, a matéria debatida nestes autos – atinente ao alcance dos Princípios Constitucionais da Seletividade e da Não-Cumulatividade do IPI, consolidados no art. 153, § 3º, incisos I e II, da Constituição

Federal, bem como ao artigo 150, § 6º, da Carta Magna – é de ordem constitucional.

É de se afastar a alegação de que a parte autora está a se utilizar da ação rescisória como meio recursal indireto, na tentativa de modificar o conteúdo da decisão transitada em julgado, porquanto a rescisória está fundamentada na ofensa aos artigos 2º e 150, § 6º, da Constituição Federal e o artigo 485, inciso V, do Código de Processo Civil, expressamente prevê a possibilidade de rescisão do julgado nos casos em que há violação a literal dispositivo de lei.

A exigência da não-cumulatividade tem como objetivo impedir incidências sucessivas nas fases que compõem a cadeia produtiva de determinado produto, fazendo com que o IPI só incida sobre o acréscimo de valor ou preço introduzido pela nova operação de que participa o produto industrializado, abatido o imposto pago ou cobrado por todos os componentes, quer sejam matérias-primas ou produtos intermediários consumidos no processo produtivo. Os valores pagos pela empresa a título do IPI, referentes à aquisição de insumos que integram o seu produto final, constituir-se-ão, posteriormente, em créditos para a compensação com os valores devidos, a título do mesmo tributo, na saída do seu produto final.

A lógica imposta pela Constituição é o creditamento do IPI tendo em conta o montante cobrado, incidente, nas operações anteriores (art. 153, §3º, inciso II). Não havendo cobrança, incidência, não há compensar. Descabe, pois, a alegação de que o texto constitucional não estabeleceu a proibição do creditamento nos casos de não ter havido cobrança do tributo ao não repetir, de forma idêntica, o dispositivo que veda o creditamento nos casos de isenção ou não-incidência para o ICMS (art. 155, § 2º, II, a).

A equação segundo a qual a não-tributação e a alíquota zero viabilizam creditamento pela alíquota da operação final conflita com a letra do inciso II do § 3º do artigo 153 da Constituição Federal, que versa sobre a compensação do "montante cobrado nas anteriores", diga-se, nas operações anteriores. Não tendo sido cobrado nada, absolutamente nada, nada há a ser compensado, mesmo porque inexiste a alíquota que, incidindo, por exemplo, sobre o valor do insumo, revelaria a quantia a ser considerada. Tomar por empréstimo a alíquota final atinente a operação diversa implica ato de criação normativa para o qual o Judiciário não conta com a indispensável competência." (STF, RE nº 353.657/PR voto relator Min. Marco Aurélio).

Os insumos adquiridos com alíquota zero não fazem jus ao crédito porque essa alíquota traduz incidência do tributo que, entretanto, por ter o legislador

> eleito zero como alíquota resulta em inexistência de conteúdo econômico/valorativo a beneficiar a pretensão deduzida pela Autora. Idêntico raciocínio é aplicável quanto à aquisição de insumos não tributados.
>
> A impossibilidade do creditamento de insumos isentos, imunes, não-creditados e com alíquota zero não causa o esvaziamento do benefício fiscal concedido na fase anterior da cadeia produtiva. Cabe à empresa transferir o valor que pagou a menor ao preço de seu produto final. A não-transferência implica em um aumento de sua margem de lucro, fator este que varia conforme as condições de concorrência e oferta dos produtos.
>
> A concessão do creditamento nos moldes pretendidos pela ré – autora da ação rescindenda – pode causar, em determinadas situações, lesão a outras características fundamentais do IPI, ou seja, a seletividade em função da essencialidade do produto (CF, art. 153, § 3º, I), bem como ao Princípio Fundamental da Isonomia Tributária.
>
> Desta forma, resta clara a ocorrência de violação a dispositivo de lei – art. 153, § 3º, inciso II, da Carta Magna de 1988 –, porquanto não pode a ré gozar dos créditos referentes às aquisições de insumos isentos, com alíquota zero, não tributados ou imunes do IPI, devendo ser julgada procedente a presente ação rescisória.

O julgamento do recurso extraordinário teve início no dia 11.09.2014, ocasião em que o relator, ministro Marco Aurélio, votou pelo provimento do recurso, assentando a improcedência do pedido rescisório.

Afirmou o ministro relator que a Súmula STF nº 343 não deveria ser de pronto afastada em casos nos quais o pedido rescisório se apoiasse em alteração jurisprudencial levada a efeito pelo Supremo Tribunal Federal. Referiu que "A rescisória deve ser reservada a situações excepcionalíssimas, ante a natureza de cláusula pétrea conferida pelo constituinte ao instituto da coisa julgada" e que "diante da razão de ser do verbete, não se trata de defender o afastamento da rescisória, mas de prestigiar a coisa julgada se, quando formada, o teor da solução do litígio dividia a interpretação dos Tribunais pátrios..."

Concluiu não ser a alteração jurisprudencial argumento bastante para a admissibilidade de ação rescisória, sendo possível, no entanto, sob circunstâncias específicas, o cabimento em casos de julgados fundados em normas supervenientemente declaradas inconstitucionais por este Supremo Tribunal. Portanto, a ação rescisória não poderia ser utilizada como mecanismo de uniformização da interpretação da Constituição da República, especialmente por confrontar a garantia constitucional da coisa julgada material.

O Ministro Dias Toffoli antecipou seu voto, também dando provimento ao recurso extraordinário, porém com fundamento diverso daquele apresentado pelo ministro relator. Reconheceu, na espécie, decadência do direito ao ajuizamento de ação rescisória por decurso do biênio previsto no art. 495 do Código de Processo Civil de 1973 (CPC/73). Assentou que a decadência, por ser matéria de ordem pública, haveria de ser pronunciada ainda que de ofício, pelo que, mesmo não suscitada nas razões do recurso extraordinário, reconheceu a extinção do direito de se ajuizar ação rescisória na espécie, considerado o transcurso de mais de dois anos entre o trânsito em julgado do acórdão objeto do pleito rescisório, cuja publicação ocorreu em 24.3.2004, e a data da propositura da ação rescisória, ocorrida em 6.2.2007.

Após pedido de vistas do processo, a Ministra Cármen Lúcia, exarou seu voto em três pontos que considerou essenciais para a discussão: i) o cabimento, ou não, de ação rescisória para desconstituição de julgado com base em nova orientação jurisprudencial do STF; ii) o creditamento de IPI devido à aquisição de insumos isentos, não tributados ou sujeitos à alíquota zero; e III) a definição, nos termos do voto proferido pelo Ministro Dias Toffoli, do marco temporal para início da contagem do prazo decadencial referente à propositura da ação rescisória da qual originado este processo.

Quanto ao marco temporal para início de contagem do prazo decadencial para a propositura da ação rescisória, afirmou que a recorrente não apresentou impugnação nas razões do recurso extraordinário, o que conduz à impossibilidade, no específico ponto, de provimento do recurso, sob pena de assentar-se o julgado em fundamento *extra petita*, conforme jurisprudência colacionada. Ademais, ainda que a recorrente tivesse trazido esse questionamento em recurso extraordinário, o conhecimento desse tópico ensejaria o reconhecimento da ausência de prequestionamento de matéria constitucional, pois no voto condutor do julgado recorrido o Desembargador relator firmou-se em fundamentos infraconstitucionais para não admitir a aplicação, no caso vertente, da decadência.

Referiu que contrariedade à Constituição da República não foi objeto de debate e decisão prévios do Tribunal de origem, tampouco tendo sido opostos embargos de declaração com a finalidade de comprovar ter havido, no momento processual próprio, o devido prequestionamento. Incidiriam, na espécie, as Súmulas nºs 282 e 356 do Supremo Tribunal Federal.

Ainda que se pudesse superar esse fundamento, continuou a ministra, o que não se dá na espécie, a controvérsia sobre a decadência do direito para ajuizamento de ação rescisória consubstancia-se em ofensa indireta à Constituição da República, sendo que a apreciação do pleito recursal demandaria análise da legislação infraconstitucional aplicável à espécie. Assim, a alegada contrariedade à Constituição da República, se tivesse ocorrido, seria indireta, o que inviabilizaria o processamento do recurso extraordinário.

Respeitando os fundamentos adotados pelo Ministro Dias Toffoli, no sentido de dever a matéria de ordem pública ser conhecida de ofício pelo magistrado, nos termos do art. 210 do Código Civil, afirmou a ministra que a recorrente não impugnou o ponto relativo à decadência do direito de propor ação rescisória, o que, somado à orientação jurisprudencial adotada por este Supremo Tribunal a levou a não admitir o reconhecimento, de ofício, da decadência do direito de se ajuizar o pedido rescisório discutido na espécie.

A ministra Cármen Lúcia fez um histórico sobre a interpretação anterior e atual conferida pelo STF sobre o creditamento de IPI nas hipóteses de insumos adquiridos com isenção, não tributados ou sujeitos à alíquota zero. Essa ministra afastou a incidência da Súmula 343, entendendo cabível a ação rescisória em virtude da natureza constitucional da controvérsia que motivou a propositura da referida ação. Todavia, por entender que o julgado recorrido (acórdão rescindendo) não levou em conta o entendimento dominante no STF, a ministra deu provimento ao recurso extraordinário.

Em seu voto, o Ministro Teori Zavascki ressaltou que a iterativa jurisprudência do Supremo Tribunal Federal é no sentido de que o regime normativo da decadência da ação rescisória é de natureza exclusivamente infraconstitucional, conforme julgados que menciona. Portanto, se tal matéria tivesse sido suscitada no recurso extraordinário, dela não poderia conhecer o Tribunal. Com maior razão, a matéria não comporta exame de ofício. Ainda que assim não fosse, é de se considerar que, salvo quando manifestamente incabível, o recurso de agravo, assim como os demais recursos, está investido do efeito antipreclusivo, a significar que antes do seu julgamento não se opera o trânsito em julgado. Nesse sentido é a orientação majoritária da doutrina e da jurisprudência.

Afirmou esse ministro que a Súmula 343[2] tem relação íntima com a hipótese de rescisão da sentença que "violar literal disposição de lei" (CPC de 1973, art. 485, V). O conteúdo aberto dessa locução normativa torna polêmica a definição do seu sentido. Interpretando esse dispositivo, a jurisprudência tradicional, inclusive do STF e do STJ, entende que não é toda e qualquer violação à lei que dá ensejo à ação rescisória. Assim, há corrente da jurisprudência tanto no STJ quando no STF segundo a qual não se considera violação literal da lei, para esse efeito, a que decorre de sua interpretação razoável (STJ, AR 208, 2ª Seção, Min. Nilson Naves RSTJ 40:17; AR 1.198, Pleno, Min. Djaci Falcão, RSTJ 125:928; AR 754, Pleno, Min. Aliomar Baleeiro, DJ de 27.09.74).

O ministro Celso de Mello ressaltou em seu voto o alto significado da coisa julgada e da segurança jurídica, que representam "valores fundamentais, cuja integridade há de ser preservada por esta Suprema Corte, em sua legítima condição de guardiã da ordem constitucional."

Segundo afirmou, a pretendida "relativização" da coisa julgada, tese que tem repudiado em diversos julgados proferidos no STF, provocaria consequências altamente lesivas à estabilidade das relações intersubjetivas, à exigência de certeza e de segurança jurídicas e à preservação do equilíbrio social.

Concluiu esse ministro que a ação rescisória não se qualifica como instrumento de uniformização de jurisprudência.

1.1.2 Critério de conhecimento da repercussão geral

Em 14/11/2008, o Tribunal reconheceu a existência de repercussão geral da questão constitucional suscitada (Tema 136 da Repercussão Geral), conforme ementa:

> IPI – CREDITAMENTO – ALÍQUOTA ZERO – PRODUTO NÃO TRIBUTADO E ISENÇÃO – RESCISÓRIA – ADMISSIBILIDADE NA ORIGEM. Possui repercussão geral controvérsia envolvendo a rescisão de julgado fundamentado em corrente jurisprudencial majoritária existente à época da formalização do acórdão rescindendo, em razão de entendimento

[2] Súmula STF 343: "Não cabe ação rescisória por ofensa a literal disposição de lei, quando a decisão rescindenda se tiver baseado em texto legal de interpretação controvertida nos tribunais."

posteriormente firmado pelo Supremo, bem como a relativa ao creditamento no caso de insumos isentos, não tributados ou sujeitos à alíquota zero.

1.2 Mérito da decisão

O Recurso Extraordinário nº 590.809 foi julgado em 22 de outubro de 2014, em Sessão Plenária presidida pelo ministro Ricardo Lewandowski.

No referido recurso, o direito material que se pretendia rescindir dizia respeito ao creditamento de IPI decorrente da aquisição de insumos isentos, não tributados ou sujeitos à alíquota zero. Ao final, por maioria de votos, e nos termos do voto do eminente Min. Marco Aurélio, restou decidido que não é cabível o ajuizamento de ação rescisória para desconstituir julgado com base em nova orientação da Suprema Corte. Vencidos os ministros Teori Zavascki e Gilmar Mendes, que negaram provimento ao recurso. Impedido o ministro Roberto Barroso.

1.2.1 Voto condutor

O voto condutor foi proferido pelo ministro Marco Aurélio. Colhe-se o seguinte trecho de seu voto:

> Não comungo da opinião, linear, consoante a qual, cuidando-se de matéria constitucional, deva ser afastada, aprioristicamente, a pertinência do verbete n. 343. Votei nesse sentido nas Ações Rescisórias n. 1.409/SC e n. 1.578/PR, da relatoria da Ministra Ellen Gracie, versada a majoração de alíquotas da contribuição ao Finsocial. Na ocasião, ressaltando que os pronunciamentos das Turmas eram no mesmo sentido das decisões rescindendas, tendo o Pleno definido a controvérsia, com envergadura maior, em momento apenas posterior à formação da coisa julgada, não acolhi os pleitos formulados com base em violência à literalidade da lei. Não me impressionou o fato de estar envolvida interpretação constitucional. Mantenho-me fiel à posição então assumida.
>
> A rescisória deve ser reservada a situações excepcionalíssimas, ante a natureza de cláusula pétrea conferida pelo constituinte ao instituto da coisa julgada. Disso decorre a necessária interpretação e aplicação estrita dos casos previstos no artigo 485 do Código de Processo Civil, incluído o constante do

> inciso V, abordado neste processo. Diante da razão de ser do verbete, não se trata de defender o afastamento da medida instrumental a rescisória presente qualquer grau de divergência jurisprudencial, mas de prestigiar a coisa julgada se, quando formada, o teor da solução do litígio dividia a interpretação dos Tribunais pátrios ou, com maior razão, se contava com óptica do próprio Supremo favorável à tese adotada. Assim deve ser, indiferentemente, quanto a ato legal e constitucional, porque, em ambos, existe distinção ontológica entre texto normativo e norma jurídica [...]
> A observância do verbete se mostra ainda mais imperiosa, na situação concreta, se considerada a natureza do pronunciamento do Supremo tomada como novo paradigma.
> Na origem, o acórdão foi rescindido para conformá-lo à decisão deste Tribunal no sentido de o alcance do princípio da não cumulatividade não autorizar o lançamento de créditos do Imposto sobre Produtos Industrializados – IPI em decorrência da aquisição de insumos isentos, não tributados ou sujeitos à alíquota zero. [...]

No aludido aresto, o relator ressalvou que, com muitas reservas, poder-se-ia cogitar do afastamento da Súmula n. 343/STF, em favor do manejo da rescisória, para evitar decisão judicial transitada em julgado fundada em norma posteriormente proclamada inconstitucional, por aquele Tribunal, se a declaração tivesse efeito *erga omnes*, hipótese que, entretanto, não corresponde à tratada ao caso vertente.

1.2.2 Votos vencidos

Os ministros Teori Zavascki e Gilmar Mendes negaram provimento ao recurso, restando vencidos.

Em seu voto, o Ministro Teori Zavascki ressaltou que a iterativa jurisprudência do Supremo Tribunal Federal é no sentido de que o regime normativo da decadência da ação rescisória é de natureza exclusivamente infraconstitucional, conforme julgados que menciona. Portanto, se tal matéria tivesse sido suscitada no recurso extraordinário, dela não poderia conhecer o Tribunal. Com maior razão, a matéria não comporta exame de ofício. Ainda que assim não fosse, é de se considerar que, salvo quando manifestamente incabível, o recurso de agravo, assim como os demais recursos, está investido do efeito antipreclusivo, a significar que antes do seu julgamento não se opera o trânsito em julgado, conforme orientação majoritária da doutrina e da jurisprudência.

Afirmou esse ministro que a Súmula 343[3] tem relação íntima com a hipótese de rescisão da sentença que "violar literal disposição de lei" (CPC de 1973, art. 485, V). O conteúdo aberto dessa locução normativa torna polêmica a definição do seu sentido. Interpretando esse dispositivo, a jurisprudência tradicional, inclusive do STF e do STJ, entende que não é toda e qualquer violação à lei que dá ensejo à ação rescisória. Assim, há corrente da jurisprudência tanto no STJ quando no STF segundo a qual não se considera violação literal da lei, para esse efeito, a que decorre de sua interpretação razoável (STJ, AR 208, 2ª Seção, Min. Nilson Naves RSTJ 40:17; AR 1.198, Pleno, Min. Djaci Falcão, RSTJ 125:928; AR 754, Pleno, Min. Aliomar Baleeiro, DJ de 27.09.74).

Afirmou o ministro Teori Zavascki que:

> a orientação do STF em face das súmulas 343 e 400 sustenta-se, em suma, na preocupação fundamental de preservar, em qualquer circunstância, a supremacia da Constituição e a sua aplicação uniforme a todos os destinatários e de preservar a autoridade do STF de guardião da Constituição, de órgão com legitimidade constitucional para dar a palavra definitiva em temas relacionados com a interpretação e a aplicação da Carta Magna.

Segundo o ministro Teori Zavascki, a pretensão exposta no recurso está centrada essencialmente na tese de que, em nome da segurança jurídica, a orientação adotada pelo STF a partir do julgamento do RE 353.657 tenha efeitos apenas prospectivos, uma vez que teria havido, nesse julgamento, mudança da jurisprudência. A outorga de efeitos apenas prospectivos – que representa tratamento antiisonômico –, deve ser acolhida apenas como exceção. A regra há de ser o tratamento igualitário.

Encerrou o ministro seu voto afirmando que o acolhimento da pretensão recursal deduzida importa verdadeira rescisão – sem forma nem figura de juízo – do que, bem ou mal decidiu o STF no RE 353.657, ao negar a proposta

[3] Súmula STF 343: "Não cabe ação rescisória por ofensa a literal disposição de lei, quando a decisão rescindenda se tiver baseado em texto legal de interpretação controvertida nos tribunais."

de modulação dos efeitos da decisão levantada na ocasião pelo ministro Ricardo Lewandowski.

Por sua vez, o ministro Gilmar Mendes acompanhou o voto do ministro Teori Zavascki, no sentido de negar provimento ao recurso.

1.3 Análise crítica

A questão de fundo deste Recurso Extraordinário é a desconstituição da coisa julgada relativa ao creditamento do IPI na aquisição de insumos isentos, não tributados ou sujeitos à alíquota zero, com base em nova orientação da Corte; ou seja, o entendimento anterior do STF era pelo direito ao creditamento do imposto nessas situações, e o atual não reconhece esse direito.

Na decisão, o STF prestigiou a segurança jurídica da coisa julgada, um dos pilares do Estado Democrático de Direito. Na segurança jurídica se deposita a confiança de que as situações decididas pelo Poder Judiciário são definitivas.

Ao decidir o caso, o juiz aplica a lei, buscando fixar-lhe a melhor inteligência. As normas jurídicas decorrem de textos interpretados. Várias são as construções interpretativas que se podem atribuir a um mesmo texto, conforme os valores e convicções adotados pelo intérprete. O que se espera é que as diferentes normas jurídicas "construídas pelo intérprete" estejam em consonância com a ordem jurídica.

Por outro lado, a sociedade muda sob o influxo de novos valores, o que implica mudança de interpretação da Constituição; o STF, periodicamente, tem a sua composição modificada, o que justifica a alteração da sua jurisprudência. Portanto, desde que sejam razoáveis e proporcionais e que atendam aos ditames da Carta Magna, as diferentes interpretações de um mesmo texto são aceitáveis.

Dessa forma, se no julgamento em questão a decisão rescindenda estava baseada na jurisprudência dominante do STF, a hipótese de violação a disposição legal não pode ser invocada. Como se sabe, as questões tributárias em geral são complexas e a matéria que deu origem a este julgado, é de alta complexidade. A má interpretação do texto constitucional pelo STF, que justificaria o *iudicium rescindens,* haveria de ser de tal modo arbitrária ou teratológica que equivaleria à sua violação literal (art. 485, V do CPC/73), o que não é o caso. Conforme consignado no voto do ministro Teori Zavascki, na jurisprudência do Supremo Tribunal Federal sempre houve a tendência de qualificar a ofensa à lei, para efeito de rescisória, com forte adjetivação: é a "violação frontal e direta".

A posição do STF nos parece acertada, uma vez que as alterações jurisprudenciais, quando decorrem da consolidação da interpretação acerca de um mesmo dispositivo, dentre as várias possíveis, não podem ter efeitos retroativos. Com efeito, pretender atribuir efeitos retroativos a decisão que pacifica a interpretação de certo dispositivo legal, antes interpretado por várias Cortes em diferentes possíveis linhas, constitui afronta à segurança jurídica.

Por fim, cabe consignar que decisões como a proferida no RE 590.809 são importantes na tentativa de resolver a interminável disputa entre fisco e contribuinte no que concerne aos efeitos da coisa julgada em matéria tributária e sua compatibilidade com a jurisprudência superveniente. Contudo, resta uma dúvida quanto aos efeitos futuros da coisa julgada em favor da empresa Metabel Indústria Metalúrgica Ltda: essa empresa está autorizada a se creditar de IPI nas entradas não tributadas indefinidamente? A questão das relações continuativas não foi expressamente tratada neste acórdão.

Capítulo 12
Recurso Extraordinário nº 614.406 – Rio Grande do Sul

Renato Porto da Silva

1 Recurso Extraordinário nº. 614.406[1]

Relatora: Ministra Ellen Gracie
Voto vencido por maioria: Ministra Ellen Gracie
Data de julgamento: 23 de outubro de 2014.

1.1 Ementa

> IMPOSTO DE RENDA– PERCEPÇÃO CUMULATIVA DE VALORES – ALÍQUOTA. A percepção cumulativa de valores há de ser considerada, para efeito de fixação de alíquotas, presentes, individualmente, os exercícios envolvidos. [2]

[1] BRASIL. SUPREMO TRIBUNAL FEDERAL. Recurso Extraordinário nº. 614406. Relator(a): ROSA WEBER, Relator(a) p/ Acórdão: MARCO AURÉLIO, Tribunal Pleno, julgado em 23/10/2014. Disponível em: http://redir.stf.jus.br/paginadorpub/paginador.jsp?docTP=TP&docID=7331049. Acesso em: 08 de set. de 2020.

[2] Recurso extraordinário interposto pela alínea b do inciso III do artigo 102 da Constituição Federal, em que se discute a constitucionalidade, ou não, do artigo 12 da Lei nº 7.713/88, que trata da incidência do imposto de renda da pessoa física sobre rendimentos percebidos acumuladamente, tendo em conta a declaração de inconstitucionalidade desse dispositivo,

1.1. 1 Especificação do caso e razões da submissão à repercussão geral

No estudo do Recurso extraordinário nº 614.406 Rio Grande do Sul será analisado a constitucionalidade, ou não, do art. 12 da Lei nº 7.713/88 acolhida em parte, no tocante aos rendimentos recebidos acumuladamente decorrentes de remuneração, vantagem pecuniária, proventos e benefícios previdenciários, como na situação vertente, recebidos a menor pelo contribuinte em cada mês competência e cujo recolhimento de alíquota prevista em lei se dê mês a mês ou em menor período. Situação essa acolhida na ação declaratória de nulidade de lançamento tributário no Tribunal Regional Federal da 4ª Região.

Nesse sentido, está em análise a incidência mensal para o cálculo do imposto de renda correspondente à tabela progressiva vigente no período mensal em que apurado o rendimento percebido a menor – regime de competência – após somado este com o valor já pago, pena afronta aos princípios da isonomia e capacidade contributiva insculpidos na CF/88 e do critério da proporcionalidade que infirma a apuração do montante devido. Tudo nos termos dos artigos 153, § 2º, I e 145, § 1º, da Carta Magna. Como segue abaixo:

> CF- Art. 153. Compete à União instituir impostos sobre:
>
> § 2º O imposto previsto no inciso III:
>
> I – será informado pelos critérios da generalidade, da universalidade e da progressividade, na forma da lei;
>
> CF – Art. 145. A União, os Estados, o Distrito Federal e os Municípios poderão instituir os seguintes tributos:
>
> § 1º Sempre que possível, os impostos terão caráter pessoal e serão graduados segundo a capacidade econômica do contribuinte, facultado à administração tributária, especialmente para conferir efetividade a esses objetivos, identificar, respeitados os direitos individuais e nos termos da lei, o patrimônio, os rendimentos e as atividades econômicas do contribuinte.

por Tribunal Regional Federal, após o pronunciamento do Plenário Virtual no sentido da inexistência da repercussão geral da matéria — efetuado no RE 592211/RJ (publicado no DJe de 21.11.2008) — e a relevância jurídica correspondente à presunção de constitucionalidade das leis, à unidade do ordenamento jurídico, à uniformidade da tributação federal e à isonomia tributária (artigo 543-A, § 5º, do Código de Processo Civil).

Neste contexto, a Corte Especial do Tribunal Regional Federal da 4° Região (TRF4) afastou o regime de caixa, no caso concreto, situação excepcional que justificou a adoção da técnica de declaração de inconstitucionalidade sem redução de texto ou interpretação conforme a Constituição, diante da presunção de legitimidade e constitucionalidade dos atos emanados do Poder Legislativo e porque casos símeis a este poderiam não possuir espectro de abrangência universal. Foi considerada a norma hostilizada sem alteração da estrutura da expressão literal (TRF4, Corte Especial, ARGINC 2002.72.05.000434-0, Relator Desembargador Federal Álvaro Eduardo Junqueira).

Por outro lado, a parte Ré (União) da Ação Declaratória de Nulidade de Lançamento Tributário sustentou a constitucionalidade do citado dispositivo legal (art. 12 da Lei n° 7.713/88), o qual determinou que o imposto de renda e lançamento (Notificação de Lançamento n.2007/610415051212028-) contido no processo. Neste caso, de rendimentos recebidos acumuladamente. A União defende que neste caso incidirá, no mês do recebimento ou crédito, sobre o total dos rendimentos, diminuídos do valor das despesas com ação judicial necessária ao seu recebimento, inclusive de advogados, se tiverem sido pagas pelo contribuinte, sem indenização (art. 12 da Lei n° 7.713/88, hoje revogado pela lei 13.149\15).

A União argumentou que as parcelas recebidas possuíam natureza remuneratória, a qual não sofre modificação pelo atraso no pagamento, ou seja, deve sofrer a incidência do Imposto de Renda.

Além disso, a Procuradoria da Fazenda Nacional sustentou que a tributação do acréscimo patrimonial, no mês de seu recebimento, não viola os princípios da capacidade contributiva, da isonomia, ou da progressividade do Imposto de Renda, previstos, respectivamente, nos arts. 145, § 1º; 150, II; e 153, § 2º, I, todos da Constituição Federal.

Assim também, mencionou que o fracionamento do fato gerador não teria previsão legal e que provocaria uma tributação baseada numa situação ficta, tendo em vista que o pagamento foi realizado em apenas uma parcela.

A Suprema Corte reconheceu a existência de repercussão geral da matéria na ocasião do julgamento de questão de ordem formulado pela relatora Ministra Ellen Gracie (fls. 158-190).

1.1.2 Critério de conhecimento da repercussão geral

O Recurso extraordinário nº 614.406 Rio Grande do Sul foi interposto pela União contra a decisão da Corte Especial do Tribunal Regional Federal da 4° Região (TRF4) que, em ação declaratória de nulidade de lançamento tributário afastou o regime de caixa, no caso concreto, situação excepcional a justificou a adoção da técnica de declaração de inconstitucionalidade sem redução de texto ou interpretação conforme a Constituição.

Dessa forma, foi ajuizada ação ordinária pelo contribuinte Geraldo Tedesco, em face da União (Fazenda Nacional), onde pretendia a anulação de lançamento fiscal e a restituição de valores descontados a título de Imposto de Renda incidente sobre o montante pago em razão do recebimento de verbas previdenciárias através de ação judicial.

O contribuinte Geraldo Tedesco informou que no ano calendário 2006 obteve rendimentos de R$ 53.907,23, tributados na fonte em R$ 769,93 (fl. 47), e R$ 89.114,65 (fl. 11) decorrentes do pagamento das diferenças atrasadas do seu benefício de aposentadoria por tempo de serviço concedido, esses tributados na fonte em R$ 2.673,44.

Todavia, após revisão da sua Declaração de Ajuste Anual, a Receita Federal do Brasil procedeu ao lançamento de ofício do imposto, em virtude da omissão de rendimentos daqueles R$ 89.114,65.

Alegou que o cálculo do Imposto de Renda deveria seguir os parâmetros vigentes à época em que eram devidos os rendimentos, prejudicando, dessa maneira, o lançamento fiscal na forma como foi lavrado e feriu princípios constitucionais.

O contribuinte afirmou que o lançamento levado a efeito pelo Fisco revelava-se equivocado, uma vez que efetuou o recolhimento de IRRF no ato do levantamento do alvará judicial. Alegou que se houvesse recebido os valores objeto da demanda previdenciária na época oportuna, a alíquota do Imposto de Renda seria menor ou sequer haveria a incidência do tributo.

A União Federal apresentou contestação, alegando que o Decreto nº 3.000/99 prevê a incidência do tributo sobre os rendimentos recebidos de forma acumulada, o que estava de acordo com as previsões do art. 43 do CTN e do art. 12 da Lei n° 7.713/88. Defendeu que a incidência sobre o montante das diferenças recebidas via judicial configura regime de caixa, que consuma o fato gerador com a disponibilidade dos valores ao contribuinte. Defendeu, também, a aplicação da multa fiscal imposta. Ao final, pugnou pela improcedência dos pedidos.

Logo em seguida, houve sentença e o Juiz argumentou que a percepção acumulada dos rendimentos foi obtida a partir de reconhecimento judicial do direito em ação previdenciária concessiva. Assim, as prestações vencidas, por não terem sido pagas ao tempo correto, acabaram por acarretar a incidência de uma alíquota majorada.

Ocorreu que a retenção do Imposto de Renda na fonte deveria levar em conta os valores mensalmente percebidos, sob pena de afrontar o princípio da isonomia tributária.

Dessa forma, houve para o Magistrado flagrante injustiça em tributar-se mais gravosamente os ganhos de quem não recebeu em tempo o que lhe era devido, acumulados pela mora do ente previdenciário, sujeitando o beneficiário à incidência de alíquota do Imposto de Renda superior a que deveria ter sido aplicada à época do correto pagamento. Neste sentido, citou as jurisprudências do STJ: a) REsp 617081/PR, r T, Min. Luiz Fux, DJ 29.05.2006 e Resp 719. 774/SC, r T, Min. Teori Albino Zavascki, DJ 04. 04.2005, b) REsp 899576/CE, Rel. Ministro CASTRO MEIRA, SEGUNDA TURMA, julgado em 13. 03.2007, DJ 22.03.2007 p. 332, c) (REsp 617081IPR, Rel. Ministro LUIZ FUX, PRIMEIRA TURMA, julgado em 20.04.2006, DJ 29.05.2006 p. 159.

Concluiu o Juízo que a incidência do IR deveria dar-se sobre as parcelas consideradas mês a mês e com base na alíquota vigente à época em que elas eram devidas, restando efetivamente prejudicado o auto de lançamento tal como lavrado, na medida em que essa sistemática resultará na redução dos rendimentos sujeitos à tributação, se o valor recebido mês a mês estivesse isento ou em outra faixa de tributação, deixando de ser tributado na alíquota máxima.

Neste contexto, declarou a nulidade da Notificação de Lançamento de IRPF n° 2007/610415051212028, bem como condenou a União a restituir os valores de Imposto de Renda indevidamente recolhidos pela parte autora, ou retidos na fonte, em razão das diferenças recebidas acumuladamente, devendo ser considerada cada parcela dos proventos isoladamente, em relação às respectivas competências em que deveriam ter sido pagas, observando os respectivos limites de isenção e alíquotas às datas correspondentes.

O Procurador da Fazenda Nacional, Joe Pereira Telles, informou que não iria recorrer da Sentença, fulcro na Lei n. 11.033/04, que ao modificar a Lei 10.522/02, instituiu sistemática para as ações que versassem sobre os assuntos que já foram objeto de atos declaratório do Procurador-Geral da Fazenda Nacional, aprovado pelo Ministro da Fazenda. Reza assim o art. 19, da Lei 10.522/02, já modificado pela Lei 11.033/04 como foi o caso.

Todavia, devido ao reexame necessário, seguiu ao TRF-4 que teve o Desembargador Federal Álvoro Eduardo Junqueira como relator. Assim decidiu o Magistrado sobre os fatos da lide e juros de Mora.

Por outro lado, a Fazenda Nacional propôs o Agravo Legal. Isto para a reforma da decisão monocrática no Tribunal Regional Federal para a parte em que determinou a não incidência do imposto de renda sobre a parcela relativa aos juros de mora, já que tal matéria não foi objeto do pedido, nem da sentença. Esse recurso foi conhecido e logo em seguida, 10 de março de 2010, a Procuradoria da Fazenda Nacional interpôs Recurso Extraordinário.

A União informou que o TRF da quarta Região entendeu que, não obstante sejam pagos valores de forma acumulada, o imposto de renda deveria incidir pelo regime de competência, ou seja, tendo como fato gerador as parcelas individualmente consideradas, como se fossem pagas mês a mês.

Neste sentido, é evidente que tal interpretação, em inúmeros casos, importaria a redução do tributo a pagar ou mesmo a sua isenção, não obstante ocorresse, nessas hipóteses, a percepção de renda em valor subsumível a uma alíquota maior do tributo.

Tal interpretação era expressamente vedada em Lei, mais precisamente no art. 12 da Lei nº 7.713/88.

Exatamente por tal razão que o Egrégio TRF4, analisou na sessão do dia 22/10/2009 incidente de Arguição de Inconstitucionalidade suscitado na Apelação Cível n. o 2002.72.05.000434-0/5C, reconheceu a inconstitucionalidade do art. 12 da Lei 7.713/88.

Com efeito, ratificou o TRF4 o entendimento de que os rendimentos recebidos acumuladamente devem ser tributados pelo regime de competência e não pelo regime de caixa, sob pena de violação aos princípios constitucionais da progressividade (art. 153, §20 , I, da CF/SSl, da capacidade contributiva (art. 145, §1°, da CF/88) e da isonomia (art. 150 da CF/88).

Desta forma, diante do reconhecimento da inconstitucionalidade pelo TRF4, legitimou-se a possibilidade de interposição do recurso extraordinário da União com fulcro no art. 102, 111, "b, da CF/88, a União passando-se a demonstrar que não há qualquer inconstitucionalidade no dispositivo legal afastado.

Pelas razões discutidas, o Supremo Tribunal Federal reconheceu a Repercussão Geral ao Recurso em questão.

1.2 Mérito da decisão

O Recurso extraordinário nº 614.406 Rio Grande do Sul teve iniciado seu julgamento em 23 de outubro de 2014, em sessão plenária presidida pelo Ministro Cezar Peluso. Em primeiro momento do julgamento logo após o voto da Senhora Ministra Ellen Gracie (Relatora), dando provimento ao recurso, e os votos dos Senhores Ministros Marco Aurélio e Dias Toffoli, negando-o, **pediu vista dos autos a Senhora Ministra Cármen Lúcia**. Ausente, neste julgamento, o Senhor Ministro Gilmar Mendes. Presidência do Senhor Ministro Cezar Peluso. Plenário (25.05.2011).

Prosseguindo no julgamento, o Tribunal, por maioria, decidindo o tema 368 da Repercussão Geral, **negou provimento ao recurso, vencida a Ministra Ellen Gracie (Relatora)**, que lhe dava provimento. Ausente, neste julgamento, o Ministro Gilmar Mendes. Não votou a Ministra Rosa Weber por suceder à Ministra Ellen Gracie (Relatora). O acórdão foi regido pelo Ministro Marco Aurélio. Presidiu o julgamento o Ministro Ricardo Lewandowski (Plenário 23.10.2014).

Assim, estavam presentes o Presidente Ministro Ricardo Lewandowski, Ministros Celso de Mello, Marco Aurélio, Gilmar Mendes, Cármen Lúcia, Dias Toffoli, Luiz Fux, Rosa Weber, Teori Zavascki e Roberto Barros.

1.2.1 Voto condutor e vencido

O voto condutor foi exarado pela Ministra Ellen Gracie. Em seu voto, a Ministra aponta que o ponto do Acórdão recorrido que considerou inconstitucional o art. 12 da Lei 9.773/88, que determinou a incidência do imposto por ocasião do recebimento dos valores, sobre a sua totalidade. Entendeu, a decisão do

TRF-4, violados os princípios da isonomia, da capacidade contributiva e da proporcionalidade, nos termos do que restou sintetizado na ementa do acórdão relativo à arguição de inconstitucionalidade julgada pela Corte Especial daquele Tribunal Regional Federal da 4ª Região:

> ARGUIÇÃO DE INCONSTITUCIONALIDADE. TRIBUTÁRIO. ART. 12 DA LEI N° 7.713/88. REPETIÇÃO DE INDÉBITO. IMPOSTO DE RENDA. RETENÇÃO NA FONTE. PERCEPÇÃO ACUMULADA. INCIDÊNCIA MENSAL. PRINCÍPIOS DA ISONOMIA E CAPACIDADE CONTRIBUTIVA. REGIME DE COMPETÊNCIA. INCONSTITUCIONALIDADE SEM REDUÇÃO DE TEXTO. 1. Arguição de Inconstitucionalidade da regra insculpida no art. 12 da Lei n° 7.713/88 acolhida em parte, no tocante aos rendimentos recebidos acumuladamente decorrentes de remuneração, vantagem pecuniária, proventos e benefícios previdenciários, como na situação vertente, recebidos a menor pelo contribuinte em cada mêscompetência e cujo recolhimento de alíquota prevista em lei se dê mês a mês ou em menor período. 2. Incidência mensal para o cálculo do imposto de renda correspondente à tabela progressiva vigente no período mensal em que apurado o rendimento percebido a menor – regime de competência – após somado este com o valor já pago, pena afronta aos princípios da isonomia e capacidade contributiva insculpidos na CF/88 e do critério da proporcionalidade que infirma a apuração do montante devido. Arts. 153, § 2°, I e 145, § 1°, da Carta Magna. 3. Afastado o regime de caixa, no caso concreto, situação excepcional a justificar a adoção da técnica de declaração de inconstitucionalidade sem redução de texto ou interpretação conforme a constituição, diante da presunção de legitimidade e constitucionalidade dos atos emanados do Poder Legislativo e porque casos símeis a este não possuem espectro de abrangência universal. Considerada a norma hostilizada sem alteração da estrutura da expressão literal." (TRF4, Corte Especial, ARGINC 2002.72.05.000434-0, Relator Álvaro Eduardo Junqueira, D.E).

A senhora Relatora destacou a importância de analisar com cuidado o Recurso Extraordinário nº 614.406 Rio Grande do Sul, porquanto o número de ações idênticas que aguardavam solução era enorme. Destacou que o acolhimento da tese dos contribuintes faria com que cada pagamento nos autos de ação previdenciária ou trabalhista, por exemplo, passaria a ser ajuizada uma nova ação na Justiça Federal para o afastamento da retenção supostamente indevida. Neste caso, ao final de cada ação condenatória ao pagamento de rendimentos passaria a implicar o início de uma nova ação nos juizados ou varas tributárias.

A Ministra sustentou que a Lei 7.713/88, que, entre outras providências, tratava do imposto de renda devido pelas pessoas físicas, estabelece em seu art. 12:

> Art. 12. No caso de rendimentos recebidos acumuladamente, o imposto incidirá, no mês do recebimento ou crédito, sobre o total dos rendimentos, diminuídos do valor das despesas com ação judicial necessárias ao seu recebimento, inclusive de advogados, se tiverem sido pagas pelo contribuinte, sem indenização.

Assim, para a douta Magistrada, embora especificamente direcionada aos rendimentos recebidos acumuladamente, constituía mero desdobramento da sistemática de tributação adotada pelo legislador quanto ao imposto de renda das pessoas físicas: o regime de caixa. Vejam-se os arts. 1º e 2º do mesmo diploma legal:

> Art. 1º Os rendimentos e ganhos de capital percebidos a partir de 1º de janeiro de 1989, por pessoas físicas residentes ou domiciliados no Brasil, serão tributados pelo imposto de renda na forma da legislação vigente, com as modificações introduzidas por esta Lei. Art. 2º O imposto de renda das pessoas físicas será devido, mensalmente, à medida em que os rendimentos e ganhos de capital forem percebidos

Trouxe a Relatora o argumento relativo aos regimes de caixa e de competência corresponderiam aos tipos de disponibilidade de renda que ensejam a instituição do imposto. Como está no CTN:

> Art. 43. O imposto, de competência da União, sobre a renda e proventos de qualquer natureza tem como fato gerador a aquisição da disponibilidade econômica ou jurídica: I – de renda...; II – de proventos de qualquer natureza.

Destacou que o imposto de renda da pessoa física, por opção do legislador, obteve na percepção dos rendimentos seu próprio aspecto material. Não surgiria obrigação sem que houvesse a efetiva disponibilidade econômica da renda. Para a Relatora, o aspecto temporal é ficto, quer dizer, considera-se ocorrido o fato gerador em 31 de dezembro, ressalvadas as determinações de antecipações mensais e as tributações em separado ou exclusivas na fonte. As antecipações determinadas por lei fazem com que seja devido mensalmente, à medida que os rendimentos forem auferidos, ficando o ajuste para o ano subsequente, denominado "exercício".

Neste contexto, o art. 12 da Lei 7.713/88, ao dispor no sentido de que o imposto incidiria no mês da percepção dos valores acumulados, não permitia, nem expressa nem implicitamente, que fossem aplicadas as tabelas vigentes na época das competências a que dizem respeito os pagamentos.

Assim, para a Ministra, pelo regime de caixa adotado, sequer ocorreu fato gerador nos meses e anos em que não foram percebidos os rendimentos, ainda que devidos fossem, não tendo dado ensejo à incidência de qualquer norma à época.

Neste contexto. não haveria suporte, assim, para o STF pensar em direito adquirido à observância das tabelas vigentes por ocasião do surgimento da pretensão aos rendimentos. Dispondo a lei no sentido de que a efetiva percepção da renda fosse que constituiria fato gerador do imposto, o simples surgimento do direito torna-se irrelevante.

Para a Relatora, a hipótese de incidência seria a percepção dos rendimentos, e a base de cálculo, o montante dos rendimentos percebidos, com as deduções admitidas por lei, aplicando-se, então, a tabela que permite a apuração do montante devido. Ocorrendo, no plano fático, o que previsto no antecedente da norma, deveria ser cumprido o que estabelecido no consequente tal e qual dela consta. Assim, não vislumbrou, no art. 12 da Lei 7.713/88, violação ao princípio da capacidade contributiva, positivado pelo art. 145, § 1º, da Constituição.

Segundo a Relatora, a previsão da graduação dos impostos para a capacidade econômica do contribuinte implica que os tributos sejam instituídos de modo que a carga tributária varie em função das manifestações de riqueza dos contribuintes, onerando mais aqueles que revelem maior possibilidade de contribuir.

Assim, a percepção efetiva de rendimentos era posta pelo legislador como aspecto material da norma tributária impositiva em questão porque constitui fato revelador de riqueza que se enquadra entre as bases econômicas cuja tributação é constitucionalmente atribuída à União. Tal revelação de riqueza denota, sem dúvida, capacidade contributiva contemporânea à sua ocorrência. Quando auferida a renda, cabe ao seu titular cumprir seu dever fundamental de pagar tributo, recolhendo o imposto de renda que, nos termos da tabela vigente, seja então devido.

No mesmo sentido, a Relatora não encontrou ofensa ao art. 153, § 3º, da Constituição, que determina a observância do critério da progressividade.

A progressividade para a Ministra – que é fator da tributação em função da capacidade contributiva – consiste em submeter os contribuintes a alíquotas superiores à medida que aumenta a base tributável. A uma maior revelação de riqueza, corresponderá, assim, maior ônus tributário.

Na hipótese em questão nestes autos, não haveria qualquer afastamento da progressividade gradual já haveria tanto tempo utilizada para o imposto de renda da pessoa física. Não haveria qualquer menosprezo a tal critério. Submetem-se à maior tributação aqueles que, no período, percebem maiores valores. À maior disponibilidade econômica, corresponderia maior tributação.

Não se deixaria de aplicar a isenção até determinado patamar nem a progressividade gradual, com sucessivos cálculos baseados em alíquotas diferenciadas para cada faixa.

Por certo que isso seria feito tendo em conta as grandezas efetivamente percebidas pelo contribuinte no período, mas, como visto, isso constitui legítima opção do legislador por ocasião da instituição do imposto de renda.

Quanto à isonomia, a magistrada narrou que o art. 12 da Lei 7.713/88 não estabeleceu qualquer distinção entre contribuintes. Apenas explicitou a sujeição, também dos pagamentos acumulados, ao regime de caixa, adotado como regra geral para a tributação das pessoas físicas.

Continua a Relatora, note-se que todas as pessoas são igualmente tributadas à medida que efetivamente percebam seus rendimentos, submetendo-se às retenções ou pagamentos mensais conforme as tabelas então vigentes e ao final ajuste.

Assim, ao adotar o regime de competência especificamente para a tributação de valores recebidos acumuladamente, por sua vez, exigiria o refazimento de todas as declarações de renda correspondentes às competências abrangidas, em procedimento complexo e, por vezes, até mesmo impossível. Isso porque há prazo para a guarda dos documentos fiscais, e determinados pagamentos, ao final de ações judiciais, relativos a competências anteriores há cinco anos, muito provavelmente não teriam sequer como ser cotejados com os valores já percebidos à época para fins de verificação das faixas de alíquota e dos valores devidos.

Nesse sentido, destacou a Ministra Ellen Gracie, ainda, que, ao declarar a inconstitucionalidade parcial sem redução de texto do art. 12 da Lei 7.713/88 e determinar a observância do regime de competência, o acórdão recorrido deixou de atentar para a existência de outro dispositivo legal que determinava, de modo inequívoco, a utilização da tabela vigente no mês do pagamento. Referiu ao § 2º do art. 46 da Lei 8.541/92. Inexistindo inconstitucionalidade na adoção do regime de caixa, não poderia o intérprete e aplicador da lei afastá-la. Só ao legislador, por razões de política tributária, seria permitido inovar, criando norma especial, determinando, por exemplo, a submissão de certos rendimentos à tributação em separado ou exclusiva na fonte mediante critérios especiais de cálculo.

A ministra informa que isso ocorreu em 2010 por meio da MP 497, convertida na Lei 12.350, de 30 de dezembro, que acrescentou o art. 12-A à Lei 7.713/88.

O dispositivo legal, regulamentado pela IN RFB 1.127, publicada em 08 de fevereiro de 2011, determinou que, por ocasião do pagamento acumulado de rendimentos do trabalho ou de aposentadorias e pensões "correspondentes a anos-calendários anteriores ao do recebimento", a tributação seja exclusiva na fonte, no mês do recebimento do crédito, em separado dos demais rendimentos recebidos no mês, e que será calculado sobre o montante dos rendimentos pagos, mediante a utilização de tabela progressiva resultante da multiplicação da quantidade de meses a que se refiram os rendimentos pelos valores constantes da tabela progressiva mensal correspondente ao mês do recebimento ou crédito.

Tal inovação não infirma, de modo algum, a incidência da legislação até então vigente – objeto do recurso – quanto aos valores recebidos até o ano-base de 2009.

Por fim, a Relatora deu provimento ao recurso extraordinário para reformar o acórdão recorrido, considerando constitucional o art. 12 da Lei 7.713/88 e julgando improcedente a pretensão de submeter os rendimentos percebidos acumuladamente ao regime de competência sem previsão legal que o determine.

1.2.2 Voto divergente e vencedor

Na matéria objeto do Recurso extraordinário nº 614.406 Rio Grande do Sul julgado em 23 de outubro de 2014, houve o voto divergente do Ministro Marco Aurélio que foi acompanhado por vários ministros, como será observado linhas abaixo.

O Ministro Marco Aurélio iniciou a sua argumentação dizendo: "não passa pela minha cabeça que o sistema possa apenar o contribuinte duas vezes. Explico melhor: o contribuinte não recebe as parcelas na época devida. É compelido a ingressar em Juízo para ver declarado o direito a essas parcelas e, recebendo-as posteriormente, há a junção para efeito de incidência do Imposto de Renda, surgindo, de início, a problemática da alíquota, norteada pelo valor recebido. O Imposto de Renda tem como fato gerador a disponibilidade financeira que diz respeito à posse? Não. O Imposto de Renda tem como fato gerador a disponibilidade econômica ou jurídica. Se assim o é, se esse é o fato gerador do Imposto de Renda, não se pode deixar de considerar o fenômeno nas épocas próprias, reveladas pela disponibilidade jurídica. Aliás, percebeu-se isso e, presente a inspiração que ocorreu no âmbito da Advocacia-Geral da União – e era Advogado-Geral da União o hoje Ministro Dias Toffoli –, caminhou-se para regência que, muito embora sem alusão expressa ao regime de competência, implicou, justamente, a adoção desse regime, mediante a inserção de cálculos que direcionam a levar em conta o que apontei como épocas próprias, considerado o surgimento da obrigação tributária, ou seja, a disponibilidade."

Assim para o Ministro Marco Aurélio qual seria a consequência de se entender de modo diverso do que assentado pelo Tribunal Regional Federal da 4ª Região? Haveria, como ressaltado pela doutrina, principalmente a partir de 2003, transgressão ao princípio da isonomia. Aqueles que receberam os valores nas épocas próprias ficaram sujeitos a certa alíquota. O contribuinte que viu resistida a satisfação do direito e teve que ingressar em Juízo seria apenado, ao fim, mediante a incidência de alíquota maior. Mais do que isso, tem-se o envolvimento da capacidade contributiva, porque não é dado aferi-la,

Assim, tendo em conta o que apontou o Senhor Ministro como disponibilidade financeira, que diz respeito à posse, mas o estado jurídico notado à época em que o contribuinte teve jus à parcela sujeita ao Imposto de Renda. O desprezo a esses dois princípios conduziria a verdadeiro confisco e, diria, à majoração da alíquota do Imposto de Renda.

A palavra foi pedida pelo Ministro Dias Tofolli que mencionou a época que foi Advogado Geral da União dizendo: "Com a vinda da Lei nº 12.350, de dezembro de 2010, oriunda da Medida Provisória nº 497, de junho de 2010, e que, como Vossa Excelência lembrou, efetivamente teve inspiração no antigo Advogado-Geral da União, que não se conformava com essa injustiça...E essa injustiça, esse verdadeiro enriquecimento sem causa, por um lado, por parte do Estado, afronta ao princípio da isonomia, que a própria Receita Federal ao .... Incentiva a resistência ao direito. Olha os cálculos da própria Receita. Eu tenho aqui, na Instrução.... Normativa que regulou a nova legislação e a nova fórmula de cálculo, que o rendimento acumulado de R$ 20.000,00 (vinte mil reais), Senhor Presidente, Ministro Marco Aurélio, eminente Relatora, pela forma que a União quer fazer valer neste recurso, que é anterior à edição da lei – e nas causas pendentes, anteriores, que a União ainda vem recorrer na Fazenda Pública –, um rendimento acumulado de R$ 20.000,00 (vinte mil reais), com a alíquota aplicável de 27,5%, implica um imposto de R$ 4.807,22 (quatro mil, oitocentos e sete reais e vinte e dois centavos). Com a nova sistemática, já vigente a partir de 2011"

Neste sentido o Ministro Marco Aurélio, que iniciou a divergência, não deu provimento ao recurso, e ratificou o assentando pela inconstitucionalidade do artigo 12 – não do 12-A, que resultou da medida provisória, da conversão em lei –, no que conferia interpretação alusiva à junção do que alcançado pelo contribuinte, considerados os vários exercícios. Assim, manteve o acórdão e explicou: "de outro modo, o contribuinte – como disse – será apenado, quer dizer, o devedor não satisfaz a parcela, compele-o a entrar em Juízo e, posteriormente, cobra o imposto pela alíquota maior".

Neste contexto, o Ministro Dias Tofolli pede ao presidente para adiantar o voto, que lhe foi permitido. Assim, o Ministro afirmou que na verdade, o artigo 12-A da lei em questão não alterou o sistema, que manteve o regime de caixa; realmente, nessa parte, juridicamente, concordou com as premissas da Ministra relatora Ellen Gracie. Por outro lado, seguiu o Ministro Marco Aurélio, entendeu no STF, como entendia quando estava na Advocacia-Geral da União – que isso feria o princípio da isonomia. Por isso, já deveria aplicar o artigo 12-A da Lei 7.713/88 referida como inconstitucional. E, quando estava na Advocacia-Geral da União, deparava-se com essa situação. E provocou o então Procurador Geral da Fazenda Nacional – que o sucedeu quando foi para o STF, na Advocacia-Geral da União, Dr. Luiz Inácio Lucena Adams – para que se fizesse um parecer e resolvesse essa inconstitucionalidade, ao que Sua Excelência reportou que não era possível, dado o disposto no art. 12 da lei.

Afirmou o Ministro Dias Tofolli que esse fato não pôde ser resolvido por parecer, exatamente diante de não poder declarar a inconstitucionalidade na via administrativa. Isto devido o ponto de vista da vinculação, principalmente de normas tributárias, é que a União, então, não resolveu isso por um parecer. Seja por um parecer da Procuradoria da Fazenda Nacional, seja por um parecer da Advocacia-Geral da União. E em razão da vinculação das normas tributárias e da ação vinculante que tem o Estado administrador e gestor dos recursos públicos neste campo, com todas as consequências de uma eventual omissão, que se sabe quais são para o agente público que o faça – de Ministério Público, Tribunal de Contas e a própria Corregedoria da Procuradoria da Fazenda e da Advocacia da União –, é que, então, não se resolveu por parecer, mas a União concordou em alterar o sistema, ou seja, o Estado reconheceu a ilegalidade do sistema quando anuiu e editou medida provisória, ou seja, subentendendo a urgência e a relevância do tema.

Para o Ministro, seria quase um incentivo ao Estado a não anuir, numa reivindicação administrativa a que o aposentado, ou pensionista, ou o servidor, ou seja quem for, tenha um direito e diga: "Não, não vou pagar agora, porque, se ele for para a Justiça, ele vai receber isso acumulado e, do que eu pagar, de cem que eu pagar, eu vou ficar com vinte e sete e meio", sendo que, no outro sistema, de cem que se paga ao Estado, ele fica só com sete e meio de imposto.

Com essas palavras o Ministro Dias Tofolli acompanhou a divergência e NEGOU provimento ao recurso.

Logo em seguida foram feitos comentários pelos Ministros Marco Aurélio, Dias Toffoli e Luiz Fux. Após ouvir os comentários, a Ministra Cármen Lúcia pediu vistas do recurso.

1.2.3 Voto-Vista da Ministra Cármem Lúcia

A Ministra Cármem Lúcia iniciou narrando que o ponto da controvérsia havida referia-se ao regime de cobrança do imposto de renda incidente sobre as verbas recebidas pelo Recorrido, de forma acumulada, em ação judicial previdenciária, se regime de caixa, que estava previsto no art. 12 da Lei 7.713/1988 (que foi revogado em 2015), ou de competência (posteriormente positivado pelo art. 12-A do mesmo diploma legal).

A controvérsia, específica deste caso, teve a repercussão geral reconhecida por este Supremo Tribunal, em 20.10.2010, no julgamento da questão de ordem em agravo regimental neste recurso extraordinário, em razão da declaração de inconstitucionalidade do art. 12 da Lei n. 7.713/1988, proferida (em controle difuso de constitucionalidade) pela Corte Especial do Tribunal Regional Federal da 4ª Região. Embora a remessa oficial de apelação interposta pela Recorrente tivesse seguimento negado pelo Tribunal "a quo".

Neste contexto, houve agravo legal interposto pela União questionando parte da decisão da corte. O Tribunal Regional Federal da 4ª Região decidiu excluir, da parte dispositiva da decisão, a não incidência do imposto de renda sobre os juros de mora. Como segue abaixo:

> TRIBUTÁRIO. PROCESSO CIVIL. AGRAVO LEGAL. JULGAMENTO ULTRA PETITA. RECONHECIMENTO. EXCLUSÃO. Se a decisão objurgada desborda dos limites da lide, concedendo à parte além do requerido na inicial e do estabelecido pelo julgador sentenciante, vislumbra-se a ocorrência de julgamento ultra petita, reclamando do julgador a exclusão da parte excedente e adequação do julgado aos limites da controvérsia.

Dessa forma, contra essas decisões a Recorrente interpôs recurso extraordinário com base no art. 102, inc. III, *b*, da Constituição, para afastar a declaração de inconstitucionalidade do art. 12 da Lei n. 7.713/1988, proferida pelo Tribunal de origem em ação diversa, mas adotado como fundamento da decisão recorrida, que determinou a cobrança do imposto de renda pelo regime de competência.

Argumentou-se que o regime de competência, somente veio a ser positivado em 2010, sem alcançar o ano-base 2009 (ano da decisão recorrida), nos termos do art. 12-A do mesmo diploma legal, incluído pela Lei n. 12.350/ /2010.

Alegou a União que é característica própria do imposto de renda das pessoas físicas incidir o regime de caixa, ou seja, o imposto de renda é cobrado quando da aquisição da disponibilidade econômica ou jurídica da renda, conforme preceitua o art. 43 do CTN.

Afirmou, ainda que, à legislação do imposto de renda não interessa a causa do recebimento do valor, nem se esse valor foi recebido com atraso ou acumuladamente.

Asseverou que "para efeito de tributação pelo Imposto Renda é irrelevante que o valor recebido tenha origem em sentença judicial que determinou o pagamento de diferenças salariais decorrentes de vantagem pessoal a que o autor tinha direito e que não foram realizadas na época própria pelo empregador, desimportando que tenham sido recebidos esses valores acumuladamente"

Neste contexto, em 10.6.2010, a Ministra Ellen Gracie, então Relatora, negou seguimento ao recurso extraordinário, por não ter a "matéria repercussão geral (...), conforme acórdão proferido no RE 592.211-1".

Vale ressaltar, que no julgamento da questão de ordem no agravo regimental interposto pela União, o Plenário do Supremo Tribunal reviu a decisão, assentando "a existência de repercussão geral da matéria tratada no presente recurso extraordinário" (DJ 4.3.2011), por ter sido declarada a inconstitucionalidade do art. 12 da Lei 7.713/88, pela Corte Especial do Tribunal Regional Federal da 4ª Região, fundamento do acórdão recorrido.

Em 14.4.2011, a Procuradoria-Geral da República manifestou-se pelo não provimento do recurso extraordinário.

Em 25.5.2011, o Plenário deste Supremo Tribunal iniciou o julgamento do mérito do presente recurso extraordinário, votando a Relatora, Ministra Ellen Gracie, pelo seu provimento.

Como relatado linhas acima, o Tribunal de origem concluiu que parcelas recebidas acumuladamente em ação revisional de benefício previdenciário devem submeter-se à incidência de imposto de renda com fato gerador consideradas as parcelas singularmente consideradas, ao fundamento de que somente assim estariam atendidos os princípios constitucionais da isonomia tributária, da progressividade e da capacidade contributiva.

Assim, o que se propunha em foco do recurso era qual o regime de cobrança do imposto de renda incidiria sobre as verbas recebidas em atraso, se o regime de competência, própria das pessoas jurídicas, ou o regime de caixa, próprio das pessoas físicas. De se concluir se o imposto de renda deve ter como base de cálculo o valor de cada parcela mensal a que teria direito o beneficiário, ou se deve ser calculado sobre o montante final recebido, em atraso e acumuladamente, pelo beneficiário.

A Ministra cita o artigo 153 da Constituição e o artigo 43 Código Tributário Nacional. Para Magistrada a aplicação irrestrita do art. 12 da Lei n. 7.713/1988 deflagraria, em última análise, tratamento desigual entre os contribuintes, cuja renda advenha de mesma base jurídica, embora recebida em momentos distintos. Dessa forma, os que receberam em dia as verbas devidas que, a depender da renda, seriam isentos ou pagariam menos imposto. De outro, os que receberam em atraso a renda e, pelo montante, deverão pagar mais imposto, calculado sobre o total recebido. É dizer, os contribuintes que receberem valores acumulados serão duplamente atingidos: pela mora suportada até a efetiva concessão do benefício devido e, ainda, pela majoração da alíquota incidente sobre a renda.

Destacou a Ministra Cármem Lúcia argumento do Ministro Dias Toffoli ao asseverar, em seu voto, relembrando sua atuação como Advogado-Geral da União, que a motivação do Governo Federal para editar a medida provisória relativa ao art. 12-A da Lei n. 7.713/1988 decorreu, exatamente, do reconhecimento da ilegalidade da cobrança do imposto de renda, ainda que de pessoa física, pelo regime de caixa, pelo que se institui o regime de competência para sua incidência.

Lembrou que a Lei n. 12.350/2010 (conversão da Medida Provisória n. 497/2010) incluiu o art. 12-A na Lei n. 7.713/1988 e que no julgamento da Arguição de Inconstitucionalidade n. 2002.72.05.000434-0, o Tribunal Regional Federal da 4ª Região assentou, em controle difuso, apenas a inconstitucionalidade do art. 12 da Lei 7.713/88.

O reconhecimento incidental da inconstitucionalidade do art. 12 da Lei n. 7.713/1988 pela Corte Especial do Tribunal Regional Federal da 4ª Região (Arguição de Inconstitucionalidade n. 2002.72.05.0004340/SC) harmonizava-se, portanto, com o entendimento da Advocacia-Geral da União quanto à ilicitude da cobrança do imposto de renda acumulada pelo regime de caixa.

Tanto foi assim que, cinco meses depois de proferido o acórdão recorrido (DJ 24.2.2010), entrou em vigor a Medida Provisória n. 497/2010 (DOU 28.7.2010), convertida na Lei n. 12.350/2010 (DOU 21.12.2010), positivando o que assentado naquele julgado.

Sem ignorar que o acórdão recorrido foi proferido em data anterior à promulgação do art. 12-A da Lei n. 7.713/1988, não subsistem dúvidas quanto à sua adequação à pretendida cobrança do tributo, então pelo regime de competência.

O deslinde da controvérsia não se dá pela mera aplicação da lei no tempo, pela inconstitucionalidade do art. 12 da Lei n. 7.713/1988, reconhecida judicial e administrativamente. Como destacou o Ministro Luiz Fux, o Superior Tribunal de Justiça já vinha decidindo no mesmo sentido do Tribunal de origem, antes mesmo da entrada em vigor do art. 12-A da Lei n. 7.713/1988 (REsp 1.118.429/SP, Relator o Ministro Herman Benjamim, julgamento em 24.3.2010, DJe 14.5.2010, recurso representativo da controvérsia, grifos nossos).

Para Magistrada no caso presente – a retenção do imposto de renda pelo regime de caixa – afronta o princípio constitucional da isonomia, pois outros segurados/contribuintes com o mesmo direito receberiam tratamentos díspares. Esse fato foi destacado pelos Ministros Marco Aurélio e Dias Toffoli; não se podia imputar ao Recorrido a responsabilidade pelo atraso no pagamento de proventos, sob pena de se premiar e incentivar o Fisco no retardamento injustificado no cumprimento de suas obrigações legais.

Ademais, para a Douta Magistrada, a efetivação do direito do contribuinte/segurado, pela via judiciária, conforme ocorrido, passa também pelo restabelecimento da situação jurídica quo ante o que pressupõe a aplicação das corretas alíquotas.

À luz dos princípios da isonomia e da capacidade contributiva, tanto significa dizer que a incidência do imposto de renda deve considerar as datas e as alíquotas vigentes na data em que essa verba deveria ter sido paga (disponibilidade jurídica, como advertido pelo Ministro Marco Aurélio), observada a renda auferida mês a mês pelo segurado. Disso resulta não ser razoável, tampouco proporcional, a incidência da alíquota máxima sobre o valor global pago fora do prazo legal, como se dá na espécie examinada no Recurso extraordinário nº 614.406 Rio Grande do Sul.

Desse modo, a Ministra Cármem Lúcia destacou os votos divergentes dos Ministros Marco Aurélio e Dias Toffoli, não seria razoável ser o contribuinte/segurando duplamente apenado pela inadimplência da Recorrente.

O dever fundamental de pagar o tributo, como advertido pela Ministra Ellen Gracie, não seria dissociado da estrita observância dos princípios constitucionais da isonomia, da capacidade contributiva e da proporcionalidade, consubstanciados, na espécie, pela cobrança do imposto de renda, segundo o regime de competência.

Após essas considerações, a Ministra Cármem Lúcia acompanhou a divergência para negar provimento ao recurso extraordinário.

Por último, os Senhores Ministros Luíz Roberto Barroso, Celso de Mello, Ricardo Lewandowsk também acompanharam o voto da Ministra Cármen Lúcia e a divergência aberta pelo Ministro Marco Aurélio para NEGAR provimento Recurso extraordinário nº 614.406.

1.3 Análise crítica

Em relação à matéria tratada no Recurso Extraordinário nº 614.406 Rio Grande do Sul em que foi discutido a constitucionalidade, ou não, do art. 12 da Lei n. 7.713/1988. Nesse mesmo contexto, o regime de cobrança do imposto de renda incidiria sobre as verbas recebidas em atraso, se o regime de competência, próprio das pessoas jurídicas, ou o regime de caixa, próprio das pessoas físicas.

O STF também discutiu se imposto de renda deve ter como base de cálculo do valor de cada parcela mensal a que teria direito o beneficiário, ou se deve ser calculado sobre o montante final recebido, em ação própria para corrigir um erro da Administração, que foi recebido em atraso e acumuladamente pelo beneficiário\requerente. Estes conhecidos pela doutrina e jurisprudência como Rendimentos Recebidos Acumuladamente (RRA). Por fim, e não menos importante, a decisão do Tribunal Regional Federal da 4ª Região passou pela incidência do Imposto de Renda sobre o Juros de Mora. Todavia, esta decisão foi corrigida pela Corte desse Tribunal como demonstrado linhas acima.

Neste contexto, o Imposto de Renda (IR) é o tributo que possui o maior potencial progressivo, com aplicação da equidade horizontal e vertical. Por este mesmo motivo, esse imposto recebe grande atenção na doutrina e jurisprudência, com disponibilidade de comparações de dados, julgados e estimações para uma análise.

O sistema tributário brasileiro enfatiza os impostos indiretos – que representam mais de 51% da carga tributária bruta total. A insistência do País em impostos sobre bens e serviços (impostos indiretos) tem um impacto na capacidade contributiva, resultando em um sistema regressivo no qual famílias de renda proporcionalmente menor financiam uma maior fatia do Estado. Este fenômeno pode ser observado no gráfico abaixo (Instituto de Pesquisa Econômica Aplicada – ipea 2019):

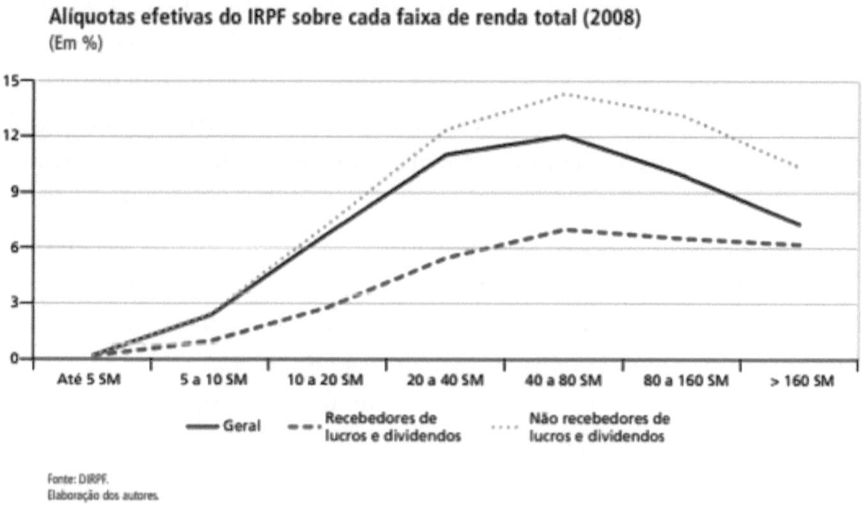

O IRPF utiliza faixas de isenção relativamente altas, combinadas com uma alíquota marginal máxima de 27,5%.

Neste contexto, destaca-se que há jurisprudência farta no que concerne ao Imposto de Renda sobre verbas recebidas acumuladamente pelo beneficiário\ requerente em demandas judiciais, a saber:

> TRIBUTÁRIO. IMPOSTO DE RENDA PESSOA FÍSICA. AÇÃO REVISIONAL DE BENEFÍCIO PREVIDENCIÁRIO. PARCELAS ATRASADAS RECEBIDAS DE FORMA ACUMULADA. 1. O Imposto de Renda incidente sobre os benefícios pagos acumuladamente deve ser calculado de acordo com as tabelas e alíquotas vigentes à época em que os valores deveriam ter sido

> adimplidos, observando a renda auferida mês a mês pelo segurado. Não é legítima a cobrança de IR com parâmetro no montante global pago extemporaneamente. Precedentes do STJ. 2. Recurso Especial não provido. Acórdão sujeito ao regime do art. 543-C do CPC e do art. 8º da Resolução STJ 8/2008" (REsp 1.118.429/SP, Relator o Ministro Herman Benjamim, julgamento em 24.3.2010, DJe 14.5.2010, recurso representativo da controvérsia)

Fica claro que à luz dos princípios da isonomia, do enriquecimento sem causa, do não confisco e da capacidade contributiva, tanto significa dizer que a incidência do imposto de renda deve considerar as datas e as alíquotas vigentes na data em que essa verba deveria ter sido paga. Isto foi observado pelo voto divergente doo Ministro Marco Aurélio. Assim, deve-se ser observada a renda auferida mês a mês pelo segurado. Disso resulta não ser razoável, tampouco proporcional, a incidência da alíquota máxima sobre o valor global pago fora do prazo legal, como se deu no caso em estudo. Assim acertou em parte o Tribunal.

Nesse sentido, pelo relato do Ministro Dias Tofolli, de que esse fato não pôde ser resolvido por parecer, exatamente diante de não poder declarar a inconstitucionalidade na via administrativa. Esse era o momento adequado de fazê-lo e não somente negar provimento ao Recurso.

Assim, se devido o ponto de vista da vinculação, principalmente de normas tributárias, é que a União, então, não resolveu isso por um parecer. Seja por um parecer da Procuradoria da Fazenda Nacional, seja por um parecer da Advocacia-Geral da União. E em razão da vinculação das normas tributárias e da ação vinculante. Nesse sentido, o Estado reconheceu a ilegalidade do sistema quando anuiu e editou a Medida Provisória n. 497/2010 (DOU 28.7.2010), convertida na Lei n. 12.350/2010 (DOU 21.12.2010), positivando o que assentado naquele julgado.

Sem ignorar a doutrina e jurisprudência houve a promulgação do artigo 12-A da Lei n. 7.713/1988 e posterior revogação do artigo 12 da mesma lei como se pode observar pela cronologia.

LEI 7.713/1988 (LEI ORDINÁRIA) 22/12/1988

Ementa:	ALTERA A LEGISLAÇÃO DO IMPOSTO DE RENDA E DÁ OUTRAS PROVIDÊNCIAS.
Situação:	NÃO CONSTA REVOGAÇÃO EXPRESSA
Chefe de Governo:	JOSÉ SARNEY
Origem:	EXECUTIVO
Fonte:	DOU DE 23/12/1988, P. 25283
Link:	*texto integral*
Referenda:	MINISTÉRIO DA FAZENDA

LEI 12.350, DE 20/12/2010: ACRESCE ART. 12-A

MPV 670, DE 10/03/2015: ALTERA OS ARTS. 6º, 12-A, 12-B E REVOGA O ART. 12

LEI 13.149/15, DE 21/07/2015: ALTERA OS ARTS. 6º, 12-A, 12-B E REVOGA O ART. 12

Nesse sentido, observaram os Ministros Marco Aurélio e Dias Toffoli, não seria razoável ser o contribuinte/segurando duplamente apenado pela inadimplência da Recorrente. O dever fundamental de pagar o tributo, como advertido pela???, não seria dissociado da estrita observância dos princípios constitucionais da isonomia, da capacidade contributiva e da proporcionalidade, consubstanciados, na espécie, pela cobrança do imposto de renda, segundo o regime de competência.

Por outro lado, o tema voltou à discussão. Na sessão ordinária do dia 25 de março de 2020, realizada no Rio de Janeiro, o Colegiado do Conselho da Justiça Federal (CJF) autorizou a incidência do Imposto de Renda Retido na Fonte (IRRF) sobre juros de mora nos pagamentos de Rendimentos Recebidos Acumuladamente (RRA), referentes a passivos devidos pela Administração a magistrados e servidores da Justiça Federal.

No presente caso, foi analisada consulta feita pela Presidência do Tribunal Regional Federal da 4ª Região (TRF4), com vistas à clareza e à transparência nos pagamentos na regra do RRA, entre as áreas técnico-operacionais e as partes interessadas.

No julgamento, o relator, desembargador federal André Fontes, apontou que a dúvida suscitada deve ser analisada sob dois aspectos. O primeiro é a pendência da conclusão do julgamento dos embargos de declaração interpostos pela Associação dos Juízes Federais do Brasil (AJUFE) nos autos do Procedimento Administrativo nº CJF-ADM-2013/00121 – que trata da metodologia do cálculo do passivo referente à Parcela Autônoma de Equivalência (PAE). Já o segundo é a superveniência de decisões proferidas em 20/08/2018 e 06/09/2018, pelo ministro Dias Toffoli, atualmente na Presidência do Supremo Tribunal Federal (STF) e do Conselho Nacional de Justiça (CNJ), nos autos do Recurso Extraordinário nº 855.091 RJ, cuja repercussão geral foi reconhecida pelo Supremo Tribunal Federal e que tem por objeto a incidência de Imposto de Renda (IR) sobre juros da mora recebidos por pessoa física de forma acumulada.

Agora no Recurso Extraordinário nº 855.091 RJ traz o tema Juros de Mora. O Superior Tribunal de Justiça (STJ), ao tratar como rendimento de trabalho assalariado os juros de mora e quaisquer outras indenizações pelo atraso no pagamento das remunerações previstas. Isto com efeito vinculante e de forma a autorizar que sobre verba indenizatória e os juros de mora legais passasse a incidir o imposto de renda. Dessa forma, o caso voltou ao STF com repercussão geral.

Em síntese, ao Recurso extraordinário nº 614.406 Rio Grande do Sul foi negado provimento. Manteve-se a decisão da Corte Especial do Tribunal Regional Federal da 4° Região (TRF4) que afastou o regime de caixa.

Por último, manteve o regime de competência que veio a ser positivado em 2010 nos termos do art. 12-A do mesmo diploma legal, incluído pela Lei n. 12.350/2010.

Capítulo 13
Recurso Extraordinário nº 398.365 – Rio Grande do Sul

Maria das Graças Patrocínio Oliveira
Marcos Aurélio Pereira Valadão

1. Recurso Extraordinário nº 398.365/RS[1]

Relator: Ministro Gilmar Mendes
Voto Vencedor: Ministro Gilmar Mendes
Data de julgamento: 27 de agosto de 2015

1.1 Ementa

> Recurso extraordinário. Repercussão geral. 2. Tributário. Aquisição de insumos isentos, não tributados ou sujeitos à alíquota zero. 3. Creditamento de IPI. Impossibilidade. 4. Os princípios da não cumulatividade e da seletividade, previstos no art. 153, § 3º, I e II, da Constituição Federal, não asseguram direito de crédito presumido de IPI para o contribuinte adquirente de insumos não tributados ou sujeitos à alíquota zero. Precedentes. 5. Recurso não provido. Reafirmação de jurisprudência.

[1] BRASIL. Supremo Tribunal Federal. Recurso Extraordinário nº. 398.365/RS, Relator: Min. Gilmar Mendes, Tribunal Pleno, julgado em 27.08.2015, Acórdão eletrônico repercussão geral-mérito DJe-188, 22-09-2015 Divulg. 21.09.2015.

1.1.1 Especificação do caso e razões da submissão à repercussão geral

Trata-se do Recurso Extraordinário nº 398.365/RS, interposto pela União com fundamento no art. 102, III, *a*, da Constituição Federal (CF/88), impugnando acórdão do Tribunal Regional Federal da 4ª Região ementado nos seguintes termos:

> TRIBUTÁRIO. PRINCÍPIO DA NÃO-CUMULATIVIDADE. IMPOSTO SOBRE PRODUTOS INDUSTRIALIZADOS. CRÉDITO PRESUMIDO. CORREÇÃO MONETÁRIA.
> 1. O princípio constitucional da não-cumulatividade tem como finalidade essencial a proteção do consumidor final, decorrente da incidência cumulativa de IPI, nas operações que envolvem o processo de industrialização.
> 2. O contribuinte tem direito de creditar-se do IPI relativo aos insumos e matérias-primas adquiridos sob o regime de isenção, imunes, não tributados ou sujeitos à alíquota zero, a fim de que o benefício possa ser efetivamente refletido no preço final do produto oferecido ao consumo.
> 3. As alíquotas do IPI são fixadas de acordo com a essencialidade do produto ou, ainda, por critério de política econômica. A eventual diferença de alíquotas entre as operações de entrada (insumos) e de saída (produto final) não geram crédito presumido do imposto. [..]

No Recurso Extraordinário aponta a recorrente violação aos arts. 150, § 6º, do texto Constitucional – que subordina o reconhecimento do crédito presumido de Imposto sobre Produtos Industrializados (IPI) à existência de lei específica –, e 153, § 3º, II da mesma Lei – que trata da não-cumulatividade. Sustenta a tese de que o reconhecimento de crédito, pela aquisição de insumos não tributados ou sujeitos à alíquota zero, diversamente do que ocorre com os isentos, contraria o disposto no art. 153, § 3º, III, da Carta Magna.

Argumenta a União que, na isenção, não há crédito tributário, pois a norma isentiva impede o surgimento do crédito pela frustração da incidência da norma de tributação. De outro modo, na alíquota zero, verifica-se a incidência da norma tributária, o que faz surgir o crédito. No entanto, esse crédito é nulo pela sua multiplicação com um valor vazio, não resultando em nenhuma soma pecuniária. Assim, na isenção, não há crédito tributário, ao passo que, na alíquota zero, o crédito existe, mas não é viável seu recolhimento. Alega não haver crédito de IPI quando a matéria-prima ou insumo não é tributado ou abrangido pela imunidade. Desse modo, na hipótese de não tributação, a aquisição de matéria-prima ou insumo não configura crédito de IPI para a operação posterior, quando só então irá incidir o tributo e gerar a obrigatoriedade do recolhimento.

Diante disso, requer a União o provimento do recurso, para declarar a inviabilidade do reconhecimento de créditos na aquisição de insumos não tributados ou sujeitos à alíquota zero.

A questão foi submetida ao Plenário Virtual, para que fosse analisada a existência de Repercussão Geral. Segundo entende o relator, a controvérsia dos autos é de inegável relevância do ponto de vista jurídico, político e econômico.

Em seu voto, o relator deu provimento ao recurso extraordinário, após apontar a jurisprudência do Supremo Tribunal Federal (STF), fixando o entendimento de que "os princípios da não cumulatividade e da seletividade não asseguram direito de crédito presumido de IPI para o contribuinte adquirente de insumos não tributados ou sujeitos à alíquota zero."

Em petição de 30/09/2015, a União, por meio da Procuradoria-Geral da Fazenda Nacional, pleiteou a correção de erro material contido na ementa do acórdão 398.365, tendo em vista que o recurso foi provido, mas na aludida ementa consta como "recurso não provido". Não consta a correção até a presente data.

1.1.2 Critério de conhecimento da repercussão geral

Em 27/08/2015, o Tribunal reconheceu a existência de repercussão geral da questão constitucional suscitada, tendo como relator o Ministro Gilmar Mendes. Vencido o Ministro Marco Aurélio.

Segundo o relator, a controvérsia dos autos é de inegável relevância do ponto de vista jurídico, político e econômico, dizendo respeito à interpretação do art. 153, § 3º, II, da Constituição, que prevê o princípio da não-cumulatividade do IPI com a compensação do que for devido em cada operação com o montante cobrado nas anteriores, no caso de aquisição de insumos isentos, não tributados ou sujeitos à alíquota zero.

1.2 Mérito da decisão

O Recurso Extraordinário nº 398.365/RS foi julgado em 27 de agosto de 2015.

O STF, por maioria, reputou constitucional a questão, vencido o Ministro Marco Aurélio. Não se manifestou a Ministra Rosa Weber. Impedido o Ministro Roberto Barroso.

O Tribunal, por maioria, reconheceu a existência de repercussão geral da questão constitucional suscitada, vencido o Ministro Marco Aurélio. Não se manifestou a Ministra Rosa Weber. Impedido o Ministro Roberto Barroso. No mérito, por maioria, reafirmou a jurisprudência dominante sobre a matéria, vencido o Ministro Marco Aurélio.

Em seu voto, o relator afirmou haver jurisprudência consolidada no STF sobre o assunto, no sentido de ser indevido o creditamento do IPI referente à aquisição de insumo não tributado, isento ou sujeito à alíquota zero, tendo como paradigmas o RE 353.657/PR, Rel. Min. Marco Aurélio, e o RE 370.682/SC, Rel. Min. Ilmar Galvão, relator para o acórdão o próprio ministro Gilmar Mendes.

1.2.1 Voto condutor

O voto condutor foi proferido pelo ministro Gilmar Mendes, relator do Recurso Extraordinário, na sessão de 27/08/2015. Em seu voto, afirmou o relator haver jurisprudência consolidada no STF sobre o assunto, no sentido de ser indevido o creditamento do IPI referente à aquisição de insumo não tributado, isento ou sujeito à alíquota zero, tendo como paradigmas o RE 353.657/PR, rel. Min. Marco Aurélio, e o RE 370.682/SC, Rel. Min. Ilmar Galvão, relator p/Acórdão Min. Gilmar Mendes, cujas ementas transcreveu e aqui se transcreve:

> IPI – INSUMO – ALÍQUOTA ZERO – AUSÊNCIA DE DIREITO AO CREDITAMENTO. Conforme disposto no inciso II do § 3º do artigo 153 da Constituição Federal, observa-se o princípio da não-cumulatividade compensando-se o que for devido em cada operação com o montante cobrado nas anteriores, ante o que não se pode cogitar de direito a crédito quando o insumo entra na indústria considerada a alíquota zero.

> IPI – INSUMO – ALÍQUOTA ZERO – CREDITAMENTO – INEXISTÊNCIA DO DIREITO -
> EFICÁCIA. Descabe, em face do texto constitucional regedor do Imposto sobre Produtos Industrializados e do sistema jurisdicional brasileiro, a modulação de efeitos do pronunciamento do Supremo, com isso sendo emprestada à Carta da República a maior eficácia possível, consagrando-se o princípio da segurança jurídica. (RE 353.657, Rel. Min. Marco Aurélio, Tribunal Pleno, DJe 7.3.2008).
>
> Recurso extraordinário. Tributário. 2. IPI. Crédito Presumido. Insumos sujeitos à alíquota zero ou não tributados. Inexistência. 3. Os princípios da não-cumulatividade e da seletividade não ensejam direito de crédito presumido de IPI para o contribuinte adquirente de insumos não tributados ou sujeitos à alíquota zero. 4. Recurso extraordinário provido. (RE 370.682, Rel. Min. Ilmar Galvão, Relator(a) p/ Acórdão: Min. Gilmar Mendes, Tribunal Pleno, DJe 19.12.2007)

Afirmou que o mesmo entendimento foi, de certa forma, confirmado por ocasião do julgamento do RE 590.809, processo paradigma da Repercussão Geral[2]. Cita trechos do relator desse caso, ministro Marco Aurélio:

> Quanto aos insumos sujeitos à alíquota zero e não tributados, o debate ocorreu nos Recursos Extraordinários nº 350.446/PR, nº 353.668/PR e nº 357.277/RS, relator ministro Nelson Jobim, apreciados em 18 de dezembro de 2002. O Tribunal de origem havia reconhecido o crédito para insumos tanto isentos como sujeitos à alíquota zero e não tributados. A União, recorrente, aduziu que o tratamento dado à isenção não alcançaria os demais casos, não sendo possível, na situação concreta, observar o precedente do aludido Recurso Extraordinário nº 212.484/RS. Vê-se que o ente federativo acatou a óptica do Supremo no tocante à isenção, mantendo a insurgência apenas em relação à alíquota zero e à não tributação. O Pleno, na linha desenvolvida pelo relator, não admitiu diferenciar os institutos para o fim de fruição dos créditos, consignando linearmente o direito da então recorrida.
> Essas decisões não transitaram em julgado, tendo a União interposto embargos de declaração. Tal circunstância, todavia, considerada a excepcionalidade

[2] O RE 590.809 também foi objeto de estudo neste livro.

> do caráter modificativo dos declaratórios, não retirou a força persuasiva dos pronunciamentos. A embargante insistiu nas diferenças entre isenção e os regimes de não tributação e alíquota zero, inclusive quanto à dificuldade, nesses últimos casos, de definir a forma de apuração dos ditos créditos presumidos, sem arguir omissões, contradições e obscuridades. Por isso, os recursos foram desprovidos. Os segundos declaratórios também não mereceram acolhimento, mesmo em momento posterior à mudança da jurisprudência do Tribunal sobre a questão de fundo. Em outras palavras, apesar da inexistência de desfecho imediato desses processos, o Supremo sinalizou com cores fortes a uniformização do entendimento atinente às três hipóteses de desoneração: assentou o direito ao crédito não apenas no caso de aquisição de insumos isentos, mas também de não tributados e sujeitos à alíquota zero. (Grifou meu)
>
> (...)
>
> Conforme fiz ver anteriormente, apenas em 25 de junho de 2007, nos já mencionados Recursos Extraordinários nº 353.657/PR e nº 370.682/SC, presente julgamento relativo a insumos e matérias-primas não tributados e sujeitos à alíquota zero, o Tribunal reviu a posição adotada e passou a proclamar a ausência do direito. Consoante revelado nos votos vencedores, a tese firmada alcança, inclusive, os casos de isenção, no tocante aos quais o crédito também se tornou indevido. (...)

Dessa forma, e ressaltando que a orientação fixada nos julgados acima citados foi aplicada em diversos arestos de ambas as Turmas do STF que menciona, afirma o relator não restar dúvida de que a jurisprudência da Suprema Corte está consolidada no sentido de que os princípios da não-cumulatividade e da seletividade não asseguram direito de crédito presumido de IPI para o contribuinte adquirente de insumos não tributados ou sujeitos à alíquota zero.

Diante disso, deu provimento ao recurso extraordinário, fixando o entendimento de que os princípios da não cumulatividade e da seletividade, previstos no art. 153, § 3º, I e II, da Constituição Federal, não asseguram direito de crédito presumido de IPI para o contribuinte adquirente de insumos não tributados ou sujeitos à alíquota zero.

1.2.2 Votos vencidos

Segundo o ministro Marco Aurélio, o acórdão impugnado por meio do extraordinário foi publicado antes da regulamentação do instituto da repercussão geral. Diante disso, pronunciou-se no sentido da inadequação da repercussão geral.

1.2.3 Embargos de declaração

A empresa Móveis Bentec Ltda opôs embargos de declaração no RE nº 398.365/RS, no qual alega que o Mandado de Segurança interposto na inicial tinha por finalidade ver reconhecido seu direito de creditar-se e continuar creditando-se do IPI oriundo de matéria-prima/insumos adquiridos ao abrigo da isenção, imunidade, não tributação, alíquota zero e com diferenças de alíquotas (alíquota de entrada menor que a alíquota de saída), porém, o Recurso Extraordinário interposto pela União restringiu-se ao reconhecimento da inviabilidade do aproveitamento dos créditos decorrentes da aquisição de insumos não tributados ou sujeitos à alíquota zero. Em outras palavras, a União não se insurgiu contra o acórdão do Tribunal *a quo* no ponto em que este reconheceu o creditamento quanto aos insumos e matérias-primas adquiridos sob o regime de isenção e imunidade.

Afirmou que o v. acórdão, ao dar provimento ao Recurso Extraordinário da União, adotou como fundamento o que segue:

> Assim, entendo que a mesma orientação deve ser aplicada ao caso em tela, desta vez na sistemática da repercussão geral, para reconhecer indevido o creditamento do IPI referente à aquisição de insumo não tributado, isento ou sujeito à alíquota zero.
>
> Ante o exposto, manifesto-me pela existência de repercussão geral da questão constitucional debatida e pela reafirmação da jurisprudência desta Corte, de modo a fixar o entendimento de que os princípios da não cumulatividade e da seletividade não asseguram direito de crédito presumido de IPI para o contribuinte adquirente de insumos não tributados ou sujeitos à alíquota zero.

Diante disso, a embargante pretendeu fossem acolhidos os embargos de declaração para sanar a omissão invocada, prevalecendo o entendimento de que o provimento do recurso extraordinário da União tivesse alcance limitado ao reconhecimento da inviabilidade do aproveitamento dos créditos decorrentes da aquisição de insumos não tributados ou sujeitos à alíquota zero, sob pena de julgamento *extra petita* e grave ofensa à coisa julgada.

Intimada, a União, em 25.02.2019, apresentou contrarrazões aos embargos de declaração, defendendo que o instituto da repercussão geral veio permitir que o STF decida a partir do caso concreto, mas não restrito aos seus limites, controvérsias de ordem constitucional, cujas circunstâncias indiquem a transcendência dos interesses subjetivos da causa. Segundo afirma, "a provocação do Tribunal dá-se a partir de um processo subjetivo, e certo, mas faz-se imprescindível que a relevância do deslinde se projete para além dos interesses subjetivos e particulares do caso concreto." (grifos do original). Cita jurisprudência nesta linha, propondo, ao final, a rejeição dos embargos.

Os embargos de declaração estão pendentes de julgamento.

1.3 Análise crítica

No presente julgado, revelam-se duas características sobre a matéria:

(i) a mudança de interpretação do Supremo Tribunal Federal no que se refere ao creditamento de IPI nas entradas de produtos isentos, não tributados ou sujeitos à alíquota zero. No primeiro caso apreciado, por meio do RE 212.484/RS, relator p/ acórdão o ministro Nelson Jobim, a Suprema Corte assegurou a concessão de créditos presumidos de IPI para o adquirente de insumos isentos utilizados na fabricação de produtos gravados pelo referido imposto; nos RE 350.446/PR, 353.668/PR e 357.277/RS, tendo como relator o ministro Nelson Jobim, manifestou-se o STF pelo creditamento nas entradas de produtos de alíquota zero e não tributado. A partir de 2007, por meio do julgamento dos RE 353.657/PR, relator o ministro Marco Aurélio, e do RE 370.682/SC, relator o ministro Ilmar Galvão, relator para o acórdão o ministro Gilmar Mendes e, mais recentemente, mediante o

RE 566.819/RS, relator o ministro Marco Aurélio, passou o Suprema Corte a se manifestar pelo não creditamento nas referidas hipóteses. A oscilação da jurisprudência do STF foi alvo de críticas de diversos doutrinadores, pelo fato de causar insegurança jurídica. Nesse sentido manifestou-se a Professora Mizabel Derzi sobre o tema, ao atualizar a obra de Aliomar Baleeiro:

> o que desencadeia insegurança, desinformação e desorientação aos cidadãos-contribuintes de modo geral não é a norma constitucional, mas sim as oscilações jurisprudenciais, ora acolhendo determinado sentido da mesma norma, ora outro diametralmente oposto.[3]

Concordamos com o entendimento atual do STF, eis que a sistemática de apuração não-cumulativa do IPI, ressalvada a previsão em lei, tem como pressuposto a exigência do tributo na etapa imediatamente anterior, para abatimento com o valor devido na operação seguinte, de forma tal que as aquisições de matérias-primas, produtos intermediários e materiais de embalagem desonerados (isenção, não tributação e alíquota zero) não garantem crédito de IPI. Essa é a exegese do § 6º do art. 150 da Constituição Federal de 1988;

(ii) outra característica que se observa nos julgamentos atuais é que, embora os institutos da isenção, da alíquota zero e de não tributado tenham naturezas jurídicas diversas, o efeito conferido pelo STF para fins de creditamento do IPI é indistinto. Também estamos de acordo com este posicionamento, pois em todas essas situações, o resultado prático é o mesmo: a exoneração tributária.

[3] BALEEIRO, Aliomar. Direito Tributário Brasileiro. Atualizada por Mizabel Abreu Machado Derzi.12 ed. Rio de Janeiro: Forense, 2013, p.509.

Capítulo 14
Recurso Extraordinário nº 602.347 – Minas Gerais

Ricardo Lima de Oliveira

1 Recurso Extraordinário nº 602.347 – Minas Gerais[1]

Relator: Ministro Edson Fachin
Voto vencedor: Ministro Edson Fachin
Data de julgamento: 04 de novembro de 2015

1.1 Ementa

> RECURSO EXTRAORDINÁRIO COM REPERCUSSÃO GERAL. DIREITO TRIBUTÁRIO. IMPOSTO TERRITORIAL PREDIAL URBANO – IPTU. PROGRESSIVIDADE DAS ALÍQUOTAS. INCONSTITUCIONALIDADE. EXIGIBILIDADE DO TRIBUTO. FATO GERADOR OCORRIDO EM PERÍODO ANTERIOR À EMENDA CONSTITUCIONAL 29/2000. ALÍQUOTA MÍNIMA. MENOR GRAVOSIDADE AO CONTRIBUINTE. PROPORCIONALIDADE DO CRITÉRIO QUANTITATIVO

[1] BRASIL. Supremo Tribunal Federal. Recurso Extraordinário nº. 602347, RELATOR(A): MIN. EDSON FACHIN, TRIBUNAL PLENO, JULGADO EM 04/11/2015. Publicado em: http://redir.stf.jus.br/paginadorpub/paginador.jsp?docTP=TP&docID=10676798. Aceso em 04 de set. de 2020.

DA REGRA-MATRIZ DE INCIDÊNCIA TRIBUTÁRIA. 1. TESE DE REPERCUSSÃO GERAL FIXADA: "DECLARADA INCONSTITUCIONAL A PROGRESSIVIDADE DE ALÍQUOTA TRIBUTÁRIA DO IMPOSTO PREDIAL TERRITORIAL URBANO NO QUE SE REFERE À FATO GERADOR OCORRIDO EM PERÍODO ANTERIOR AO ADVENTO DA EC 29/2000, É DEVIDO O TRIBUTO CALCULADO PELA ALÍQUOTA MÍNIMA CORRESPONDENTE, DE ACORDO COM A DESTINAÇÃO DO IMÓVEL E A LEGISLAÇÃO MUNICIPAL DE INSTITUIÇÃO DO TRIBUTO EM VIGOR À ÉPOCA". 2. O SUPREMO TRIBUNAL FEDERAL POSSUI ENTENDIMENTO SUMULADO NO SENTIDO DE QUE "É INCONSTITUCIONAL A LEI MUNICIPAL QUE TENHA ESTABELECIDO, ANTES DA EMENDA CONSTITUCIONAL 29/2000, ALÍQUOTAS PROGRESSIVAS PARA O IPTU, SALVO SE DESTINADA A ASSEGURAR O CUMPRIMENTO DA FUNÇÃO SOCIAL DA PROPRIEDADE URBANA." SÚMULA 668 DO STF. PRECEDENTE: AI-QO-RG 712.743, DE RELATORIA DA MINISTRA ELLEN GRACIE, TRIBUNAL PLENO, DJE 8.5.2009. 3. É CONSTITUCIONAL A COBRANÇA DE IPTU, REFERENTE A PERÍODO ANTERIOR À EMENDA CONSTITUCIONAL 29/2000, MESMO QUE A PROGRESSIVIDADE DAS ALÍQUOTAS TENHA SIDO DECLARADA INCONSTITUCIONAL, EM SEDE DE REPRESENTAÇÃO DE INCONSTITUCIONALIDADE EM TRIBUNAL DE JUSTIÇA LOCAL. FUNÇÃO DA ALÍQUOTA NA NORMA TRIBUTÁRIA. TEORIA DA DIVISIBILIDADE DAS LEIS. INCONSTITUCIONALIDADE PARCIAL. 4. O IPTU É EXIGÍVEL COM BASE NA ALÍQUOTA MÍNIMA PREVISTA NA LEI MUNICIPAL, DE MODO QUE O CRITÉRIO QUANTITATIVO DA REGRA MATRIZ DE INCIDÊNCIA TRIBUTÁRIA SEJA PROPORCIONAL E O MENOS GRAVOSO POSSÍVEL AO CONTRIBUINTE. PRECEDENTES. 5. RECURSO EXTRAORDINÁRIO PROVIDO.

1.1.1 Especificação do caso e razões da submissão à repercussão geral

O Recurso Extraordinário nº 602.347/MG, ora em análise, trata da inconstitucionalidade da progressividade do IPTU – Imposto sobre a Propriedade Predial e Territorial Urbana e da possibilidade da cobrança da alíquota mínima, quando da declaração de inconstitucionalidade de Lei Municipal nº 5.641/1989.

O recurso foi interposto pelo Município de Belo Horizonte/MG – em face de Maria Aparecida Pessoa de Paula, relativa à cobrança do IPTU referente aos exercícios de 1995 a 1999.

Diante da decisão proferida pelo Tribunal de Justiça do Estado de Minas Gerais, que afastou a cobrança do IPTU, o Município de Belo Horizonte apresentou o referido Extraordinário.

Os Municípios do Rio de Janeiro, de Porto Alegre e de São Paulo, bem como a Confederação Nacional de Municípios – CNM e a Associação Brasileira das Secretarias de Finanças das Capitais Brasileiras – ABRASF, ingressaram no feito como *Amicus Curiae*.

A Procuradoria-Geral da República opinou pelo não conhecimento do Extraordinário.

Em 20 de novembro de 2009, o STF reconheceu a existência de Repercussão Geral, com relatoria do Ministro Ricardo Lewandowski, vencidos os Ministros Joaquim Barbosa e Marco Aurélio.

O julgamento do recurso extraordinário, ora analisado, ocorreu em 04 de novembro de 2015, sendo julgado conhecido e provido, nos termos do voto do Ministro Relator, vencido apenas o Ministro Marco Aurélio.

1.1.2 Critério de conhecimento da repercussão geral

A Repercussão Geral no Recurso Extraordinário foi reconhecida com base na relevância jurídica e econômica da questão constitucional, nos termos da relatoria do Ministro Ricardo Lewandowski.

Assim afirmou o Relator:

> A questão constitucional apresenta relevância do ponto de vista jurídico, que se mostra na diversidade de entendimentos existente nos Tribunais do País quanto à possibilidade de cobrança do IPTU pela menor alíquota, nos casos em que se declarar a inconstitucionalidade da sua progressividade, instituída antes da EC 29/2000. Além disso, evidencia-se a repercussão econômica, porquanto a solução da questão em exame poderá implicar relevante impacto no orçamento dos Municípios

O Ministro Marco Aurélio, em pronunciamento registrado nos autos da análise da Repercussão Geral, discordou do entendimento do Ministro Relator, arguindo que o tema tratado no Extraordinário não havia sido objeto de debate, pois o TJMG defrontou-se unicamente sobre a inconstitucionalidade da Lei Municipal que estabeleceu a progressividade do IPTU, entendendo, portanto, que não houve prequestionamento quanto a possibilidade de serem cobradas as alíquotas mínimas, caso a inconstitucionalidade fosse declarada.

O Ministro Joaquim Barbosa acompanhou o entendimento do Ministro Marco Aurélio. Não se manifestaram os Ministros Cezar Peluso e Cármen Lúcia.

Eis a ementa da Repercussão Geral:

> EMENTA: CONSTITUCIONAL. TRIBUTÁRIO. IPTU. PROGRESSIVIDADE ANTERIOR À EC 29/2000. INCONSTITUCIONALIDADE. COBRANÇA COM BASE NA ALÍQUOTA MÍNIMA. RELEVÂNCIA JURÍDICA E ECONÔMICA DA QUESTÃO CONSTITUCIONAL. EXISTÊNCIA DE REPERCUSSÃO GERAL[2].

Dessa forma, foi verificado que o tema envolvido ultrapassava o interesse subjetivo das partes do processo, reconhecida a Repercussão Geral no Recurso Extraordinário nº 602.347/MG.

1.2 Mérito da decisão

1.2.1 Voto condutor

O Relator do presente Recurso Extraordinário em estudo, Ministro Edson Fachin, apreciou a possibilidade da cobrança das alíquotas mínimas em face da declaração de inconstitucionalidade da cobrança do IPTU progressivo, feita pelo Município de Belo Horizonte/MG.

[2] BRASIL. Supremo Tribunal Federal. Recurso Extraordinário nº. 602347 RG, Relator(a): Min. RICARDO LEWANDOWSKI, julgado em 22/10/2009. Acesso em: http://redir.stf.jus.br/paginadorpub/paginador.jsp?docTP=AC&docID=606067. Disponível em: 04 de set. de 2020.

É sabido que a Constituição Federal de 1988 reservou o artigo 156 para os impostos a serem instituídos pelos Municípios, sendo essa a redação original do referido dispositivo, no que tange ao IPTU:

> Art. 156. Compete aos Municípios instituir impostos sobre:
> I – propriedade predial e territorial urbana;
> (...)
> *§ 1º O imposto previsto no inciso I poderá ser progressivo, nos termos de lei municipal, de forma a assegurar o cumprimento da função social da propriedade.*

Ocorre que com a Emenda Constitucional nº 29, de 2000, assim ficou a redação do referido dispositivo:

> Art. 156. Compete aos Municípios instituir impostos sobre:
> I – propriedade predial e territorial urbana;
> (...)
> *§ 1º Sem prejuízo da progressividade no tempo a que se refere o art. 182, § 4º, inciso II, o imposto previsto no inciso I poderá:*
> I – ser progressivo em razão do valor do imóvel; e
> II – ter alíquotas diferentes de acordo com a localização e o uso do imóvel.

Dessa forma, a progressividade do IPTU foi alterada substancialmente no ano 2000, alterando a ampla e irrestrita possibilidade de progressividade (desde que promovido para garantir a função social da propriedade), pela progressividade apenas relativa ao valor do imóvel.

Nesse sentido, o Supremo Tribunal Federal já havia consolidado seu entendimento, em 2003, no enunciado nº 668, *in verbis*: "*É inconstitucional a lei municipal que tenha estabelecido, antes da Emenda Constitucional 29/2000, alíquotas progressivas para o IPTU, salvo se destinada a assegurar o cumprimento da função social da propriedade urbana*".

Dessa forma, só seria constitucional a Lei Municipal que instituísse o IPTU progressivo, se o intuito fosse o de promover a função social da propriedade. Ou seja, se o intuito fosse meramente arrecadatório, tal lei seria inconstitucional.

Ocorre que a cobrança do IPTU progressivo, em Belo Horizonte, entre os anos de 1995 a 1999, se deu pela Lei Municipal nº 5.641/1989, a qual foi declarada inconstitucional pelo TJMG. Assim, o Município, ao ingressar com o Recurso Extraordinário, desejava que a cobrança da alíquota mínima fosse declarada constitucional, tendo em vista que a progressividade já havia sido declarada inconstitucional.

Nesse sentido, o Ministro Relator apresentou seus argumentos, abordando de pronto a Súmula nº 668 da Corte máxima brasileira e o julgamento do RE 153.771/MG, que declarou a Lei Municipal nº 5.641/1989 inconstitucional.

Nesse contexto, o Relator firmou seu posicionamento contrário à progressividade de alíquotas do IPTU anteriores à EC 29/2000, exceto nos casos previstos pela Constituição Federal, em sua redação anterior, ou seja, apenas para dar cumprimento à função social da propriedade urbana.

Vencida tal problemática, o Relator concentrou esforços na temática central do referido Extraordinário, qual seja a possibilidade de exigibilidade de alíquotas mínimas de IPTU no caso de Lei declarada inconstitucional.

Para tanto, o Relator acrescentou em seu voto trechos doutrinários sobre a progressividade dos tributos, de Thomas Pikkety e Aliomar Baleeiro, que abordam tal possibilidade. De fato, nas palavras do Relator, "*na jurisprudência do STF, constata-se o entendimento de que a progressividade deve incidir sobre todas as espécies tributárias, à luz da capacidade contributiva do contribuinte*".

E nessa linha de raciocínio o Relator concluiu que o presente julgamento deveria analisar "*somente se a inconstitucionalidade da progressividade de alíquotas inviabiliza a cobrança do IPTU, durante o lapso temporal anterior à reforma constitucional em discussão*".

Ou seja, na visão do Ministro Relator, tem-se duas premissas de raciocínio: primeiro, que a Lei Municipal só se apresenta inconstitucional no que tange à progressividade das alíquotas e dois, a solução mais adequada seria manter a exigibilidade do tributo causando menor gravosidade ao contribuinte, cobrando a menor alíquota.

Interessante ressaltar que o Ministro Relator trouxe trecho de um julgado da lavra do Ministro Eros Graus (RE-AgR 390.694) no sentido contrário do seu entendimento, justamente para fundamentar melhor sua visão. Para o Ministro Eros Grau, a declaração da inconstitucionalidade atinge o sistema de progressividade como um todo, devendo ser calculado o tributo nos termos da legislação anterior. Para o Ministro Edson Fachin, esse entendimento geraria injustiça fiscal, e que de qualquer forma, os efeitos repristinatórios não foram adotados no referido julgado.

Conclui então o Ministro Relator:

> Em síntese, acredito que assentar a exigibilidade de IPTU na alíquota mínima prevista em lei, referente a período anterior à EC 29/2000, mesmo que a progressividade das alíquotas tenha sido declarada inconstitucional por Tribunal de Justiça, revela-se a única solução possível que compatibilize a competência tributária dos municípios e a exação menos gravosa possível ao contribuinte, tudo isso sem incorrer em inconstitucionalidade, uma vez que o IPTU seria cobrado de forma proporcional.
>
> Ante o exposto, conheço do recurso ao qual dou provimento, nos termos do artigo 557, 1º-A, do CPC, com a finalidade de reformar a decisão recorrida para afirmar a exigibilidade do IPTU, referente aos exercícios financeiros de 1995 a 1999, com a determinação de que o critério quantitativo do consequente da regra matriz de incidência tributária adote a menor alíquota prevista na lei municipal de instituição do tributo vigente à época.

O voto do Ministro Relator foi seguido pelos Ministros Dias Toffoli, Cármen Lúcia, Gilmar Mendes, Celso de Mello, Luiz Fux, Rosa Weber, Ricardo Lewandowski e Teori Zavascki. Ausente o Ministro Roberto Barroso.

1.2.2 Votos vencidos

No caso em tela, apenas o Ministro Marco Aurélio apresentou voto divergente do entendimento do Ministro Relator.

Segundo o Ministro, em sede de Extraordinário é indispensável o instituto do prequestionamento, pois segundo ele, enfrentar argumentos propostos pelas vias recursais causaria o julgamento do tema pela primeira vez.

O voto divergente aborda ainda que se a inconstitucionalidade foi declarada, ela foi declarada sobre o todo, não sendo possível aplicar-se, portanto, a alíquota mínima, um, por falta de prequestionamento, dois, por violação às normas constitucionais.

Assim discorreu o Ministro Marco Aurélio:

> Se enfrentarmos agora, em sede extraordinária, o tema proposto nas razões recursais, estaremos julgando-o pela vez primeira. Não houve, na origem, emissão de entendimento sobre a prevalência, ou não, da alíquota-base prevista na lei nova. (...) Ou seja, a progressividade tem balizas e, evidentemente, há uma percentagem básica e um teto. Se se conclui que, ante a edição da lei, gerando a progressividade e, portanto, alterando a lei pretérita regedora do IPTU, antes da Emenda Constitucional nº 29/2000, incide a inconstitucionalidade no todo. No que se mostrou conflitante com a Lei das leis, que é a Constituição Federal, surgiu natimorta. Logicamente, a cobrança – e teria que pegar as premissas do precedente mencionado da tribuna no que me referi a uma alíquota mínima – há de ser feita segundo a regência pretérita, anterior à lei nova, que criou a progressividade sem que o legislador local estivesse autorizado pela Carta da República.
> Inicialmente, Presidente, não conheço do recurso por falta do prequestionamento e repito: estamos julgando, pela vez primeira, a definição da alíquota. Em segundo lugar, desprovejo o recurso na esteira, creio, do pronunciamento da Procuradoria Geral da República, se não me falha a memória.

Em breve síntese, foram esses os argumentos do voto divergente do Ministro Marco Aurélio.

1.3 Análise crítica

O julgamento do Recurso Extraordinário nº 602.347/MG, não suscitou grandes debates entre os senhores Ministros do STF, em especial pelo já consolidado entendimento do tema, constante da Súmula nº 668 do STF, que é cristalina ao dispor que as Leis Municipais anteriores à EC 29/2000 deveriam ter por objeto o cumprimento da função social da propriedade.

Dessa forma, a declaração de inconstitucionalidade do referido dispositivo legal (Lei do Município de Belo Horizonte), pelo Tribunal de Justiça do Estado de Minas Gerais, não foi o cerne do julgado ora analisado. Quanto a isso não havia dúvidas da inconstitucionalidade.

A questão toda se concentrou na possibilidade (ou não) da exigência do IPTU pela alíquota mínima.

Nos termos do voto condutor do Ministro Relator Edson Fachin, restou evidente que a declaração de inconstitucionalidade da lei da progressividade não afetaria a cobrança da alíquota mínima.

Obviamente o Ministro Relator pautou seu voto pelos critérios jurídicos, mas sem dúvida alguma o fator de saúde fiscal dos Municípios brasileiros foi preponderante. Caso não fosse possível arrecadar o IPTU pela alíquota mínima, os Municípios ficariam sem arrecadação no lapso temporal em que a lei esteve em vigor.

Sendo assim a declaração da inconstitucionalidade da Lei Municipal de Belo Horizonte, em nada impediu, no entendimento do Ministro Relator, que a cobrança do referido tributo (IPTU) pela sua alíquota mínima.

Porém, apesar de todos os outros Ministros acompanharem o voto do Ministro Relator, interessante ressaltar o voto divergente do Ministro Marco Aurélio, que trouxe sobre o tema dois argumentos fortíssimos: um, que não houve prequestionamento do tema (cobrança da alíquota mínima) e dois, que a inconstitucionalidade afeta o todo, e a lei não poderia ser aproveitada em suas alíquotas mínimas.

Ocorre que o Ministro pouco argumentou sobre suas teses de divergência, em seu voto de duas páginas. Sua argumentação quanto ao prequestionamento fundou-se em seu pronunciamento quando a matéria foi submetida ao Colegiado no Pleno Virtual, pelas razões já expostas no tópico do voto divergente.

Todavia, a argumentação quanto a inconstitucionalidade completa da Lei Municipal merece um aprofundamento. Havia uma lei pretérita quanto ao IPTU do Município do Belo Horizonte, que fora revogada pela lei que estabeleceu a progressividade do IPTU. Se essa nova lei foi declarada inconstitucional, sem nenhum tipo de condicionante a possibilidade de se utilizar a alíquota mínima, ela foi declarada inconstitucional no todo.

Ou seja, nos termos usados no voto divergente, a lei surgiu natimorta e, logicamente, a cobrança deveria ser feita nos termos da regência pretérita, retornando seus efeitos.

Ocorre que uma declaração de inconstitucionalidade integral da Lei levaria, provavelmente, ao caos fiscal a grande maioria dos Municípios brasileiros. Nesse sentido a decisão do Supremo Tribunal Federal mostrou-se acertada.

Capítulo 15
Recurso Extraordinário nº 592.396 – São Paulo

Mathaus Ferreira Almeida

1. Recurso Extraordinário nº 592.396 – São Paulo[1]

Relator: Edson Fachin
Data de julgamento: 3 de dezembro de 2015

1.1. Ementa

RECURSO EXTRAORDINÁRIO. REPERCUSSÃO GERAL. REAFIRMAÇÃO DE JURISPRUDÊNCIA. DIREITO TRIBUTÁRIO. OPERAÇÕES DE EXPORTAÇÃO INCENTIVADAS. IMPOSTO DE RENDA PESSOA JURÍDICA. FUNÇÃO EXTRAFISCAL. SÚMULA 584 DO STF. OCORRÊNCIA DO FATO GERADOR EM CADA OPERAÇÃO. APLICAÇÃO RETROATIVA. RE 183.130, DE RELATORIA PARA ACÓRDÃO DO MINISTRO TEORI ZAVASCKI. PRECEDENTE VINCULANTE. 1. No RE 183.130, de relatoria para o acórdão do Ministro Teori Zavascki, o Plenário desta Corte assentou que a utilização do Imposto de Renda com conotação extrafiscal

[1] BRASIL. Supremo Tribunal Federal. Recurso Extraordinário 592.396. Relator(a): Edson Fachin, Tribunal Pleno, julgado em 03/12/2015. Disponível em: http://redir.stf.jus.br/paginadorpub/paginador.jsp?docTP=TP&docID=10559727. Acesso em 04 de set de 2020.

afasta a incidência da Súmula 584 do STF. 2. O fato gerador se consolida no momento em que ocorre cada operação de exportação incentivada pela redução da alíquota do imposto de renda, à luz da extrafiscalidade da tributação na espécie. 3. É inconstitucional a aplicação retroativa do art. 1º, I, da Lei 7.988/89, que majorou a alíquota incidente sobre o lucro proveniente de operações incentivadas ocorridas no passado, ainda que no mesmo ano base. Precedente: RE 183.130, de relatoria para o acórdão do Ministro Teori Zavascki, Tribunal Pleno, DJe 14.11.2014. 4. Recurso extraordinário a que se dá provimento, reafirmando a jurisprudência desta Corte, em sede de repercussão geral, para reformar o acórdão recorrido e declarar a inconstitucionalidade, incidental e com os efeitos da repercussão geral, do art. 1º, I, da Lei 7.988/89, uma vez que a majoração de alíquota de 6% para 18% a qual se reflete na base de cálculo do Imposto de Renda pessoa jurídica incidente sobre o lucro das operações incentivadas no ano-base de 1989 ofende os princípios da irretroatividade e da segurança jurídica. Sessão realizada sob a Presidência do Senhor Ministro Ricardo Lewandowski. Presentes à sessão os Senhores Ministros Marco Aurélio, Gilmar Mendes, Cármen Lúcia, Dias Toffoli, Luiz Fux, Rosa Weber, Teori Zavascki e Edson Fachin. Vice-Procurador-Geral da República, em exercício, o Dr. Eugenio José Guilherme de Aragão. Ausentes os Ministros Celso de Mello e Roberto Barroso.

1.1.1. Especificações do caso e razões da submissão à repercussão geral

Trata-se, na origem, de Mandado de Segurança, impetrado por Eluma S/A Industria e Comércio, atualmente denominada Paranapanema, contra ato da Receita Federal, pleiteando o afastamento da majoração da alíquota do imposto de renda incidente sobre o lucro das exportações incentivadas, de 6% para 18 %, no ano-base de 1989, estabelecida pela Lei nº 7.988/89, com argumento de ferimento ao princípio da anterioridade e do direito adquirido.

A sentença de primeira instância concedeu a segurança, ao argumento de que o Imposto de Renda possui seu fato gerador verificado apenas no final do exercício financeiro de incidência, o que afasta a tese do ferimento do princípio da irretroatividade, vez que a Lei preexistia à ocorrência do fato gerador do ano-base de 1989. No entanto, a sentença de piso considerou haver violação ao princípio da anterioridade, na medida que a Lei foi publicada apenas em 29 de dezembro de 1989, estando a exigir tributos no mesmo exercício financeiro em que foi publicada. Dito isso, por força do instituto da remessa necessária os autos subiram à segunda instância, ocasião que a Procuradoria da Fazenda pugnou pela manutenção da Sentença.

Nas razões do Acórdão exarado pelo Tribunal Federal da 3ª Região, houve a sustentação de que a matéria ventilada nos autos já havia sido analisada pelo Supremo Tribunal Federal, tendo afirmado no acórdão proferido nos autos do Recurso Extraordinário de nº 194.612/SC[2], a constitucionalidade da Lei 7.988/89 com base na súmula 584, que diz: "Ao imposto de renda calculado sobre os rendimentos do ano-base, aplica-se a lei vigente no exercício financeiro em que deve ser apresentada a declaração".

Seguindo, para melhor ilustrar o argumento do Desembargador, segue abaixo a transcrição da ementa do acordão proferido pela segunda turma suplementar da segunda seção do Tribunal Federal da 3ª Região. Vejamos:

> CONSTITUCIONAL. TRIBUTÁRIO. IRPJ. EXPORTAÇÕES INCENTIVADAS. LEI Nº 7.988/89. MAJORAÇÃO DA ALÍQUOTA. APLICABILIDADE NO ANO-BASE DE 1989. POSSIBILIDADE. 1. Aplica-se no exercício de 1990 a majoração da alíquota de imposto de renda incidente sobre exportações incentivadas, no percentual de 18%, consoante disposto no inciso I, do art. 1º, da Lei nº 7.988/89, pois em conformidade com a Súmula 584 do C. Supremo Tribunal Federal, não se verificando afronta aos princípios constitucionais da anterioridade e irretroatividade. 2. Precedentes do Pretório Excelso e desta E. Corte. 3. Remessa oficial a que se dá provimento.

Desse modo, irresignados pela decisão de segunda instância, levando em consideração a aplicabilidade da súmula do STF nas razões do Acórdão, houve a interposição diretamente de Recurso Extraordinário por parte empresa recorrente Eluma S/A Indústria e Comércio (Paranapanema), com fulcro na alínea "a" do inciso III do art. 102 da Constituição Federal, uma vez que, no seu entendimento, o tema violaria expressamente o texto Constitucional, infringindo o princípio da anterioridade e do direito adquirido.

[2] STF – RE: 194612 SC, Relator: Min. SYDNEY SANCHES, Data de Julgamento: 24/03/1998, Primeira Turma, Data de Publicação: DJ 08-05-1998 PP-00015 EMENT VOL-01909-04 PP-00814.

Quanto à existência da repercussão geral, necessário para o conhecimento do recurso, a recorrente apontou que o assunto ultrapassava o interesse subjetivo das partes, além de apresentar o representativo da controvérsia em acórdão proferido nos autos do RE 183.130/PR[3] que reconheceu a inconstitucionalidade do artigo 1º, I, da Lei 7.988, de 28.12.1989, ao passo que asseguraria maior eficácia à tutela jurisdicional, e deste modo, o recurso mereceria ser conhecido, uma vez que foram atendidos os requisitos exigidos.

Em contrarrazões ao Recurso Extraordinário, a PGFN alegou que: "A referida Lei editada no final do ano base, atinge legitimamente a renda apurada durante todo o ano, já que o fato gerador somente se completa e se caracteriza, ao final do respectivo período, ou seja, 31 de dezembro". "Portanto, a Lei 7.988/89 estava em vigor antes do exercício financeiro, que se inicia a 1º de janeiro do ano subsequente, o da declaração, *in casu*, o ano de 1990, não contrariando o princípio da anterioridade ou do direito adquirido (...)".[4]

O recurso extraordinário foi admitido pelo TRF da 3ª Região, que entendeu terem sido preenchidos os requisitos previstos na legislação processual.

1.1.2. Critério de conhecimento da repercussão geral

No Supremo Tribunal Federal o Recurso Extraordinário recebeu o nº 592.396 e teve por relator o Ministro Edson Fachin. Este, após fazer breve síntese do caso, sinalizou que o tema, tendo em conta a função de precedente que este julgado exercerá para todo o sistema judicial, manifestou-se pela repercussão geral do objeto discutido nos autos.

[3] CONSTITUCIONAL. TRIBUTÁRIO. IMPOSTO DE RENDA. OPERAÇÕES INCENTIVADAS. LEI 7.988/89, ART. 1º, I. 1. Não é legítima a aplicação retroativa do art. 1º, I, da Lei 7.988/89 que majorou a alíquota incidente sobre o lucro proveniente de operações incentivadas ocorridas no passado, ainda que no mesmo exercício. Relativamente a elas, a legislação havia conferido tratamento fiscal destacado e mais favorável, justamente para incrementar a sua exportação. A evidente função extrafiscal da tributação das referidas operações afasta a aplicação, em relação a elas, da Súmula 584/STF. 2. Recurso Extraordinário improvido. (DJe-225 DIVULG 14-11-2014 PUBLIC 17-11-2014 EMENT VOL-02758-01 PP-00001).

[4] Contrarrazões da PGFN, fls. 92-96, protocolizada aos autos no dia 05/11/2007.

Consignou, ainda, a existência de jurisprudência procedente em caso idêntico ao presente, isto é, o acórdão proferido no RE 183.130, de relatoria do Ministro Teori Zavascki, cuja ementa já foi transcrita acima.

Informou, por oportuno, que o julgamento do RE 183.130 foi iniciado antes da vigência da sistemática da repercussão geral, devendo ser aplicado ao presente caso como precedente vinculante.

O Tribunal, por fim, reconheceu a existência de repercussão geral da questão constitucional suscitada.

1.2. Mérito da decisão

O Recurso Extraordinário nº 592.396 teve seu julgamento iniciado em 3 de dezembro de 2015.

Na sessão presidida pelo Ministro Ricardo Lewandowisk, o tribunal, por unanimidade e nos termos do voto do relator, deu provimento ao recurso extraordinário para reformar o acórdão do TRF da 3ª Região, declarando a inconstitucionalidade do artigo 1º, I, da Lei nº 7.988/89, uma vez que a majoração da alíquota de 6% para 18%, incidente sobre o lucro das operações incentivadas no ano-base de 1989 ofende os princípios da irretroatividade e da segurança jurídica, reafirmando, assim, a jurisprudência firmada no acordão nº 183.130, julgado com base na inaplicabilidade da súmula 584 do STF.

1.2.1. Voto condutor

O Ministro Edson Fachin conduziu seu voto com base na inaplicabilidade da súmula 584 do STF, tendo em vista a extrafiscalidade dos incentivos incidentes sobre o imposto de renda, considerando que o fato gerador da obrigação tributária ocorre no momento da realização de cada operação de exportação, utilizando como base o voto proferido no RE 183.130.

Continuou seu voto argumentando que:

> (...) incentivar exportações por benesses tributárias e depois aumentar a alíquota de forma retroativa, mesmo que dentro do mesmo ano-base, trata-se de manobra na política fiscal que apenas traz malefícios para o sistema econômico nacional como um todo, pois gera extrema desconfiança sobre a

> lisura das práticas de arrecadação da Administração Tributária. Com efeito, tal conduta ofende diretamente o primado da segurança jurídica.[5]

Após essa breve explanação, terminou seu voto dizendo que a majoração da alíquota de 6% para 18%, a qual se reflete na base de cálculo do Imposto de Renda pessoa jurídica incidente sobre o lucro das operações incentivadas (exportação) no ano base de 1989, ofende os princípios da irretroatividade e da segurança jurídica.

Em continuidade, o Ministro Marco Aurélio demonstrou haveria a superação do verbete, ao demonstrar que, o imposto de renda calculado sobre os rendimentos do ano-base, aplica-se a lei vigente no exercício financeiro em que deve ser apresentada a declaração. Concluindo pela superação do verbete, que deveria cancelado, mas não se manifestou expressamente neste sentido.

O esclarecimento do Ministro Relator foi no sentido de que apenas adotou o entendimento que já foi veiculado no Recurso Extraordinário nº 183.130, que, a rigor, assentou-se que a utilização de Imposto de Renda com conotação extrafiscal afasta a incidência da Súmula nº 584.

Em continuidade ao julgamento do RE, o Ministro Luiz Fux baseou seu voto na distinção entre a matéria debatida e as hipóteses de incidência da Súmula nº 584, destacando um trecho do voto do Ministro Jobim, nos autos do RE 183.130, *in verbis*:

> A jurisprudência do Supremo firmou e consolidou a interpretação propalada pela Súmula 584 no julgamento corriqueiro de questões de normais referentes ao IR. Em outras palavras, se entende que o fato gerador do imposto de renda ocorre no último dia de cada ano para a hipótese normal do imposto de renda na sua função fiscal. O processo traz, na verdade, hipótese excepcional: o uso do IR com função extrafiscal. Como forma de incentivo às exportações, a União reduziu a alíquota do imposto cobrada sobre a renda auferida sobre tais negócios com a função clara de estimular as exportações de produtos. A intenção não era arrecadatória. A redução destinou-se

[5] Recurso Extraordinário 592.396/SP. Relator: Min. Edson Fachin Recte.:Eluma S/A Indústria E Comércio Adv.:Paulo Fernando de Moura e Outro; Recdo: União. Proc.: Procurador -Geral da Fazenda Nacional, p. 4.
Disponível em: http://redir.stf.jus.br/paginadorpub/paginador.jsp?docTP=TP&docID=10559727. Acesso em 04 de set de 2020

> a encorajar determinada prática comercial que, vale ressaltar, somente poderia ter sido viabilizada com a promessa legislativa de tal redução. Logo, a controvérsia não se cinge à aplicabilidade direta da Súmula, pois quanto a higidez deste verbete, guardo a reserva etc. Enfim, a Suprema Corte tem firmado a incidência dessa Súmula, que é inaplicável, no caso, tendo em vista a extrafiscalidade dos incentivos incidentes.[6]

Desse modo, terminou seu voto acompanhando o relator. Mas veja-se que o tema da Súmula ficou em aberto, com o entendimento que ela não se aplicaria ao caso, por conta da situação extrafiscal.

Após ouvir o voto do Ministro Luiz Fux, o presidente da sessão, Ministro Ricardo Lewandowiski consultou os pares no intuito de verificar se todos estariam de acordo, tendo em conta os precedentes, no sentido de provimento do Recurso Extraordinário e da declaração de inconstitucionalidade.

Não houve divergências.

Dito isso, o Tribunal, por unanimidade, fixou a tese nos seguintes termos:

> É inconstitucional a aplicação retroativa de lei que majora a alíquota incidente sobre o lucro proveniente de operações incentivadas ocorridas no passado, ainda que no mesmo ano-base, tendo em vista que o fato gerador se consolida no momento em que ocorre cada operação de exportação, à luz da extrafiscalidade da tributação na espécie.

1.3. Análise crítica

O julgamento do RE 592.396 foi extremamente influenciado pela decisão proferida nos autos do RE 183.130. No caso concreto, como já dito, discute-se, em exame de constitucionalidade, a majoração da alíquota de Imposto de Renda de pessoa jurídica incidente sobre exportações incentivadas a partir do exercício financeiro de 1990, correspondente ao ano-base de 1989, conforme disposto no art. 1º, I, da Lei 7.988/89.

Apenas para argumentar, o Decreto nº 2.413[7], publicado em 1988, no seu artigo 1º trazia: "O lucro decorrente de exportações incentivadas será

[6] *Idem*, p. 12.

[7] Decreto-Lei nº 2.413, de 10 de fevereiro de 1988.

tributado, pelo imposto de renda, à alíquota de 3% (três por cento) no exercício financeiro de 1989 e à alíquota de 6% (seis por cento) a partir do exercício financeiro de 1990".

Dito isso, em 28 de dezembro de 1989, com o advento da Lei nº 7.988[8], em seu artigo 1º, I, passou a ter a seguinte redação:

> Art. 1º A partir do exercício financeiro de 1990, correspondente ao período--base de 1989:
> I – passará a ser 18% (dezoito por cento) a alíquota aplicável ao lucro decorrente de exportações incentivadas, de que trata o art. 1º do Decreto-Lei nº 2.413, de 10 de fevereiro de 1988 (...).

Ainda nisso, a Súmula 584 do SFT diz:

> Súmula STF n. 584:
> Ao imposto de renda calculado sobre os rendimentos do ano-base, aplica-se a lei vigente no exercício financeiro em que deve ser apresentada a declaração.

Contudo, essa Súmula, foi recentemente cancelada, conforme se constata no julgamento do RE 159180/MG, de 22/06/2020[9], que diz em sua ementa: "VERBETE Nº 584 DA SÚMULA DO SUPREMO – SUPERAÇÃO – CANCELAMENTO. Superado o entendimento enunciado no verbete nº 584 da Súmula do Supremo, impõe-se o cancelamento."

Feitas tais ponderações acerca da cronologia e aplicabilidade da legislação, embora o STF tenha se expressado no sentido de que o fato gerador se consolida a partir de cada operação de exportação incentivada (com redução da alíquota do imposto de renda), à luz da extrafiscalidade da tributação na espécie, isto vedaria a aplicação retroativa do art. 1º, I, da Lei 7.988/89, que majorou a alíquota incidente sobre o lucro proveniente de operações incentivadas ocorridas no passado. Porém, o IRPJ tem fato gerador complexivo, e que

[8] Lei nº 7.988, de 28 de dezembro de 1989.

[9] Recurso Extraordinário 159.180/MG. Relator: Min. Marco Aurélio. Recte. :Distribuidora de Titulos e Valores Mobiliarios Minas Gerais. Adv.: Luiz Alberto Bettiol. Recda: União. Proc.: Procurador -Geral da Fazenda Nacional Disponível em http://portal.stf.jus.br/processos/detalhe.asp?incidente=1552678.

se encerrava, pela legislação da época, em 31/12/1989. Ou seja, o fato gerador do IRPJ não se considera efetivado a cada operação da pessoa jurídica, mas deriva do conjunto de operações no ano-base. Assim a retroação para o ano--base de 1989, da alíquota alterada em dezembro de 1989, fere o artigo 150[10], inciso III, alíneas "a" e "b" da Constituição da República, sendo chamado na doutrina de princípios da irretroatividade e anterioridade. Ou seja, não é o caso de não se aplicar a Súmula 584, mas de se afastar a Súmula como um todo, pois ela está em dissonância com os preceitos constitucionais mencionados.[11]

A majoração não pode ser cobrada relativamente a fatos geradores ocorridos antes da vigência de Lei que a houver instituído, devendo ser observado também no caso a anterioridade, que tem por objetivo dar conhecimento ao contribuinte com razoável lapso temporal os tributos que deverá recolher.[12]

Portanto, o art. 1º, I, da Lei 7.988/89, estaria ferindo o 150, inciso III, alínea "a" e "b" da Constituição da República, sendo inconstitucional.

A despeito da existência da Súmula 584 do STF, entende-se que estaria ultrapassada, não se coadunando com os ditames constitucionais vigentes, sendo passível de revogação.

Assim, a decisão proferida representou a melhor solução para o caso, do ponto de vista de resultado, mas os argumentos utilizados pelo STF não foram suficientes para afastar a Súmula 584 para todos os casos, configurando-se um lapso da decisão. Usando um argumento a *contrario sensu*, caso a alteração não envolvesse benefícios fiscais ela seria aplicável ao exercício de 1989, o que se entende não a ser correto. Porém, como já mencionado a Súmula 584 foi cancelada em 22/06/202, pelo RE 159.180/MG,

[10] Art. 150. Sem prejuízo de outras garantias asseguradas ao contribuinte, é vedado à União, aos Estados, ao Distrito Federal e aos Municípios:

(...)

III – cobrar tributos:

a) em relação a fatos geradores ocorridos antes do início da vigência da lei que os houver instituído ou aumentado

b) no mesmo exercício financeiro em que haja sido publicada a lei que os instituiu ou aumentou

[11] Neste sentido também se posiciona Luciano Amaro. **Direito Tributário Brasileiro**. 11ª ed., 2019, pág. 128/129.

[12] De observar que a noventena, que não se aplica ao IR, não é discutida no caso por que só foi instituída em 2003 (Emenda Constitucional nº 42, de 19.12.2003))

Para finalizar, cite-se outro aspecto importante relativamente ao RE 592.396, é que não há delimitação precisa da aplicabilidade da inconstitucionalidade do art. 1º, I, da Lei 7.988/89 (ver item 4 do Acórdão).

Capítulo 16
Recurso Extraordinário nº 583.712 – São Paulo

Beijanicy Ferreira da Cunha Abadia Valim

1. Recurso Extraordinário nº 583712 – São Paulo[1]

Relator: Ministro Edson Fachin.
Voto vencedor: Ministro Edson Fachin.
Data de julgamento: 04 de fevereiro de 2016.

1.1. Ementa

> RECURSO EXTRAORDINÁRIO. REPERCUSSÃO GERAL. DIREITO TRIBUTÁRIO. IMPOSTO SOBRE OPERAÇÕES DE CRÉDITO, CÂMBIO E SEGURO, OU RELATIVAS A TÍTULOS OU VALORES MOBILIÁRIOS. IOF. INCIDÊNCIA SOBRE A TRANSMISSÃO DE AÇÕES DE COMPANHIAS ABERTAS E RESPECTIVAS BONIFICAÇÕES. ART. 1º, IV, DA LEI 8.033/90.

[1] BRASIL. Supremo Tribunal Federal. Recurso extraordinário nº. 583712, Relator(a): EDSON FACHIN, Tribunal Pleno, julgado em 04/02/2016. Disponível em: http://redir.stf.jus.br/paginadorpub/paginador.jsp?docTP=TP&docID=10387485. Acesso em 04 de set de 2020.

> 1. Tese do Tema 109 da sistemática da repercussão geral: "É constitucional o art. 1º, IV, da Lei 8.033/90, uma vez que a incidência de IOF sobre o negócio jurídico de transmissão de títulos e valores mobiliários, tais como ações de companhias abertas e respectivas bonificações, encontra respaldo no art. 153, V, da Constituição Federal, sem ofender os princípios tributários da anterioridade e da irretroatividade, nem demandar a reserva de lei complementar".
> 2. Não há incompatibilidade material entre os arts. 1º, IV, da Lei 8.033/90, e 153, V, da Constituição Federal, pois a tributação de um negócio jurídico que tenha por objeto ações e respectivas bonificações insere-se na competência tributária atribuída à União no âmbito do Sistema Tributário Nacional, para fins de instituir imposto sobre operações relativas a títulos ou valores mobiliários.
> 3. A instituição do IOF-Títulos e Valores Mobiliários não ofende o princípio da anterioridade, dada expressa previsão no art. 150, III, "b" e §1º, do Texto Constitucional, ao passo que também não viola o princípio da irretroatividade, porquanto tem por fato gerador futura operação de transmissão de títulos ou valores mobiliários.
> 4. A reserva de lei complementar para a instituição de imposto de competência da União somente se aplica no caso de tributos não previstos em nível constitucional. Precedentes.
> 5. Recurso extraordinário conhecido a que se dá provimento, para reformar o acórdão recorrido, assentando a constitucionalidade do art. 1º, IV, da Lei 8.033/90 e, com efeito, a exigibilidade do IOF sobre a transmissão de ações de companhias abertas e respectivas bonificações.

1.1.1. Especificação do caso e razões da submissão à repercussão geral

Com base no voto do Relator Ministro Edson Fachin, a controvérsia dos autos gira em torno da constitucionalidade da incidência do Imposto sobre Operações de Crédito, Câmbio e Seguro, ou relativas a Títulos ou Valores Mobiliários (IOF) sobre a transmissão de ações de companhias abertas e respectivas bonificações emitidas.

As teses principais descritas pela Recorrente (União Federal através da Fazenda Nacional) são, a constitucionalidade da exação de IOF referente à transmissão de ações de companhias abertas e das consequentes bonificações emitidas, constante do art. 1°, IV, da Lei 8.033/90.

Aduz a Recorrente que não houve violação do princípio da anterioridade, uma vez que o mesmo, quanto ao IOF, está excepcionado em decorrência do disposto no parágrafo 1° do artigo 150 da Constituição Federal.

Sustenta que não houve violação do princípio da irretroatividade, previsto no artigo 150, inciso III, alínea V, da Constituição Federal, inexistindo igualmente hipótese de incidência nova, tratando-se em verdade, de efetiva operação financeira a ensejar a incidência do imposto em questão.

Afirma ainda a Recorrente que não se pode vislumbrar a violação ao princípio da reserva de Lei Complementar, estabelecido no artigo 154, inciso I, da Constituição Federal, uma vez que não ocorreu a hipótese de tributo novo, mas apenas a explicitação de tributo já existente.

Por fim, a União em seu recurso pleiteia o provimento do apelo de modo a reformar o Acórdão impugnado, no sentido de julgar constitucional o disposto no inciso IV, do artigo 1°, da Lei n° 8.033, de 1990, e consequentemente exigível o IOF sobre as aplicações financeiras.

Já os Recorridos (Adalberto Ângelo Dossin e outros) sustentam que deve ser mantida a sentença que julgou procedente o pedido, condenando a União a restituir os valores indevidamente pagos em virtude da declaração de inexistência de relação jurídico-tributária que as obrigasse a efetivar o recolhimento do Imposto sobre Operações Financeiras - IOF incidente sobre ouro ativo financeiro e o crédito a ele relativo, sobre saques em cadernetas de poupanças e sobre a transmissão de ações, incidências determinadas pela Lei n° 8.033/90.

Assim, o Recurso Extraordinário foi interposto pela União Federal, com fundamento na alínea "b", do inciso III do artigo 102 da CF/88, contra acórdão prolatado pelo Tribunal Regional Federal da 3° Região que considerou a inconstitucional a cobrança compulsória da exação de IOF sobre ouro ativo financeiro e o crédito a ele relativo e sobre os saques em cadernetas de poupança e o IOF sobre transmissões de ações de companhias abertas e das consequentes bonificações emitidas.

Nesse sentido, o referido acórdão recorrido, decidiu por unanimidade, dar parcial provimento à apelação do Autor e à remessa oficial e negou provimento à apelação da União, nos termos do voto do Relator, que havia em ação de procedimento ordinário declarado a inexistência de relação jurídico-tributária que obrigasse o Autor a recolher o IOF incidente sobre o ouro ativo financeiro e o crédito a ele relativo, sobre saques em cadernetas de poupanças e sobre transmissão de ações, incidências previstas na Lei n° 8.033/90, condenando a União a restituir os valores indevidamente pagos a esse título. A sentença havia julgado procedente o pedido condenando a União a devolver os valores corrigidos de acordo com o Provimento n° 24 da Corregedoria-Geral da Justiça Federal da 3° Região, com juros, a partir do trânsito em julgado, além de 10% de honorários advocatícios. Ocorre que os autos foram submetidos ao duplo grau de jurisdição obrigatório.

Ambas as partes apelaram, os Autores a fim de majorar os honorários fixados e pleiteando a fixação de juros compensatórios desde o pagamento indevido até a citação e, a partir daí, de 1% ao mês, além dos critérios de correção monetária indicados no recurso. A União pleiteou em sua apelação que fosse julgado improcedente o pedido dos Autores.

Assim, o Tribunal Pleno do Supremo Tribunal Federal afetou a matéria à sistemática da repercussão geral da questão constitucional suscitada pela União/Recorrente em 19/09/2008.

Vale ressaltar também, que o eminente Min. Ricardo Lewandowski, Relator na época, admitiu o ingresso como *amicus curiae* da Associação Brasileira das Companhias Abertas – Abrasca.

Após a substituição da relatoria ao Sr. Ministro Edson Fachin, o feito foi levado a julgamento na sessão plenária de 04 de fevereiro de 2016, sob a Presidência do Ministro Ricardo Lewandowski, na conformidade da ata de julgamento e das notas taquigráficas, que por unanimidade de votos e nos termos do voto do Relator, em apreciando o tema 102 da repercussão geral, proferiu voto no sentido conhecer do Recurso Extraordinário e a este dar provimento, para reformar o acórdão recorrido. Em seguida, também por unanimidade, o Tribunal fixou a seguinte tese: "É constitucional o art. 1º, IV, da Lei nº 8.033/90, uma vez que a incidência de IOF sobre o negócio jurídico de transmissão de títulos e valores mobiliários, tais como ações de companhias abertas e respectivas bonificações, encontra respaldo no art. 153, V, da Constituição Federal, sem ofender os princípios tributários da anterioridade e da irretroatividade, nem demandar a reserva de lei complementar". Ausentes os Ministros Gilmar Mendes e Dias Toffoli.

1.1.2. Critério de conhecimento da repercussão geral

Sobre a repercussão geral, o Ministro Relator Edson Fachin analisou o Recurso Extraordinário interposto pela União Federal contra acórdão do Tribunal Regional Federal da 3ª Região, mas consignou inicialmente que o exato objeto do recurso, a fim de fixação da tese objetiva apta a gerar orientação jurisprudencial a todo o sistema judicial, como é próprio da sistemática da repercussão geral, tratava-se apenas da discussão sobre a constitucionalidade da incidência do Imposto sobre Operações de Crédito, Câmbio e Seguro, ou relativas a Títulos ou Valores Mobiliários (IOF) sobre a transmissão de ações de companhias abertas e respectivas bonificações emitidas, conforme ementa colacionada:

> "3. Do IOF incidente sobre as transmissões de ações. Embora esses arestos tenham se referido apenas ao IOF – ouro e o IOF – poupança, algumas das razões invocadas para a pronúncia de inconstitucionalidade dos incisos II e III do art. 1º da Lei nº 8033/90 são inteiramente aplicáveis ao inciso IV do mesmo artigo, que previu a instituição do imposto em exame sobre 'transmissões de ações de companhias abertas e das consequentes bonificações emitidas'.

De fato, o tributo instituído pelo inciso IV citado incidiu também sobre posse das ações de companhias abertas, não de sua "transmissão" ou das operações com ela realizadas. De igual forma, pretendeu incidir retroativamente, em ofensa ao princípio da irretroatividade da lei tributária previsto no art. 150, III, 'a', padecendo, destarte, de irremissível inconstitucionalidade.

É o que decidiu, a propósito, o Órgão Especial deste Tribunal no julgamento da Arguição de Inconstitucionalidade na AMS nº 95.03.056130-2, Rel. Des. Fed. LÚCIA FIGUEIREDO, precedente que vincula os demais órgãos fracionários".

O Recurso Extraordinário foi fundamentado no inciso III, alínea "b" do permissivo constitucional, onde a União Federal sustentou que o acórdão recorrido encontra respaldo no disposto no Artigo 153, V da Constituição da República, sem ofender os princípios tributários da anterioridade e da irretroatividade, nem demandar a reserva de lei complementar.

Ocorre, que nas fls. 171 do Recurso Extraordinário a União afirma que "o presente recurso diz somente quanto à declaração de inconstitucionalidade da exação quanto à transferência de ações de companhias abertas". Assim, a análise do Recurso pautou-se apenas nesse tema.

Sustentou o Recorrente também que não havia incompatibilidade material entre os arts. 1º, IV, da Lei 8.033/90 e art. 153, V, da Constituição Federal. Isso porque a tributação de um negócio jurídico, que tenha por objeto ações e respectivas bonificações, insere-se na competência tributária atribuída à União no âmbito do Sistema Tributário Nacional, para fins de instituir imposto sobre operações relativas a títulos ou valores mobiliários.

Aduz ainda o Recorrente que não houve violação do princípio da anterioridade, pois quanto ao IOF, o mesmo está excepcionado em decorrência do disposto no artigo 150, §1º da Constituição Federal e que também não houve violação do princípio da irretroatividade, previsto no artigo 150, inciso III, alínea "a", da Constituição Federal, inexistindo igualmente hipótese de incidência nova, uma vez que trata-se, em verdade, de efetiva operação financeira, a ensejar a incidência do IOF.

Destaca ainda o Recorrente que não se pode vislumbrar a violação ao princípio de Lei Complementar, estabelecido no artigo 154, inciso I, da Constituição Federal, uma vez que não ocorreu a hipótese de tributo novo, mas apenas a explicitação de tributo já existente.

Ademais, foi fixada como tese do Tema 102 da sistemática da repercussão geral o entendimento de que: "É constitucional o art. 1º, IV, da Lei 8.033/90, uma vez que a incidência de IOF sobre a transmissão de títulos e valores mobiliários, tais como ações de companhias abertas e respectivas bonificações, encontra respaldo no art. 153, V, da Constituição Federal, sem ofender os princípios tributários da anterioridade e da irretroatividade, nem demandar a reserva de lei complementar".

Aduz também o Recorrente que deve ser declarada a constitucionalidade do art. 1º, IV, da Lei 8.033/90 e, com efeito, a exigibilidade do IOF sobre a transmissão de ações de companhias abertas e respectivas bonificações, pois a matéria possui repercussão geral do ponto de vista econômico, social e jurídico.

Em contrapartida, os Recorridos sustentam que é indevida a exigibilidade do IOF no caso concreto, tendo em vista sua inconstitucionalidade.

Destarte, aduz o Relator que diante das variadas alegações da parte Requerente, seria adotada a metodologia do voto com o enfrentamento da questão com base na análise da hipótese de incidência, conforme previsão do art. 1º, IV, da Lei 8.033/90 com amparo do artigo 153, V, da Constituição Federal.

Assim, o Tribunal Pleno do STF afetou a matéria à sistemática da repercussão geral devido a questão ultrapassar o interesse subjetivo das partes, uma vez que seria relevante do ponto de vista jurídico, uma vez que o seu julgamento definiria se a hipótese de incidência prevista no disposto legal em análise estaria abrangida ou não no artigo 153, V da CF/88. Destaca também que a questão é relevante do ponto de vista econômico, por se tratar de incidência tributária que pode afetar diretamente o interesse de acionistas de companhia aberta.

1.2. Mérito da decisão

O Recurso Extraordinário nº 583712 foi julgado em 04 de fevereiro de 2016, em sessão plenária presidida pelo Ministro Ricardo Lewandowski, onde estavam presentes o Relator Ministro Edson Fachin e os Ministros Celso de Mello, Marco Aurélio, Gilmar Mendes, Cármen Lúcia, Dias Toffoli, Luiz Fux, Rosa Weber, Teori Zavascki, Roberto Barroso e Edson Fachin. Ausentes, neste julgamento, os Ministros Gilmar Mendes e Dias Toffoli. Presença do Procurador-Geral da República, Dr. Rodrigo Janot Monteiro de Barros. Falou, pela Recorrente União, a Dra. Alexandra Maria Carvalho Carneiro. Recurso Extraordinário que se deu provimento, por unanimidade dos votos, nos termos do voto do Relator Edson Fachin.

1.2.1. Voto condutor

Em seu voto, o Relator Ministro Edson Fachin assevera que o Recurso Extraordinário interposto pela União, com fundamento no artigo 102, III, "b", da Constituição Federal, tem como base a discussão da constitucionalidade acerca do artigo 1º, IV, da Lei Federal nº 8.033/90.

Destaca-se, que o recurso extraordinário, com repercussão geral reconhecida, foi interposto em face de acórdão do Tribunal Regional Federal da 3ª Região, cuja ementa colaciona-se a seguir:

> CONSTITUCIONAL. TRIBUTÁRIO. IOF. OURO ATIVO FINANCEIRO E O CRÉDITO A ELE RELATIVO. SAQUES EM CADERNETAS DE POUPANÇA. TRANSMISSÕES DE AÇÕES. LEI Nº 8.033/90. INCONSTITUCIONALIDADE. REPETIÇÃO DE INDÉBITO. CORREÇÃO MONETÁRIA. JUROS. HONORÁRIOS ADVOCATÍCIOS. 1. Inconstitucionalidade da Lei nº 8.033/90, na parte em que pretendeu instituir a incidência do IOF sobre ouro ativo financeiro e o crédito a ele relativo e sobre os saques em cadernetas de poupança. Precedentes do STF e deste Tribunal. 2. Igual inconstitucionalidade da mesma Lei, declarada pelo Órgão Especial do Tribunal, na parte em que pretendeu instituir o imposto em exame sobre "transmissões de ações de companhias abertas e das conseqüentes bonificações emitidas". 3. Considerando que não houve discussão ou decisão, nestes autos, a respeito dos índices aplicáveis, sua exata determinação fica relegada à fase de execução, de acordo com a orientação desta Turma. 4. Ainda de acordo com a atual jurisprudência da Turma, seria cabível a aplicação da taxa SELIC a partir de outubro de 2000, de forma não cumulativa com quaisquer outros índices. Considerando que a aplicação do referido índice não foi impugnada pela parte autora, mantém-se a orientação firmada na sentença quanto à aplicação dos juros de 1% ao mês, a partir do trânsito em julgado (art. 161, § 1º, CTN). 5. Devido o aumento dos honorários de advogado fixados na sentença, de forma a compatibilizá-los com a regra do art. 20, § 4º, do CPC. 6. Apelação da autora e remessa oficial a que se dá parcial provimento. Apelação da União improvida.

Entretanto, o Relator esclareceu que o Recurso Extraordinário discute apenas a declaração de inconstitucionalidade da exação quanto a transferência de ações de companhias abertas, pugnando pela adstrição do tributo às hipóteses previstas no art.153, V da CF e com alegações da União acerca da inexistência de violação dos princípios da anterioridade, irretroatividade e de Lei Complementar.

Em seu voto, inicialmente, aduz o Relator, que o Tribunal Pleno do STF havia afetado a matéria em 19/09/2008 sob a sistemática da repercussão geral, nos seguintes termos:

> CONSTITUCIONAL. IMPOSTO SOBRE OPERAÇÕES FINANCEIRAS. INCIDÊNCIA SOBRE TRANSMISSÃO DE AÇÕES DE COMPANHIAS

ABERTAS E DAS CONSEQUENTES BONIFICAÇÕES EMITIDAS. ART. 153, V, DA CONSTITUIÇÃO FEDERAL. EXISTÊNCIA DE REPERCUSSÃO GERAL. Questão relevante do ponto de vista econômico e jurídico (RE 583712 RG, Rel. Min. RICARDO LEWANDOWSKI, DJe 19.09.2008) (Grifo nosso).

Destaca ainda que o Ministro Ricardo Lewandowski havia sido seu antecessor na relatoria e que os autos haviam lhe sido remetidos em 18.06.2015.

Após o relatório, o Ministro Relator Edson Fachin, consignou o exato objeto do Recurso contra acórdão do Tribunal Regional Federal da 3° Região para a fixação da tese objetiva apta a gerar a orientação jurisprudencial a todo o sistema judicial, uma vez que se tratava de sistemática de repercussão geral. Assim, destacou o Ministro que a discussão girava exclusivamente em torno da constitucionalidade da incidência do Imposto sobre Operações de Crédito, Câmbio e Seguro, ou relativas a Títulos ou Valores Mobiliários (IOF) sobre a transmissão de ações de companhias abertas e respectivas bonificações emitidas.

Colaciona-se, a descrição apenas da parte do assentado do Tribunal de origem impugnado no Recurso Extraordinário pela União, *in verbis*:

> 3. Do IOF incidente sobre as transmissões de ações. Embora esses arestos tenham se referido apenas ao IOF – ouro e o IOF – poupança, algumas das razões invocadas para a pronúncia de inconstitucionalidade dos incisos II e III do art. 1º da Lei nº 8033/90 são inteiramente aplicáveis ao inciso IV do mesmo artigo, que previu a instituição do imposto em exame sobre 'transmissões de ações de companhias abertas e das consequentes bonificações emitidas'. De fato, o tributo instituído pelo inciso IV citado incidiu também sobre posse das ações de companhias abertas, não de sua "transmissão" ou das operações com ela realizadas. De igual forma, pretendeu incidir retroativamente, em ofensa ao princípio da irretroatividade da lei tributária previsto no art. 150, III, 'a', padecendo, destarte, de irremissível inconstitucionalidade. É o que decidiu, a propósito, o Órgão Especial deste Tribunal no julgamento da Arguição de Inconstitucionalidade na AMS nº 95.03.056130-2, Rel. Des. Fed. LÚCIA FIGUEIREDO, precedente que vincula os demais órgãos fracionários.

O Relator ressalta que, com base em precedente do Órgão Especial do Tribunal Regional Federal da 3ª Região, o Juízo de origem afastou a exigibilidade do IOF no caso concreto, tendo em vista sua inconstitucionalidade. Aduz ainda o Ministro que, em virtude das variadas alegações do Requerente, seria adotada a metodologia do voto com base na hipótese de incidência prevista no art. 1°, IV da Lei 8.033/90 amparada pelo art. 153, V da CF/88.

Sustenta seu entendimento o Relator no voto o Relator, citando alguns dispositivos normativos, conforme abaixo descritos:

> Art. 153 CF/88. Compete à União instituir impostos sobre: ...
> V – operações de crédito, câmbio e seguro, ou relativas a títulos ou valores mobiliários.
>
> Lei 8.033/1990. Art. 1º São instituídas as seguintes incidências do imposto sobre operações de crédito, câmbio e seguro, ou relativas a títulos ou valores mobiliários: ...
> IV – transmissão de ações de companhias abertas e das consequentes bonificações emitidas.
>
> Art. 63 CTN. O imposto, de competência da União, sobre operações de crédito, câmbio e seguro, e sobre operações relativas a títulos e valores mobiliários tem como fato gerador: ...
> IV – quanto às operações relativas a títulos e valores mobiliários, a emissão, transmissão, pagamento ou resgate destes, na forma da lei aplicável.
> Parágrafo único. A incidência definida no inciso I exclui a definida no inciso IV, e reciprocamente, quanto à emissão, ao pagamento ou resgate do título representativo de uma mesma operação de crédito.
>
> Art. 64 CTN. A base de cálculo do imposto é: ...
> IV – quanto às operações relativas a títulos e valores mobiliários:
> a) na emissão, o valor nominal mais o ágio, se houver;
> b) na transmissão, o preço ou o valor nominal, ou o valor da cotação em Bolsa, como determinar a lei;
> c) no pagamento ou resgate, o preço.
>
> Lei 6.385/1976. ...
> Artigo 2º. São valores mobiliários sujeitos ao regime desta Lei:
> I – as ações, debêntures e bônus de subscrição.

Apoiou-se o Relator também em seu voto, nos dizeres do doutrinador Misabel Abreu Machado Derzi , afirmando que o tributo onera operações financeiras independentemente de seu resultado, sem retratar a real capacidade econômica do contribuinte e que a hipótese de incidência possui um núcleo comum que não atinge a simples movimentação financeira, mas sim operações jurídicas, que configuram execução de atos e negócios jurídicos mercantis-financeiros, desde que sejam relativos a crédito, câmbio, seguro, títulos e valores mobiliários, pois independem do resultado destas operações.

Discorre em seu voto, que tais razões levam a se concluir que não haveria incompatibilidade material entre os arts. 1º, IV, da Lei 8.033/90 e 153, V, da Constituição Federal, pois a tributação de um negócio jurídico insere-se na competência tributária atribuída à União no âmbito do Sistema Tributário Nacional, que tenha por objeto ações e respectivas bonificações para fins de instituição do imposto sobre operações relativas a títulos ou valores mobiliários, mas que não atingem o patrimônio nas titularidades das ações.

Complementa o voto, afirmando que o Tribunal Pleno já havia inclusive se pronunciado expressamente em 2003 sobre o tema no RE 223.144, de relatoria do Ministro Carlos Velloso, afirmando que o art. 1°, I, cc o art. 2°, I da Lei 8.033/90 não instituiu imposto sobre o patrimônio dos contribuintes, pois os títulos integravam o patrimônio dos contribuintes, ou seja, o imposto definido no art. 63, IV CTN incidia sobre as operações praticadas com os títulos, como ocorre na transmissão ou resgates que são fatos geradores do IOF, mas não efetivamente sobre os tais títulos. E, conforme o voto no mesmo julgamento do Ministro Relator Carlos Velloso, não haveria também qualquer ofensa aos princípios tributários da irretroatividade e anterioridade.

Assim, destaca em seu voto o Relator que a instituição do IOF-Títulos e Valores Mobiliários não ofende ao princípio da anterioridade, conforme previsão do art. 150, III, "b" e §1º da CF, e que também não haveria violação do princípio da irretroatividade, que teria por fator gerador futura operação de transmissão de títulos ou valores mobiliários.

Nesse contexto, assevera ainda que somente se aplicaria a reserva de Lei Complementar para a instituição do IOF, no caso de impostos não previstos em nível constitucional, pois a CF não institui tributo, porque o IOF é instituído por lei ordinária da entidade jurídica competente, salvo a hipótese do imposto extraordinário, do art. 154, I, da CF, tendo legitimidade a Lei nº 8.034/90 para instituir o imposto Sobre Operações de Crédito, Câmbio e Seguros, ou Relativas a Títulos ou Valores Mobiliários – IOF, definindo inclusive novas hipóteses de incidência.

Em seu voto, o Relator conclui que não há consistência jurídica na declaração de inconstitucionalidade do art. 1°, IV da Lei 8.033/90 merecendo prosperar o pedido da parte Recorrente.

O Relator em seu voto afirma que, em consonância a esse entendimento, está também a previsão da tese do Tema 102 da sistemática da repercussão geral, sustentando que existe previsão constitucional do art. 1º, IV, da Lei 8.033/90, pois a incidência de IOF sobre a transmissão de títulos e valores mobiliários, tais como ações de companhias abertas e respectivas bonificações, encontra respaldo no art. 153, V, da CF, sem ofender os princípios tributários da anterioridade e da irretroatividade, nem demandar a reserva de lei complementar.

Diante do exposto, finaliza o Ministro Relator, após a apresentação de todos argumentos e fundamentos, que conheceu e deu provimento ao Recurso Extraordinário para reformar o acórdão recorrido, concluindo pela constitucionalidade do art. 1º, IV, da Lei 8.033/90 e, com efeito, a exigibilidade do IOF sobre a transmissão de ações de companhias abertas e respectivas bonificações.

1.2.2. Debate

Após o voto do Relator, o Presidente Ministro Ricardo Lewandowski indagou ao Relator se haveria a formulação de tese sobre o resultado do voto.

Em resposta, o Relator Edson Fachin, explicou que a tese estava no item 1 da ementa.

Nesse sentido, o Ministro Presidente Ricardo Lewandowski colacionou a tese para conhecimento geral, nos seguintes termos:

É constitucional o art. 1º, IV, da Lei 8.033/90, uma vez que a incidência de IOF sobre a transmissão de títulos e valores mobiliários, tais como ações de companhias abertas e respectivas bonificações, encontra respaldo no art. 153, V, da Constituição Federal, sem ofender os princípios tributários da anterioridade e da irretroatividade, nem demandar a reserva de lei complementar.

Ponderou ainda o Ministro Marco Aurélio ao indagar o Presidente que talvez fosse necessário ainda mencionar a incidência não sobre, em si, o patrimônio, que são os títulos, mas o negócio jurídico envolvendo esses títulos, conforme destacado no voto do Ministro Edson Fachin, pois esta seria a base do voto do Relator e do precedente do Ministro Carlos Velloso.

Em resposta à sugestão, o Relator Ministro Edson Fachin concordou com os apontamentos do Ministro Marco Aurélio e solicitou ao Presidente que constasse também na redação a inclusão de entendimento no seguinte sentido: "é constitucional o art. 1º, IV, da Lei nº 8.033/90, uma vez que a incidência de IOF sobre o negócio jurídico de transmissão de títulos e valores...". O Presidente acatando a sugestão, afirmou que estava ótimo assim.

Ao final do debate, o Tribunal, por unanimidade e nos termos do voto do Relator, apreciando o tema 102 da repercussão geral, conheceu do recurso extraordinário e a este deu provimento, para reformar o acórdão recorrido. Em seguida, também por unanimidade, o Tribunal fixou a seguinte tese: "É constitucional o art. 1º, IV, da Lei nº 8.033/90, uma vez que a incidência de IOF sobre o negócio jurídico de transmissão de títulos e valores mobiliários, tais como ações de companhias abertas e respectivas bonificações, encontra respaldo no art. 153, V, da Constituição Federal, sem ofender os princípios tributários da anterioridade e da irretroatividade, nem demandar a reserva de lei complementar". Ausentes, neste julgamento, os Ministros Gilmar Mendes e Dias Toffoli. Falou, pela recorrente União, a Dra. Alexandra Maria Carvalho Carneiro. Presidiu o julgamento o Ministro Ricardo Lewandowski.

1.2.3. Votos vencidos

Não houve votos vencidos, uma vez que a decisão de dar provimento ao Recurso Extraordinário, nos termos do voto do Relator, para reformar o acordão recorrido foi unânime.

1.3. Análise crítica

Conforme se extrai do Recurso Extraordinário 583712, o Tribunal, por unanimidade e nos termos do voto do Relator, Ministro Edson Fachin, deu provimento ao recurso extraordinário para reformar o acordão recorrido no qual se discute a constitucionalidade do art. 1º, IV, da Lei nº 8.033/90, pois a incidência de IOF sobre o negócio jurídico de transmissão de títulos e valores mobiliários, tais como ações de companhias abertas e respectivas bonificações, encontra respaldo no art. 153, V, da Constituição Federal de 1988. Também não há que se falar em ofensa aos princípios tributários da anterioridade, irretroatividade e da reserva de Lei Complementar.

Além de precedentes no mesmo sentido, convém salientar que o IOF persegue fins extrafiscais, pois atingem atos financeiros que são de competência da União, conforme previsão constitucional, não podendo estas atingir depósitos, transferências, saques de contas do contribuinte, guarda e administração de títulos e valores, que não correspondam a operações reais de contratos ou negócios jurídicos de mútuo, câmbio ou seguro, uma vez que estes são simples movimentações financeiras. Assim, a hipótese de incidência do IOF atinge as operações consideradas jurídicas com execução efetiva de atos e negócios jurídicos mercantis-financeiros, desde que sejam relativos a crédito, câmbio, seguro, títulos e valores mobiliários, não havendo nenhuma incompatibilidade entre a previsão do art. 1°, IV da Lei 8.033/90 e o art. 153, V da CF/88.

Há de se concluir que a tributação do IOF é atribuída à União pelo Sistema Tributário Nacional desde que esta tenha por objeto ações e bonificações de um negócio jurídico em que haja efetivas operações jurídicas praticadas com tais títulos, ou seja, deve haver a transferência dos ativos, e não mera tributação do patrimônio dos contribuintes, não podendo o IOF incidir diretamente sobre tais títulos ou valores mobiliários.

Ademais, acerca da suposta ofensa aos princípios tributários, sobre os mesmos também não há ofensa, pois sobre o princípio da irretroatividade tributária previsto no art. 150, III, "a" da CF, a hipótese de incidência do IOF não são os ativos e aplicações financeiras, mas sim as operações relativas aos mesmos. Também inexiste ofensa ao princípio da anterioridade, uma vez que este tem por fato gerador uma futura operação de transmissão de títulos ou valores mobiliários, conforme dispõe o art. 150, III, "b" e §1° da CF. Por fim, não há que se falar em violação ao princípio da reserva de Lei Complementar para a instituição do IOF, haja vista que tal previsão somente se aplica no caso de imposto não previsto constitucionalmente.

Nesse diapasão, tem-se como acertada a decisão unânime do Recurso Extraordinário analisado que declarou a constitucionalidade do art. 1°, IV da Lei 8.033/90, pois as regras de hipótese de incidência possuem interpretação estrita, principalmente no caso em comento onde a incidência do IOF sobre a transmissão de títulos e valores mobiliários, tais como ações de companhia aberta e bonificações, que estão previstas no artigo 153, V da CF/88, não havendo também qualquer violação aos princípios destacados, sendo a cobrança de natureza tributária, e, portanto, constitucional.

Capítulo 17
Recurso Extraordinário nº 723.651 – Paraná

Beijanicy Ferreira da Cunha Abadia Valim
Thais Soares de Oliveira Almeida

1. Recurso Extraordinário nº 723.651 – Paraná[1]

Relator: Ministro Marco Aurélio
Voto vencedor: Ministro Marco Aurélio
Data de julgamento: 04 de fevereiro de 2016.

1.1. Ementa

> **IMPOSTO SOBRE PRODUTOS INDUSTRIALIZADOS – IMPORTAÇÃO DE BENS PARA USO PRÓPRIO – CONSUMIDOR FINAL.** Incide, na importação de bens para uso próprio, o Imposto sobre Produtos Industrializados, sendo neutro o fato de tratar-se de consumidor final.

[1] BRASIL. Supremo Tribunal Federal. Recurso Extraordinário nº. 723651. Relator(a): MARCO AURÉLIO, Tribunal Pleno, julgado em 04/02/2016 Disponível em: http://redir.stf.jus.br/paginadorpub/paginador.jsp?docTP=TP&docID=11465344. Acesso em 08 de set. de 2020.

1.1.1. Especificação do caso e razões da submissão à repercussão geral

Com base no voto do Relator Ministro Marco Aurélio, a controvérsia dos autos gira em torno da incidência do Imposto Sobre Produtos Industrializados – IPI na importação de veículo automotor, quando o importador for pessoa natural e o fizer para uso próprio, considerados ainda os limites da lei complementar na definição do sujeito passivo.

A tese principal descrita pelo Recorrente (Sr. Luiz Geraldo Bertolini Filho) é que o mesmo, como pessoa natural que não desempenha atividade empresarial de venda de automóveis, possui o direito de não se sujeitar ao Imposto sobre Produtos Industrializados exigido em razão de importação de veículo automotor para uso próprio.

Aduz ainda o Recorrente que o acórdão recorrido afronta ao princípio da não cumulatividade, evoca precedentes nos quais a Segunda Turma do Supremo concluiu pela inconstitucionalidade da incidência tributária discutida – Agravos Regimentais nos Recursos Extraordinários nº 255.090, relator ministro Ayres Britto, nº 501.773, relator ministro Eros Grau, e nº 255.682, relator ministro Carlos Velloso.

Já a Recorrida (União) sustenta, em preliminar, que o recurso não deve ser conhecido ante o Verbete nº 279 da Súmula do STF que prevê que inexiste repercussão geral da questão aduzida e por inexistência de afronta direta à Carta da República.

Aduz no mérito o Recorrido que não existem pronunciamentos do Supremo, com eficácia vinculante, sobre o tema, e que há a necessidade de a matéria ser debatida também sob o ângulo das definições do fato gerador e do contribuinte do imposto pelo Código Tributário Nacional.

Assim, o Recurso Extraordinário foi interposto pelo Recorrente, pessoa física, com fundamento em ofensa ao princípio da não cumulatividade, contra acórdão da Segunda Turma do Tribunal Regional Federal da 5ª Região que reformou sentença do Juízo, para assentar a legitimidade constitucional da exigência do Imposto sobre Produtos Industrializados – IPI relativamente à importação de veículo automotor, mesmo que para uso próprio de importador pessoa natural. Afirmando ainda que a destinação final do bem é irrelevante para a definição da incidência do tributo, pouco interessando tratar-se, o adquirente, de pessoa natural consumidora definitiva do produto.

O referido acórdão recorrido da Segunda Turma do Tribunal Regional Federal da 5ª Região afirmou ainda que inexiste ofensa ao princípio da não cumulatividade, porquanto, nas operações de importação de bens para utilização própria, o importador atua como substituto tributário do exportador não tributado pelas leis brasileiras, ficando descaracterizado o IPI como um imposto indireto.

O Supremo Tribunal Federal em 12/04/2013 reconheceu a repercussão geral da questão constitucional suscitada pelo Recorrente e em 13/06/2013, como o processo é eletrônico o Plenário Virtual solicitou a oitiva do Procurador-Geral da República, conforme previsão do artigo 325 do Regimento Interno do Supremo.

Houve a juntada de petição como *Amicus Curiae* pelo Colégio Brasileiro de Radiologia e Diagnóstico por Imagem requerendo o ingresso no processo como terceiro interessado, com o objetivo de formalizar memoriais bem como de realizar sustentação oral alegando que é representante de inúmeras clínicas de radiologia e diagnóstico em todo o território nacional, que arcarão com os efeitos da decisão quanto à incidência de imposto sobre produtos industrializados na importação de produtos médicos por não contribuinte do imposto.

Entretanto, tal pedido de intervenção de terceiro foi indeferido pelo Relator Ministro Marco Aurélio em 14/08/2013 com fundamento de que o quadro não autoriza a admissão de terceiro no processo, que poderia se mostrar, sob o ângulo numérico, indefinida, uma vez que se discute situação peculiar quanto a veículo automotor importado por pessoa natural para uso próprio.

Inclusive houve nos autos por parte do terceiro interessado pedido de reconsideração de tal decisão, mas o Relator julgou improcedente o pedido de reconsideração apresentado.

Houve nos autos um segundo pedido de reconsideração do terceiro interessado Colégio Brasileiro de Radiologia e Diagnóstico para que o mesmo fosse admitido no processo como terceiro.

Reporto-me às decisões anteriormente proferidas., mediante a Petição/STF nº 47.085/2013, busca a reconsideração da decisão. Sustenta que os médicos radiologistas importam regularmente equipamentos médicos sobre os quais é exigido o IPI de forma indevida. Apresenta lista atualizada dos 9.041 associados, pessoas naturais, e cópia do Estatuto Social, ressaltando a previsão do artigo 3º, item 7.

O Tribunal, em 12 de abril de 2013, reconheceu a existência de repercussão geral da matéria veiculada neste recurso extraordinário: controvérsia acerca da incidência do IPI na importação de veículo automotor, quando o importador for pessoa natural e o fizer para uso próprio, considerados ainda os limites da lei complementar na definição do sujeito passivo.

O eminente Min. Relator Gilmar Mendes, ao trazer o feito a julgamento na sessão plenária de 14 de abril de 2010, na conformidade da ata de julgamento e das notas taquigráficas, por unanimidade de votos, proferiu voto no sentido de negar provimento ao Recurso Extraordinário. Ausentes o Senhor Ministro Cezar Peluso, representando o Tribunal no 12º Congresso das Nações Unidas sobre Prevenção do Delito e Justiça Criminal, em Salvador/BA, e o Senhor Ministro Joaquim Barbosa, licenciado.

1.1.2. Critério de conhecimento da repercussão geral

Sobre a repercussão geral, o Ministro Relator Gilmar Mendes analisou o Recurso Extraordinário interposto pelo Estado de Minas Gerais em conjunto com o Instituto de Previdência dos Servidores do Estado de Minas Gerais (IPSEMG) contra acórdão do Tribunal de Justiça daquele Estado, que entendeu ser inconstitucional a cobrança de contribuição para o custeio da assistência médico-hospitalar, e que o Estado não teria legitimidade para cobrar contribuição destinada à saúde de forma compulsória, conforme ementa colacionada:

> PREVIDENCIÁRIO – LC 64/02 – CONTRIBUIÇÃO À ASSISTÊNCIA À SAÚDE – COMPULSORIEDADE VEDADA PELO ART. 149, § 1° DA CF/88 – NATUREZA JURÍDICA DE PLANO DE SAÚDE – ADESÃO VOLUNTÁRIA – ISENÇÃO DAS CUSTAS – SENTENÇA REFORMADA, EM PARTE, NO REEXAME NECESSÁRIO, PREJUDICANDO O RECURSO VOLUNTÁRIO. Nos termos do art. 149, § 1° da CF/88, os Estados somente podem instituir, de forma compulsória, contribuição de seus servidores, destinada à previdência social, cujos benefícios encontra-se arrolados no art. 201 da CF/88. Assim, não tendo o Estado legitimidade para cobrar a contribuição destinada a saúde de forma compulsória, a sua adesão deve ser voluntária, razão pela qual devem tais descontos ser extirpados dos contracheques daqueles servidores que, expressamente, não se interessam pelo

beneficiamento dos serviços médicos, hospitalares e farmacêuticos prestados pelo IPSEMG.

O Recurso Extraordinário foi fundamentado no inciso III, alínea "a" do permissivo constitucional, onde o Estado de Minas Gerais e o IPSEMG sustentaram que o acórdão recorrido teria contrariado o disposto no § 1°, do Artigo 149, § 4° do artigo 195, c/c inciso XII, do artigo 24 c/c Caput, e §§ 1°, 2° e 3° do artigo 25 c/c caput do artigo 18, todos da Constituição da República.

Sustentaram os Recorrentes que a contribuição instituída pelo art. 85 da Lei Complementar n° 64/2002 de Minas Gerais, no exercício da competência que lhe fora atribuída pelo Art. 195, § 4° da CF, que prevê que podem ser instituídas outras fontes de custeio da seguridade social mediante lei complementar, e que esta contribuição teria por finalidade custear os serviços de assistência médica, hospitalar, odontológico e farmacêutica prestados pela autarquia estadual.

Que não seria aplicável a hipótese do art. 149, § 1° da CF porque tal dispositivo constitucional cuidaria apenas de uma das facetas da seguridade social, ou seja, apenas do custeio da previdência dos servidores públicos estaduais e municipais. E que legislar sobre proteção e defesa da saúde constituiria competência concorrente da União, Estados e Distrito Federal, e que por inexistir normas gerais, os Estados poderiam exercer a competência legislativa plena.

Aduzem também os Recorrentes que o direito à saúde teria como pressuposto o princípio da solidariedade e, somente através da contribuição de todos, seria possível a manutenção dos sistemas estaduais de assistência à saúde dos servidores públicos. Afirmando, ainda, que este sistema atuaria ao lado do SUS (Sistema Único de Saúde) para reduzir demanda e melhorar os serviços prestados a toda população.

Por derradeiro, afirmam que a extinção do sistema de assistência à saúde gerida pelo IPSEMG constituiria violação ao princípio constitucional da proibição do retrocesso social, pois teria sido instituído antes da Constituição Federal de 1988.

Assim, sustentam os Recorrentes que discussão da constitucionalidade possuiria caráter relevante do ponto de vista econômico, jurídico e social porque discute a constitucionalidade da exação para custeio de saúde no Estado de Minas Gerais, pois envolve a prestação de serviços de saúde para todos os servidores do Estado de Minas Gerais, porém sempre dependente da contraprestação advinda da referida contribuição, o que atingiria a todos os servidores de executivo mineiro, as autarquias, Ministério Público, servidores do legislativo, Tribunal de Contas, Judiciário e seus magistrados. E que a declaração de inconstitucionalidade ocasionaria a quebra do sistema.

Em contrapartida, os Recorridos sustentam que o art. 149, § 1° da CF, na redação conferida pela emenda n° 41/2003, autorizaria a instituição, pelos Estados, Distrito Federal e Municípios, tão somente de contribuição destinada ao custeio do regime de previdência dos servidores públicos e que tal filiação deveria ocorrer por livre escolha do servidor.

Destarte, aduz o Relator que o tema estava sob apreciação do plenário no julgamento da ADI 3.106, de relatoria do Ministro Eros Grau, com julgamento suspenso em virtude de pedido de vista da Ministra Carmem Lúcia, e que a matéria deveria ser submetida ao Plenário Virtual para que lhe fosse aplicado os efeitos legais da repercussão geral, uma vez que havia a repetição do tema em vários processos, e que por tal motivo a matéria alcançaria relevância econômica, política, social e jurídica, ultrapassando os interesses subjetivos da causa, sendo, portanto, imprescindível a análise da repercussão geral pela Suprema Corte para fins de pacificação da matéria.

Assim, o Ministro Marco Aurélio, admitiu a discussão do tema na via estreita do extraordinário, sustentando nas palavras do Relator Gilmar Mendes, que seria indispensável que o Supremo definisse a possibilidade ou não, de Unidade da Federação criar contribuição social destinada a saúde, de caráter obrigatório, cobrada dos respectivos servidores.

1.2. Mérito da decisão

O Recurso Extraordinário nº 573540 foi julgado em 14 de abril de 2010, em sessão plenária presidida pelo Ministro Gilmar Mendes, onde estavam presentes os Ministros Celso de Mello, Marco Aurélio, Ellen Gracie, Ayres Britto, Eros Grau, Ricardo Lewandowski, Cármen Lúcia e Dias Toffoli. Procurador-Geral da República, Dr. Roberto Monteiro Gurgel Santos. Ausentes, justificadamente, o Senhor Ministro Cesar Peluso, representando o Tribunal no 12° Congresso das Nações Unidas sobre Prevenção do Delito e Justiça Criminal, em Salvador/BA, e o Senhor Ministro Joaquim Barbosa, licenciado. Recurso

Extraordinário que se negou provimento, por unanimidade dos votos, nos termos do voto do Relator Gilmar Mendes.

1.2.1. Voto condutor

Em seu voto, o Relator Ministro Gilmar Mendes assevera que o Recurso Extraordinário tem como base a discussão da constitucionalidade da contribuição instituída pelo art. 85 da Lei Complementar nº 64/2002, do Estado de Minas Gerais, que teria por finalidade o custeio dos serviços de assistência médica, hospitalar, odontológica e farmacêutica prestados pelo Instituto da Previdência dos Servidores Públicos do Estado de Minas Gerais (IPSEMG).

O Relator esclareceu inicialmente em seu voto, que o objeto deste Recurso Extraordinário em discussão, não era tão amplo quanto o da ADI nº 3.106, que já havia sido julgada parcialmente procedente, por unanimidade, pois na ação direta, discutia-se não apenas a constitucionalidade do art. 85 da Lei Complementar nº 64/02, mas, também, a constitucionalidade do art. 79, o qual garantiu a inclusão, no regime próprio de previdência estadual, dos servidores não titulares de cargos efetivos.

Colaciona-se o teor artigo 85 da Lei Complementar nº 64/02 impugnado no Recurso Extraordinário, in verbis:

> Art. 85 – O IPSEMG prestará assistência médica, hospitalar e odontológica, bem como social, farmacêutica e complementar aos segurados referidos no art. 3º desta Lei Complementar, aos servidores detentores exclusivamente de cargo de provimento em comissão, declarado em lei de livre nomeação e exoneração, aos agentes políticos e aos servidores admitidos nos termos do art. 10 da Lei nº 10.254, de 20 de julho de 1990, extensiva aos seus dependentes, observadas as coberturas e os fatores moderadores definidos em regulamento. (Caput com redação dada pelo art. 5º da Lei Complementar nº 100, de 5/11/2007.) (Vide art. 7 da Lei Complementar nº 73, de 30/7/2003.)
> § 1º – O benefício a que se refere o caput deste artigo será custeado por meio do pagamento de contribuição, cuja alíquota será de 3,2% (três vírgula dois por cento), descontada da remuneração de contribuição ou dos proventos do servidor, até o limite de vinte vezes o valor do vencimento mínimo estadual, não podendo ser inferior a R$ 30,00 (trinta reais), que serão reajustados nos mesmos índices do aumento geral concedido ao servidor público estadual.

§ 2º – O piso mínimo de contribuição estabelecido no § 1º não se aplica ao servidor que tenha renda bruta mensal igual ou inferior ao montante estabelecido no art. 13 da Emenda à Constituição da República nº 20, de 15 de dezembro de 1998, aplicando-se nesse caso a alíquota de 3,2% (três vírgula dois por cento).

§ 3º – A contribuição referida no § 1º será acrescida de 1,6% (um vírgula seis por cento) da remuneração de contribuição ou dos proventos sobre o valor que exceder o limite de vinte vezes o valor do vencimento mínimo estadual.

§ 4º – O Tesouro do Estado contribuirá com a alíquota de 1,6% (um vírgula seis por cento) da remuneração do servidor, até o limite de vinte vezes o valor do vencimento mínimo estadual.

§ 5º – A contribuição será descontada compulsoriamente e recolhida diretamente ao IPSEMG até o último dia previsto para pagamento da folha de servidores públicos do Estado.

§ 6º – A assistência a que se refere o caput deste artigo será prestada pelo IPSEMG exclusivamente aos contribuintes e seus dependentes, mediante a comprovação do desconto no contracheque do último mês recebido ou do pagamento da contribuição diretamente ao IPSEMG até o último dia útil do respectivo mês, nos termos do regulamento.

§ 7º – O disposto neste artigo, à exceção do § 4º, aplica-se às pensões concedidas após a publicação desta Lei Complementar.

§ 8º – Fica o IPSEMG autorizado a celebrar convênio de assistência à saúde com instituições públicas estaduais.

§ 9º – A prestação da assistência a que se refere o caput deste artigo fica limitada aos segurados mencionados nos arts. 3º e 79, bem como aos incluídos na forma do § 8º deste artigo, ficando facultado ao IPSEMG celebrar convênios de assistência à saúde com os municípios, mediante contribuição a ser calculada atuarialmente, garantia de adimplência e outras condições definidas em regulamento.

§ 10 – O disposto no § 3º deste artigo não se aplica ao servidor, ao inativo e ao pensionista cuja vinculação ao serviço público estadual tenha ocorrido até 31 de dezembro de 2001.

§ 11 – Os que perderam a condição de dependente dos segurados, bem como os pais destes, poderão continuar com o direito à assistência referida no caput deste artigo, mediante opção formal, desde que já tenha ocorrido o pagamento da contribuição relativa à alíquota de 2,8% (dois vírgula oito por cento), observado o limite mínimo de contribuição de R$78,00 (setenta e oito reais) por beneficiário, que serão reajustados nos mesmos índices do aumento geral concedido ao servidor público estadual. (Artigo com redação dada pelo art. 1º da Lei Complementar nº 70, de 30/7/2003.) (Grifo nosso).

O Relator ressalta que o § 5° do referido artigo prevê que a contribuição para o custeio dos serviços de saúde a serem prestados pela IPSEMG, independente da utilização ou não desse serviço, e que esta era descontada da remuneração de todos os servidores públicos de maneira compulsória, o que configuraria a natureza tributária desta cobrança.

Sustenta em seu voto o Relator, citando os dizeres do doutrinador Humberto Ávila , que o sistema tributário da CF/88 caracteriza-se pela rigidez e exaustividade, ou seja, todos os impostos, e seus requisitos normativos para a instituição, são definidos pela própria CF com hierarquia constitucional, não podendo, portanto, ser modificados por lei ordinária, e que, por esse motivo, dever-se-ia buscar no texto constitucional, dispositivo expresso que atribuísse ao Estado-membro a competência para instituir contribuição social destinada ao custeio de serviços de assistência à saúde prestados, com exclusividade aos seus servidores.

Discorre em seu voto, que não é apenas a competência para a instituição de impostos que é disciplinada de forma exaustiva pela CF, mas no que se refere a contribuições, classificada como, tributos que se caracterizam pela afetação de sua receita para atender a determinada finalidade pública, necessita-se também de regra constitucional que, expressamente ou por intermédio de cláusula de remissão, em competência residual, atribua ao ente federativo a imposição da competência.

Complementa o voto, afirmando que o art. 149, caput da CF atribui à União a competência exclusiva para a instituição de contribuições sociais, de intervenção no domínio econômico e de interesse de categorias profissionais ou econômicas, sendo esta uma regra geral de competência para a instituição dessa espécie de tributo, que prevê apenas duas exceções: 1) a do § 1° do próprio artigo que autoriza os Estados, o Distrito Federal e os Municípios a instituir contribuição, cobrada de seus servidores, para o custeio em benefício destes do regime previdenciário tratado no art. 40; e 2) a prevista no art. 149-A da CF, que atribui ao Distrito Federal e aos Municípios a competência para a instituição de contribuição para o custeio do serviço de iluminação pública.

Assim, somente no caso destas duas exceções é que os Estados e Municípios teriam competência para a instituição de contribuição, independente da finalidade. E que por isso, o art. 195, § 4º da CF, além das previsões expressas do caput e incisos do próprio artigo, deve ser interpretado como previsão constitucional de competência residual para a instituição de contribuições destinadas ao custeio da previdência social, em consonância com a previsão do artigo 149, caput, da Constituição, uma vez que este define a regra geral de competência para a instituição de contribuições, tanto sociais, interventivas ou corporativas.

Nesse contexto, tem-se que somente a União poderá exercer a competência residual, vedando-se a instituição de contribuições sociais aos demais entes federativos.

Em seu voto, o Relator rebate a alegação de que a atribuição prevista no art. 24, XII da CF, que prevê a competência concorrente à União e aos Estados para legislar sobre proteção e defesa da saúde seria suficiente para o Estado de Minas Gerais instituir contribuição voltada ao custeio de sistema de saúde criado em favor de seus servidores, pois a competência, privativa ou concorrente, para legislar sobre determinada matéria não implica automaticamente a competência para instituir tributos, devido ao sistema rígido e exaustivo de distribuição de competência tributária adotado pela CF/88, ou seja, como dito alhures, os entes federativos somente podem instituir exações que lhes foram outorgadas expressamente pela Constituição, ressalvadas, claro, a competência residual da União dos arts. 154, I e 195, § 4º da CF.

O Relator, com base ainda nas lições de Humberto Ávila, rebate os argumentos apresentados no recurso, asseverando que, não se revela a possibilidade da instituição de tributo com base em mera invocação de princípios, como o da solidariedade, porque os princípios constitucionais, tanto os gerais, como os fundamentais ou de garantias individuais, como os princípios específicos, como o da solidariedade ou do sistema tributário, não podem justificar a ampliação de regras de competência.

Ademais, frisa o Relator, que os Estados-membros somente poderão instituir contribuição que tenha por finalidade o custeio do regime de previdência de seus servidores.

Em consonância a esse entendimento está o art. 193 da CF que prevê que a saúde, a previdência e a assistência social são os pilares estruturais da seguridade social do país.

Segundo o Relator, estes pilares podem ser definidos como: a) previdência, previsto nos arts. 201, 202, e 40 da CF, sendo o conjunto de ações destinadas a assegurar os meios indispensáveis de manutenção e subsistência ante a ocorrência de determinados eventos sociais, como os riscos de incapacidade, desemprego involuntário, óbito de quem se dependia economicamente, etc. b) saúde, art. 196 e 198 da CF, definida como direito de todos e dever do estado, garantido mediante políticas sociais e econômicas que visem a redução do risco de doença e ao acesso universal e igualitário para sua promoção, devendo estes serviços públicos integrar uma rede de sistema único.

Nesse sentido, afirma que, como a saúde e a previdência são realidades distintas, portanto, seria infundada a tese de que a expressão "regime previdenciário" também englobaria os serviços médicos, hospitalares, odontológicos e farmacêuticos prestados pela IPSEMG, uma vez que, as regras de competência tributária não podem ter uma interpretação extensiva ou analógica, mas pelo contrário, necessitam de interpretação estrita para terem melhor resultado na defesa dos direitos e garantias dos contribuintes, protegendo-os do arbítrio e do abuso do poder fazendário .

Ainda rebatendo os argumentos apresentados nas razões do recurso, assevera que não é adequada constitucionalmente à interpretação segundo o qual o art. 149, § 1° da CF autorizaria a instituição de contribuição para o custeio de assistência à saúde de servidores públicos, pois já houve entendimento do Supremo Tribunal Federal neste mesmo sentido na Ação Direta de Inconstitucionalidade n° 1.920 de relatoria de Nelson Jobim, publicada em 20/9/2002, que previu com base no art. 149, PU da CF, segundo o qual prevê que, em regra de exceção se interpreta restritivamente, a impossibilidade de instituir contribuição compulsória para a saúde dos servidores do Estado da Bahia.

Finaliza o Ministro destacando ainda, que a assistência a saúde prestada pela IPSEMG não se integra e nem se confunde com as ações realizadas pelo SUS, porque enquanto o sistema estadual da IPSEMG atende apenas aos servidores daquele Estado, o SUS, por sua vez, se caracteriza pela universalidade de acesso aos serviços de saúde.

Que assim sendo, o sistema estadual é na verdade um plano de saúde de adesão e contribuição compulsória, que ao ser criado e gerido pelo Estado exerce atividades que também poderia ser executada por agentes privados, independentemente de concessão, permissão ou autorização do Poder Público, o que configura uma lesão ao princípio da livre concorrência, atribuindo a referida autarquia previdenciária uma verdadeira vantagem, configurando a concorrência desleal do setor econômico aberto do livre mercado.

Salienta, porém, o Ministro que, em tese, a criação de planos de saúde pelos entes federativos não se configuraria inconstitucional, referindo-se ao fundamento do voto do Ministro Eros Grau na ADI n° 3.106, pois a inconstitucionalidade residiria apenas na compulsoriedade da contribuição instituída para financiar os planos de saúde, prevista no § 5° do art. 85 da Lei Complementar n° 64/2002.

Além dos fundamentos já delineados, o Relator afirma que a CF não autoriza os Estados-membros a instituir exação que possua natureza tributária, que exija pagamento à todos os servidores, independentemente de adesão voluntária ao plano, para custear os serviços de saúde, ou seja, não há óbice constitucional ao se oferecer, pelo Estado, estes serviços, aos seus servidores, desde que a adesão e a contribuição não sejam compulsórias. Porém, nestes casos inexiste direito subjetivo à fruição independente do pagamento da contribuição, pois os serviços somente serão prestados àqueles que aderirem ao plano voluntariamente.

Diante do exposto, após a apresentação de todos argumentos e fundamentos, o Relator negou provimento ao Recurso Extraordinário, concluindo que os Estados-membros possuem competência apenas para a instituição de contribuição voltada ao custeio de regime próprio de previdência de seus servidores, não tendo, portanto, competência para a criação de contribuição ou de qualquer outra espécie de tributo destinada ao custeio de serviços médicos, hospitalares, farmacêuticos e odontológicos prestados aos seus servidores, principalmente porque não há aos Estados qualquer óbice constitucional para que prestem serviços de saúde a seus servidores, desde que a adesão seja facultativa.

1.2.2. Debate

Após o voto do Relator, o Ministro Marco Aurélio solicitou ao presidente alguns esclarecimentos, questionando se a abrangência também seria para ocupantes de cargo de confiança, pois no caso do julgamento da ADI n° 3.106, no seu voto, a norma em debate acerca da contribuição para custeio da assistência médica, envolvia detentores de cargo de confiança, e essa foi a base de seu voto na ocasião. E que no caso em julgamento do Estado de Minas Gerais o recurso estava sendo desprovido devido à obrigatoriedade.

Em resposta, o presidente e Relator Gilmar Mendes, explicou que neste caso em julgamento eram servidores efetivos, e que a contribuição instituída tinha a finalidade custear o serviço de assistência médica, que a referida contribuição havia sido instituída pelo Estado de Minas Gerais sob a alegação deste estar no exercício da competência que lhe fora atribuída pelo art. 195, § 4º da CF.

Argumentado também pelo Ministro Dias Toffoli acerca da compulsoriedade, o Relator respondeu que o desprovimento do recurso era por se tratar de um modelo compulsório de participação do servidor nesse plano de saúde, mas que o Estado poderia sim instituir plano de saúde, mas desde que fosse livre a adesão do servidor.

Ao final do debate, o Ministro Marco Aurélio, acompanhado dos ministros Dias Toffoli, Carmem Lúcia, Ayres Britto e Eros Grau, também concordaram com os argumentos do Relator Gilmar Mendes em relação aos cargos efetivos, discorrendo ainda, que o Estado não pode instituir essa contribuição à margem do que prevê a CF quanto aos detentores de cargo de confiança, uma vez que aqui são detentores de cargos efetivos, e que o problema neste julgamento também era a compulsoriedade da cobrança.

1.2.3. Votos vencidos

Não houve votos vencidos, uma vez que a decisão de negar provimento ao Recurso Extraordinário, nos termos do voto do Relator, foi unânime.

1.3. Análise crítica

Conforme se extrai do Recurso Extraordinário 573540, o Tribunal, por unanimidade e nos termos do voto do Relator, Ministro Gilmar Mendes (Presidente), negou provimento ao recurso extraordinário no qual se discute a constitucionalidade da contribuição instituída no estado de Minas Gerais através da Lei Complementar nº 64/2002, em seu artigo 85, que tinha a finalidade de custeio dos serviços de assistência médica, hospitalar, odontológica e farmacêutica prestados pelo Instituto de Previdência dos Servidores Públicos do Estado de Minas Gerais (IPSEMG).

A contribuição para o custeio dos serviços de saúde era cobrada de maneira compulsória através de desconto na remuneração de todos os servidores públicos, mesmo que estes não utilizassem os serviços, o que caracteriza a natureza tributária da cobrança, fato que não é autorizado pelo texto constitucional, uma vez que, não há dispositivo que atribua ao Estado a competência para instituir contribuição social para o custeio de serviços de assistência a saúde, ferindo a rigidez e exaustividade do sistema tributário brasileiro adotado pela CF/88, que prevê no Caput do artigo 149 da CF que a União possui competência exclusiva para a instituição de contribuições sociais, de intervenção no domínio econômico e de interesse de categorias profissionais ou econômicas.

Ademais, tal exação não se coaduna nem mesmo com as exceções à regra geral acerca da competência para a instituição deste tributo, quais sejam, a contribuição para o custeio do regime previdenciário prevista no artigo 140, §1° da CF, e a instituição de contribuição para o custeio do serviço de iluminação pública, prevista no artigo 149-A da CF.

Assim, o Estado de Minas Gerais, em que pese sua invocação do princípio constitucional da solidariedade, não possui competência para a instituição compulsória desta contribuição voltada ao custeio de sistema de saúde, seja qual for sua finalidade, pois estaria usurpando a competência exclusiva da União, não podendo ampliar as regras de competência.

Nesse diapasão, tem-se como acertada a decisão unânime do Recurso Extraordinário analisado, pois as regras de competência possuem interpretação estrita, principalmente no caso em comento onde a cobrança da adesão e a contribuição eram feitas de maneira compulsória, não podendo ser alargadas através de meras interpretações de princípios, sendo a cobrança de natureza tributária, e, portanto, inconstitucional.

Capítulo 18
Recurso Extraordinário nº 651.703 – Paraná

Renato Porto da Silva

1 Recurso Extraordinário nº. 651.703 [1]

Relator: Ministro Luiz Fux
Voto Vencedor: Ministro Luiz Fux
Data de julgamento: 28 de fevereiro de 2019.

1.1 Ementa

> TRIBUTÁRIO E CONSTITUCIONAL. EMBARGOS DE DECLARAÇÃO NO RECURSO EXTRAORDINÁRIO. ISSQN. ART. 156, III, CRFB/88.

[1] BRASIL. Supremo Tribunal Federal. Recurso Extraordinário nº. 606.107, Relator: Min. Luiz Fux. Disponível em: http://redir.stf.jus.br/paginadorpub/paginador.jsp?docTP=TP&docID=4919271. Acesso em 08 de set. de 2020.
Decisão: O Tribunal, por maioria, deu parcial provimento aos terceiros embargos de declaração apenas para corrigir a tese jurídica fixada no julgamento de 29.9.2016, dela excluindo-se a referência ao "seguro-saúde", hipótese não contemplada pela presente repercussão geral, resultando na seguinte redação: "As operadoras de planos de saúde realizam prestação de serviço sujeita ao Imposto Sobre Serviços de Qualquer Natureza – ISSQN, previsto no art. 156, III, da CRFB/88", nos termos do voto do Relator, vencido o Ministro Marco Aurélio. Ausentes, justificadamente, os Ministros Celso de Mello e Dias Toffoli (Presidente). Presidência do Ministro Luiz Fux (Vice-Presidente). Plenário, 28.2.2019

CONCEITO CONSTITUCIONAL DE SERVIÇOS DE QUALQUER NATUREZA. OPERADORAS DE PLANOS DE SAÚDE. CONSTITUCIONALIDADE DA INCIDÊNCIA DECLARADA PELO ACÓRDÃO EMBARGADO, EM PROCESSO SUBMETIDO AO REGIME DA REPERCUSSÃO GERAL. EXCLUSÃO DA MENÇÃO AO SEGURO-SAÚDE DA TESE JURÍDICA FIXADA. POSSIBILIDADE. NECESSIDADE DE OBSERVÂNCIA AOS LIMITES OBJETIVOS E SUBJETIVOS DA QUESTÃO JURÍDICA SUBMETIDA AO PLENÁRIO POR OCASIÃO DO RECONHECIMENTO DA REPERCUSSÃO GERAL. AUSÊNCIA DE ALTERAÇÃO JURISPRUDENCIAL. INOCORRÊNCIA DE OMISSÃO PELO ACÓRDÃO RECORRIDO. CONCLUSÃO QUE NÃO AFASTA POSSÍVEL MUDANÇA FUTURA DE ENTENDIMENTO. EMBARGOS DE DECLARAÇÃO PARCIALMENTE PROVIDOS. O regime jurídico tributário das empresas operadoras de planos de saúde, tributadas pelo ISSQN, não se aplica às seguradoras de saúde, posto estarem submetidas ao IOF, razão pela qual a eventual imposição também do imposto sobre serviços às últimas implicaria dupla tributação. 2. A objetivação do controle difuso de constitucionalidade não permite a ampliação pela tese jurídica final do espectro da questão constitucional identificada na manifestação do Relator que reconhece a repercussão geral, porquanto tal atitude inviabilizaria o exercício do contraditório pelas partes e terceiros interessados. 3. Tese: "As operadoras de planos de saúde realizam prestação de serviço sujeita ao Imposto Sobre Serviços de Qualquer Natureza – ISSQN, previsto no art. 156, III, da CRFB/88." 4. A incidência do ISSQN sobre as atividades desenvolvidas pelas operadoras de planos de saúde, cuja constitucionalidade foi afirmada pela Corte, de acordo com o previsto pelos itens 4.22 e 4.23 da lista anexa à Lei Complementar nº 116/03, em sede de repercussão geral, e com base nas premissas assentadas por esta Corte no julgamento dos RE's 547.245 e 592.905 (Tribunal Pleno, Rel. Min. Eros Grau, julgados em 02/12/09, DJ de 05/03/10), não acarretou alteração de entendimento apta a ensejar a revisão de enunciado sumulado. 5. Deveras, a referida conclusão não afasta a possibilidade de nova apreciação do tema pela Corte em casos futuros, em razão de ulterior alteração legislativa, notadamente no que concerne ao RE 116.121 (Tribunal Pleno, Rel. Min. Octávio Gallotti, Rel. p/ acórdão Min. Marco Aurélio, DJ de 25/05/01). 6. Embargos de declaração parcialmente providos.

1.1.1 Especificação do caso e razões da submissão à repercussão geral

No estudo do Recurso Extraordinário nº. 606.107 do Paraná, julgado em setembro de 2016, que reconheceu a repercussão geral no tema do processo que iniciou em outubro de 2008 com o Mandado de Segurança Preventivo da empresa HOSPITAL MARECHAL CÂNDIDO RONDON LTDA, será analisado a violação, ou não, dos artigos 153, V, e 156, III, da Constituição da República. Sustenta que a principal atividade das empresas de seguro consiste em obrigação de dar, e não de fazer, o que afastaria a incidência do ISSQN.

Foi afirmado pelo recorrente que o objeto principal para a classificação de uma obrigação é o "interesse buscado pelo credor da prestação", sendo de pouca importância as atividades-meio para a satisfação do objetivo almejado pelos usuários do serviço. Alegou que, no caso *sub examine*, a principal atividade de empresas como a recorrente seria a cobertura dos gastos de seus clientes com serviços de assistência à saúde, e que "todas as demais atividades por elas desempenhadas – entre as quais as de planejar sua estratégia comercial, negociar com médicos, hospitais e laboratórios, dentre outros prestadores de serviço, a fim de com eles celebrar convênios – são meros acessórios dessa atividade final, (...), meras prestações-meio em relação à prestação-fim, aquela que é efetivamente buscada pelos usuários do plano de saúde, qual seja, a cobertura dos serviços de assistência à saúde prestados pelos profissionais e entidades conveniados ao plano".

Neste contexto, corroborando os argumentos da inicial, alega que os contratos de plano de saúde seriam de natureza aleatória, dado o seu caráter securitário. Dessa forma, afastado o requisito da comutatividade, inerente aos contratos de prestação de serviço, restaria inviável a cobrança do ISS.QN.

Para o recorrente, HOSPITAL MARECHAL CÂNDIDO RONDON LTDA, compreender a real extensão da competência constitucionalmente outorgada aos Municípios no que diz com a tributação pelo ISS, faz-se necessário buscar no ordenamento brasileiro o conceito de serviço.

Nesse sentido, citou MARÇAL JUSTEN FILH0, para quem o conceito constitucional de serviço (e, por extensão, o de prestação de serviço) deve ser buscado, principalmente, na distinção entre as obrigações de fazer e as obrigações de dar.

Isso porque apenas as obrigações de fazer se coadunam com o conceito remoto (ou do senso comum) de serviços, já que as obrigações de dar, de não dar e de não-fazer não envolvem esforço físico ou intelectual (ou esforço pessoal), que seja capaz de produzir uma utilidade em proveito alheio.

O recorrente alegou, ainda, que as obrigações de fazer são o núcleo da hipótese de incidência do ISS. E tal conceito deve ser entendido justamente em contraposição com o que se entende por obrigações de dar. Isso é fora de dúvida. Ainda que, com razão, a maioria dos autores indique ser o dar uma modalidade do fazer, não há como deixar de considerar que aquela representa uma especialização desta, e atrai para si um regime jurídico específico, tanto que sujeitas tais espécies de obrigações a modos de execução distintos[2]. O próprio Código Civil, em seus artigos 233 e 247, opõem claramente as noções de obrigação de dar e de obrigação de fazer.

Nesse sentido, fundamentou que as atividades administrativas desenvolvidas pela recorrente assemelham-se às realizadas por empresas de seguro que, nem por isso, porém, (...) são consideradas sujeitos passivos do ISS. Muito diferentemente, apenas são tributadas pela União, com base no art. 153, V, da CF/88. E não há razão para se aplicar regime diverso às operadoras de planos de saúde, pois isso implicaria tratar desigualmente pessoas que estão em situação semelhante.

Em sede de contrarrazões, o recorrido defende a inadmissibilidade do recurso, por entender que demandaria o reexame do conjunto fático probatório dos autos, o que encontra óbice na Súmula 279 desta Suprema Corte. Ademais, aponta a ausência do devido prequestionamento da matéria constitucional abordada.

No mérito, acerca da constitucionalidade da tributação do ISS no caso em tela, sustentou, *in verbis*:

> As alegações de que haveria limitações constitucionais à tributação do ISSQN, motivado pelo fato de que a instituição do tributo haveria de estar vinculada nos exatos limites do conceito (constitucional) de serviço, não encontram amparo. Afinal a(s) parte(s) recorrida(s) instituiu o tributo (ISSQN) dentro de sua esfera de competência conferida pelo art. 156, III da Constituição

[2] Artigos 461 e 461-A e artigos 621 a 643 do Código de Processo Civil.

Federal. Cumprindo ressaltar que tais tributos não estariam compreendidos no inciso II do art. 155 (definidos em Lei Complementar), conforme bem ressaltou a decisão de primeiro grau, confirmada pelo Acórdão recorrido.

Mencionou, também, que a classificação do exercício *sub judice* como serviço ocorreu em sede de norma municipal e federal, portanto, sua aplicabilidade só poderia ser afastada se reconhecida a ilegalidade ou inconstitucionalidade da mencionada lei. Quanto à classificação da atividade exercida pelo plano de saúde, defende o recorrente a configuração de obrigação de fazer, tendo em vista que se perfaz ao longo do tempo, ao contrário da obrigação de dar, que é concluída em um único ato. Logo em seguida a Suprema Corte reconheceu a repercussão geral do tema constitucional em estudo, qual seja, a incidência do ISS sobre atividades desenvolvidas por operadoras de planos de saúde, nos termos dos artigos 153, V, e 156, III, da Constituição da República, eis que era relevante do ponto de vista econômico, político, social e jurídico, além de ultrapassar os interesses subjetivos da causa.

Pela complexidade do tema, o Ministro relator admitiu o ingresso da Associação Brasileira das Secretarias de Finanças das Capitais Brasileiras – ABRASF, Confederação Nacional dos Municípios – CNM, Município de São Paulo, Associação Brasileira de Medicina de Grupo – ABRAMGE, Federação Nacional de Saúde Suplementar – FENASAÚDE, na qualidade de *amicus curiae.*

Neste Julgado, em sede de repercussão geral foi fixada tese nos seguintes termos: "As operadoras de planos privados de assistência à saúde (plano de saúde e seguro-saúde) realizam prestação de serviço sujeita ao Imposto Sobre Serviços de Qualquer Natureza – ISSQN, previsto no art. 156, III, da CF/88".

Por outro lado, em maio de 2017 o HOSPITAL MARECHAL CÂNDIDO RONDON LTDA apresentou EMBARGOS DE DECLARAÇÃO contra acórdão proferido pelo Plenário do STF, nos autos do recurso extraordinário em referência. Neste contexto, cumpria informar que na forma do artigo 7º, § 2º, da Lei nº 9.868/99, formulou sua admissão na qualidade de *amicus curiae,* o que foi deferido pelo Relator, Ministro Luiz Fux.

Registrou, que o *amicus curiae* possui relevante papel no deslinde das controvérsias, tendo como finalidade pluralizar o debate constitucional, apresentando informações, documentos ou quaisquer elementos importantes e suporte de subsídio fático e jurídico para o julgamento da causa, o que justificou a admissão da postulante como tal no presente feito.

Informou que conforme artigo 131, § 3º do Regimento Interno do STF, o *amicus curiae* tem direito à sustentação oral, mas, segundo precedente da Suprema Corte, não tem legitimidade para postular tutela cautelar (ADI n. 2904, Rel. Min. Menezes Direito, decisão monocrática, DJe 06/06/2008). Todavia, a possibilidade de admissão de *amicus curiae* não se reduziria ao controle concentrado de constitucionalidade. Havia várias leis admitindo expressamente (ex: Lei 12.529/11, Art. 482, § 3º do CPC, Art. 543-A, § 6º do CPC, Art. 543-C, § 4º do CPC, Lei 11.417/06).

E, também o artigo 138 §§ 2º e 3ª do Novo Código de Processo Civil prevê a figura do *amicus curiae.*

Dessa forma, sustentou a Embargante a existência de erro material, contradição e omissão no v. acórdão embargado. Em relação à alegação de erro material e contradição, a embargante esclareceu que a tributação do "seguro-saúde" não havia sido objeto da demanda, de forma que a tese jurídica fixada ao final do julgamento, além de não corresponder à hipótese dos autos, contraria a competência privativa da União para tributar as operações de seguro, nos termos do art. 153, V, da Constituição Federal, e do próprio voto condutor do acórdão. Já em relação às omissões apontadas, a embargante aduziu a necessidade de manifestação desta Corte acerca da competência residual da União, prevista no art. 154, I, da Constituição Federal, bem como a necessidade de enfrentamento da questão relativa à superação ou não do entendimento consubstanciado pela Súmula Vinculante nº 31 do STF.

Com base nisso, requereu a correção do enunciado da tese de repercussão geral para dele expurgar a referência ao "seguro-saúde", sanando a contradição e o erro material apontados, além da expressa manifestação do Colegiado acerca das alegadas omissões.

Em contrarrazões, o Município de Marechal Cândido Rondon-PR, o Município de São Paulo e a Confederação Nacional dos Municípios – CNM alegam que a tese fixada em sede de repercussão geral não deveria ser alterada, eis que refletia a adequada interpretação constitucional do conceito de serviços dada pela Corte. Ademais, não haveria qualquer omissão no v. Acórdão a ser sanada pela Corte. Todavia, os embargos foram admitidos parcialmente provido??.

No que se refere ao reconhecimento de repercussão geral para o RE em análise, cumpre esclarecer que a posição do Ministro-Relator, Luiz Fux, foi no sentido de adotar a técnica jurisdicional "preventiva" como forma de garantir a continuidade jurídica; deixou o alerta de que poderá ocorrer uma possível mudança no entendimento da Corte em relação ao assunto, pois não tardará para que o Supremo Tribunal Federal se manifeste acerca das novas atividades tecnológicas que tem surgido, com o objetivo de descortinar-lhes a natureza jurídica para fins de incidência tributária.

1.1.2 Critério de conhecimento da repercussão geral

O Recurso Extraordinário nº. 606.107 do Paraná foi interposto pelo HOSPITAL MARECHAL CÂNDIDO RONDON LTDA contra acórdão da 1ª Turma do Egrégio Tribunal Regional Federal da 4ª Região que, em Mandado de Segurança impetrado HOSPITAL MARECHAL na capital do Paraná, no qual fixou a lei complementar cuja inconstitucionalidade não está evidenciada, é possível a incidência de ISS sobre a atividade de administração de planos de saúde, a atividade de administração de planos de saúde não se resume a repasses de valores aos profissionais conveniados, mas configura real obrigação de fazer em relação aos seus usuários e não podendo se negar a existência de prestação de serviço.

A recorrente sustentou a preliminar de repercussão geral e, no mérito, aponta violação aos artigos 153, V e 156, III, da Constituição da República e que a principal atividade das empresas de seguro consiste em obrigação de dar, e não de fazer, o que afastaria a incidência do ISSQN. Alegou, ainda, que o objeto principal para a classificação de uma obrigação é o "interesse buscado pelo credor da prestação", sendo de pouca importância às atividade-meio para a satisfação do objetivo almejado pelos usuários do serviço.

Para o recorrente a Constituição da República, no seu artigo 156, III, outorga competência aos Municípios para editar leis destinadas à tributação de serviços de qualquer natureza, definidos em lei complementar, excetuados aqueles compreendidos no âmbito de incidência do ICMS (art. 155, inciso II, da CF).

Neste sentido, a outorga de competência tributária, por guardar estreita relação com o princípio federativo e o direito de liberdade, é matéria sob estrita reserva constitucional, que não admite extensão por norma de inferior dignidade, muito menos interpretação que desborde de suas lindes.

Neste contexto, os Municípios não estariam constitucionalmente autorizados a, mediante lei, onerar com o ISS todos os serviços definidos em lei complementar e que não estejam abrangidos pela regra de competência relativa ao ICMS; de outro lado, não podem prever a incidência do ISS sobre o que não seja, efetivamente, serviço, sob pena de inconstitucionalidade, derivada da sua incompetência.

Alegou que, no caso *sub examine*, a principal atividade de empresas como a recorrente seria a cobertura dos gastos de seus clientes com serviços de assistência à saúde, e que "todas as demais atividades por elas desempenhadas – entre as quais as de planejar sua estratégia comercial, negociar com médicos, hospitais e laboratórios, dentre outros prestadores de serviço, a fim de com eles celebrar convênios – são meros acessórios dessa atividade final, (...), meras prestações-meio em relação à prestação-fim, aquela que é efetivamente buscada pelos usuários do plano de saúde, qual seja, a cobertura dos serviços de assistência à saúde prestados pelos profissionais e entidades conveniados ao plano".

Nesse sentido, corroborando os argumentos acima dispendidos, alega que os contratos de plano de saúde seriam de natureza aleatória, dado o seu caráter securitário. Dessa forma, foi afastado o requisito da comutatividade, inerente aos contratos de prestação de serviço, restaria inviável a cobrança do ISS.QN.

O Recorrente, aduz que as atividades administrativas desenvolvidas pela recorrente assemelham-se às realizadas por empresas de seguro que, "nem por isso, porém, (...) são consideradas sujeitos passivos do ISS. Muito diferentemente, apenas são tributadas pela União, com base no art. 153, V, da CF/88. E não há razão para se aplicar regime diverso às operadoras de planos de saúde, pois isso implicaria tratar desigualmente pessoas que estão em situação semelhante.

Nesse contexto, a Suprema Corte reconheceu a repercussão geral do tema constitucional em apreço. Por oportunidade analisou a incidência do ISS sobre atividades desenvolvidas por operadoras de planos de saúde, nos termos dos artigos 153, V, e 156, III, da Constituição da República, eis que relevante do ponto de vista econômico, político, social e jurídico, além de ultrapassar os interesses subjetivos da causa.

1.2 Mérito da decisão

O Recurso Extraordinário nº. 606.107 do Paraná, foi julgado em setembro de 2016, em sessão plenária presidida pela Senhora Ministra Cármen Lúcia, onde estavam presentes os Ministros Presentes à sessão os Senhores Ministros Marco Aurélio, Gilmar Mendes, Ricardo Lewandowski, Dias Toffoli, Luiz Fux, Rosa Weber, Teori Zavascki, Roberto Barroso e Edson Fachin.

O Tribunal, por maioria e nos termos do voto do Relator, apreciando o tema 581 da repercussão geral, negou provimento ao recurso extraordinário, fixando tese nos seguintes termos: "As operadoras de planos privados de assistência à saúde (plano de saúde e seguro-saúde) realizam prestação de serviço sujeita ao Imposto Sobre Serviços de Qualquer Natureza – ISSQN, previsto no art. 156, III, da CF/88", vencido o Ministro Marco Aurélio quanto ao mérito e à tese firmada. Ausentes, justificadamente, o Ministro Celso de Mello, e, neste julgamento, o Ministro Gilmar Mendes. Presidiu o julgamento a Ministra Cármen Lúcia. Plenário, 29.09.2016.

Contudo, após embargos de declaração opostos pelo HOSPITAL MARECHAL CÂNDIDO RONDON LTDA nova decisão foi proferida no sentido que o Tribunal, por maioria, deu parcial provimento aos terceiros embargos de declaração apenas para corrigir a tese jurídica fixada no julgamento de 29.9.2016, dela excluindo-se a referência ao "seguro-saúde", hipótese não contemplada pela presente repercussão geral, resultando na seguinte redação: "As operadoras de planos de saúde realizam prestação de serviço sujeita ao Imposto Sobre Serviços de Qualquer Natureza – ISSQN, previsto no art. 156, III, da CF/88", nos termos do voto do Relator, vencido o Ministro Marco Aurélio. Ausentes, justificadamente, os Ministros Celso de Mello e Dias Toffoli (Presidente). Presidência do Ministro Luiz Fux (Vice-Presidente). Plenário, 28.2.2019.

1.2.1 Voto condutor

O voto condutor foi exarado pelo Ministro Luiz Fux. Em seu voto, o Ministro aponta a indispensável ofensa direta à Constituição, verificou-se a situação de densidade constitucional do tema relativo à incidência do ISSQN (art. 156, III, CF/88) sob o enfoque da materialidade do tributo à luz do parâmetro constitucional.

Quanto aos demais requisitos necessários para a admissibilidade do apelo extremo, reputam-se preenchidos, posto que presentes a tempestividade, o prequestionamento, a legitimidade e o interesse recursal, bem como o imprescindível reconhecimento da repercussão geral da matéria.

Para o Relator, o cerne da controvérsia sub examine consistia na definição da incidência, ou não, do Imposto Sobre Serviços de Qualquer Natureza (ISSQN) em relação aos Planos Privados de Assistência à Saúde, tema 581 da Repercussão Geral.

Tratava-se de Recurso Extraordinário, interposto pelo HOSPITAL MARECHAL CÂNDIDO RONDON LTDA, com fundamento no artigo 102, III, *a* e *c*, da Constituição da República, em face de acórdão prolatado pelo Tribunal de Justiça do Estado do Paraná.

Antes de adentrar ao mérito propriamente dito da questão, o Ministro estabeleceu certas premissas conceituais indispensáveis para melhor compreensão tema.

O tributo supracitado encontra previsão no artigo 156, III, da CF/88, que preceitua, *in verbis*

> Art. 156. Compete aos Municípios instituir impostos sobre:
> III – serviços de qualquer natureza, não compreendidos no art. 155, II, definidos em lei complementar.

A lei complementar a que a Constituição se remete é a LC nº 116/2003, que dispõe sobre o Imposto Sobre Serviços de Qualquer Natureza, de competência dos Municípios e do Distrito Federal, delimitando sua incidência, fato gerador, local da prestação, contribuintes, base de cálculo e alíquotas máximas.

O aspecto primordial para a compreensão da incidência deste tributo encontra-se na definição do que se enquadra como serviço, uma vez que apenas as atividades classificadas como tal, à luz da materialidade constitucional do conceito de serviço, são passíveis de atrair a obrigatoriedade do imposto, previsto em lei complementar.

A *contrario sensu*, ainda que previsto na lei complementar a que alude a constituição, mas não se enquadrando como serviço sob a ótica da materialidade do art. 156, III, da CF/88, não poderá haver a incidência deste tributo.

A conformação constitucional do tema estabelece que a competência municipal para instituir impostos não poderá abranger aqueles já abarcados pela competência estadual, delimitados pelo artigo 155, II, ICMS, assim como aqueles sujeitos à competência federal, delimitados pelo artigo 153, IV e V, vale dizer: IPI e IOF, respectivamente. É dizer, estão excluídos da tributação municipal tanto os serviços de competência tributária estadual, como os serviços de competência tributária da União.

Imperioso ressaltar que não se preconiza a tese da interpretação econômica no Direito Tributário, o que enfraqueceria a segurança jurídica, mas, também, não se predica o primado do Direito Privado como o único critério a nortear a interpretação do texto constitucional.

Para o Relator, a doutrina cita como paradigmático nesse tema o RE 116.121, relativo à incidência do ISSQN sobre a atividade de locação de guindastes. Depois de aproximadamente trinta anos acolhendo a incidência de ISSQN sobre locação de bens móveis, o referido acórdão representou uma guinada na jurisprudência a respeito da interpretação do conceito de serviço tão somente à luz dos conceitos do Direito Privado, *verbis*:

> Haverá situações em que a única definição legal existente, seja ela conotativa ou denotativa, se mostrará totalmente inadequada para a compreensão do significado dos enunciados que outorgam competências tributárias, fazendo com que reste abalada a pretensão do absolutismo da tese do império do direito privado.[3]

Essa assertiva conduz à conclusão de que não deve ser excluída, a priori, a possibilidade de o Direito Tributário ter conceitos implícitos próprios ou mesmo fazer remissão, de forma tácita, a conceitos diversos daqueles constantes na legislação infraconstitucional, mormente quando se trata de interpretação do texto constitucional.

Assim, consoante a Corte afirmou nos RREE 547.245 e 592.905, não há um primado do Direito Privado, pois, sem dúvida, é viável que o Direito Tributário – e primordialmente o Direito Constitucional Tributário – adote conceitos

[3] VELLOSO, Andrei Pitten. Conceitos e Competências Tributárias. São Paulo: Dialética, 2005, p. 85.

próprios. A possibilidade de o Direito Tributário elaborar conceitos específicos decorre, em última análise, do fato de ser Direito Positivo.

Os conceitos conotados por seus enunciados podem identificar-se com aqueles consagrados em dispositivos já vigentes, mas essa identidade não é necessária. Nem mesmo a necessidade de se proceder à exegese rigorosamente jurídica do texto constitucional implica a inexorável incorporação, pela Constituição, de conceitos infraconstitucionais.

Com efeito, deve-se ressaltar que o art. 110, do CTN, não veicula norma de interpretação constitucional, posto evidente que não é possível engendrar-se interpretação autêntica da Constituição feita pelo legislador infraconstitucional, na medida em que este não pode balizar ou direcionar o intérprete da Constituição. Os artigos 109 e 110 do CTN têm.

Consectariamente, para o Ministro Luiz Fux não se admite a interpretação isolada do art. 110, do CTN, sob pena conduzir o método literal à primazia hermenêutica na ordem jurídica ao Direito Privado. Da leitura conjugada entre os artigos 109 e 110, do CTN, ao contrário, avultam em importância, de um lado, o método sistemático – quando estiverem em jogo institutos e conceitos utilizados pela Constituição – e, de outro, o método teleológico – quando não haja a constitucionalização dos conceitos.

Desta sorte, conclui-se que, embora os conceitos de Direito Civil exerçam um papel importante na interpretação dos conceitos constitucionais tributários, eles não exaurem a atividade interpretativa.

Neste contexto, inequívoco, assim, que a ideia de unidade do sistema jurídico repousa muito mais no plano axiológico do que no linguístico, não havendo porquanto qualquer óbice a que determinada palavra tenha um sentido diferente no Direito Tributário.

O Relator mostrou ilegítima a incidência do ISSQN sobre o total das mensalidades pagas pelo titular do plano de saúde à empresa gestora, pois, em relação aos serviços prestados pelos profissionais credenciados, há a incidência do tributo, de modo que a nova incidência sobre o valor destinado a remunerar tais serviços caracteriza-se como dupla incidência de um mesmo tributo sobre uma mesma base de cálculo.

Na hipótese dos autos, para o Ministro Luiz Fux, as operações aptas a ensejar a cobrança de ISSQN são divididas em duas etapas, sendo a primeira a contratação e recebimento pela empresa dos valores contratados pelo beneficiário do plano de saúde, e a segunda a efetivação da prestação de serviços propriamente dita na ocorrência de sinistro, valores recebidos pelos profissionais da saúde, hospitais e laboratórios. As Operadoras de Planos de Assistência à Saúde só podem pagar o imposto sobre a receita própria de serviços e não sobre a receita de terceiros. Essa base de cálculo ter sido apreciada sob o ângulo infraconstitucional, a análise deste tema (aspecto quantitativo) não pode ensejar a *reformatio in pejus*.

Assim, a tributação da atividade de seguro compete exclusivamente à União, através do IOF, não havendo que se cogitar da incidência de ISSQN sobre tais atividades, ainda que ligadas à assistência privada à saúda.

Para o Ministro relator, especificamente nos subitens 4.22 e 4.23 da LC nº 116/03, que tratam dos serviços relacionados à saúde e à assistência médica, há referência apenas aos planos de medicina, individual ou de grupo, convênios para a prestação de assistência médica, hospitalar, odontológica e congêneres, bem como a outros planos de saúde que possuam uma relação de pessoalidade com o serviço prestado, seja como contratante do prestador, seja como pagador do prestador credenciado e por ele indicado.

Porém, conforme expôs o Ministro Luiz Fux, essa relação de pessoalidade com o serviço prestado não caracteriza a atividade de seguro-saúde, cujo telos?? contratual precípuo é o reembolso do beneficiário e não a disponibilização do serviço mediante profissionais contratados ou por intermédio de rede credenciada, de modo que os subitens 4.22 e 4.23 da lista anexa à LC nº 116/03 não autorizam a tributação dessa atividade.

Pela exposição, a proposição do voto do Relator foi no sentido de que em sede de Repercussão Geral a tese jurídica seja assim assentada: "As operadoras de planos privados de assistência à saúde (plano de saúde e seguro-saúde) realizam prestação de serviço sujeita ao Imposto Sobre Serviços de Qualquer Natureza – ISSQN, previsto no art. 156, III, da CF/88". Assim, NEGOU PROVIMENTO ao Recurso Extraordinário.

Contudo, após embargos de declaração opostos pelo HOSPITAL MARECHAL CÂNDIDO RONDON LTDA nova decisão foi proferida em fevereiro de 2019 no sentido que o Tribunal, por maioria, deu parcial provimento aos terceiros embargos de declaração apenas para corrigir a tese jurídica fixada no julgamento de 29.9.2016, dela excluindo-se a referência ao "seguro-saúde", hipótese não contemplada pela presente repercussão geral, resultando na seguinte redação: "As operadoras de planos de saúde realizam prestação de serviço sujeita ao Imposto Sobre Serviços de Qualquer Natureza – ISSQN, previsto no art. 156, III, da CF/88", nos termos do voto do Relator, vencido o Ministro Marco Aurélio.

1.2.2 Voto vista do Ministro Marco Aurélio

Na matéria objeto Recurso Extraordinário nº. 606.107, julgado em setembro de 2016, houve um pedido de vistas do Ministro Marco Aurélio que passou a analisar como segue.

Para o Ministro Marco Aurélio o recurso voltou-se a infirmar acórdão mediante o qual o Tribunal de Justiça do Estado do Paraná declarou a incidência do Imposto Sobre Serviços de Qualquer Natureza – ISS no âmbito da atividade de administração de planos de saúde, prevista nos itens 4.22 e 4.23 da lista anexa à Lei Complementar nº 116/2003. Assentou ser tal atividade espécie de prestação de serviço, representando obrigação de fazer da operadora dos planos de saúde em favor dos beneficiários. Consignou que a incumbência do recorrente não se acha limitada aos repasses dos valores pagos a título de mensalidade aos profissionais conveniados, mas consiste, também, na administração dos recursos, englobando a celebração de contrato com os usuários e as negociações de convênio com médicos e hospitais.

Neste contexto, questão de fundo do extraordinário, a ser examinado sob o ângulo da repercussão geral, está em definir, presente o figurino do Imposto Sobre Serviço de Qualquer Natureza – ISS, a incidência do tributo considerado plano de saúde e a receita auferida sobre a diferença entre os valores recebidos pelo contratante e os repassados aos terceiros prestadores do serviço médico-hospitalar. Em sessão de 15 de junho de 2016, o relator, ministro Luiz Fux, conheceu do recurso e o desproveu, destacando sujeitar-se à tributação a atividade realizada por operadoras de planos de saúde e seguro-saúde. Ainda que estivesse em condições de votar, O Ministro antecipou o pedido de vista porquanto a tese a ser editada neste julgamento irá nortear a jurisdição pátria quanto à matéria. O tema é de grande relevância jurídica, pois se objetiva elucidar a própria materialidade do Imposto Sobre Serviços, observados os parâmetros constitucionais a estabelecerem o campo de incidência de tributo.

Destacou a questão a partir das balizas reveladas no acórdão recorrido, ou seja, restringindo o pronunciamento ao cabimento, ou não, do ISS quanto às atividades das operadoras de planos de saúde. Excluo da apreciação os chamados seguro-saúde, por entender estar tal forma de contratação submetida a regramento específico, além de não alcançada pelo acórdão impugnado ou objeto do extraordinário interposto. Conforme fez ver, em Plenário, quando do julgamento do recurso extraordinário nº 166.772/RS. Nesse acórdão publicado no Diário da Justiça de 16 de dezembro de 1994, a premissa de que o conteúdo político de uma Constituição não pode levar quer ao desprezo do sentido vernacular das palavras utilizadas pelo legislador constituinte, quer ao técnico, tendo em vista os institutos consagrados pelo Direito. Toda ciência pressupõe a adoção de escorreita linguagem, possuindo os institutos, as expressões e os vocábulos que a revelam conceitos estabelecidos com a passagem do tempo, por força dos estudos acadêmicos e pela atuação dos Tribunais. Já se afirmou que "as questões de nome são de grande importância, porque, elegendo um nome ao invés de outro, torna-se rigorosa e não suscetível de mal-entendido uma determinada linguagem. A purificação de linguagem é uma parte essencial da pesquisa científica, sem a qual nenhuma pesquisa poderá dizer-se científica (BOBBIO, Norberto, Studi Sulla Teoria Generale del Diritto, Torino – G. Giappichelli, edição 1955, página 37)". Realmente, a flexibilidade de conceitos, o câmbio do sentido destes, conforme os interesses em jogo, implicam insegurança incompatível com o fim da própria Constituição que, de fato, é um corpo político, mas o é ante os parâmetros que encerra, e estes não são imunes ao real sentido dos vocábulos, especialmente os de contornos jurídicos. Logo, não merece agasalho o ato de dizer-se da colocação, em plano secundário, de conceitos consagrados, buscando-se homenagear, sem limites técnicos, o sentido político das normas constitucionais. Para a solução da lide, deve-se perquirir o significado existente no vocábulo "serviço", considerada a incidência tributária prevista no artigo 156, inciso III, da Lei Fundamental.

Essa questão já provocou diversos debates no Plenário do Supremo. Assim, para ser possível a tributação, é necessário observar-se, a partir da própria natureza do negócio jurídico entabulado, o preenchimento das características típicas de serviço, respeitando as definições e regramentos trazidos por outros ramos do Direito, ainda que não seja o tributário. Na oportunidade, quando o Ministro Marco Aurélio analisou no recurso extraordinário nº 166.772/RS a incidência do Imposto Sobre Serviços em contratos de locação, assentou o seguinte entendimento:

> Art. 110 A lei tributária não pode alterar a definição, o conteúdo e o alcance de institutos, conceitos e formas de direito privado, utilizados, expressa ou implicitamente, pela Constituição Federal, pelas Constituições dos Estados, ou pelas Leis Orgânicas do Distrito Federal o preceito veio ao mundo jurídico como um verdadeiro alerta ao legislador comum, sempre a defrontar-se com a premência do Estado na busca de acréscimo de receita. Relembrem-se as noções dos referidos contratos, de que cuidam os artigos 1.188 e 1.216 do Código Civil:
>
> Art. 1.188 Na locação de coisas, uma das partes se obriga a ceder à outra, por tempo determinado, ou não, o uso e gozo de coisa não fungível, mediante certa retribuição. Art. 1.216 Toda a espécie de serviço ou trabalho lícito, material ou imaterial, pode ser contratada mediante retribuição.
>
> A hipótese assemelha-se ao quadro com o qual se defrontou o Tribunal no Recurso Extraordinário nº 166.772-9-RS quando veio a glosar a exigência da contribuição social sobre a remuneração paga a administradores e autônomos. O pretexto da incidência estaria na igualização econômica entre o que satisfeito a tal título e o salário, olvidando-se advertência doutrinária sobre a realidade jurídica conceitual, a sobrepor-se ao aspecto simplesmente econômico. Na ementa do precedente, proclamou o Plenário: O conteúdo político de uma Constituição não é conducente ao desprezo do sentido vernacular das palavras, muito menos ao do técnico, considerados institutos consagrados pelo Direito. Cumpre ter presente, sobre a matéria, as palavras de Ulhoa Canto, no que citadas por Gabriel Lacerda Troianelli em artigo publicado sob o título "O ISS sobre a locação de bens móveis", na revista Dialética de Direito Tributário nº 28. Analisando precisamente o julgamento deste processo que então se iniciara, disse o autor do artigo da irrelevância do aspecto econômico quando contrário ao modelo constitucional do tributo, secundado pela definição dos institutos envolvidos. Eis as oportunas palavras do saudoso tributarista: Entre nós, a interpretação econômica não tem sido acolhida, nem pelos autores nem pela jurisprudência. A própria Coordenação do Sistema de Tributação chegou até a afirmar a sua inaceitabilidade, no Parecer Normativo CST nº 563, de 18.08.1971 (...). Entretanto, é comum ler-se em atos ou decisões da Administração ou de tribunais administrativos que ao direito tributário interessam precipuamente os aspectos

econômicos (o que é certo), e, por isso, os dispositivos legais, como os atos e fatos, devem ser interpretados com prevalência do respectivo conteúdo econômico, relegada a sua forma jurídica a plano secundário (ilação errada). Na verdade, trata-se de uma simples tentativa de usurpação de poderes que são apenas do legislador; sob o pretexto de interpretar a lei, o que se está tentando é aplicar a sua norma a atos e fatos que ela não contempla.(Caderno de Pesquisas Tributárias nº 13. São Paulo: Resenha Tributária, 1989, p. 493). Em síntese, há de prevalecer a definição de cada instituto, e somente a prestação de serviços, envolvido na via direta o esforço humano, é fato gerador do tributo em comento. Prevalece a ordem natural das coisas cuja força surge insuplantável; prevalecem as balizas constitucionais e legais, a conferirem segurança às relações Estado—contribuinte; prevalece, ao fim, a organicidade do próprio Direito, sem a qual tudo será possível no agasalho de interesses do Estado, embora não enquadráveis como primários. Pela alínea "c", conheço do recurso do contribuinte e dou-lhe provimento. Declaro a inconstitucionalidade dos dispositivos que prevêem essa incidência.

Reconheceu-se no recurso extraordinário nº 166.772/RS, como afirmou o Ministro Marco Aurélio, que a locação de bens móveis, deve ter o sentido do vocábulo "serviços" revelador de obrigação de fazer enquanto materialidade apta a sofrer incidência do Imposto Sobre serviços. Essa óptica vem prevalecendo no Supremo, mesmo com a apreciação dos extraordinários de nº 547.245/SC e 592.905/SC, ambos da relatoria do ministro Eros Grau, acórdãos publicados no Diário da Justiça de 5 de março de 2010. Na ocasião, ao debruçar-se sobre contratos de arrendamento mercantil, o Plenário, por maioria, declarou a incidência do Imposto Sobre Serviços tão somente nas modalidades financeira e "leaseback", ressaltando que tais operações possuiriam, como núcleo, financiamento propriamente dito, e não a disponibilização de certo bem. Fui voto isolado, por defender serem os referidos negócios jurídicos locações, gênero, não envolvendo, desse modo, obrigação de fazer.

Neste contexto, o debate em torno da caracterização das prestações como serviços, para fins de incidência tributária, passou pela constatação de que a atividade em tela pressuporia, como núcleo, um ato humano, um fazer, material ou imaterial, que revertesse em utilidade para o contratante. Tanto o é que, nesse mesmo julgamento, ficou decidido não incidir o tributo sobre o arrendamento mercantil operacional, uma vez que essa modalidade envolve locação, ou seja, obrigação de dar. Mesmo que se sustente terem os precedentes conferido interpretação ampliativa ao vocábulo "serviço" constante no artigo 156, inciso III, da Lei Maior, sustentou o Ministro Marco Aurélio que não há como argumentar superação do entendimento relativamente à necessidade de demonstração de um fazer para fins de incidência tributária. Considerou ter o Plenário, na oportunidade, apenas assentado ser indispensável levar em conta, em especial nos negócios jurídicos complexos, o conjunto de atos praticados para extrair a essencialidade da prestação. Se existente, no núcleo da prestação, um ato humano, um fazer, surge presente serviço, visando cobrança de ISS. Se o negócio entabulado revelar, em essência, obrigação de dar, como no caso do arrendamento mercantil operacional, há de excluir-se, ante a apreciação dos citados extraordinários, a atividade do campo de incidência tributária, por não preencher a operação os elementos característicos do tipo serviço.

Para o Ministro do voto vistas que esse entendimento, justifica também, o fato de o Plenário, no julgamento do extraordinário de nº 626.706/SP, relator o ministro Gilmar Mendes, repercussão geral reconhecida, acórdão publicado no Diário da Justiça de 23 de setembro de 2010, ter reafirmado a não incidência do Imposto Sobre Serviços na locação de bens móveis, considerada a ausência de obrigação de fazer.

Vale ressaltar que tem se observado a adoção da óptica quando da apreciação da medida cautelar na ação direta de inconstitucionalidade nº 4.389/DF, relator o ministro Joaquim Barbosa, acórdão veiculado no Diário da Justiça de 24 de maio de 2011. Muito embora tenha o Relator, na oportunidade, proposto superação do modelo civilístico, ressalte-se a orientação assentada pelo Pleno, que, ao enfrentar o tema relativo à incidência de ISS ou de ICMS na produção de embalagens sob encomenda para posterior industrialização, decidiu a questão a partir do enfoque quanto à preponderância de circulação de mercadoria, e não de um fazer voltado ao benefício do contratante. No âmbito das Turmas, tem-se a remissão à primazia, ou não, de um fazer na prestação em análise, sempre que estiver em jogo a materialidade do Imposto Sobre Serviços. Nesse sentido, o Ministro citou: o recurso extraordinário nº 602.295/RJ, Primeira Turma, relator o ministro Luís Roberto Barroso, acórdão publicado no Diário da Justiça de 23 de abril de 2015; recurso extraordinário com agravo nº 839.976/RS, Primeira Turma, relator o ministro Luís Roberto

Barroso, acórdão veiculado no Diário da Justiça de 10 de fevereiro de 2015; recurso extraordinário com agravo nº 764.452/RJ, Segunda Turma, relatora a ministra Cármen Lúcia, acórdão publicado no Diário da Justiça de 10 de dezembro de 2013; agravo de instrumento nº 803.296/SP, Primeira Turma, relator o ministro Dias Toffoli, acórdão veiculado no Diário da Justiça de 7 de junho de 2013. Aqui atrelando o núcleo material da condição de incidência do ISS a obrigação de fazer.

Dessa forma, para caracterização de determinada prestação como serviço, passível de tributação, mostra-se indispensável a presença de esforço humano, da realização de uma obrigação de fazer, ainda que envolva, para a execução, certas obrigações de dar. Não havendo essa nota característica, ou sendo o fazer mero acessório no negócio jurídico entabulado, surge impróprio enquadrar a atividade como serviço, descabendo a tributação em virtude da incompatibilidade material com o previsto no texto constitucional. Com isso, não se pretende apenas interpretar a Constituição Federal a partir do artigo 110 do Código Tributário Nacional, mas, sim, respeitar os próprios limites de competência estabelecidos no figurino constitucional do tributo.

Para o Ministro Marco Aurélio a lei tributária não pode alterar a definição, o conteúdo e o alcance de institutos, conceitos e formas de Direito privado, utilizados expressa ou implicitamente pelo Diploma Maior. Caso contrário, confere-se carta branca ao legislador ordinário para incluir na lista anexa à Lei Complementar nº 116/2003 todo e qualquer negócio jurídico como passível de ser tributado pelos Municípios, independentemente de estar-se, ou não, diante de serviço. Fixada tal premissa, cumpre analisar a natureza jurídica das obrigações contratadas entre particulares para concluir-se pela existência, ou não, da materialidade do Imposto Sobre Serviços, ou seja, de núcleo que envolva um fazer. Nesse sentido, importa destacar, para fins de delimitação da tese, distinção das situações, tendo em vista a prestação, ou não, pela operadora do plano de saúde, dos serviços médico e hospitalar. O recorrente afirma serem as atividades em questão realizadas por terceiros, incumbindo-lhe apenas a administração do plano. Não se está, portanto, considerando os casos nos quais a administradora do plano é a própria prestadora do serviço médico ou hospitalar, integrando o corpo clínico o quadro funcional daquela, a revelar a submissão da atividade desempenhada à incidência do ISS.

Nesse sentido, a legislação de regência, a versar a natureza dos contratos firmados entre operadoras de plano de saúde e beneficiários – Lei nº 9.656/1998:

> Art. 1º Submetem-se às disposições desta Lei as pessoas jurídicas de direito privado que operam planos de assistência à saúde, sem prejuízo do cumprimento da legislação específica que rege a sua atividade, adotando-se, para fins de aplicação das normas aqui estabelecidas, as seguintes definições:
> I – Plano Privado de Assistência à Saúde: prestação continuada de serviços ou cobertura de custos assistenciais a preço pré ou pós estabelecido, por prazo indeterminado, com a finalidade de garantir, sem limite financeiro, a assistência à saúde, pela faculdade de acesso e atendimento por profissionais ou serviços de saúde, livremente escolhidos, integrantes ou não de rede credenciada, contratada ou referenciada, visando a assistência médica, hospitalar e odontológica, a ser paga integral ou parcialmente às expensas da operadora contratada, mediante reembolso ou pagamento direto ao prestador, por conta e ordem do consumidor;

Para o Ministro com a leitura dos dispositivos extraiu-se que a natureza do negócio jurídico envolve assegurar ao contratante a eventual prestação de serviço médico. Não há o fornecimento do serviço em si, mas, tão somente, a garantia conferida pelo operador de que, quando o serviço médico se fizer necessário, será proporcionado pela rede credenciada pela operadora, ou ressarcido em proveito do usuário. Estar-se-ia diante de contrato a garantir cobertura de eventuais despesas, no qual o contratante do plano substitui, mediante o pagamento de mensalidade à operadora, o risco individual por espécie de risco coletivo.

Assim, não se trataria de contrato de natureza comutativa, em que o desembolso financeiro realizado pelo segurado corresponda exatamente a uma prestação. O elemento típico a reger os contratos é a aleatoriedade, a revelar que o contratante desembolsa mensalidade sem saber ao certo se e quando utilizará a assistência médico-hospitalar. Essas características conduzem à conclusão de serem as atividades desenvolvidas pelas operadoras de planos de saúde assemelhadas a contrato de seguro, segundo versado no artigo 757 do Código Civil; "Pelo contrato de seguro, o segurador se obriga, mediante o pagamento do prêmio, a garantir interesse legítimo do segurado, relativo a pessoa ou a coisa, contra riscos predeterminados".

Vale ressaltar, que conferindo o diploma de regência natureza securitária a tais contratos, mostra-se indevida a incidência do Imposto Sobre Serviços de Qualquer Natureza, uma vez que a competência constitucionalmente prevista para tributar a materialidade é da União, consoante disciplina do artigo 153, inciso V, da Lei Maior.

> Art. 153. Compete à União instituir impostos sobre:
>
> ...
>
> V – operações de crédito, câmbio e seguro, ou relativas a títulos ou valores mobiliários;

A par desse aspecto, era de destacar-se não estar-se diante de obrigação de fazer. Conforme bem aponta o recorrente no extraordinário, ao aderir a plano de saúde, o beneficiário contrata a cobertura quanto a eventuais despesas decorrentes de atendimento médico, mas não o fornecimento de determinado serviço. Este é prestado pelo médico, laboratório e afins, e não pela operadora. A incumbência da operadora se amolda à obrigação de dar coisa fungível, de cobrir os custos, por meio de pagamento, sendo o serviço executado por outrem. O interesse do contratante, a orientar a natureza da obrigação, mostra-se claro: a cobertura de atendimento médico prestado por terceiro, e não qualquer atividade-meio que venha a ser desenvolvida pela operadora no decorrer da atividade-fim. A atividade de intermediação, apontada pelo Tribunal de origem para fins de incidência do imposto, não pode desviar a atenção do objeto da contratação. O beneficiário do plano de saúde, ao entabular e formalizar o negócio jurídico, busca cobertura, pela operadora, do serviço de assistência fornecido por médico, laboratório ou hospital conveniado. E essa cobertura é uma obrigação de dar, de pagar. Não se pode falar em serviço prestado. Entender de modo diverso justifica a cobrança de Imposto Sobre Serviço no tocante a qualquer atividade securitária, o que, como é sabença geral, não é o que ocorre.

Nesse sentido o Ministro Marco Aurélio ressaltou que "como os contratos de seguro, as atividades de plano de saúde são caracterizadas pela aleatoriedade. Corre-se o risco de contratar um plano e jamais utilizá-lo. Como falar então na prestação de serviço? Como defender a existência de obrigação de fazer? Sendo tal resposta negativa, não há como vislumbrar a efetiva realização da materialidade do Imposto Sobre Serviços."

Ante o quadro narrado, o Ministro Marco Aurélio divergiu do voto proferido pelo relator, ministro Luiz Fux, para dar provimento ao extraordinário do contribuinte, fixando tese no sentido de não incidir Imposto Sobre Serviços consideradas as atividades desenvolvidas pelas operadoras de plano de saúde na intermediação entre o usuário e os profissionais de saúde, ante a inexistência de obrigação de fazer.

1.3 Análise crítica

No estudo do Recurso Extraordinário nº. 606.107 do Paraná, julgado em setembro de 2016, em que se reconheceu a repercussão geral no tema do processo que iniciou em outubro de 2008 com o Mandado de Segurança Preventivo da empresa HOSPITAL MARECHAL CÂNDIDO RONDON LTDA, a questão a ser analisada foi a violação, ou não, dos artigos 153, V e 156, III, da Constituição da República. Sustenta que a principal atividade das empresas de seguro consiste em obrigação de dar, e não de fazer, o que afastaria a incidência do ISSQN.

Em 2016 foi fixada a tese nos seguintes termos: "As operadoras de planos privados de assistência à saúde (plano de saúde e seguro-saúde) realizam prestação de serviço sujeita ao Imposto Sobre Serviços de Qualquer Natureza – ISSQN, previsto no art. 156, III, da CF/88".

Contudo, após embargos de declaração opostos pelo HOSPITAL MARECHAL CÂNDIDO RONDON LTDA, nova decisão foi proferida no sentido que o Tribunal, por maioria, deu parcial provimento aos terceiros embargos de declaração apenas para corrigir a tese jurídica fixada no julgamento de 29.9.2016, dela excluindo-se a referência ao "seguro-saúde", hipótese não contemplada pela presente repercussão geral, resultando na seguinte redação: "As operadoras de planos de saúde realizam prestação de serviço sujeita ao Imposto Sobre Serviços de Qualquer Natureza – ISSQN, previsto no art. 156, III, da CF/88", nos termos do voto do Relator, vencido o Ministro Marco Aurélio.

Neste contexto, ao examinar a Constituição da República, no seu artigo 156, III, outorga competência aos Municípios para editar leis destinadas à tributação de serviços de qualquer natureza, definidos em lei complementar, excetuados aqueles compreendidos no âmbito de incidência do ICMS (art. 155, inciso II, da CF).

Como se sabe, a outorga de competência tributária, por guardar estreita relação com o princípio federativo e o direito de liberdade, é matéria sob estrita reserva constitucional, que não admite extensão por norma de inferior dignidade, muito menos interpretação que desborde de suas lindes.

Por isso, a mesma norma constitucional que autoriza os Municípios a, com exclusividade, instituir imposto sobre "serviços de qualquer natureza", ao mesmo tempo também os proíbe de tributar com o ISS realidades que não estejam efetivamente abrangidas pela regra de competência.

Quer dizer, se de um lado os Municípios estão constitucionalmente autorizados a, mediante lei, onerar com o ISS todos os serviços definidos em lei complementar e que não estejam abrangidos pela regra de competência relativa ao ICMS, de outro lado não podem prever a incidência do ISS sobre o que não seja, efetivamente, serviço, sob pena de inconstitucionalidade, derivada da sua incompetência.

Por tudo que foi relatado, o cerne da controvérsia *sub examine* consistia na definição da incidência, ou não, do Imposto Sobre Serviços de Qualquer Natureza (ISSQN) em relação aos Planos Privados de Assistência à Saúde, tema 581 da Repercussão Geral. Assim concluiu o Ministro relator Luiz Fux: a lei complementar a que a Constituição se remete é a LC nº 116/2003, que dispõe sobre o Imposto Sobre Serviços de Qualquer Natureza, de competência dos Municípios e do Distrito Federal, delimitando sua incidência, fato gerador, local da prestação, contribuintes, base de cálculo e alíquotas máximas.

O aspecto primordial para a compreensão da incidência deste tributo encontra-se na definição do que se enquadra como serviço, uma vez que apenas as atividades classificadas como tal, à luz da materialidade constitucional do conceito de serviço, são passíveis de atrair a obrigatoriedade do imposto, previsto em lei complementar.

Por outro lado, o Ministro Marco Aurélio afirmou no voto vista que o recurso voltou-se a infirmar acórdão mediante o qual o Tribunal de Justiça do Estado do Paraná declarou a incidência do Imposto Sobre Serviços de Qualquer Natureza – ISS no âmbito da atividade de administração de planos de saúde, prevista nos itens 4.22 e 4.23 da lista anexa à Lei Complementar nº 116/2003.

Neste contexto, questão de fundo do extraordinário, que foi examinado sob o ângulo da repercussão geral, definiu, se o Imposto Sobre Serviço de

Qualquer Natureza – ISS, deveria incidir o tributo considerado sobre o plano de saúde e a receita auferida sobre a diferença entre os valores recebidos pelo contratante e os repassados aos terceiros prestadores do serviço médico-hospitalar. Vale ressaltar que, para a solução da lide, deve-se perquirir o significado existente no vocábulo "serviço", considerada a incidência tributária prevista no artigo 156, inciso III, da Lei Fundamental. Esse é uma questão que tem grandes consequências no mundo prático.

Essa questão provoca diversos debates no Supremo, no STJ, nos Tribunais e na Doutrina. Qual é a natureza jurídica do ISS e do ICMS? É obrigação dar ou fazer?

Assim, para ser possível a tributação, é necessário observar-se, a partir da própria natureza do negócio jurídico entabulado, o preenchimento das características típicas de serviço, respeitando as definições e regramentos trazidos por outros ramos do Direito, ainda que não seja o tributário.

Dessa forma, para caracterização da prestação como serviço, passível de tributação, mostra-se indispensável a presença de esforço humano, da realização de uma obrigação de fazer, ainda que envolva, para a execução, certas obrigações de dar. Não havendo essa nota característica, ou sendo o fazer mero acessório no negócio jurídico entabulado, surge impróprio enquadrar a atividade como serviço, descabendo a tributação em virtude da incompatibilidade material com o previsto no texto constitucional. Com isso, não se pretende apenas interpretar a Constituição Federal a partir do artigo 110 do Código Tributário Nacional, mas, sim, respeitar os próprios limites de competência estabelecidos no figurino constitucional do tributo.

Tem razão o Ministro Marco Aurélio quando diz que "a lei tributária não pode alterar a definição, o conteúdo e o alcance de institutos, conceitos e formas de Direito privado, utilizados expressa ou implicitamente pelo Diploma Maior. Caso contrário, confere-se carta branca ao legislador ordinário para incluir na lista anexa à Lei Complementar nº 116/2003 todo e qualquer negócio jurídico como passível de ser tributado pelos Municípios, independentemente de estar-se, ou não, diante de serviço. Fixada tal premissa, cumpre analisar a natureza jurídica das obrigações contratadas entre particulares para concluir-se pela existência, ou não, da materialidade do Imposto Sobre Serviços, ou seja, de núcleo que envolva um fazer." Nesse sentido, importa destacar, para fins de delimitação da tese, distinção das situações, tendo em vista a prestação, ou não, pela operadora do plano de saúde, dos serviços médico e hospitalar. O recorrente afirmou serem as atividades em questão realizadas por terceiros, incumbindo-lhe apenas a administração do plano. Não se está, portanto, considerando os casos nos quais a administradora do plano é a própria prestadora do serviço médico ou hospitalar, integrando o corpo clínico o quadro funcional daquela, a revelar a submissão da atividade desempenhada à incidência do ISS.

Por isso, é importante compreender a real extensão da competência constitucionalmente outorgada aos Municípios no que diz com a tributação pelo ISS, faz-se necessário buscar no ordenamento brasileiro o conceito de serviço.

Nesse sentido, importante a referência à lição pioneira de MARÇAL JUSTEN FILH0, para quem o conceito constitucional de serviço (e, por extensão, o de prestação de serviço) deve ser buscado, principalmente, na distinção entre as obrigações de fazer e as obrigações de dar.

Isso porque apenas as obrigações de fazer se coadunam com o conceito remoto (ou do senso comum) de serviços, já que as obrigações de dar, de não dar e de não-fazer não envolvem esforço físico ou intelectual (ou esforço pessoal), que seja capaz de produzir uma utilidade em proveito alheio.

Não se pode olvidar que serviço é palavra cuja origem provém do latim *servitium*, e que está ligada ao conceito de servidão, sempre designando, pois, um fazer em proveito de alguém, de quem se recebe o comando da atividade a ser desempenhada. Quer dizer, a ligação da ideia de serviço com o fazer (em oposição ao dar) vem desde o étimo.

Portanto, deve-se procurar nas obrigações de fazer o núcleo da hipótese de incidência do ISS. E tal conceito deve ser entendido justamente em contraposição com o que se entende por obrigações de dar. Isso é fora de dúvida. Ainda que, com razão, a maioria dos autores indique ser o dar uma modalidade do fazer, não há como deixar de considerar que aquela representa uma especialização desta, e atrai para si um regime jurídico específico, tanto que sujeitas tais espécies de obrigações a modos de execução distintos[4]. O próprio Código Civil, em seus artigos 233 e 247, opõem claramente as noções de obrigação de dar e de obrigação de fazer.

[4] Artigos 461 e 461-A e artigos 621 a 643 do Código de Processo Civil.

Assim, não se trataria de contrato de natureza comutativa, em que o desembolso financeiro realizado pelo segurado corresponda exatamente a uma prestação. O elemento típico a reger os contratos é a aleatoriedade, a revelar que o contratante desembolsa mensalidade sem saber ao certo se e quando utilizará a assistência médico-hospitalar. Essas características conduzem à conclusão de serem as atividades desenvolvidas pelas operadoras de planos de saúde assemelhadas a contrato de seguro, segundo versado no artigo 757 do Código Civil: "Pelo contrato de seguro, o segurador se obriga, mediante o pagamento do prêmio, a garantir interesse legítimo do segurado, relativo a pessoa ou a coisa, contra riscos predeterminados ".

Vale ressaltar que, conferindo o diploma de regência natureza securitária a tais contratos, mostra-se indevida a incidência do Imposto Sobre Serviços de Qualquer Natureza, uma vez que a competência constitucionalmente prevista para tributar a materialidade é da União, consoante disciplina do artigo 153, inciso V, da Lei Maior. A par desse aspecto, era de destacar-se não estar-se diante de obrigação de fazer. Conforme bem aponta o recorrente no extraordinário, ao aderir a plano de saúde, o beneficiário contrata a cobertura quanto a eventuais despesas decorrentes de atendimento médico, mas não o fornecimento de determinado serviço. Este é prestado pelo médico, laboratório e afins, e não pela operadora. A incumbência da operadora se amolda à obrigação de dar coisa fungível, de cobrir os custos, por meio de pagamento, sendo o serviço executado por outrem.

Esse assunto é tão intrigante que o tema volta à Suprema Corte. Os estados, equivocadamente, por intermédio do Convênio ICMS 106/2017, previram a possibilidade de cobrança do ICMS nas operações com bens e mercadorias digitais, tais como softwares, programas, jogos eletrônicos, aplicativos, arquivos eletrônicos e congêneres, que sejam padronizados, ainda que tenham sido ou possam ser adaptados, comercializadas por meio de transferência eletrônica de dados. Ainda, estabeleceu-se a exigência de ICMS quando o site ou plataforma eletrônica efetuar "a venda ou a disponibilização, ainda que por intermédio de pagamento periódico, de bens e mercadorias digitais mediante transferência eletrônica de dados".

Ocorre que o licenciamento de software está previsto na lista de serviços anexa à LC 116/2003, circunstância que demonstra indícios de uma problemática conceitual no campo tributário que pode gerar problemas como a bitributação ao contribuinte, já que o licenciamento se subsume à incidência do ISS, e não do ICMS, seja o software padronizado ou por encomenda.

Ainda pendentes de julgamento, com matéria afeitas ao tema, também estão as ADI n. 5576 e 5659. Na primeira, questiona-se a inconstitucionalidade da tributação dos softwares, visto que as empresas estão atualmente sujeitas à imposição de exigibilidade do recolhimento do ICMS sobre as operações com programas de computador – software, seja por meio físico, sejam as realizadas por transferência eletrônica de dados, estão submetidas ao âmbito de incidência tributária da Lei Complementar nº 116/03, que prescreve o recolhimento do ISS aos Municípios, sobre a mesma operação, o que majorou a carga tributária desta categoria econômica, instituindo, na prática, uma bitributação.

A questão da incidência do ISS e outros impostos ainda não foi resolvida. Nesse sentido, as ações diretas de inconstitucionalidade nº 5659, nº 5576 e ADI nº 5958 em votação.

Por essa razão, o Ministro Luiz Fux deixou claro isso valendo-se da lição de Antonio do Passo Cabral na definição da técnica germânica do "julgamento--alerta" (warnurteil) disse:

> valendo-se da técnica jurisdicional "**preventiva**" como forma de garantir a continuidade jurídica, deixo o alerta de que poderá ocorrer uma possível mudança no entendimento da Corte em relação ao assunto, pois não tardará para que este Tribunal se manifeste acerca das novas atividades tecnológicas que tem surgido, com o objetivo de descortinar-lhes a natureza jurídica para fins de incidência tributária.

Em conclusão, após todos os debates e embargos de declaração opostos pelo HOSPITAL MARECHAL CÂNDIDO RONDON LTDA, nova decisão foi proferida no sentido que o Tribunal, por maioria, deu parcial provimento aos terceiros embargos de declaração apenas para corrigir a tese jurídica fixada no julgamento de 29.9.2016, dela excluindo-se a referência ao "seguro-saúde", hipótese não contemplada pela repercussão geral, resultando na seguinte redação: "As operadoras de planos de saúde realizam prestação de serviço sujeita ao Imposto Sobre Serviços de Qualquer Natureza – ISSQN, previsto no art. 156, III, da CF/88", nos termos do voto do Relator, vencido o Ministro Marco Aurélio.

Por último, não houve consenso no grupo em relação à posição adotada pela maioria do STF, devido à grande complexidade do tema.

Capítulo 19
Recurso Extraordinário nº 705.423 – Sergipe

Eduardo Lourenço Gregório Junior

1 RE nº. 705.423/SE[1]

Relator: Ministro Edson Fachin
Data de julgamento: 23/11/2016

1.1 Ementa

> RECURSO EXTRAORDINÁRIO. REPERCUSSÃO GERAL. CONSTITUCIONAL, TRIBUTÁRIO E FINANCEIRO. FEDERALISMO FISCAL. FUNDO DE PARTICIPAÇÃO DOS MUNICÍPIOS – FPM. TRANSFERÊNCIAS INTERGOVERNAMENTAIS. REPARTIÇÃO DE RECEITAS TRIBUTÁRIAS. COMPETÊNCIA PELA FONTE OU PRODUTO. COMPETÊNCIA TRIBUTÁRIA. AUTONOMIA FINANCEIRA. PRODUTO DA ARRECADAÇÃO. CÁLCULO. DEDUÇÃO OU EXCLUSÃO DAS RENÚNCIAS, INCENTIVOS E ISENÇÕES FISCAIS. IMPOSTO DE

[1] BRASIL. Supremo Tribunal Federal. **Recurso Extraordinário nº. 705.423,** Relator(a): Min. Edson Fachin, Tribunal Pleno, julgado em 23/11/2016, Disponível em: http://redir.stf.jus.br/paginadorpub/paginador.jsp?docTP=TP&docID=14291555. Acesso em: 27 set 2019.

RENDA – IR. IMPOSTO SOBRE PRODUTOS INDUSTRIALIZADOS – IPI. ART. 150, I, DA CONSTITUIÇÃO DA REPÚBLICA.
1. Não se haure da autonomia financeira dos Municípios direito subjetivo de índole constitucional com aptidão para infirmar o livre exercício da competência tributária da União, inclusive em relação aos incentivos e renúncias fiscais, desde que observados os parâmetros de controle constitucionais, legislativos e jurisprudenciais atinentes à desoneração.
2. A expressão "produto da arrecadação" prevista no art. 158, I, da Constituição da República, não permite interpretação constitucional de modo a incluir na base de cálculo do FPM os benefícios e incentivos fiscais devidamente realizados pela União em relação a tributos federais, à luz do conceito técnico de arrecadação e dos estágios da receita pública.
3. A demanda distingue-se do Tema 42 da sistemática da repercussão geral, cujo recurso-paradigma é RE-RG 572.762, de relatoria do Ministro Ricardo Lewandowski, Tribunal Pleno, julgado em 18.06.2008, DJe 05.09.2008. Isto porque no julgamento pretérito centrou-se na natureza compulsória ou voluntária das transferências intergovernamentais, ao passo que o cerne do debate neste Tema reside na diferenciação entre participação direta e indireta na arrecadação tributária do Estado Fiscal por parte de ente federativo. Precedentes. Doutrina.
4. Fixação de tese jurídica ao Tema 653 da sistemática da repercussão geral: "É constitucional a concessão regular de incentivos, benefícios e isenções fiscais relativos ao Imposto de Renda e Imposto sobre Produtos Industrializados por parte da União em relação ao Fundo de Participação de Municípios e respectivas quotas devidas às Municipalidades."
5. Recurso extraordinário a que se nega provimento.

1.1.1 Especificação do caso e razões da submissão à repercussão geral

O caso tem origem em Recurso Extraordinário interposto pelo Município de Itabi contra acórdão do Tribunal Regional Federal da 5ª Região que julgou **improcedente a pretensão do ente municipal que almejava receber valores referentes à repartição da receita do Imposto sobre a Renda e do Imposto Sobre Produtos Industrializados *desconsiderando os benefícios tributários concedidos pela União*.** O pedido da ação, neste ponto, deixa claro o que aspirava:

seja julgada procedente a presente ação, confirmando-se a tutela antecipada, para que o montante do FPM para o cálculo da cota parte do município autor seja constituído por 23,5% do produto da arrecadação do IR e do IPI (art. 159, I, "b" e "d" da CF/88) sem a exclusão dos valores de todos os benefícios, incentivos e isenções fiscais de IR e de IPI concedidos pelo Governo Federal.

O acórdão do TRF da 5ª Região, que proveu a apelação e remessa necessária da União, restou assim ementado:

> FINANCEIRO. REPARTIÇÃO DE RECEITA. FPM. ART. 159, I, CF. EXCLUSÃO DE BENEFÍCIOS FISCAIS. IMPOSSIBILIDADE. 1. A competência tributária da União para instituir imposto de renda e imposto sobre produtos industrializados não sofre qualquer alteração pela circunstância de parte da arrecadação de tais tributos ser destinada ao Fundo de Participação dos Municípios. Inteligência do art. 6°, parágrafo único, do CTN. 2. Ao dispor sobre a repartição das receitas do IR e do IPI, o art. 159, I, CF, refere-se expressamente ao 'produto da arrecadação', sendo ilegítima a pretensão do recebimento de valores que, em face de incentivos fiscais, não foram recolhidos. 3. Apelação e remessa oficial providas.

O Recurso Extraordinário, interposto com base da alínea "a" do permissivo constitucional apontou ofensa ao art. 159, I, "b" e "d". Eis os textos alegadamente violados:

> Art. 159. A União entregará:
> I – do produto da arrecadação dos impostos sobre renda e proventos de qualquer natureza e sobre produtos industrializados, 49% (quarenta e nove por cento), na seguinte forma:
> ...
> b) vinte e dois inteiros e cinco décimos por cento ao Fundo de Participação dos Municípios;
> ...
> d) um por cento ao Fundo de Participação dos Municípios, que será entregue no primeiro decêndio do mês de dezembro de cada ano;

Para tanto, alegou que a base de cálculo a que tem direito no Fundo de Participação dos Munícipios é um percentual fixo sobre o valor arrecadado do Imposto de Renda e do Imposto sobre Produtos Industrializados, devendo ser afastada qualquer influência de benefícios concedidos unilateralmente pela União.

O ente municipal ainda citou o quanto decidido pela Suprema Corte em 18.06.2008, em julgamento realizado pelo Pleno do STF e por unanimidade de votos, cuja ementa é:

> CONSTITUCIONAL. ICMS. REPARTIÇÃO DE RENDAS TRIBUTÁRIAS. PRODEC. PROGRAMA DE INCENTIVO FISCAL DE SANTA CATARINA. RETENÇÃO, PELO ESTADO, DE PARTE DA PARCELA PERTENCENTE AOS MUNICÍPIOS. INCONSTITUCIONALIDADE. RE DESPROVIDO.
> I – A parcela do imposto estadual sobre operações relativas à circulação de mercadorias e sobre prestações de serviços de transporte interestadual e intermunicipal e de comunicação, a que se refere o art. 158, IV, da Carta Magna pertence de pleno direito aos Municípios.
> II – O repasse da quota constitucionalmente devida aos Municípios não pode sujeitar-se à condição prevista em programa de benefício fiscal de âmbito estadual.
> III – Limitação que configura indevida interferência do Estado no sistema constitucional de repartição de receitas tributárias.
> IV – Recurso extraordinário desprovido.

O Recurso Extraordinário foi admitido, encaminhado ao Supremo Tribunal Federal, autuado e distribuído ao Ministro Ricardo Lewandowski. Em 09.05.2013, a Corte reconheceu a existência de Repercussão Geral em acórdão assim ementado:

> CONSTITUCIONAL. TRIBUTÁRIO. REPARTIÇÃO DE RECEITAS TRIBUTÁRIAS. IR E IPI. FUNDO DE PARTICIPAÇÃO DOS MUNICÍPIOS. ART. 159, I, b e d, DA CF. CÁLCULO. EXCLUSÃO DOS BENEFÍCIOS, INCENTIVOS E ISENÇÕES FISCAIS CONCEDIDOS PELA UNIÃO. REPERCUSSÃO ECONÔMICA, JURÍDICA E POLÍTICA. EXISTÊNCIA DE REPERCUSSÃO GERAL.

Foram admitidos como *amici curiae* as seguintes entidades: (i) Associação Brasileira das Secretarias de Finanças das Capitais Brasileiras, (ii) Confederação Nacional dos Municípios e (iii) Estado da Paraíba.

Com a ida do Ministro Ricardo Lewandowski para a presidência da Corte após a aposentadoria do Ministro Joaquim Barbosa, os autos foram encaminhados, por substituição, ao Ministro Edson Fachin em 17.06.2015. Na sequência, os autos foram, em 27.09.2016, liberados para julgamento.

1.1.2 Critério de conhecimento da repercussão geral

Estava em vigor, no momento da interposição do Recurso, e da análise da Repercussão Geral, o Código de Processo Civil de 1973. Este código, após a alteração introduzida pela Emenda Constitucional nº 45 e pela Lei nº 11.418/2006, passou a exigir que fosse demonstrada a Repercussão Geral sob o aspecto de *"questões relevantes do ponto de vista econômico, político, social ou jurídico, que ultrapassem os interesses subjetivos da causa"*.

No caso em análise, a recorrente alegou que a Repercussão Geral estaria configurada pelo critério de *"ultrapassar os interesses subjetivos da causa"*, argumentando que há *"identidade de critérios de repartição das receitas federais aos Municípios"*.

O então relator, Ministro Ricardo Lewandowski, apresentou seu voto pela existência da Repercussão Geral pela importância do assunto pelo viés da federação, possuindo importância do ponto de vista econômico, jurídico e político. Também destacou que o caso é mais abrangente do que o RE 572.762/SC, anteriormente citado. Vale transcrever parte do voto:

> O tema em debate apresenta singular relevância por afetar pilares do nosso sistema federativo, a saber, a autonomia financeira dos Municípios e a competência tributária da União. Nessas circunstâncias, a discussão assume tamanha importância do ponto de vista econômico, jurídico e político, a exigir a manifestação desta Corte sob o rito da repercussão geral.
> Ressalte-se, finalmente, que a questão constitucional posta em julgamento revela matéria mais abrangente do que a discutida no RE 572.762/SC, de minha relatoria.

O reconhecimento da Repercussão Geral foi unânime. Recebeu o número 653 da Repercussão Geral.

1.2 Mérito da decisão

Como é possível depreender da ementa transcrita anteriormente, o plenário do STF reputou como válida a consideração dos valores decorrentes da concessão de benefícios tributários pela União quando do cálculo da cota-parte devida ao Município.

Participaram do julgamento os Ministros Cármen Lúcia (presidente), Marco Aurélio, Ricardo Lewandowski, Dias Toffoli, Luiz Fux, Rosa Weber, Teori Zavascki, Roberto Barroso e Edson Fachin.

O resultado foi por maioria de votos, restando vencidos os Ministros Luiz Fux e Dias Toffoli, tendo a tese sido firmada nos seguintes termos:

> É constitucional a concessão regular de incentivos, benefícios e isenções fiscais relativos ao Imposto de Renda e Imposto sobre Produtos Industrializados por parte da União em relação ao Fundo de Participação de Municípios e respectivas quotas devidas às Municipalidades.

1.2.1 Voto condutor

Logo no início do seu voto, o Ministro Edson Fachin traz que a pergunta a ser objeto de análise e resposta é a seguinte:

> é constitucional a redução do produto da arrecadação que lastreia o FPM e respectivas quotas devidas às Municipalidades, em razão da concessão regular de incentivos, benefícios e isenções fiscais relativos aos Impostos de Renda e Sobre Produtos Industrializados por parte da União?

E é com base nesta diferenciação que afasta, trazendo o *distinguish*, para o que foi decidido no RE 572.762, já transcrito anteriormente. Isto porque, neste último citado, a decisão foi proferida no sentido de que "o repasse das receitas públicas tributárias transferidas, via fundo de participação, não podem sujeitar-se às técnicas e condicionantes previstos em programa estadual de benefício fiscal". Por isso que foi decida pela impossibilidade de **retenção de parcela da arrecadação do ICMS.**

O Ministro ainda resumiu afirmando que uma coisa é discutir a natureza compulsória ou voluntária das transferências entre os entes, outra coisa é discutir a participação direta e indireta do município na arrecadação tributária de outro ente federativo. Citou, neste sentido, a diferenciação entre participação direta (arts. 157 e 158) e indireta (fundos). Ratificou essa diferenciação mencionando diversos precedentes.

Assentada a discussão, o Ministro Fachin assentou seu voto em três eixos, a saber: (i) análise dos municípios no federalismo brasileiro; (ii) disposição constitucional acerca das competências e autonomias dos entes; e (iii) reflexos do precedente do julgamento (aspecto econômico). Merecem algumas considerações sobre cada ponto trazido pelo Ministro:

(i) os municípios sempre variaram de importância nos textos constitucionais brasileiros. Atualmente, no texto de 1988, os municípios passaram a ter importante função na "descentralização política e administrativa do Estado com vistas a aumentar a participação política do cidadão na esfera pública". Trouxe, reputando como "fenômenos políticos relevantes", dois pontos: "(i) municipalização das receitas e despesas públicas; e (ii) a significativa criação de municípios na primeira década de vigência da Constituição da República de 1988".

Tudo isto para concluir que há um grande problema do federalismo brasileiro que tangencia a "viabilidade financeira" dos municípios, ponto que deve ser considerado na análise.

(ii) coloca que o paradigma da importância da autonomia fiscal dos municípios é a Emenda Constitucional nº 18/1965, que trouxe a importância e o atual sistema tributário brasileiro. Faz, na sequência, uma diferenciação entre "competência tributária" e "capacidade tributária ativa". Conclui:

> Justamente na distinção entre competência tributária e capacidade tributária ativa reside a significância normativa das isenções fiscais, haja vista que essas resultam do não exercício da capacidade tributária ativa, a despeito da manutenção da referida competência. Nesses termos, é *topos* da dogmática jurídica tributária a ideia de que o poder de isentar é decorrência lógica do poder de tributar, ou, metaforicamente, o verso e o anverso de uma mesma moeda.

Mas, para analisar a isenção concedida e a sua viabilidade, traz a necessidade de ser perseguido o motivo pelo qual foi instituída. É o "sentido jurídico que adquire a dispensa de pagamento do IR e do IPI realizado pela União no contexto federativo do Sistema Tributário Nacional".

Diferencia as duas receitas possíveis neste aspecto para os municípios, uma decorrente da sua capacidade tributária e outra advinda do produto da arrecadação da União, concluindo que nesta "não há direito a uma participação referente a uma arrecadação potencial máxima em que se incluiria os incentivos e as renúncias fiscais, sob pena de subversão da decisão do Poder Constituinte em momento constitucional no que diz respeito ao modelo de federalismo fiscal". Esta interpretação é feita especialmente em decorrência da expressão "produto da arrecadação".

(iii) Neste ponto analisa a extensão desta expressão, delimitando que o STF já entendeu que corresponde à arrecadação bruta, sem extirpar despesas outras. É a súmula 578 do STF. Por outro lado, da exegese constitucional, especialmente do art. 150, §6º, e da análise da jurisprudência, "torna-se incabível interpretar a expressão 'produto da arrecadação' de modo que não se deduzam essas renúncias fiscais".

Assim, votou por negar provimento ao Recurso Extraordinário e fixar a tese já mencionada.

Na sequência, foi acompanhado pelo Ministro Roberto Barroso, que destacou a necessidade de ser repensada o federalismo brasileiro tendo em vista a desigualdade de tratamento que é conferido aos municípios. Todavia, a ordem constitucional não possibilita a consideração dos benefícios no cálculo.

Prosseguindo, o Ministro Teori Zavascki fez um esclarecimento, acompanhando o relator, interessantíssimo:

> E faria um acréscimo, um argumento de ordem pragmática que a mim impressiona: parece-me um pouco simplista a alegação de que a desoneração fiscal, ou melhor, os incentivos especialmente fiscais produzem necessariamente uma redução inversamente proporcional das receitas dos Municípios e dos Estados. Podem produzir imediatamente; mas, do ponto de vista de médio prazo, nós temos que considerar que as desonerações fiscais, de um modo geral, são atribuídas também para promover o desenvolvimento econômico, que, por sua vez, gera maior arrecadação tributária e que, portanto,

aumenta a participação dos Estados e dos Municípios nessa arrecadação futura.

Após, a Ministra Rosa Weber acompanhou e os Ministros Luiz Fux e Dias Toffoli divergiram (trataremos abaixo). Na sequência, os Ministros Ricardo Lewandowski, Gilmar Mendes, Marco Aurélio, Celso de Mello e Cármen Lúcia acompanharam o relator. Num dos debates, o Ministro Marco Aurélio colocou:

> Não podemos – repito, sob pena de virmos a reescrever a Carta Federal – substituir a expressão "do valor arrecadado" ou "da importância arrecadada" por importância que poderia ser arrecadada. Há, mais, o princípio do determinismo: recolher o quê, se não houve arrecadação?

1.2.2 Votos vencidos

Como mencionado, o Ministro Fux divergiu. E isto por duas razões. A primeira de ordem econômica da situação dos municípios e, a segunda, jurídica. Cita, para tanto, o precedente do ICMS e a Súmula 578. Transcreve-se:

> Nos debates que antecederam aquela questão do ICMS, há algumas colocações que são aforismas já consagrados: o poder de tributar compreende também o poder de isentar. Mas também aqui se diz, num belo debate com o Ministro Peluso e o Ministro Lewandowski, que isso é uma forma de fazer favor com o chapéu alheio, porque, na verdade, está criando desonerações, mas, na hora de repassar, vai repassar menos do que aquilo que o Município teria direito à luz da Constituição Federal. A
>
> Súmula nº 578 do Supremo dispõe que:
>
> 'Não podem os Estados, a título de ressarcimento de despesas, reduzir a parcela de 20% do produto da arrecadação do imposto de circulação de mercadorias, atribuída aos Municípios pelo art. 23, § 8º, da Constituição Federal.'
>
> E outras aqui, outros acórdãos ainda ressaltam que não se nega ao Estado essa competência para instituir isenções de tributos próprios, mas é importante que essas desonerações não impactem ao montante repassado aos Municípios. Eu trago, aqui, Senhora Presidente, um voto longo, e eu vou, sinceramente, manifestar meu desconforto, talvez de maneira mais enfática, pedindo todas

> as vênias ao Ministro Fachin, para divergir do voto de Sua Excelência. E entender que efetivamente esse é um direito consagrado constitucionalmente aos Municípios e que não pode ser subtraído sob o pálio de uma competência tributária de desoneração, porque, mutatis mutandis, é mais ou menos aquilo que se decidiu aqui, não se pode fazer favor com chapéu alheio.

O Ministro Dias Toffoli acompanhou, especialmente tendo em vista o ponto de vista econômico e ausência de benefício fático para os municípios.

1.3 Análise crítica

> O *poder de legislar* é missão precípua do Parlamento que, até mesmo etimilogicamente, fala em nome do povo.
> Todavia, a complexidade da organização social levou a que o Executivo – colegislador pela iniciativa privada de certas leis e pela prática da sanção o do veto – alcançasse participação na criação do direito positivo. [2]

A mais remota ideia de separação dos poderes tem a sua base na obra "A Política". Aristóteles trata o assunto em diversas passagens, mas há capítulo especial, nomeado *"Dos três poderes existentes em todo Governo"*[3]. A divisão feita é muito clara: o primeiro cuida dos negócios do estado, o segundo são os poderes constituídos (necessários para que o Estado possa agir) e o terceiro é o poder da jurisdição[4]. Aloca, nesse sentir, como uma das aptidões do "Poder Deliberativo" a de *"fazer as leis e suprimi-las"*, indicando que esta atividade seria da competência de todos os cidadãos, ou dos seus representantes[5]. Claro que, apesar da existência da divisão dos poderes, a ideia de independência, ou mesmo interdependência, se mostrava ausente, tal como a limitação do

[2] TÁCIO, Caio. **Constituições Brasileira**, Volume VII, 1988. Brasília: Senado Federal, 2015. p. 34.

[3] ARISTÓTELES. **A Política**. 1.ed. Trad. de Roberto Leal Ferreira. São Paulo: Martins Fontes, 1991. p. 113.

[4] "O primeiro destes três poderes é o que delibera sobre os negócios do Estado. O segundo compreende todas as magistraturas ou poderes constituídos, isto é, aqueles de que o Estado precisa para agir, suas atribuições e a maneira de satisfazê-las. O terceiro abrange os cargos de jurisdição".
Ibidem.

[5] Idem.

que se tinha por "cidadão" para fins de participação na decisão dos rumos da sociedade.

Esta última advertência é relevante porque Aristóteles entende que haverá democracia quando todos fizerem parte da deliberação, quando *"o povo ostenta a igualdade em tudo"*, ainda que participem das deliberações de diversas maneiras[6]. Mas a grande questão é saber o que é esse "povo" e, ao ser analisado o trabalho do filósofo, nota-se que, apesar de ser na democracia o momento no qual há a maior abrangência do conceito, são excluídas diversas pessoas do conceito de "cidadão", tais como os estrangeiros, os escravos, as crianças, os idosos e, também, as mulheres[7]. É algo inaceitável nos dias de hoje. O que se quer dizer com isso é que a separação dos poderes se mostrava limitada pela ausência da própria legitimidade dos poderes, porquanto por vezes os poderes não representavam devidamente todo o povo, ou mesmo não asseguravam os direitos da totalidade dos que deveriam ser sujeitos de direitos (e não apenas e tão somente ao conceito restritivo de *cidadão*).

Sem pretender fazer comparações, especialmente pelo risco de não serem levados os fatos e momentos históricos existentes, servindo apenas como forma de demonstrar uma certa evolução acerca da concepção de separação de poderes, posteriormente, no século XVI, Nicolau Maquiavel desenvolveu a sua ideia. Ainda de forma primitiva e rudimentar, introduziu a separação de poderes como uma forma de legitimidade do príncipe tendo como base o controle externo necessário, funcionando este como forma de freio e, de interessante notar, da própria defesa do príncipe para o não atendimento de interesses de uma ou outra classe, citando como exemplo a situação da França[8].

6 ARISTÓTELES. **A Política**. 1.ed. Trad. de Roberto Leal Ferreira. São Paulo: Martins Fontes, 1991. p. 114.

7 Ibidem, p. 35-36.

8 "Em nossa época, entre os reinos bem organizados e governados, deve-se citar o de França. Há nele muitas boas instituições, das quais dependem a liberdade e a segurança do rei. A primeira é o Parlamento e a autoridade que este possui, pois o homem que organizou aquele reino, conhecendo, de um lado, a ambição e a insolência dos grandes, e considerando necessário pôr-lhes um freio, para corrigi-los, e, de outro lado, sabendo do ódio que o povo nutre contra os poderosos, provocado pelo medo, e querendo protegê-los, não deixou que permanecesse essa tarefa sob a responsabilidade do rei, para eximi-lo da acusação dos grandes quando favorecesse o povo, e da acusação do povo quando favorecesse os grandes. Desse modo, instituiu um terceiro juízo que fosse aquele que, apartado da responsabilidade do rei, rebaixasse os grandes e beneficiasse os menores. Essa organização não haveria de ser melhor nem mais prudente, nem se poderá negar

Já no século XVIII, Montesquieu expôs, com mais concretude e similaridade com a atual concepção, a teoria da repartição dos poderes no seu livro "O Espírito das Leis". Este pensador deixou clara a existência dos *"três tipos de poder: o poder legislativo, o poder executivo das coisas que dependem do direito das gentes e o poder executivo daquelas que dependem do direito civil"*. O primeiro é o responsável pela criação e extinção das leis, o segundo funciona como forma de administrar e, por fim, o último é responsável pelo julgamento de crimes e relações entre particulares. Interessante notar que Montesquieu coloca a importância da divisão indicada como uma forma de garantir a segurança e a liberdade dos indivíduos entre si, bem como serve para garantir o controle e autonomia dos demais poderes. Ou seja, a liberdade somente existe numa situação em que os poderes tenham independência[9]. Decorrente desta ideia, BARROSO coloca que um poder servirá, portanto, de controle do outro, *"de modo a proteger os individuo contra o abuso potencial de um poder absoluto"*, sendo vedada a existência, de tal modo, de *"instâncias hegemônicas"*[10].

E essa questão da separação dos poderes estar ligada à liberdade dos indivíduos é comprovada e tida como importante também nos momentos históricos seguintes, estando, portanto, intimamente ligada com os direitos fundamentais, tanto que a Declaração de Direitos do Homem e do Cidadão afirma a ínfima ligação entre a ideia de repartição dos poderes e a própria existência de constituição, estando assente, em seu art. 16, que *"qualquer sociedade em que não esteja assegurada a garantia dos direitos, nem estabelecida a separação de poderes, não tem constituição"*[11]. Só haveria constituição, nesse sentir, quando houvesse separação dos poderes.

Interessante notar que inexistência de instâncias hegemônicas, citadas por BARROSO, guarda íntima relação com a doutrina dos Federalistas. Nesta

ser ela a melhor causa de segurança do rei e do reino." MAQUIAVEL, Nicolau. O Príncipe. In: Os Pensadores (Maquiavel). São Paulo: Nova Cultural, 2000. p. 116.

[9] MONTESQUIEU, Charles de Secondat, Baron de. **O espírito das leis**. 2 ed. São Paulo: Martins Fontes, 2000. p. 166-179.

[10] BARROSO, Luís Roberto. **Curso de Direito Constitucional Contemporâneo**: os conceitos fundamentais e a construção do novo modelo. 5. ed. São Paulo: Saraiva, 2015. p. 208.

[11] Declaração Universal dos Direitos Humanos. Disponível em < http://www.direitoshumanos.usp.br/index.php/Documentos-anteriores-%C3%A0-cria%C3%A7%C3%A3o-da-Sociedade-das-Na%C3%A7%C3%B5es-at%C3%A9-1919/declaracao-de-direitos-do-homem-e-do-cidadao-1789.html>. Acesso em 10 setembro 2018.

obra fica clara a crítica à possibilidade de uma divisão total de competências, mas essa ideia é justamente o que se justifica e confere margem à existência do *cheks and balances*[12], instituto nitidamente necessário em um Estado Constitucional como uma das formas de limitação do poder[13].

Ora, a inexistência de separação total dos poderes é o que confere a possibilidade de que um poder controlar o outro, claro que com sutileza, com a única finalidade de impedir a existência de um poder hegemônico, o que levaria ao ferimento de liberdades, colocando por terra toda a proteção que a criação da divisão dos poderes pretende assegurar.

Justamente com base nesse rápido pressuposto histórico de formação e organização do Estado Democrático que há, na Constituição Federal do Brasil de 1988, a repartição dos poderes[14]. Ela está expressa no Título IV da Constituição, sendo dividida em quatro Capítulos. Os três primeiros definem a conhecida separação entre os poderes Legislativo, Executivo e Judiciário. O último capítulo, ao final, define as funções essenciais à Justiça (Ministério Público, Advocacia Pública, Advocacia e Defensoria Pública). Nos interessa analisar não apenas o primeiro poder indicado, notadamente porque os demais poderes possuem competência para legislar, ainda que limitada. Esse

[12] HAMILTON, Alexander; MADISON, James; JAY, John. *O Federalista*. Tradução de Hitomar Martins Oliveira, Belo Horizonte. Ed. Líder, 2003. p. 298-322.

[13] "Em um Estado constitucional existem três ordens de limitação do poder. Em primeiro lugar, as limitações materiais: há valores básicos e direitos fundamentais que hão de ser sempre preservados, como a dignidade da pessoa humana, a justiça, a solidariedade e os direitos à liberdade de religião, de expressão, de associação. Em segundo lugar, há uma específica estrutura orgânica exigível: as funções de legislar, administrar e julgar devem ser atribuídas a órgãos distintos e independentes, mas que, ao mesmo tempo, se controlem reciprocamente (checks and balances). Por fim, há as limitações processuais: os órgãos do poder devem agir não apenas com fundamento na lei, mas também observando o devido processo legal, que congrega regras tanto de caráter procedimental (contraditório, ampla defesa, inviolabilidade do domicílio, vedação de provas obtidas por meios ilícitos) como de natureza substantiva (racionalidade, razoabilidade proporcionalidade, inteligibilidade). Na maior parte dos Estados ocidentais instituíram-se, ainda, mecanismos de controle de constitucionalidade das leis e dos atos do Poder Público." BARROSO, Luís Roberto. **Curso de Direito Constitucional Contemporâneo**: os conceitos fundamentais e a construção do novo modelo. 5. ed. São Paulo: Saraiva, 2015. p. 29-30.

[14] Conforme leciona Paulo Bonavides, desde a Constituição Republicana de 1891, passando pela de 1934, 1964 e 1967, até chegar na de 1988, há clara simetria nas estipulações das formas de organização dos poderes. BONAVIDES, Paulo. Ciência Política. 24 ed. São Paulo: Malheiros, 2017. p. 154-155.

ponto da competência para legislar é interessante haja vista a existência não apenas da possibilidade de controle, mas de competência concorrencial para o exercício de alguns Poderes.

Todavia, esta possibilidade de intervenção em outro Poder, notadamente do Judiciário no Legislativo, deve ter uma grande limitação quanto o assunto envolve questões técnicas e, ainda mais, quando não tratam de direitos fundamentais. Isto é, deve existir uma grande contenção do poder de intervenção quando o assunto não envolve direito fundamental e, ao mesmo tempo, trata de questão técnica.

No caso, é justamente disso que se cuida e, para além disso, o texto da Constituição nos parece ser muito claro. Isto porque, como visto, a discussão do Recurso Extraordinário interposto abrangia a análise do art. 159, I, "b" e "d". Transcreve-se:

> Art. 159. A União entregará:
> I – do produto da arrecadação dos impostos sobre renda e proventos de qualquer natureza e sobre produtos industrializados, 49% (quarenta e nove por cento), na seguinte forma:
> ...
> b) vinte e dois inteiros e cinco décimos por cento ao Fundo de Participação dos Municípios;
> ...
> d) um por cento ao Fundo de Participação dos Municípios, que será entregue no primeiro decêndio do mês de dezembro de cada ano;

Da leitura do inciso I resta cristalino que a União entregará (obrigatoriedade, porquanto não existe no texto Constitucional "sugestões") o "produto da arrecadação". Não se trata, como dito pelo Ministro Marco Aurélio, a entrega daquilo que poderia ser arrecadado. Nos parece que a questão é uma destinação da receita efetiva, e não da potencial. O texto, no nosso entender, é claro e o julgamento do Supremo Tribunal Federal refletiu a melhor interpretação.

Capítulo 20
Recurso Extraordinário nº 595.676 – Rio de Janeiro

Carlos Eduardo de Sousa Martins
Ricardo Victor Ferreira Bastos

1. Recurso Extraordinário nº. 595.676 [1]

Relator: Ministro Marco Aurélio
Voto Vencedor: Ministro Marco Aurélio
Data de Julgamento: 08 de março de 2017.

1.1. Ementa

> IMUNIDADE – UNIDADE DIDÁTICA – COMPONENTES ELETRÔNICOS. A imunidade prevista no artigo 150, inciso VI, da Constituição Federal alcança componentes eletrônicos, quando destinados, exclusivamente, a integrar a unidade didática com fascículos periódicos impressos.

[1] BRASIL, Supremo Tribunal Federal. Recurso Extraordinário nº. 595.676, Relator: Min. MARCO AURÉLIO, Tribunal Pleno, julgado em 08/03/2017, ACÓRDÃO ELETRÔNICO REPERCUSSÃO GERAL – MÉRITO DJe – DIVULGADO 07/11/2016 PUBLICADO 18/12/2017. Disponível em: <http://portal.stf.jus.br/processos /detalhe.asp?incidente=2651056>. Acesso em: 07 de dez. 2019.

1.1.1. Especificação do caso e razões da submissão à repercussão geral

Trata-se de Recurso Extraordinário interposto pela União em mandado de segurança, contra o acórdão proferido pela Terceira Turma do Tribunal Regional Federal da Segunda Região, que deu provimento à apelação da Nova Lente Editora LTDA, concluindo que não é possível tributar a importação de componentes eletrônicos que acompanham e complementam o material didático impresso, utilizados em curso prático de montagem de computadores, pois a imunidade sobre livros, jornais, periódicos e o papel destinado a sua impressão, prevista no art. 150, inciso VI, alínea "d", a eles se estende, deixando tais itens de fora do campo abrangido pela competência tributária.

Segundo a maioria dos membros da Terceira Turma do TRF-2, as peças eletrônicas que acompanham o fascículo são indispensáveis para a compreensão dos ensinamentos nele contidos. Seriam tais peças essenciais para que se obtivesse o conhecimento prático da teoria veiculada pelo material impresso, razão pela qual não seria possível desassociá-los, sendo ambos alcançados pela imunidade.

Inconformada com o entendimento exarado pelo TRF-2, a União defendeu que o acórdão recorrido não encontra amparo no art. 150, inciso VI, alínea "d" da Constituição da República, mas na verdade, o viola frontalmente, pois dentre os insumos destinados a impressão de livros, jornais e periódicos, somente o papel é imune ao poder de tributar, não se estendendo tal regra a outros suportes físicos, em especial aos eletrônicos. Afirma ainda que se nem outros insumos além do papel são alcançados pela imunidade, que dirá os componentes eletrônicos não integrantes do produto final, que apenas acompanham o fascículo. Segundo a Fazenda Pública, o dispositivo sobredito deve ser interpretado restritivamente.

O Ministério Público opinou pelo conhecimento e provimento do Recurso Extraordinário, sustentando que os componentes eletrônicos, ainda que acompanhando os periódicos vendidos como cursos técnicos, não são assimiláveis ao papel, e por isso, não poderiam ser atingidos pela imunidade.

A matéria teve sua Repercussão Geral reconhecida por maioria dos votos no dia 13 de março de 2010, através do Plenário Virtual, haja vista que a questão possui relevância do ponto de vista econômico, social e jurídico, conforme determina o art. 1.035, § 1º do Código de Processo Civil, uma vez que o alcance da imunidade sobre livros, jornais, periódicos e o papel destinado a sua impressão é polêmica, gerando sérios reflexos na tributação. Na oportunidade ficaram vencidos os Ministros Joaquim Barbosa e Cezar Peluso, não tendo se manifestado a Ministra Cármen Lúcia.

1.2. Mérito da decisão

O Recurso Extraordinário nº 595.676 teve seu julgamento iniciado no dia 06 de agosto de 2014, em sessão plenária presidida pelo então presidente Min. Ricardo Lewandowski. Na ocasião o Ministro Relator, Marco Aurélio, proferiu seu voto, conhecendo e negando provimento ao recurso, e foi acompanhado pelos Ministros Roberto Barroso, Teori Zavascki, Rosa Weber e Luiz Fux. O Ministro Dias Toffoli pediu vistas, razão pela qual o julgamento foi retomado apenas no dia 08 de março de 2017, sob a presidência da Ministra Cármen Lúcia, que assim como os Ministros Dias Toffoli, Celso de Mello, Gilmar Mendes, Edson Fachin e Ricardo Lewandowski, votou pelo não provimento ao recurso. Recurso conhecido e desprovido, por unanimidade, nos termos do voto do Relator Min. Marco Aurélio.

1.2.1. Voto condutor

O Ministro Relator inicia seu voto afirmando que a questão é de alta relevância, e demanda o enfrentamento de um dos diversos desafios promovidos pela modernidade decorrente do avanço tecnológico, destacando que o Direito, a Constituição e o Supremo não podem ignorar as transformações ocorridas na sociedade, sob pena de, em curto prazo, as normas constitucionais se tornarem inócuas. Explica que há uma verdadeira relação de reciprocidade, onde o Direito sofre influências dos avanços tecnológicos na sociedade, enquanto busca conformá-la.

Sustenta o Ministro que uma das searas que sofreu grandes reflexos tecnológicos foi a educacional, que passou a contar com diversas ferramentas novas que possibilitam não só o acesso aos conteúdos didáticos, como também a informações variadas. Reconhece que embora estes meios sejam revolucionários, não implicam na exclusão por completo dos tradicionais, tais como os livros e demais mídias impressas, mas sim na ampliação de possibilidades.

Prossegue o Relator com seu voto, lembrando que em 1988 o cenário era outro, e que somente dez anos depois iniciou-se, ainda de forma tímida, a propagação dos *e-books,* não sendo possível sequer cogitar tamanha revolução, o que fez com que o constituinte não tratasse das ferramentas digitais. Seria então necessário o aperfeiçoamento interpretativo daquela que chama de *nova e irreversível realidade digital*, o que viria a ser feito a partir de uma interpretação modernizante, mas que não poderia se afastar do texto da Carta.

Feitas as considerações introdutórias acima, o Ministro Marco Aurélio passa a tratar das imunidades tributárias sob a perspectiva do Supremo Tribunal Federal, lembrando que as normas que as veiculam tem como objetivo proteger valores políticos, morais, culturais e sociais essenciais, não permitindo que os entes tributem certas pessoas, bens, serviços ou situações ligada a estes valores, e mencionando diversos julgados da Corte, onde é possível verificar que nos últimos tempos, se tratando da temática, tem sido empregada a interpretação teleológica sistemática.

Segundo o Relator, a imunidade dos livros, jornais e periódicos contida na alínea "d" inciso VI do art. 150 da Constituição da República, visa promover a educação, garantir o princípio da liberdade de manifestação do pensamento e da expressão da atividade intelectual, artística, cientifica e de comunicação, facilitando e estimulando a circulação de ideias, o direito de informar e de ser informado e a própria liberdade de imprensa, sendo esta imunidade essencial ao desenvolvimento da cultura, da democracia e da cidadania participativa e reivindicatória. Para tanto, o dispositivo constitucional que a prevê não pode ser visto como proteção do livro, jornal ou periódico como meros suportes físicos, mas sim do valor intrínseco do conteúdo veiculado, que no caso em comento, é de natureza educacional.

À luz das finalidades sobreditas, o Ministro reconhece ser irretocável o acórdão proferido pelo tribunal de origem, segundo o qual os elementos eletrônicos objeto da discussão não só acompanham o material de ensino, mas o complementam, tendo fins didáticos essenciais para que o curso cumpra sua proposta. Dando continuidade, ressalta que as peças não são brindes comerciais utilizados como forma de atrair a aquisição do produto pelo público, mas sim itens necessários para que aquele que se disponha a realizar o curso, possa cumpri-lo, tendo acesso não só à parte teórica, mas também à prática, indispensável para o aprendizado.

O ministro assevera que o fato de serem peças eletrônicas não afasta a aplicação da norma de imunidade, pois permanece presente o cunho educacional e informativo, que busca a referida norma prestigiar. Por isso, não poderia ser adotada, de forma isolada, a interpretação literal do dispositivo constitucional, que não se mostra apta a solucionar casos tão complexos.

Fazendo menção aos ensinamentos de Ives Gandra, o Relator explica que mesmo que se adotasse a interpretação literal, seria possível manter a aplicação da imunidade ora discutida, porque o constituinte descreveu quatro hipóteses de imunidade, quais sejam: a) livros; b) periódicos; c) jornais; e o d) papel utilizado em sua impressão , não havendo previsão no texto constitucional no sentido de que os livros, os jornais e os periódicos somente serão imunes se forem confeccionados em papel, pois se fosse essa a intenção do constituinte, teria escrito "livros, jornais, e periódicos de papel, assim como o papel destinado à sua impressão", e não foi o que fez.

Destaca também que ainda que a premissa adotada fosse outra, compreendendo os elementos eletrônicos como insumos, em substituição ao papel, a imunidade seria mantida, pois a menção ao papel contida no final da alínea "d" é meramente exemplificativa. Com isso, conclui seu voto, no sentido de que a interpretação sistêmico-teleológica não só é a que melhor se adequa ao caso em análise, como é a única que privilegia nosso sistema constitucional de valores e propósitos, pois os leva em consideração de forma sistêmica, no contexto de um novo tempo, permeado pela tecnologia, garantindo a eficácia do texto constitucional.

1.2.2. Votos vencidos

No caso em tela, não houve votos vencidos, tendo em vista que foi dado provimento ao recurso por unanimidade. Entretanto, houve discussão entre os ministros, em especial Gilmar Mendes, Teori Zavascki, Roberto Barroso e o Ministro Relator Marco Aurélio, sobre o alcance da tese que seria firmada, pois havia receio de o entendimento vir a ser deturpado, o que fez com que os ministros definissem que somente se aplicaria naqueles casos em que há uma *unidade* entre o material teórico e o prático (as peças eletrônicas).

1.3. Análise crítica

É cediço que a norma jurídica não se confunde com o próprio texto legislado. Vez ou outra encontramos na jurisprudência, e até mesmo na doutrina, afirmações no sentido de que a norma é *extraída* do texto legislado, como se bastasse a sua leitura para que a mesma viesse a se revelar. Uma reflexão atenta a respeito destas afirmações revela que partem do pressuposto de que os signos contidos nos diplomas legais, carregam consigo a norma, como algo pronto, pré-existente, que basta ser lida. Afinal, se alguma coisa é *extraída*, entende-se que ali já estava.

O entendimento acima descrito, não parece ser o melhor, pois caso fosse, não seria possível existir divergências quanto ao sentido de determinada norma jurídica, uma vez que se ela está inserida no texto legal, ao ser extraída, revelaria um único sentido, e como sabemos, o que não falta é divergência quanto a real significação dos dispositivos legais.

Conforme explica Aurora Tomazini de Carvalho, da mensagem legislada, temos acesso apenas a um aglomerado de palavras estruturadas em frases, e cabe ao jurista atribuir sentido a elas. Desse modo, a norma não é *extraída* dos enunciados jurídico-prescritivos, mas sim *construída* a partir deles por meio de um esforço intelectual, e tal construção ocorre levando-se em consideração os valores e crenças do sujeito que se dispõe a fazê-la, bem como o contexto social no qual é inserido[2], o que justifica a divergência nos sentidos dados aos dispositivos legais.

Ao construir a norma jurídica, o jurista não deve considerar determinado dispositivo de forma isolada, mas sim o sistema como um todo, dado que o ordenamento jurídico é uno e indivisível, e sua setorização em ramos é meramente didática[3]. Além disso, não deve se ater de forma fiel as palavras empregadas pelo legislador, pois como se sabe, nossas casas legislativas são compostas por representantes de diversos setores sociais, como por exemplo, profissionais da saúde, artistas, atletas, comerciantes, e também operadores do

[2] CARVALHO, Aurora Tomazini de. *Regras para fixação do critério temporal das normas de decadência e prescrição no direito tributário*. In: CARVALHO, Aurora Tomazini (Org.). *Decadência e Prescrição em direito tributário*. São Paulo: MP, 2011. p. 39 e 40.

[3] CARVALHO, Paulo de Barros. *Curso de Direito Tributário*. 29. ed. São Paulo: Saraiva, 2018. p. 47.

direito, mas não só estes, o que acaba por resultar no uso de uma linguagem que nem sempre se mostra adequada, e não seria razoável exigir que fosse, visto que isso demandaria conhecimento jurídico. De igual modo, com o passar do tempo, o texto torna-se ultrapassado. É justamente nesse contexto que ganha relevo o trabalho do jurista, que afasta, na medida do possível, os vícios de linguagem e atribui aos enunciados prescritivos o sentido que melhor se adequa ao sistema como um todo, utilizando linguagem cientifica.

A essa altura é possível perceber que a adoção do método de interpretação *literal*, de forma isolada, não se mostra suficiente, pois se resume a análise sintática dos signos contidos no documento legislativo, que conforme vimos, não carregam uma norma pré-existente. Admitir o uso isolado da interpretação literal significa a redução da atividade do exegeta a algo sem muita relevância, pois a análise meramente sintática, com o fito de atribuir conteúdo aos dispositivos jurídicos, poderia ser realizada por qualquer pessoa alfabetizada, como assevera Paulo de Barros Carvalho, *in verbis:*

> O desprestigio da chamada interpretação literal, como critério isolado de exegese, é algo que dispensa meditações mais sérias, bastando arguir que, prevalecendo como método interpretativo do direito, seríamos forçados a admitir que os meramente alfabetizados, quem sabe como o auxílio de um dicionário de tecnologia jurídica, estariam credenciados a elaborar as substâncias das ordens legisladas, edificando as proporções do significado da lei. O reconhecimento de tal possibilidade roubaria à Ciência do Direito todo o teor de suas conquistas, relegando o ensino universitário, ministrado nas faculdades, a um esforço estéril, sem expressão e sentido prático de existência[4].

Sendo assim, não é possível falar em adoção da interpretação literal de forma isolada no campo jurídico, inclusive no direito tributário. Tal método compõe a atividade interpretativa, consubstanciando o ponto de partida do exegeta, mas não pode ser usado de forma exclusiva, sob pena de reduzir o sentido das normas ao mero significado das palavras.

[4] CARVALHO, Paulo de Barros. *Curso de Direito Tributário*. 29. ed. São Paulo: Saraiva, 2018. p. 126.

Merece destaque a consideração feita por Tárek Moysés Moussallem, no sentido de que a interpretação literal é impossível e necessária ao mesmo tempo. Impossível enquanto método isolado de interpretação, pois o exegeta não pode se limitar a ela, e necessário, porque é uma das etapas indispensáveis do processo de interpretação[5] (é o ponto inicial da intepretação).

No caso em comento, é problema deste jaez que foi levado à apreciação do Supremo Tribunal Federal, posto que a União defendia a aplicação exclusivamente literal do art. 150, inciso VI, alínea "d" da Constituição da República, alegando que a imunidade ali prevista deveria se limitar estritamente aos livros, jornais, periódicos e o papel destinado a sua impressão, o que diante de todas as considerações feitas acima, não se mostra minimamente razoável.

Há de observar que o texto do referido dispositivo foi editado em 1988, uma época em que sequer se cogitava um avanço tecnológico tão abrupto quanto o que presenciamos nos últimos anos. Como bem explicou o Ministro Relator, a norma jurídica não deve ser entendida como algo imutável, devendo, assim como a sociedade, evoluir, sob pena de haver um engessamento indesejável do ordenamento jurídico, que acabaria por resultar em seu esvaziamento. Ora, de nada adianta uma norma jurídica que não possui qualquer influência no campo social. Assim, havendo modificações no seio social, a norma jurídica deverá considerá-las na medida do possível, para então, posteriormente, conformá-las, e é isso que se verifica no presente caso.

O texto do art. 150, inciso VI, alínea "d", se mostra extremamente ultrapassado, mas nem por isso deverá perder sua importância. Merece ser ressignificado, de modo a adaptar-se à atual conjuntura, atendendo aos fins buscados pelo constituinte. Evidentemente, nem sempre que a sociedade passa por uma mudança considerável, é necessário realizar modificações nos textos legislados, bastando a atribuição de nova significação aos dispositivos já existentes.

Uma leitura sistemática da Constituição nos permite concluir que muito mais do que manter os livros, jornais, periódicos e o papel utilizado em sua impressão fora do campo da competência tributária, buscou o constituinte consagrar valores por ele considerados altamente relevantes. A norma de imunidade não é um fim em si mesmo, mas sim um instrumento de realização

[5] MOUSSALLEM, Tárek Moysés. *Interpretação Restritiva no Direito Tributário.* VII Congresso Nacional de Estudos Tributários – IBET. p. 1217.

de valores constitucionalmente aclamados. É inegável a ligação de tais normas com os direitos fundamentais, havendo inclusive quem fale que o art. 150, VI veicula direitos fundamentais do contribuinte.

Dito isso, a norma de imunidade construída a partir do texto da alínea "d" deverá considerar não apenas os itens ali descritos, sendo estes meramente exemplificativos, mas também os direitos fundamentais, dos quais se destacam os relativos a educação, cultura, liberdade de manifestação do pensamento, da expressão e da atividade intelectual, artística, cientifica e de comunicação, o direito de informar e de ser informado e a liberdade de imprensa, pois são estes que o constituinte pretende ver realizados com a imunidade.

Frente a isso, é impecável a decisão do Supremo Tribunal Federal, que com base na interpretação sistêmico-teleológica, reconheceu que as peças eletrônicas que acompanham o fascículo também são alcançadas pela imunidade, pois formam uma unidade de cunho exclusivamente educacional. A incidência de impostos sobre essas peças encareceria o produto, configurando verdadeiro obstáculo a sua aquisição, e consequentemente, afronta aos direitos fundamentais anteriormente mencionados, contribuindo para que a educação continue sendo privilégio de poucos.

Capítulo 21
Recurso Extraordinário 592145 – São Paulo

Denise Magalhães da Silva

1. Recurso Extraordinário nº 592145[1]

Relator: Ministro Marco Aurélio
Voto Vencedor: Ministro Marco Aurélio
Data de Julgamento: 05/04/2017

1.1 Ementa

> IPI - SELETIVIDADE E ESSENCIALIDADE - AÇÚCAR - LEI Nº 8.393/1991. A Lei nº 8.393/1991 atende aos requisitos seletividade e essencialidade e ao princípio isonômico.

[1] BRASIL. SUPREMO TRIBUNAL FEDERAL. Recurso Extraordinário nº. 592145. Relator(a): MARCO AURÉLIO, Tribunal Pleno, julgado em 05/04/2017. Disponível em: http://redir.stf.jus.br/paginadorpub/paginador.jsp?docTP=TP&docID=14274800. Acesso em 8 de set. de 2020.

1.1.2 Especificações do caso e razões de submissão à repercussão geral

Trata-se de predito recurso extraordinário interposto pela contribuinte com fulcro no art. 102, III, alínea *a* da Carta Magna, em que se fundamenta a ofensa aos artigos 97, 145, § 1º, 149, 150, inciso II e § 6º, 151, inciso I, e 153, inciso IV e § 3º, inciso I da Constituição Federal face a acórdão do Tribunal Regional Federal da 3ª Região.

Impende esclarecer que a contribuinte impetrou mandado de segurança com o intuito de garantir que a contar de janeiro de 1997 as saídas de açúcar referentes às safras dos anos de 1996-1997 e 1997-1998 não tivessem o destaque e, por certo, o recolhimento do Imposto sobre Produtos Industrializados (IPI) com alíquota de 18%.

Reconheceu-se o direito ao não recolhimento do tributo nos moldes vindicados. Nada obstante, o Tribunal Regional da 3ª Região proveu o recurso da União concluindo pela possibilidade de fixação da alíquota do IPI em 18%, incidente sobre o açúcar de cana.

Para maior comodidade do exame, oportuna a citação da ementa:

> TRIBUTÁRIO – MANDADO DE SEGURANÇA – IPI – AÇÚCAR – LEI 8.393/91 – DECRETO 2.092/96 – ALÍQUOTA DE 18% – AUSÊNCIA DE OFENSA AOS PRINCÍPIOS DA SELETIVIDADE E ISONOMIA. 1. Nos termos do artigo 151, I da Constituição da República, é vedado à União instituir tributo que não seja uniforme em todo o território nacional ou que implique distinção ou preferência em relação a Estado, ao Distrito Federal ou a Município, em detrimento de outro, admitida a concessão de incentivos fiscais destinados a promover o equilíbrio do desenvolvimento sócio-econômico entre as diferentes regiões do País. Desse modo, deve-se observar uma regra geral, que não admite distinções entre as pessoas jurídicas de direito público mencionadas, fazendo cumprir o princípio da isonomia; e de outro lado uma regra específica, que admite tratamento diferenciado visando justamente promover o equilíbrio entre regiões que possuem dados característicos peculiares. 2. O elemento discriminador utilizado pelo legislador na Lei 8.393/91, envolvendo diferentes áreas e Estados da Federação, guarda correlação lógica com o propósito buscado, qual seja, garantir o equilíbrio entre aqueles que se distinguem no desenvolvimento sócioeconômico. 3. O juízo de essencialidade relacionado ao produto cabe ao legislador. Assume, desse modo, caráter

discricionário que não pode ser alterado pela livre vontade do julgador sem demonstração de desobediência à Constituição, à legislação ou ao próprio princípio da razoabilidade, razão pela qual, a fixação de alíquotas em função de política nacional de preços não pode ser obstada pelo Judiciário.

Os embargos de declaração não foram acolhidos e o recurso extraordinário interposto. Em suma, argumentou-se pela ofensa ao princípio de reserva de plenário, por não haver o colegiado apreciado os argumentos *in totum*, desvio de finalidade e afronta ao princípio da proporcionalidade e seletividade. No mérito, rememorou a história da tributação do açúcar, trazendo a lume a não tributação ou sujeição à alíquota zero até a Lei nº 8.393/1991 que estabeleceu a alíquota de 18%, salvo para regiões SUDAM e SUDENE e a alíquota com redução de 50% para os estados do Espírito Santo e Rio de Janeiro.

Reiterou-se ainda o desvio de finalidade da lei que instituiu a tributação configurando-se genuína contribuição de intervenção no domínio econômico na argumentação da contribuinte.

Sustentou-se a ofensa ao princípio da seletividade, isonomia e capacidade contributiva, além da ilegitimidade da instituição do benefício sem lei específica.

Há que se registrar que já havia sido admitida a repercussão geral no RE nº 567.948-9/RS, nada obstante teve sua apreciação prejudicada face a desistência do recorrente.

A Procuradoria-Geral, por sua vez, manifestou-se pelo desprovimento do Recurso Extraordinário, arguindo a utilização do IPI como instrumento de política econômica. A alíquota de 0 a 18% caracterizaria a seletividade em decorrência da essencialidade.

A argumentação sustenta ofensa ao princípio de reserva de Plenário e defende que o Tribunal de origem deixou de observar precedentes da Corte Suprema que adotaram orientação contrária

1.1.3 Voto Vencedor

Preliminarmente, o Ministro Marco Aurélio, Relator, iniciou suas considerações afirmando o preenchimento dos pressupostos de recorribilidade. Na oportunidade, registrou que, no que se refere à repercussão geral, o julgado em comento substitui o RE 567948-9/RS, em consonância com o já aduzido no relatório.

Em continuidade, consignou que o recurso extraordinário é interposto em razão do decidido na instância de origem, logo, o prequestionamento demonstra o debate e as decisões prévias dos temas presentes nas razões recursais.

O Min. prossegue, registrando que ao examinar o voto condutor do julgamento do TRF 3ª conclui-se constar entendimento constante na Lei nº 8.393/1991, no Decreto nº 2.092/1996 e o disposto nos artigos 153, § 3º, inciso I, e 151, inciso I, da Constituição Federal, uma vez que sinalizou tratamento igualitário dos contribuintes.

Nada obstante, o TRF 3ª não se manifestou, sob o ângulo do que formalizado na arguição de inconstitucionalidade na apelação no mandado de segurança nº 176.622/SP. Apontou-se superada a decisão nesta última, em consonância com o parágrafo único do artigo 176 do Regimento Interno daquele Tribunal, e frente a pronunciamentos do Supremo.

Para maior comodidade do exame, seguem os acórdãos:

> TRIBUTO. IMPOSTO SOBRE PRODUTOS INDUSTRIALIZADOS. IPI. ALÍQUOTA. FIXAÇÃO. OPERAÇÕES RELATIVAS A AÇÚCAR E ÁLCOOL. PERCENTUAL DE 18% (DEZOITO POR CENTO) PARA CERTAS REGIÕES. ART. 2° DA LEI 8.393/91. OFENSA AOS ARTS. 150, II, 151, I, E 153, 3°, I DA CF. INEXISTÊNCIA. FINALIDADE EXTRAFISCAL. CONSTITUCIONALIDADE RECONHECIDA. IMPROVIMENTO DO RECURSO EXTRAORDINÁRIO. Não é inconstitucional o art.2° da Lei federal n. 8.393, de 30 de Dezembro de 1.991. (Embargos de declaração no agravo regimental no agravo de instrumento nº 515.168/MG, relator o ministro Cezar Peluso, Primeira Turma, julgado em 30 de agosto de 2005 [grifo nosso]
>
> RECURSO EXTRAORDINÁRIO. IPI. CONCESSÃO DE BENEFÍCIOS. ALÍQUOTAS REGIONALIZADAS. LEI 8.393/91. DECRETO 2.501/98. ADMISSIBILIDADE. 1. Incentivos fiscais concedidos de forma genérica, impessoal e com fundamento em lei específica. Atendimento dos requisitos formais para sua implementação. 2. A Constituição na parte final do art. 151, I, admite a "concessão de incentivos fiscais destinados a promover o equilíbrio do desenvolvimento sócio-econômico entre as diferentes regiões do país". 3. A concessão de isenção é ato discricionário, por meio do qual o Poder

Executivo, fundado em juízo de conveniência e oportunidade, implementa suas políticas fiscais e econômicas e, portanto, a análise de seu mérito escapa ao controle do Poder Judiciário. Precedentes: RE 149.659 e AI 138.344-AgR. 4. Não é possível ao Poder Judiciário estender isenção a contribuintes não contemplados pela lei, a título de isonomia (RE 159.026). 5. Recurso extraordinário não conhecido. (Recurso extraordinário nº 344.331, relatora a ministra Ellen Gracie, Primeira Turma, acórdão publicado no Diário da Justiça de 14 de março de 2003).

Conforme o Ministro Marco Aurélio, o argumentado, acerca da violação do art. 150, § 6º da Constituição Federal, não foi dirimido pelo Tribunal de origem, não se esclareceu a controvérsia acerca do apontado.

A mesma sorte segue o que articulado sobre a violação do artigo 150, § 6º, da Lei Fundamental, a prever que qualquer subsídio ou isenção, redução de base de cálculo, concessão de crédito presumido, anistia ou remissão, relativos a impostos, taxas ou contribuições, só poderão ser concedidos mediante lei específica – federal, estadual ou municipal – que regule exclusivamente as matérias acima enumeradas ou correspondente tributo ou contribuição, sem prejuízo do disposto no artigo 155, § 2º, inciso XXII, alínea “g”. O Tribunal Regional Federal da 3ª Região, no acórdão impugnado por meio deste extraordinário, não dirimiu controvérsia sob tal ângulo, padecendo o recurso da ausência do indispensável prequestionamento.

Ao retomar a análise, registrou que cabe à Corte Suprema analisar a harmonia, ou não, entre o previsto na Lei nº 8393/1991 e no Decreto nº 2.092/96 com o princípio da seletividade, em razão da essencialidade do tributo, no que toca ao IPI e, de igual modo, com o princípio da isonomia, conforme artigos 153, § 3º, inciso I, e 151, inciso I, da Constituição Federal. Consignou em seguida a previsão constante no art. 2º e seu parágrafo único da Lei nº 8.393/1991 prevista no acórdão recorrido.

Registrou que o tratamento excepcional, cotejado com o tratamento uniforme previsto no art. 150, I da Constituição, referente à concessão de incentivos fiscais para promover o equilíbrio e o desenvolvimento socioeconômico entre as díspares regiões do país, *“autoriza o legislador a implementar, no âmbito da opção político-normativa, presente a razoabilidade, distinções, sem que esteja vinculado à divisão comumente admitida em região: Sul, Sudeste, Centro-Oeste, Nordeste e Norte, conforme ressaltado no acórdão impugnado*[2]"

O TRF 3ª sustentou que, considerando a produção de açúcar, não se pode cotejar os estados de São Paulo e Minas Gerais com Rio de Janeiro e Espírito Santo. Por certo, os estados da região SUDAM e SUDENE, notoriamente, carecem de atenção maior, porquanto foram criadas as superintendências.

O Ministro Marco Aurélio afirma a observância do art. 150, I da Constituição Federal e afasta a alegação de constituição de verdadeira contribuição de intervenção no domínio econômico, em razão dos apontamentos anteriores. Consigna a ocorrência de introdução de tratamento diferenciado, por meio do incentivo fiscal.

Na oportunidade, aponta o alcance do caráter seletivo do tributo, em razão de sua essencialidade. Registra variação de alíquotas consoante a própria mercadoria, distante da configuração de imunidade. Registra ainda que o fato de o produto compor a cesta básica e os outros produtos não terem a incidência do IPI é insuficiente para a conclusão pela impossibilidade de cobrança do tributo.

O Ministro segue, e reafirma o entendimento de que se deve perceber a opção político-normativa frente a essencialidade. Registra a harmonia, observado o princípio da razoabilidade, na espécie proporcionalidade, diante de fixação de alíquota em patamar aceitável diante de outras ligadas a produtos diversos, em relação às quais não denotam a mesma essencialidade.

Na mesma toada, quanto a ter sido versada isenção no que se refere às saídas na área concernente à SUDENE e SUDAM, ressalta a parte final do art. 151, I da Carta Magna, e discorre que a isonomia ocorre quando não se configura preferência desarrazoada em relação a Estado, Distrito Federal ou Município.

Consigna o Ministro, em seu voto, que no caso em exame, o art. 2º da Lei nº 8.393/1991 configurou incentivo fiscal no tocante às áreas mencionadas. Segue excerto:

> A cláusula constitucional a remeter às diferentes regiões do País não tem interpretação a ponto de deixar-se de considerar as áreas referidas no preceito da lei e que estão ligadas ao Nordeste e à Amazônia. Também não se tem tratamento diferenciado em razão deste ou daquele Estado. O parágrafo único

2 Embargos de Declaração no agravo regimental no agravo de instrumento nº 515.168/MG.

> do artigo 2º, ao revelar que, nos Estados do Espírito Santo e do Rio de Janeiro, a alíquota de 18% poderá ser reduzida em até 50%, remete, necessariamente, à situação dos contribuintes e do desenvolvimento, na produção nos citados Estados. Mais uma vez, atuou o Legislativo no campo do incentivo fiscal, embora o fazendo de forma estrita, considerados os Estados mencionados [...]

Com as considerações acima, o Ministro desproveu o recurso extraordinário e propôs como tese a ser liberada pelo Plenário, a constitucionalidade, sob o viés do caráter seletivo do tributo, em razão da essencialidade e do tratamento isonômico, consonante com o disposto no art. 2º da Lei nº 8.393/1991.

Os demais votos por unanimidade acompanharam o entendimento do voto do Ministro relator, no que diz respeito à constitucionalidade do art. 2º da predita Lei nº 8.393/1991.

Nada obstante, passar-se-á a consignar observações relevantes constantes dos votos dos demais Ministros da Corte.

O Ministro Edson Fachin seguiu na mesma direção que o Relator, elencou os argumentos da contribuinte e os rebateu um a um. Cabível, portanto, a exposição de argumentos que se destacaram.

Registrou que nas alegações recursais sustentou-se a ausência de jurisprudência pacífica da Corte Suprema sobre a temática, bem como a necessidade de aplicação do contido na Arguição de Inconstitucionalidade em AMS 176.622-SP

No que toca à Lei nº 9.532/97, discorreu o Ministro tratar-se de período controvertido, uma vez que a lei é posterior às exações tributárias, padecendo da ausência de prequestionamento, sendo não conhecido o extraordinário neste ponto.

Ao examinar a alegação de desvio de finalidade, asseverou que "a simultaneidade da extinção da contribuição ao Instituto do Açúcar e do Álcool e da previsão de alíquota máxima ao IPI incidente sobre o açúcar não é elemento com aptidão para confirmar as alegações da parte Recorrente em sede de jurisdição constitucional."

Complementou, *ipsis litteris*:

> Embora seja possível à Corte Constitucional o controle de prognoses legislativas em prol da defesa de direitos fundamentais, parece além das

> possibilidades hermenêuticas de um "processo de indagação" (Befragungsverfahren), como desenvolvido pelo Tribunal Federal Alemão, em que se perquire a intenção dos partícipes envolvidos no processo legislativo, à luz do contexto fático-normativo haurido dos autos do feito posto em juízo haurido dos autos do feito posto em juízo.

Na oportunidade, citou o Ministro Gilmar Mendes[3]:

> Tal como visto, a aferição dos fatos e prognoses legislativos pela corte Constitucional é um controle de resultado (Ergebniskontrolle) e não um controle do processo (Verfahrenskontrolle), até porque para isso faltaria qualquer parâmetro de controle ou uma específica autorização constitucional. Em outros termos, não se cuida, no juízo de constitucionalidade, de examinar como o legislador examinou os fatos legislativos, mas o que, efetivamente, ele constatou.

Pelos fundamentos expostos acima, afastou a alegação de desvio de finalidade.

No que tangencia ao princípio da seletividade, consignou que a fixação da alíquota de 18% em produto integrante da cesta básica não permite um juízo de incompatibilidade material das leis impugnadas em relação à Carta Magna, por tratar-se de teto limitativo ao livre aumento da alíquota de IPI, o que é facultado à União, conforme dicção do art. 153, §1º.

Reforçou o argumento de tratar-se de política fiscal de intervenção no setor econômico da cana de açúcar, não havendo abusividade na atuação do poder público, o que oportunizaria a atuação repressiva por parte do Supremo.

No que se refere ao argumento afeto à uniformidade geográfica e isonomia, a alegação de que o critério de igualdade regional não justificaria um tratamento fiscal favorecido, não merece acolhimento, uma vez que se trataria de elemento discriminador *"em termos de equidade horizontal, com assento*

[3] MENDES, Gilmar Ferreira. Controle de Constitucionalidade: hermenêutica constitucional e revisão de fatos e prognoses legislativos pelo órgão judicial. **Revista dos Tribunais**, São Paulo, ª 88, v. 766, p. 11-28, ago. 1999, p. 24 *apud* STF. RE 592145/SP. Disponível em: <*file:///C:/Users/magad/AppData/Local/Packages/Microsoft.MicrosoftEdge_8wekyb3d8bbwe/TempState/Downloads/texto_313601871%20(1).pdf*>. Acesso em: 11/06/2020.

constitucional, nos termos do art. 43, §2º, III, e do próprio art. 151, I, ambos do Texto Constitucional".

O argumento de exigência de lei específica foi rechaçado no Voto, uma vez que elencou as matérias constitucionais pelas quais há a exigência estabelecida no texto constitucional. Consignou a ocorrência de matérias eleitas pela Constituinte e referenciou a ADI 5.154.

No tema isenções fiscais, registrou que o acórdão recorrido não afronta a compreensão da Corte acerca da exigência de lei específica para regulamentar matérias previstas no art. 150, § 6º, ao citar os precedentes: RE 414.249-AgR, Rel. Min. Joaquim Barbosa, Segunda Turma, DJE de 16.11.2010; RE 539.130, Rel. Min. Ellen Gracie, Segunda Turma, DJE de 05.02.2010 e ADI 4033.

O recurso foi conhecido parcialmente e na parte conhecida teve provimento negado pelo Ministro Fachin.

O Ministro Barroso reforçou o argumento quanto à Lei nº 9.537/1997, ao consignar que o recurso extraordinário pretendeu discuti-la em última análise. Logo, não poderia ser objeto de exame, uma vez que foi publicada em 1997, produzindo efeitos a partir de então. Considerando que não foi discutida, assim como não foi o Decreto 2501/98 e 2197/98, motivo pelo qual desconheceu o recurso e, no mérito, acompanhou o relator.

A Ministra Rosa Weber anuiu com a ausência de prequestionamento reiterada pelo Ministro Barroso.

O Ministro Luiz Fux, por sua vez, anuiu quanto à ausência de impugnação específica quanto à Lei nº 9.532/97, que não foi citada no Mandado de Segurança, no acórdão e nem ao menos nos embargos de declaração, portanto ausente o prequestionamento.

Ponto importante, merece destaque no Voto, o Ministro socorreu-se da exposição de motivos da Lei nº 8.393/1991, neste ponto, esclarecendo que o aumento do IPI de zero a 18% não tem como razão o fato de que o açúcar deixou de ser um bem de consumo essencial, mas a finalidade de onerar a carga tributária incidente sobre os produtos no Centro-Sul, com o fito de equalizar os custos produtivos nas diferentes regiões.

Segue a ponderação:

> Tal objetivo fazia parte da política de preço nacional unificado de açúcar de cana, desenvolvida à época pelo Governo Federal, atendendo, assim, às

> finalidades extrafiscais do Executivo. Tanto é assim que foi mantida uma alíquota uniforme de 18% para o açúcar proveniente da cana, excepcionando-se apenas as operações ocorridas nas regiões Norte e Nordeste, nas áreas da SUDAM e da SUDENE, que gozariam de isenção integral, bem como as operações ocorridas no RJ e no ES, que teriam uma redução de até 50% do IPI. É o que se depreende do parecer, da lavra do então Deputado José Thomaz Nono, aprovado pela Comissão de Constituição e Justiça, que, por sua vez, aprovou o Projeto de Lei nº 2.158/91, que deu origem à Lei nº 8.393/91 [...]

Logo, houve a conclusão de que não ocorreu desvio de finalidade no aumento da alíquota do IPI e nos decretos que a regulamentaram. A utilização do IPI com a finalidade extrafiscal de equalização de custos produtivos do açúcar, respeitou as diferenças entre as regiões e entre diferentes estados dentro da mesma região, no que toca ao setor sucroalcoleiro.

A fixação da alíquota em 18%, de igual modo, não importou violação da seletividade, uma vez que a fixação da alíquota é atribuição do Executivo, conforme o art. 153, §1º da Constituição. A finalidade é extrafiscal consistindo em instrumento de política econômica, além de contribuir para a arrecadação tributária.

Por fim, outro ponto que merece menção é a referência a entendimento do Superior Tribunal de Justiça e de extensa jurisprudência, no âmbito do Supremo Tribunal Federal, sendo a última menção reforçada pela Ministra Carmem Lúcia.

1.2 Análise crítica

O julgamento do RE 592145/SP denota a posição atenta, apontada pelos Ministros, quanto ao necessário prequestionamento e discussão referentes a Lei nº 9.537/1997. Em complemento, observou-se que, de igual modo, não houve prequestionamento dos Decretos nº 2.501/98 e nº 2197/98.

Em que pese, ao final, o Ministro Marco Aurélio consignasse que a tese proposta tenha sido a constitucionalidade, sob o viés do caráter seletivo, em razão da essencialidade do produto e do tratamento isonômico, o Ministro Barroso, firmou-se no desconhecimento do extraordinário e, no mérito, acompanhou o relator.

O Ministro relator consignou que a lei, objeto de questionamento, atende aos princípios da essencialidade e isonomia, matérias julgadas pelo Colegiado, sendo portanto acompanhado, por unanimidade, após as discussões.

Feitas as considerações iniciais, passar-se-á a análise do mérito. Em suma, o recurso extraordinário argui, como exposto, o desvio de finalidade da norma, uma vez que teria sido instituído o IPI com finalidade de contribuição de intervenção no domínio econômico; afronta à seletividade; uniformidade geográfica; violação da capacidade contributiva e isonomia, além de exigência de lei específica para a concessão de incentivo fiscal.

Da análise detida dos votos, verificam-se que os argumentos da contribuinte foram de *per si*, devidamente afastados, incluindo o de inexistência de jurisprudência pacífica do Supremo Tribunal Federal. Os votos dos Ministros Luiz Fux, Carmem Lúcia, Lewandowiski e Celso de Mello rechaçaram os argumentos do contribuinte ao expor o entendimento jurisprudencial do Superior Tribunal de Justiça e da Corte Suprema, quanto à irresignação.

A Ministra Carmem Lúcia citou o julgamento do RE 344331, de relatoria da Ministra Ellen Gracie do ano de 2003, em que se pleiteava a extensão de benefícios fiscais concedidos a produtores de açúcar da região Norte e Nordeste, tendo o Supremo decidido pela constitucionalidade das alíquotas fixadas pela Lei nº 8.393/1991 e pelo Decreto nº 2.501/1998.

O Ministro Lewandowiski, por sua vez, registrou que o Supremo Tribunal Federal detinha longa jurisprudência, no sentido de considerar constitucional o art. 2º da Lei nº 8393/1991 e citou, além do julgado de 2003 da Ministra Ellen Gracie, o Agravo Regimental no Agravo de Instrumento 515.168, que ressaltou o aspecto extrafiscal. Na mesma direção citou o Recurso Extraordinário com Agravo 1.006.340/SP.

Desta feita, a argumentação quanto à inexistência de jurisprudência pacífica na Corte Suprema perdeu força.

No que toca à alegação de desvio de finalidade, por certo, restou demonstrada a ausência de configuração, uma vez que o aumento da alíquota do IPI, incidente sobre o açúcar, fundou-se na extrafiscalidade, inclusive quanto à equalização dos custos produtivos, respeitando-se as diferenças entre as regiões. Logo a alegação isolada não consistiu elemento suficiente para sustentar o desvio de finalidade.

Oportuna à referência ao Ministro Gilmar Mendes no sentido de que *"aferição dos fatos e prognoses legislativos pela corte Constitucional é um controle de resultado (Ergebniskontrolle) e não um controle do processo (Verfahrenskontrolle)"*. Isto no sentido de que na análise da constitucionalidade, não se há que analisar como o legislador avaliou os fatos legislativos, mas sim o que efetivamente constatou[4].

No quesito afronta ao princípio da seletividade, a alíquota de 0 a 18% o caracteriza, em decorrência da essencialidade. O fato de tratar-se de item integrante da cesta básica, como argumento isolado, não permite inferir pela incompatibilidade material das leis impugnadas quando cotejadas com a Constituição Federal, uma vez que é o limite ao livre aumento da alíquota de alíquota de IPI, o que é facultado à União, conforme dicção do art. 153, §1º.

No que toca à uniformidade geográfica e isonomia de tratamento tributário, a argumentação de que o critério de desigualdade não justificaria o tratamento fiscal favorecido às isenções concedidas às áreas de atuação da SUDENE e SUDAM ou até para o açúcar, oriundo dos estados do Espírito Santo e Rio de Janeiro, não se sustentou, uma vez que trata-se de elemento discriminador justificado, em razão da equidade horizontal, conforme prelecionou o Ministro Fachin e com fundamento nos artigos art. 43, §2º, III e art. 151, I, ambos do texto constitucional.

Como preleciona Celso de Barros Correia Neto[5] *"Os instrumentos jurídicos, no caso dos incentivos fiscais, consistem nas diferentes estratégias normativas utilizadas à título de remover ou reduzir o obstáculo – o efeito de desestímulo – que é produzido por alguma disposição do sistema fiscal."*

A parte final do art. 151, I restou reiteradas vezes pontuada, uma vez que se trata de exceção. Há expressa admissão de concessão de incentivos fiscais que sejam destinados a promover o equilíbrio do desenvolvimento socioeconômico, entre as diferentes regiões do país.

[4] MENDES, Gilmar Ferreira. **Controle de Constitucionalidade**: hermenêutica constitucional e revisão de fatos e prognoses legislativos pelo órgão judicial. Revista dos Tribunais, São Paulo, ª 88, v. 766, p. 11-28, ago. 1999, p. 24 apud STF. RE 592145/SP. Disponível em: <file:///C:/Users/magad/AppData/Local/Packages/Microsoft.MicrosoftEdge_8wekyb3d8bbwe/TempState/Downloads/texto_313601871%20(1).pdf>. Acesso em: 11/06/2020.

[5] Correia, Neto. Celso de Barros. O avesso do tributo: incentivos e renúncias fiscais no direito brasileiro. 2. ed. São Paulo: Almedina, 2016. p. 174.

Por fim, o argumento de exigência de lei específica foi rechaçado no Voto, uma vez que elencou as matérias constitucionais pelas quais há a exigência estabelecida no texto constitucional. Consignou-se a ocorrência de matérias eleitas pela Constituinte, e à guisa de exemplo citou-se a ADI 5.154.

Neste ponto cabe citar Humberto Ávila que aponta que a emenda constitucional nº 3/93 introduziu o § 6º ao art. 150 e estabeleceu a necessidade de lei específica. O objetivo da norma, segundo o autor, só é compreendido ao se tomar conhecimento de suas razões históricas, uma vez que no passado foram aprovados diversos benefícios fiscais pelo legislativo, ausentes quaisquer discussões, em virtude de constarem leis que tratavam de matérias de natureza estranha ao Direito Tributário[6]. O autor complementa que *"Lei específica é aquela que regula exclusivamente as matérias acima numeradas"*[7]

No que toca ao princípio da igualdade o autor cita Luciano Amaro *"O princípio da igualdade abrange o dever de tratar os iguais da mesma forma e a proibição de desigualar arbitrariamente os contribuintes"*[8] Complementa-se que na ocorrência do tratamento desigual deve-se verificar se há permissão legal para a distinção e se a lei tratou de forma desigual em hipótese obrigatória. Humberto Ávila complementa que a desigualdade arbitrária, sem respaldo na Constituição, é inconstitucional.

Ora, do exame do art, 43, § 2º, III da Constituição Federal se que:

> Art. 43. Para efeitos administrativos, a União poderá articular sua ação em um mesmo complexo geoeconômico e social, visando a seu desenvolvimento e à redução das desigualdades regionais.
> [...]
> § 2º Os incentivos regionais compreenderão, além de outros, na forma da lei:
> I – igualdade de tarifas, fretes, seguros e outros itens de custos e preços de responsabilidade do Poder Público;
> II – juros favorecidos para financiamento de atividades prioritárias;

[6] ÁVILA, Humberto. **Sistema Constitucional Tributário**. 4 ed. São Paulo: Saraiva, 2010.

[7] ÁVILA, Humberto. **Sistema Constitucional Tributário**. 4 ed. São Paulo: Saraiva, 2010.

[8] ÁVILA, Humberto. **Sistema Constitucional Tributário**. 4 ed. São Paulo: Saraiva, 2010. p. 369 *apud* AMARO, Luciano. **Direito Tributário Brasileiro**. São Paulo : Saraiva, 1997. p. 131.

> III – isenções, reduções ou diferimento temporário de tributos federais devidos por pessoas físicas ou jurídicas;
> IV – prioridade para o aproveitamento econômico e social dos rios e das massas de água represadas ou represáveis nas regiões de baixa renda, sujeitas a secas periódicas.

Sendo assim, o tratamento diferenciado tem respaldo constitucional, não havendo que se falar em afronta ao princípio da isonomia.

Por todos os motivos, criteriosamente, expostos nos votos e na presente análise não mereceram prosperar os argumentos constantes do recurso extraordinário examinado sendo adequada a conclusão pela constitucionalidade do art. 2º da Lei nº 8.393/1991.

Capítulo 22
Recurso Extraordinário nº 591.340 – São Paulo

Leidson Rangel Oliveira Silva

1. Recurso extraordinário nº 591.340 – São Paulo[1]

Relator: Ministro Marco Aurélio
Voto vencedor: Ministro Alexandre de Moraes
Data de julgamento: 27 de junho de 2019.

1.1. Ementa

> TRIBUTÁRIO. IMPOSTO DE RENDA DE PESSOA JURÍDICA E CONTRIBUIÇÃO SOCIAL SOBRE O LUCRO LÍQUIDO. PREJUÍZO. COMPENSAÇÃO. LIMITE ANUAL. LEI 8.981/1995, ARTS. 42 E 58. LEI 9.065/95, ARTS. 15 E 16. CONSTITUCIONALIDADE.
> 1. A técnica fiscal de compensação gradual de prejuízos, prevista em nosso ordenamento nos arts. 42 e 58 da Lei 8.981/1995 e 15 e 16 da Lei 9.065/1995, relativamente ao Imposto de Renda de Pessoa Jurídica

[1] BRASIL. SUPREMO TRIBUNAL FEDERAL. RECURSO EXTRAODRINÁRIO Nº. 59134. Relator(a): MARCO AURÉLIO, Relator(a) p/ Acórdão: ALEXANDRE DE MORAES, Tribunal Pleno, julgado em 27/06/2019. Disponível em: http://redir.stf.jus.br/paginadorpub/paginador.jsp?docTP=TP&docID=751897755. Acesso em 08 de set. de 2020.

> e à Contribuição Social sobre o Lucro Líquido, não ofende nenhum princípio constitucional regente do Sistema Tributário Nacional.
> 2. Recurso extraordinário a que nega provimento, com afirmação de tese segundo a qual É constitucional a limitação do direito de compensação de prejuízos fiscais do IRPJ e da base de cálculo negativa da CSLL.

1.1.1. Especificação do caso e razões da submissão à repercussão geral

Trata o caso de Recurso Extraordinário originário do Estado de São Paulo, interposto pelo Polo Industrial Positivo e Empreendimentos Ltda em face de acórdão proferido pelo Tribunal Regional Federal da 3ª Região, o qual negou acolhimento à apelação em mandado de segurança impetrado contra a União.

Originariamente, o contribuinte buscava anular auto de infração lavrado e garantir a integral dedutibilidade dos prejuízos fiscais do Imposto sobre a Renda da Pessoa Jurídica (IRPJ) e da base de cálculo negativa da contribuição social sobre o Lucro Líquido (CSLL) sem a limitação de 30% imposto pela legislação.

Em sua decisão, o Tribunal assentou que os arts. 42 e 58 da Lei nº 8.981/1995 e 15 e 16 da Lei nº 9.065/1995, ora impugnados, não ofenderam o texto constitucional ao limitarem em 30% o direito de o contribuinte compensar os prejuízos fiscais do IRPJ e da base de cálculo negativa da CSLL.

A Corte entendeu ainda que como a dedução dos prejuízos fiscais das bases de cálculo dos tributos não estavam extintas, não haveria que se falar em violação ao conceito constitucional de lucro. Ponderou também que a permissão para compensação deve estar prevista em lei específica.

Adicionalmente, concluiu que a utilização de prejuízos fiscais de exercícios anteriores configura benefício fiscal, uma vez que a definição de lucro está atrelada a um período de apuração.

Por fim, afirmou que inexistiria confisco tributário ou ofensa ao princípio da capacidade contributiva, como alegado pelo autor. A decisão restou assim ementada:

> CONSTITUCIONAL- TRIBUTÁRIO – IMPOSTO DE RENDA – CSL – DEDUTIBILIDADE PREJUÍZOS FISCAIS E BASE DE CÁLCULO NEGATIVA – LIMITAÇÃO DE 30% – MP 812/94- LEI 8981/95, ARTS.42 e 58.

1 – A medida provisória é instrumento idôneo à veiculação de normas de direito tributário, precedentes do Supremo Tribunal Federal (ADIMC nº 1417, DJU de 22.03.96, p.8233; ADIMC nº1533 e despacho presidencial na ADIMC nº 15583, DJU de 04.02.97).
2 – A limitação à dedução de prejuízos fiscais e bases de cálculo negativas não violou qualquer dos princípios constitucionais invocados, sendo imperativa, para a compreensão do problema sob tal enfoque, a consideração da autonomia dos períodos-base como princípio ordenador do sistema tributário nacional, que se reflete na configuração da dedução, com transposição do resultado de um período para outro distinto, como benefício fiscal e, portanto, vinculado à específica regência legal.
3 – A alteração da legislação, aplicando-se ao acertamento futuro das bases de cálculo, não acarreta a vulneração do princípio da irretroatividade, pois a lei aplicável, para a orientação do procedimento, é a vigente na data da dedução quando possível é a implementação do "encontro de contas", e não a existente no momento em que apurados os prejuízos fiscais e as bases de cálculo negativas.
4 – O princípio da anterioridade restou observado, tanto em relação ao imposto de renda, face à publicação veiculada no Diário Oficial de 31.12.94, como no tocante à contribuição social, tendo em vista a natureza das alterações promovidas.
5 – Multa de ofício é devida, pois decorre da aplicação de legislação expressa, haja vista o auto de infração. Cabível juros de mora (artigo 161, § 1º do Código tributário Nacional), tem como taxa Selic prevista no § 4º, do artigo 39 da Lei nº 9.250/95, a partir de 1 de Janeiro de 1996, em substituição dos juros de mora e correção monetária.
6 – A limitação reproduzida no artigo 16 da lei 9.065, de 20.06.95, somente produziu efeitos a partir do ano calendário de 1996, permanecendo vigente no período o próprio artigo 58 da lei nº 8.981/95, conforme previsto no artigo 12 da lei nº 9.065/95, de sorte que o requisito da anterioridade restou plenamente observada pela nova legislação editada.
7 – Apelação não provida.

Inconformado com a decisão proferida pelo tribunal de origem, o recorrente interpôs Recurso Extraordinário, com espeque no art. 102, III, "a". No seu entendimento, a decisão recorrida viola os arts. 145, §1º, 148, 150, inciso IV, 153, inciso III, e 195, inciso I, alínea "c" da Constituição Federal.

Em seu pleito, o contribuinte utilizou-se de cinco linhas argumentativas que orbitam em torno do conceito de renda, da instituição de empréstimo compulsório e da ofensa a delimitados princípios constitucionais.

A primeira, a de que a imposição das limitações configuraria tributação sobre o patrimônio ou capital das empresas, e não sobre o lucro ou renda, o que implicaria violação aos artigos 153, inciso III, e 195, inciso I, alínea "c" da Constituição Federal, uma vez que adulterados os conceitos delineados pelo Direito Comercial e pela própria Carta.

Na segunda, derivada da primeira, assevera que por acarretar a tributação de valores que não representam efetiva renda ou lucro, mas sim patrimônio ou renda futura, estar-se-ia diante de empréstimo compulsório instituído em desacordo com o art. 148 da Carta Magna.

Numa terceira linha de raciocínio desenvolvida, o recorrente defende que ao recolher imposto de renda e contribuição social sobre parcela diversa do lucro, restaria caracterizada a violação à capacidade contributiva, uma vez que prejudicada a fonte produtora dos rendimentos e reduzida a sua capacidade de geração futura de riqueza.

Por decorrência da violação do princípio da capacidade contributiva, sustentou também que a limitação imposta violaria o princípio da vedação ao confisco, dado que a tributação tenderia a consumir a sua propriedade.

Por fim, como quinta linha adotada, defendeu que também haveria violação ao princípio da isonomia pois considerando-se dois contribuintes em situações diversas, um com lucro e outro com prejuízo ou lucro inferior ao primeiro, ambos estariam sujeitos a oferecer os resultados positivos à tributação quando, no seu entendimento, apenas o primeiro deveria ser tributados vez que seus resultados positivos haveriam de absorver todo o prejuízo acumulado em períodos anteriores.

A União, por sua vez, ao apresentar contrarrazões apontou a ausência de repercussão geral da questão debatida dado que a controvérsia não ultrapassaria os interesses subjetivos da causa em nenhum dos pontos de vista que amparariam o reconhecimento.

No mérito, sustentou que o acórdão recorrido estaria afinado com a jurisprudência do Supremo Tribunal Federal e estava amparado na regular aplicação dos princípios constitucionais.

Adicionalmente, defendeu que o recurso não deveria ser conhecido posto que ausente o necessário prequestionamento.

A Procuradoria-Geral da República, ao seu turno, opinou pela negativa de seguimento ao recurso extraordinário, lembrando que o plenário do Supremo Tribunal Federal, ao julgar o RE 344.994, havia se manifestado sobre o tema, decidindo pela constitucionalidade da limitação imposta.

O Supremo Tribunal Federal admitiu como *amici curiae* a Confederação Nacional do Comércio (CNC), a Confederação Nacional da Indústria (CNI) e o Sindicato das Indústrias de Produtos Químicos Para Fins Industriais e de Resinas Sintéticas de Camaçari, Candeias e Dias D'ávila (SINPEQ).

1.1.2 Critério de conhecimento da repercussão geral

O Ministro Marco Aurélio, relator do Recurso Extraordinário submeteu o tema o plenário virtual em 19 de setembro de 2008. Naquela oportunidade juntou pronunciamento no qual admitia a repercussão geral pois, ressaltando o alegado pelo recorrente, tratava-se de matéria ligada à Constituição Federal e que envolveria inúmeros contribuintes. Lembrou que se encontrava pendente de julgamento o Recurso Extraordinário nº 344.940[2], no qual havia proferido voto pela inconstitucionalidade da limitação debatida neste novo recurso.

Em 9 de outubro de 2008 o plenário virtual reconheceu a repercussão geral por 7 votos a 4. Votaram pelo reconhecimento da repercussão geral os Ministros Marco Aurélio, Ricardo Lewandowski, Gilmar Mendes, Ellen Gracie, Ayres Britto, Cármen Lúcia e Cezar Peluso. Por outro lado, votaram contra a existência de repercussão geral os Ministros Menezes Direito, Joaquim Barbosa, Eros Grau e Celso de Mello. A decisão restou ementada nos seguintes termos:

> IMPOSTO DE RENDA DE PESSOA JURÍDICA E CONTRIBUIÇÃO SOCIAL SOBRE O LUCRO LÍQUIDO – PREJUÍZO – COMPENSAÇÃO – LIMITE ANUAL. Possui repercussão geral controvérsia sobre a

[2] À época da submissão ao plenário virtual para apreciação da repercussão geral, o Recurso Extraordinário 344.940 ainda não havia sido julgado pelo Supremo Tribunal Federal, fato que veio a ocorrer posteriormente, e antes da apreciação do mérito do Recurso Extraordinário 591.340.

> constitucionalidade da limitação em 30%, para cada ano-base, do direito de o contribuinte compensar os prejuízos fiscais do Imposto de Renda sobre a Pessoa Jurídica e a base de cálculo negativa da Contribuição Social sobre o Lucro Líquido – artigos 42 e 58 da Lei nº 8.981/95 e 15 e 16 da Lei nº 9.065/95.

Na lista de temas em repercussão geral, este recebeu o número 117 ficando registrado como "limitação do direito de compensação de prejuízos fiscais do IRPJ e da base de cálculo negativa da CSLL".

1.2. Mérito da decisão

Inicialmente o relator, Ministro Marco Aurélio, havia negado seguimento ao recurso, por entender que a matéria versava sobre assunto objeto do RE 344.994, no qual o STF tinha assentado ser constitucional a limitação em 30%, para cada ano-base, do direito de o contribuinte compensar os prejuízos fiscais do Imposto de Renda/Pessoa Jurídica.

Posteriormente, ao apreciar o agravo da recorrente, o relator decidiu voltar atrás em sua decisão e dar seguimento ao recurso, sob o argumento de que estavam em jogo princípios constitucionais tributários que não foram objeto de análise no julgamento anterior.

Assim, a apreciação do Recurso Extraordinário foi iniciada em 29 de maio de 2019 e concluído pelo plenário do Supremo Tribunal Federal em 27 de junho de 2019.

Na sessão, o Tribunal, por quatro votos a três, negou provimento ao recurso nos termos do voto do Ministro Alexandre de Moraes. Assim, apreciando a tese 117 fixou que "é constitucional a limitação do direito de compensação de prejuízos fiscais do IRPJ e da base de cálculo negativa da CSLL".

Ficaram vencidos os Ministros Marco Aurélio (Relator), Edson Fachin e Ricardo Lewandowski, que davam provimento ao recurso.

Doutra banda, os Ministros Luís Roberto Barroso, Rosa Weber e Luiz Fux votaram no sentido de negar provimento ao recurso, acompanhando no mérito o Ministro Alexandre de Moraes (redator para o acórdão), que inaugurou a divergência.

Não participaram do julgamento os Ministros Gilmar Mendes, Cármen Lúcia e Celso de Mello.

Ao final, a decisão transitou em julgado sem que houvesse a apresentação de embargos de declaração.

1.2.1. Voto vencido

Como dito, o Recurso Extraordinário foi relatado pelo Ministro Marco Aurélio, que começou o seu voto afirmando importante delimitar a matéria que estava sendo submetida à análise.

Neste sentido, pontuou que o recurso cuidava apenas da constitucionalidade das restrições previstas nos arts. 42 e 58 da Lei nº 8.981/1995 e nos arts. 15 e 16 da Lei nº 9.065/1995, frente à continuidade das atividades empresariais. Destacou que o caso não abrangia as situações em que há a extinção da pessoa jurídica.

Em seguida buscou diferenciar este recurso do de nº 334.994, apontado pela Procuradoria Geral da Fazenda Nacional e pelo Ministério Público Federal como paradigma, sinalizando que naquela ocasião a corte havia se pronunciado apenas à luz do conceito constitucional de renda e da ofensa ao princípio da anterioridade, e ainda assim limitado à Lei nº 8.981/1995.

Consignou que naquela assentada a maioria dos ministros decidiu que não havia violação ao princípio da anterioridade e, uma vez que o lucro é apurado por período certo, o aproveitamento dos prejuízos de períodos anteriores configurava benefício fiscal outorgado pela União, e passível de ser extinto por lei.

Esclareceu que a eventual ofensa aos princípios da capacidade contributiva, da vedação ao confisco e da isonomia não foram objeto de discussão naquele recurso extraordinário.

Ademais, o STF não havia se pronunciado quanto à limitação aplicada à Contribuição Social sobre o Lucro Líquido – CSLL. Tudo isso, no seu entender, justificava o exame das matérias neste novo recurso, agora alcançado pela repercussão geral.

Rememorou seu voto proferido no julgamento anterior, transcrevendo trechos nos quais entendeu que a instituição da limitação à compensação veiculada via medida provisória publicada num sábado, dia 31 de dezembro de 1994, ofendia o princípio da anterioridade.

Em outro trecho extraído daquele voto, sustentou que abstrair o total dos prejuízos acumulados do cálculo da renda a ser tributada implicava antecipação do tributo, o que ganhava contornos de empréstimo compulsório, instituído sem lei complementar e distante dos objetivos previsto na Constituição. Ao suportar os resultados negativos, o contribuinte estaria recolhendo tributo sobre base que não corresponderia à renda.

Em adição aos argumentos apresentados naquele recurso extraordinário, ressaltou que no processo de formação da renda da empresa as despesas e os consequentes prejuízos de um ano não podem ser desvinculadas da renda a ser auferida futuramente, de modo que até a inteira absorção daquele prejuízo não há acréscimo patrimonial observável tampouco renda tributável. Consignou ainda que ao não se observar a recomposição dos prejuízos realizados, o efeito da limitação é promover a incidência da tributação sobre a renda no próprio patrimônio do contribuinte.

Concluiu assim que ao se tributar como renda uma grandeza que efetivamente não a configura, a limitação à compensação implicaria violação ao princípio constitucional da capacidade contributiva, previsto no art. 145, §1º da Carta Magna.

Doutra banda, no que tange ao princípio do não confisco afirmou que não observado o acréscimo patrimonial, não há que se falar em lucro e que, por consequência, inexiste aptidão para suportar a carga tributária, o que faz com que a limitação imposta apresente contornos confiscatórios, afrontando também o disposto no art. 150, inciso IV da Constituição Federal.

Concluiu o seu voto no sentido de prover o recurso para que a decisão proferida pelo TRF da 3ª Região fosse reformada, ante a inconstitucionalidade dos dispositivos impugnados. Propôs então a fixação da seguinte tese: "É inconstitucional limitar a certo percentual a consideração de exclusões previstas ou autorizadas pela legislação do imposto de renda, para efeito de cálculo do lucro líquido".

O Ministro Edson Fachin, que também votou para dar provimento ao recurso, iniciou a sua manifestação registrando que o julgado no RE 344.994 em nada vincula o atual. Que naquela assentada o objeto da discussão era apenas a aplicação da trava dos 30 ao IRPJ e que os Ministros não examinaram a repercussão daquela decisão para determinados contribuintes, atividades e situações. E que no seu entender a limitação à compensação deve ser enfrentada à luz dos ditames constitucionais aplicáveis ao poder de tributar a renda e à instituição da contribuição sobre o lucro, além dos princípios tributários insculpidos na Carta Magna.

Em seguida, pontuou que vige na ordem tributária um conceito constitucional de renda, e que este, por consequência, delimita o exercício da competência tributária da União, de modo que a limitação à compensação dos prejuízos fiscais implica em tributação do patrimônio, riqueza estanha àquela definição constitucional.

Transcreveu conceito de renda apresentado por Humberto Ávila para afirmar que ele é fixado dentro de um determinado período e que para aferição do acréscimo patrimonial é necessário confrontar resultados presentes e passados.

No tocante ao argumento de que a limitação à compensação assegura fluxo estável de receitas afirmou não ser razoável que em prol do equilíbrio orçamentário possa-se extrapolar regra de competência tributária.

A partir do conceito constitucional de renda e do princípio da capacidade contributiva observou que a limitação à compensação implica tributação de parcela que não constitui renda, mas sim patrimônio, grandeza fora do poder de tributar da União.

Ainda à luz do princípio da capacidade contributiva, ponderou que a limitação periódica do direito à compensação revela justamente a incapacidade contributiva, sendo incompatível com aquele princípio e com o princípio da igualdade.

Refutou o argumento da Procuradoria-Geral da Fazenda Nacional quanto à natureza jurídica de benefício fiscal lembrando que União nunca o fez constar da relação de Demonstrativos de Gastos Tributários (DGT) e que a regra não implica fuga da regra padrão de incidência do tributo, mas sim, de maneira contrária, pressuposto para mensuração do acréscimo patrimonial.

Por fim, ressaltou que a limitação é ainda mais danosa ao contribuinte que encerra as suas atividades com prejuízo fiscal, de modo que nesta situação produziria efeitos confiscatórios na tributação da renda.

Assim, votou pelo provimento ao Recurso Extraordinário em virtude da inconstitucionalidade da limitação à compensação de prejuízos fiscais, por entender que ela é incompatível com o conceito constitucional de renda, além de ofender os princípios da capacidade contributiva e da vedação ao confisco.

O Ministro Ricardo Lewandowski, por sua vez, afirmou que tinha se preparado para votar em sentido contrário ao proferido pelo relator. Entretanto, sinalizou que ao ouvir as ponderações do relator e do Ministro Edson Fachin ficou convencido do contrário.

Afirmou ter percebido que a causa de pedir deste RE 591.340 é diversa da causa de pedir do citado e já julgado RE 344.994. Neste novo RE há o confronto da Lei nº 8.981/1995 com os princípios constitucionais tributários, o que não ocorreu naquele extraordinário já julgado.

Por tal razão, o Ministro entendeu que a trava estabelecida pela lei contraria o conceito constitucional de renda, acréscimo patrimonial, que por força do art. 145, §1º deve considerar a capacidade contributiva do contribuinte.

Deste modo, e na forma do entendimento proferido pelos Ministros Marco Aurélio e Edson Fachin, o magistrado entendeu que a imposição de uma trava impede a aferição fidedigna do lucro líquido do contribuinte, e consequentemente, haveria afronta aos princípios da capacidade contributiva, da vedação ao confisco, da universalidade e da isonomia.

Isto posto, e em linha com o decidido pelos outros dois ministros, votou para prover o recurso e declarar a inconstitucionalidade dos arts. 42 e 58 da Lei nº 8.981/1995, e 15 e 16 da Lei nº 9.065/1995.

1.2.2. Voto condutor

O Ministro Alexandre de Moraes votou logo após o relator e abriu a divergência.

Após realizar breve relatório acerca do caso consignou que o que se pretendia discutir no recurso extraordinário era a constitucionalidade dos dispositivos impugnados no que regulavam a limitação de 30% do aproveitamento de prejuízos fiscais a serem deduzidos das bases do IRPJ e da CSLL, destacando que esta restrição se dirige às pessoas jurídicas com atividades em exercício, não se aplicando àquelas que já encerraram suas atividades, seja por extinção, fusão, cisão ou incorporação.

Em seguida, transcreveu trechos de diversos julgados para demonstrar que: i) em vários precedentes do STF, tanto no pleno quanto nas turmas, a constitucionalidade dos arts. 42 e 58 da Lei nº 8.981/1995 já havia sido testada à luz dos princípios da anterioridade, da irretroatividade e do direito adquirido (RE 250.521, RE 344.994 e RE 244.293-AgR); ii) o STF também repeliu a tese da instituição do empréstimo compulsório sem observância dos ditames constitucionais (RE 584.909-AgR, RE 344.994 e RE 545.308); e iii) os limites quantitativos e temporais da dedução fiscal do IRPJ e da CSLL podem ser alterados a depender da política fiscal do Estado/Governo (RE 344.994 e RE 244.293-AgR).

Apontou que remanesciam assim duas questões a serem enfrentadas pela Corte. A primeira, considerando a continuidade da pessoa jurídica, se a limitação implica ofensa aos princípios constitucionais da competência tributária, da capacidade contributiva, da isonomia e da vedação ao confisco. E a segunda, a atinente à situação jurídica da empresa extinta detentora de prejuízos fiscais não deduzidos.

No que diz respeito à primeira questão, o Ministro entendeu, preliminarmente, que inexiste possibilidade de todos os princípios apontados pela recorrente serem violados isoladamente quando vinculados ao conceito de renda ou lucro.

Começou a enfrentar esta questão fazendo uma breve evolução do tratamento infraconstitucional do sistema de compensação de prejuízos fiscais, conhecido no plano internacional pela expressão "*carry forward*".

Iniciou pela Lei 157/1947, passando pelo Decreto-lei 1.493/1976, depois pelas Leis 8.383/1991, 8.541/1992 e 8.981/1995, até chegar à Lei 9.065/1995, demonstrando que inicialmente a limitação restringia-se ao aspecto temporal, e que com a Lei 8.981/1995 foi introduzido o aspecto quantitativo, que veio a ser mantido com a Lei 9.065/1995, que acabou por elidir a limitação temporal.

Quanto ao argumento defendido por parte da doutrina de que a instituição de uma limitação/trava transforma o imposto sobre a renda em um imposto sobre o patrimônio, afirmou que não se pode aduzir tal conclusão.

Citando a doutrina de Tercio Sampaio Ferraz Júnior destacou que a lei permite a compensação integral dos prejuízos fiscais, uma vez que não há limite temporal, limitando a apenas ao percentual de 30% a cada período, até que todo o resultado negativo seja consumido. E que isso respeita os princípios da isonomia, da capacidade contributiva e lhe retira o caráter confiscatório, uma vez que não há perda do direito à compensação, mas apenas a sua transferência para períodos futuros.

Também ressaltou que há correlação entre o fato gerador e a exação tributária, uma vez que a equação riqueza-tributação está devidamente estabelecida dentro de cada período base, na medida em que a lei estabelece ajustes com o propósito de apurar a aquisição da disponibilidade econômica ou jurídica de renda/lucro.

Afirmou assim haver uma "faculdade legal de compensabilidade fiscal" que representa uma benesse ao contribuinte, conforme definido no RE 344.944.

Recorreu ao voto do Ministro Joaquim Barbosa, proferido no RE 582.252, para extrair ponderações acerca da inexistência de um conceito constitucional de renda de dimensões absolutas, caráter imutável e existente independentemente da linguagem, capaz de ser violado pelo legislador infraconstitucional, vez que se trata de um objeto cultural.

Valeu-se ainda de apontamento feito pelo Ministro Franciulli Netto, do STJ, no REsp 195.346, para quem a dedução gradual dos resultados negativos não afronta os princípios constitucionais e nem ao conceito de renda previsto no Código Tributário Nacional, afirmando que a finalidade do dispositivo legal que permite a compensação dos prejuízos é contrabalancear o binômio lucro/prejuízo em favor do contribuinte, já que, a rigor, a incidência do imposto de renda somente deveria recair sobre o lucro, vez que no ano em observou-se prejuízo não houve pagamento do tributo.

Além disso, o ministro do STJ também destacou que o prejuízo está inserido no risco do empreendimento empresarial, não estando o legislador obrigado a compensar o prejuízo.

O Ministro Alexandre de Moraes também ressaltou trecho de voto do Ministro Nelson Jobim, o qual consignou que não há cobrança de lucro inexistente, já que ela se dá sobre o resultado verificado no período de apuração, e que por esta razão a compensação é uma forma de benefício fiscal, dado que a lei permitiu que o prejuízo de um período de apuração fosse compensado no período posterior.

Assim, observando o significado normativo de renda/lucro, obtido a partir da consideração da visão hermenêutica adotada pelo STF, bem como pela intepretação sistemática do ordenamento jurídico, o Ministro Alexandre de Moraes decidiu também pela ausência de violação aos princípios da capacidade contributiva, da isonomia e da vedação ao confisco.

No que concerne ao princípio da capacidade contributiva, declarou que as alegações do recorrente careciam de relevância, é que dado se tratar de concessão de benefício fiscal e não de instituição ou majoração de tributo, a controvérsia não fundava-se na incidência do IRPJ e da CSLL, mas sim na limitação de prejuízos com origem na atividade empresarial.

Já no que diz respeito à suposta violação ao princípio do não-confisco, recorreu ao voto proferido pelo Ministro Celso de Mello no julgamento da ADI 2.010, na qual o Ministro afirmou que o caráter confiscatório fica evidenciado quando o patrimônio e/ou os rendimentos do contribuinte são afetados pela cumulatividade de múltiplas incidência tributárias instituídas pelo mesmo ente Estatal, o que, segundo o Ministro Alexandre de Moraes, não era o cenário desenhado pelos fatos e provas trazidos no recurso.

Relativamente à aplicação da temática sobre a pessoa jurídica extinta, o ministrou alertou que a matéria não foi objeto de prequestionamento, como já havia salientado o relator, o que o fez acompanhá-lo neste aspecto particular.

Em conclusão, por entender que a limitação dos 30% é constitucional, votou para negar provimento ao recurso e propôs como tese: "É constitucional a limitação do direito de compensação de prejuízos fiscais do IRPJ e da base de cálculo negativa da CSLL".

Já o Ministro Luís Roberto Barroso iniciou seu breve voto afirmando que no seu entendimento existem matérias em que o Supremo pode e deve ser proativo e há matérias em que ele pode e deve ser autocontido.

Como alcançado pelo primeiro grupo de matérias citou a preservação do jogo democrático e a garantia dos direitos fundamentais. Já no segundo grupo, apontou as questões administrativas, econômicas e tributárias, excepcionalizando as situações nas quais houvesse violação de um direito fundamental.

Neste sentido, por entender que não há um direito fundamental à compensação de prejuízos fiscais, não visualizou violação e que neste caso havia uma margem de discricionariedade reconhecida ao legislador. Isto posto, acompanhou a divergência aberta pelo Ministro Alexandre de Moraes.

De igual modo, a Ministra Rosa Weber votou para negar provimento ao recurso extraordinário acompanhando a divergência.

Justificou o seu voto sinalizando que o plenário do Supremo Tribunal Federal, ao concluir o julgamento do RE 344.994, já havia dado pela constitucionalidade da limitação da compensação de prejuízos, citando a seguinte ementa:

> RECURSO EXTRAORDINÁRIO. TRIBUTÁRIO. IMPOSTO DE RENDA. DEDUÇÃO DE PREJUÍZOS FISCAIS. LIMITAÇÕES. ARTIGOS 42 E 58

> DA LEI N. 8.981/95. CONSTITUCIONALIDADE. AUSÊNCIA DE VIOLAÇÃO DO DISPOSTO NOS ARTIGOS 150, INCISO III, ALÍNEAS A E B, E 5º, XXXVI, DA CONSTITUIÇÃO DO BRASIL.
> 1. O direito ao abatimento dos prejuízos fiscais acumulados em exercícios anteriores é expressivo de benefício fiscal em favor do contribuinte. Instrumento de política tributária que pode ser revista pelo Estado. Ausência de direito adquirido
> 2. A Lei n. 8.981/95 não incide sobre fatos geradores ocorridos antes do início de sua vigência. Prejuízos ocorridos em exercícios anteriores não afetam fato gerador nenhum.
> Recurso extraordinário a que se nega provimento

Ressaltou que apesar de aquela decisão ter sido tomada antes da Emenda Constitucional nº 45, que introduziu os efeitos da repercussão geral, não visualizava nada de novo que fizesse merecer uma mudança jurisprudencial, especialmente em homenagem ao princípio da segurança jurídica.

Destacou que considerava correto o entendimento firmado naquele precedente, na linha do exposto pelo Ministro Nelson Jobim, para quem a incidência do IR e da CSLL deveriam se dar sobre lucros apurados em determinado período, e que a permissão para a dedução de prejuízos de anos anteriores configuraria favor fiscal, passível de sofrer restrição por força da lei.

Uma vez que foi ministro do STJ, o Ministro Luiz Fux, também seguindo a divergência, destacou que naquela corte sempre teve o entendimento de que as limitações constitucionais ao poder de tributar obedecem a uma interpretação restrita, dado que no campo tributário o princípio da legalidade é dotado de extrema significação, ressaltando que o Estado tributa com a finalidade de arrecadar e satisfazer as necessidades coletivas, o que exige que ele tenha fluxo de caixa.

Lembrou que a exposição de motivos da lei impugnada trazia questão relativa a este aspecto, já que por força da inflação e da estabilidade econômica, instituía nova metodologia, abandonando a limitação imposto em anos, que vigia até então, o que permitiria, nas palavras do legislador, um fluxo estável de receitas proveniente do imposto de renda.

Recordou também que lá no STJ, tanto ele quanto o Ministro Teori Zavaski debateram a questão e sedimentarem a jurisprudência em recurso repetitivo baseados na premissa de que à luz da intepretação restritiva das limitações constitucionais ao poder de tributar poderia o legislador realizar conformações vislumbrando a necessidade de obtenção de fluxo de caixa estável por parte do Estado.

A respeito dos conceitos constitucionais, defendeu que a Carta possui seus conceitos próprios de renda, de patrimônio e de serviços, que em pouco diferem dos eminentemente privados, e que o legislador infraconstitucional teria competência para definir conceitos de renda e lucro, contanto que respeitasse os limites semânticos do texto constitucional, as condições instrumentais impostas pelo sistema e a eficiência da tributação no alcance dos objetivos constitucionais atingidos por meio da arrecadação.

Quanto à existência de violação constitucional, pontuou que a legislação impugnada preserva o conceito constitucional de renda e que a limitação de 30% é um mecanismo de calibração que tem por objetivo preservar a disponibilidade de recursos públicos. Adicionalmente, alertou que só haveria violação caso o exercício do direito à dedução fosse tecnicamente impossível, desproporcional ou custoso.

Referindo-se ao julgamento anterior, disse que naquela oportunidade também houve o tratamento infraconstitucional da matéria e que também houve a abordagem das pessoas jurídicas em fase de encerramento.

Por fim, ressaltou a necessidade de preservação da segurança jurídica, afirmando que como não houve mudança na legislação não haveria razão para modificar a jurisprudência da corte apenas pelo fato de ter ocorrido alteração da composição do tribunal.

1.3 Análise crítica

O tema central deste Recurso Extraordinário é a limitação quantitativa da dedução de prejuízos fiscais e bases de cálculo negativas de períodos anteriores na apuração do IRPJ e da CSLL do período corrente.

Face esta questão, o recorrente apontou que a regra afrontava diversos dispositivos e princípios constitucionais, dentre os quais o suposto conceito constitucional de renda, que entendemos ser a principal questão de mérito a ser enfrentada pelo STF, e da qual derivam as demais questões constitucionais apontadas.

No julgamento, diversos ministros registraram em seus votos que a matéria já havia sido objeto de apreciação no Recurso Extraordinário 344.940. De fato, o dito RE apreciou o tema, porém sob a ótica da violação a outros princípios, e ainda assim desacobertado do instituto da repercussão geral, que só veio a ser instituída com a Emenda Constitucional nº 45, de 2004, como bem lembrado pela Ministra Rosa Weber. Ademais, naquela ocasião o recurso apreciado pelo STF questionava apenas os arts. 42 e 58 da Lei nº 8.981/1995.

Na oportunidade, a Corte entendeu que o direito ao abatimento dos prejuízos fiscais acumulados em períodos anteriores ao corrente configurava um favor fiscal. Tratou a questão, portanto, como um benefício fiscal legalmente concedidos em favor do contribuinte, e que por ser um instrumento de política tributária, que poderia inclusive ser revisto pelo Estado a qualquer momento, de maneira que não configurava um direito adquirido do sujeito passivo.

A existência de um conceito constitucional de renda e os seus limites é base da qual afloraram as duas posições evidenciadas neste novo julgamento. Para os ministros que entendem existir um conceito de renda na Constituição, o impedimento da dedução integral dos prejuízos havidos em exercícios anteriores impede a verdadeira aferição da renda, acréscimo patrimonial, de modo que passa-se a tributar não mais a renda, mas sim o próprio patrimônio do contribuinte.

Em decorrência da tributação de parcela que não é renda, estes magistrados compreenderam que estaria violados, por consequência, os princípios da capacidade contributiva (Ministros Marco Aurélio, Edson Fachin e Ricardo Lewandowski), do não-confisco (Ministros Marco Aurélio e Ricardo Lewandowski), da Isonomia (Ministros Edson Fachin e Ricardo Lewandowski) e da universalidade (Ministro Ricardo Lewandowski), razão pela qual davam provimento ao recurso. Adicionalmente, apontaram que a cobrança daquilo que não era renda possuía contornos de empréstimo compulsório, instituído ao arrepio da Constituição, pois fora dos requisitos previstos na Carta.

Por outro lado, dos ministros que votaram em sentido contrário, ou seja, pelo desprovimento do recurso, apenas os Ministros Alexandre de Moraes e Luiz Fux enfrentaram a questão da existência de um conceito constitucional de renda.

Neste particular, o Ministro Alexandre de Moraes se apropriou do pedagógico voto proferido pelo Ministro Joaquim Barbosa no RE 582.252, compreendendo que não existe um conceito constitucional de renda de dimensões absolutas, caráter imutável e existente independentemente da linguagem, capaz de ser violado pelo legislador infraconstitucional.

Em linha com a parte final desta interpretação, o Ministro Luiz Fux consignou que o legislador infraconstitucional possui competência para definir conceitos de renda e lucro, devendo, porém, respeitar os limites semânticos do texto constitucional, as condições impostas pelo sistema e a eficiência da tributação no alcance dos objetivos constitucionais atingidos por meio da arrecadação.

Como consequência deste entendimento, e por considerar que os limites propostos pelo legislador, não apenas quanto à dedução dos prejuízos acumulados, mas também quanto às adições e exclusões legalmente instituídas para aferição do acréscimo patrimonial não ofende a um conceito constitucional de renda, é que surge a conclusão de que a instituição daquele percentual questionado, em verdade, possui a natureza de benefício fiscal, verdadeira benesse concedida ao contribuinte. Esta, a da natureza de favor fiscal, foi a conclusão esposada pelos Ministros Alexandre de Moraes e Rosa Weber.

Por tais razões, a de que não existe um conceito constitucional de renda nos termos definidos pelo recorrente, e a de que a trava, em verdade constitui um favor fiscal, é que o Ministro Alexandre de Moraes concluiu não haver violação aos demais princípios constitucionais apontados: capacidade contributiva, isonomia e não-confisco.

Concordamos as ponderações dos Ministros, entendendo que a averiguação do conceito de renda deve partir destas premissas, que a trava constitui favor fiscal, em função da delimitação legal do período de aferição da renda, e que não houve violação aos princípios constitucionais apontados.

Questão interessante que colocamos para discussões futuras diz respeito à avaliação da limitação frente a extinção da pessoa jurídica. Esta matéria, porém, não foi objeto de apreciação neste recurso. De acordo com o relator para o acórdão, a questão não havia sido objeto de prequestionamento.

O Ministro Luiz Fux afirmou que no julgamento anterior houve análise acerca de tais efeito, não obstante nenhum outro ministro tenha apontado esta questão. No entanto, para este Ministro, a violação restaria configurada caso a dedução fosse impossível tecnicamente, desproporcional ou custoso, o que deixa dúvidas quanto ao seu entendimento face o encerramento das atividades da pessoa jurídica.

Destacamos ainda outros dois argumentos que foram trazidos isoladamente pelos Ministros Luís Roberto Barros e Luiz Fux, com os quais concordamos, pois entendemos que dialogam com aquele relacionado ao conceito de renda.

Pelo Ministro Barroso foi dito que o STF deveria ser proativo apenas nas questões relacionadas à preservação do jogo democrático e à garantia dos direitos fundamentais, o que não observava nos temas administrativos, econômicos e tributários, salvo quando violavam aqueles direitos.

Já o Ministro Luiz Fux trouxe o argumento relacionado à necessidade de obtenção de fluxos de caixa estável por parte do Estado, de maneira que as limitações constitucionais ao poder de tributar deveriam ser interpretadas de maneira restritiva, face a necessidade de arrecadação para satisfação das necessidades coletiva.

Apesar de estas duas teses não terem repercutido ou sido acolhidas nos votos dos demais Ministros, entendemos que são importantes para futuras reflexões acerca das matérias tributárias, levadas à apreciação do Supremo Tribunal Federal.

Compreendemos relevantes as colocações feitas pela Ministra Rosa Weber e pelo Ministro Luiz Fux quanto à necessidade de preservação da segurança jurídica, homenageando a decisão proferida no julgamento anterior, uma vez que fazia sentido promover uma mudança jurisprudencial pelo simples fato de ter ocorrido mudança na composição da corte, sem que houvesse mudança na legislação.

Por fim, chama a atenção no julgamento o fato de não ter havido maioria quanto à razão de decidir. Ele se deu, apenas quanto ao resultado do julgamento, mas não quanto aos fundamentos para a decisão tomada. A título de exemplo, verifica-se que a tese da inexistência do rígido e imutável conceito constitucional de renda foi adota apenas por dois Ministros. A ausência de maioria também pode ser observada quanto aos demais argumentos dos ministros vencedores.

Porém, em conclusão, analisando todos os argumentos trazidos pelas partes e pelos Ministros vencidos e vencedores, concordamos com a decisão proferida pelo Supremo Tribunal Federal pois entendemos que ela, em especial, preservou a segurança jurídica, ao homenagear a jurisprudência assentada sobre a matéria objeto do recurso e não merece reparos pois está em harmonia com o texto constitucional.

Capítulo 23
Recurso Extraordinário nº 570.680 – Rio Grande do Sul

Maria das Graças Patrocínio Oliveira

1. Recurso Extraordinário nº. 570.680[1]

Relator: Ministro Ricardo Lewandowski
Data de julgamento: 28 de outubro de 2009

1.1 Ementa

> TRIBUTÁRIO. IMPOSTO DE EXPORTAÇÃO. ALTERAÇÃO DE ALÍQUOTA. ART. 153, § 1º, DA CONSTITUIÇÃO FEDERAL. COMPETÊNCIA PRIVATIVA DO PRESIDENTE DA REPÚBLICA NÃO CONFIGURADA. ATRIBUIÇÃO DEFERIDA À CAMEX.
> CONSTITUCIONALIDADE. FACULDADE DISCRICIONÁRIA CUJOS LIMITES ENCONTRAM-SE ESTABELECIDOS EM LEI. RECURSO EXTRAORDINÁRIO DESPROVIDO.

[1] BRASIL. Supremo Tribunal Federal. Recurso Extraordinário nº 570.680, Relator: Min. Ricardo Lewandowski, Tribunal Pleno, julgado em 28.10.2009. Disponível em: http://redir.stf.jus.br/paginadorpub/paginador.jsp?docTP=AC&docID=606568. Acesso em 08 de set. de 2020.

> I – É compatível com a Carta Magna a norma infraconstitucional que atribui a órgão integrante do Poder Executivo da União a faculdade de estabelecer as alíquotas do Imposto de Exportação.
> II – Competência que não é privativa do Presidente da República.
> III – Inocorrência de ofensa aos arts. 84, caput, IV e parágrafo único, e 153, § 1º, da Constituição Federal ou ao princípio de reserva legal. Precedentes.
> IV – Faculdade discricionária atribuída à Câmara de Comércio Exterior – CAMEX, que se circunscreve ao disposto no Decreto-Lei 1.578/1977 e às demais normas regulamentares.
> V – Recurso extraordinário conhecido e desprovido.

1.1.1 Especificação do caso e razões da submissão à repercussão geral

Trata-se de recurso extraordinário interposto pela empresa Indústria de Peles Pampa Ltda contra acórdão proferido pela 1ª Turma do Tribunal Regional Federal da 4ª Região, que negou provimento à apelação interposta pela interessada àquela Corte, cuja ementa se transcreve:

> TRIBUTÁRIO. IMPOSTO DE EXPORTAÇÃO. ALÍQUOTA. ALTERAÇÃO. ART. 153, § 1º, DA CF. COMPETÊNCIA. EXCLUSIVIDADE NÃO CONFIGURADA. CAMEX. ATRIBUIÇÕES. LIMITES. AUSÊNCIA DE DELEGAÇÃO DE COMPETÊNCIA TRIBUTÁRIA PROPRIAMENTE DITA. PRINCÍPIO DA RESERVA LEGAL.
> 1. O Decreto-lei nº 1.578/77 veio estabelecer o limite máximo de alíquota do imposto de exportação, traçando o espaço no qual se desloca o poder de fixação da alíquota atribuído ao Poder Executivo. Não é possível, porém, acatar a tese de que somente ao Presidente da República é possível exercer tal faculdade do art. 153, § 1º. Nesse sentido já se manifestou o Supremo Tribunal Federal, em sua condição de intérprete maior da Constituição, reconhecendo a possibilidade de Ministro de Estado exercer a competência constitucional.
> 2. Pela Medida Provisória nº 2.123-28/2001 foi criada a Câmara do Comércio Exterior – CAMEX, órgão do Poder Executivo destinado à 'formulação, adoção, implementação e a coordenação de políticas e atividades relativas ao comércio exterior de bens e serviços', integrada por Ministros de Estado. Com efeito, não há como pretender apartar esse órgão do próprio Poder Executivo, merecendo também especial destaque sua composição ministerial.

> Demais disso, a CAMEX não age arbitrariamente, estando adstrita aos limites impostos pelo Decreto-lei nº 1.578/77. Nisto atende à previsão constitucional de atendimento a condições e limites estabelecido em lei, para alteração das alíquotas de tributos.
> 3. Inexistindo delegação de competência tributária propriamente dita, não há violação aos arts. 6º e 7º do CTN.
> 4. Não há afronta ao princípio da reserva legal, pois é a própria Constituição que estabelece a possibilidade de alteração das alíquotas de determinados produtos por ato do Poder executivo.

Na origem, a empresa recorrente impetrou mandado de segurança contra ato do Delegado da Receita Federal de Rio Grande/RS, que aplicou alíquota do imposto de exportação fixada na Resolução CAMEX nº 15, de 10 de maio de 2001.

A segurança foi denegada sob os seguintes fundamentos:

> Entendo que não há inconstitucionalidade ou ilegalidade de nenhuma ordem na fixação, pela CAMEX, da alíquota de 9% para o Imposto sobre a Exportação dos couros e peles, inteiros de bovinos, de superfície unitária não superior a 2,6 m^2 (dois metros e sessenta centímetros quadrados), ou 28 $pés^2$ (vinte e oito pés quadrados) e os couros e peles de bovino pré-curtidos curtidos de outro modo, e qualquer outro, classificados nos códigos 4104.10, 4104.22 e 4104.29.00 da Nomenclatura Comum do Mercosul – NCM, nos termos da Resolução nº 15, de 10 de maio de 2001, estando perfeitamente de acordo com o disposto nos artigos 153, § 1º, da CF, 26 do CTN, 3º do Decreto-lei nº 1.578/77 e disposições do Decreto nº 3.756/2001, não sendo, por consequência, indevidos os montantes recolhidos sob a égide e sob imposição da referida Resolução.[...]

No recurso extraordinário, alegou a recorrente violação ao art. 84, *caput*, inciso IV e parágrafo único, e art. 153, § 1º, da Constituição Federal de 1988. Sustentou que a Resolução CAMEX nº 15/2001, a qual fixou alíquotas do imposto de exportação para diversos produtos, invadiu a competência privativa para regular a matéria que a Carta Magna, no § 1º do art. 153, confere ao Presidente da República.

Alegou a recorrente estar amparada em precedente do Supremo Tribunal Federal (STF), a saber, o RE 186.623/RS, relator Ministro Carlos Velloso, no qual se declarou a inconstitucionalidade do art. 1º do Decreto-lei nº 1.724/79, e do art. 3º, inciso I, do Decreto-lei nº 1.894/81, ao argumento de que a delegação de poderes ao Ministro da Fazenda para extinguir incentivos fiscais contrariava a Carta de 1967, na redação da Emenda Constitucional 1/1969.

A União, reportando-se aos argumentos expendidos na decisão recorrida, manifestou-se pelo desprovimento do recurso extraordinário.

O Ministério Público Federal também se manifestou pelo desprovimento do recurso, como base nos seguintes fundamentos:

> A competência atribuída ao Poder Executivo para alterar as alíquotas dos impostos aduaneiros – artigo 153, § 1º, legitima interpretação de que a norma infraconstitucional está autorizada a conferir a prerrogativa a autoridade diversa do Chefe do Poder Executivo, assim como órgão diverso do Ministério da Fazenda.
> Nesse contexto, é possível reconhecer a legalidade do Decreto 3.756/2001, que dispõe sobre a CAMEX e atribui, no artigo 2º, a esta Câmara a competência para fixar as alíquotas do imposto de exportação, respeitadas as garantias estatuídas no Decreto-lei 1.578/77.

1.1.2 Critério de conhecimento da repercussão geral

Em 03/04/2008, manifestou-se o ministro Ricardo Lewandowski pela existência de repercussão geral, por entender que o recurso extraordinário trazia à baila questão dotada de relevância econômica e jurídica.

O STF, em 4/04/2008, reconheceu a repercussão geral do tema em questão (Tema 53), mediante decisão cuja ementa se transcreve:

Recurso Extraordinário. Repercussão Geral. Imposto de Exportação. Alíquota. Ato da Câmara de Comércio Exterior. Validade assentada na origem. Admissão do exame da matéria.

1.2 Mérito da decisão

O Recurso Extraordinário nº 570.680 foi julgado em 28 de outubro de 2009, em Sessão Plenária presidida pelo Ministro Gilmar Mendes. O Tribunal, por maioria, conheceu e negou provimento ao recurso, nos termos do voto do relator, o ministro Ricardo Lewandowski. Vencidos os ministros Carlos Britto e Marco Aurélio. Ausente a ministra Ellen Gracie e, licenciado, o ministro Joaquim Barbosa.

1.2.1 Voto condutor

O voto condutor foi proferido pelo Ministro Ricardo Lewandowski, que se manifestou no sentido de que o precedente mencionado pela recorrente não se identifica com a questão discutida no presente recurso extraordinário, uma vez que circunscreveu apenas: i) à eficácia temporal de dispositivo da Carta Constitucional de 1967; e, ii) à competência do Ministro da Fazenda para revogar estímulos fiscais.

Para o deslinde da questão, o relator iniciou sua análise pelo art. 153, inciso II e § 1º da Constituição Federal, que faculta ao Poder Executivo, atendidas as condições e os limites estabelecidos em lei, alterar as alíquotas do imposto de exportação, dentre outros que enumera.

Reproduziu o disposto nos arts. 23 e 26 do CTN; o primeiro, que se refere à competência para instituir o referido imposto e ao fato gerador e, o segundo, que basicamente reproduz o que consta no § 1º do art. 153 da Constituição Federal, que confere ao Poder Executivo a atribuição de promover as alterações das alíquotas que se fizerem necessárias, nos limites da lei.

Após reproduzir o art. 3º, parágrafo único, do Decreto-lei nº 1.578, de 11 de outubro de 1977, com a redação dada pela Lei nº 9.716, de 26 de novembro de 1998, concluiu que a base constitucional que define a competência para alterar as alíquotas do imposto de exportação está no § 1º do art. 153 da Carta Magna, que não se circunscreve ao rol de atribuições privativas do Presidente da República estabelecido no art. 84 da Constituição Federal.

Afirmou o ministro Ricardo Lewandowski que:

i) pela legislação trazida à baila, a faculdade de alterar alíquotas do imposto de exportação é atribuída ao Poder Executivo e não ao Presidente da República. O § 1º do art. 153 da Constituição Federal, ao atribuir genericamente ao Poder Executivo a faculdade de alterar as alíquotas de determinado imposto, abriu a possibilidade da criação de um órgão governamental para desincumbir-se dessa atribuição, que no caso é a CAMEX, criada pela Medida Provisória nº 2.123-28/2001;

ii) a CAMEX não atua arbitrariamente, mas, sim, discricionariamente, eis que está obrigada a observar o limite máximo de alteração de alíquotas previsto no Decreto-Lei nº 1.578/77, além de estar jungida a compromissos internacionais firmados pelo Brasil, em especial na Organização Mundial do Comércio (OMC), no Mercado Comum do Sul (MERCOSUL) e na Associação Latino-Americana de Integração (ALADI), devendo levar em conta, ainda, dentre outros aspectos, o papel do comércio exterior como instrumento "para promover o crescimento da economia nacional e para o aumento da qualidade dos bens produzidos no Brasil".

Trouxe o ministro à colação precedente do STF consubstanciado no RE 225.655/PB, relator ministro Ilmar Galvão, em que, ao apreciar a competência para alterar as alíquotas do imposto de importação por meio de portaria ministerial, decidiu aquela Corte que ela não era privativa do Presidente da República.

Discorreu sobre a função extrafiscal do imposto de exportação, citando a doutrina nesse sentido, concluindo que a redução ou o aumento das alíquotas dos impostos aduaneiros exige, portanto, ação pronta e tecnicamente adequada por parte do Governo para que o País possa reagir de modo eficiente às oscilações da conjuntura interna e internacional.

Mencionou a Súmula 404 do STF, que definiu a constitucionalidade da fixação de tarifas pelo Conselho de Política Aduaneira, *verbis*: "Não contrariam a Constituição os arts. 3º, 22 e 27 da Lei nº 3.244, de 14.08.57, que definem as atribuições do Conselho de Política Aduaneira quanto à tarifa flexível".

Em face do exposto, o ministro relator negou provimento ao recurso extraordinário.

Após o voto do relator, o Ministro Dias Toffoli se pronunciou concordando com o ministro Ricardo Lewandowski, ao argumento de que há expresso dispositivo constitucional autorizando tal delegação. Destacou o papel da CAMEX com competência para alterar alíquotas do imposto de exportação, dentro dos parâmetros estabelecidos no Decreto-lei nº 1.578/77, adicionou mais jurisprudência do STF sobre a matéria. Além de citar o RE 225.655, já mencionado pelo ministro Ricardo Lewandowski, trouxe à baila o RE 225.602/CE, relator o ministro Carlos Velloso, e o Agravo Regimental no RE 443.384/ES, relatoria do ministro Gilmar Mendes. Ao final, também negou provimento ao recurso.

A ministra Cármen Lúcia também acompanhou o voto do relator, destacando que o § 1º do art. 153 da Constituição Federal fez referência ao Poder Executivo e não ao Presidente da República; parafraseou o Ministério Público ao mencionar que, quando a Constituição quer se referir ao Presidente da República, titular do Poder Executivo, o faz, e que, neste caso, a competência foi atribuída ao Poder Executivo.

O ministro Eros Grau também acompanhou os votos anteriores, pontuando o caráter extrafiscal do imposto de exportação. Destacou o ministro o fato de se estar, no caso, diante de uma manifestação típica da chamada "capacidade normativa da conjuntura". Nesse sentido, argumentou que a lei geralmente se exerce sobre as coisas que duram no tempo, respeita às situações estruturais. Já na situação discutida, se está diante de situações conjunturais, que exigem de um momento para o outro seja elevadas ou reduzidas alíquotas ou, simplesmente, reduzidas a zero. E isso tem que ser feito com rapidez muito grande.

Referiu-se a Montesquieu, no sentido de que o Poder Executivo se exerce sobre as coisas momentâneas. Segundo afirmou esse ministro, essa capacidade normativa de conjuntura, para que se possa exercer plenamente, tem de ser detida pelo Poder Executivo. "O Poder Executivo não é senão uma porção da totalidade que o Poder é. [...] O que há são especializações. [...] E dentro do Poder Executivo há de ter alguém que exerça essa função, a capacidade normativa de conjuntura.

O ministro Cézar Peluso acompanhou o relator, destacando que quando a Constituição alude a atribuições e competências pessoais e exclusivas ou privativas do Presidente da República, está dispondo de forma diversa do que o faz em relação ao Poder Executivo; no primeiro caso, as atribuições e as competências são imputadas à pessoa do Presidente e, no segundo, são imputadas ao Poder Executivo como organização ou conjunto de órgãos.

Segundo entendeu, a espécie não é de delegação, mas de definição de competência no âmbito do Poder Executivo. O Presidente da República, no exercício desse poder, definiu a CAMEX como órgão para atuar em nome do Poder Executivo pelas razões já discriminadas pelo relator e pelo ministro Eros Grau: por tratar-se de tributo de finalidade extrafiscal e condicionado a decisões ágeis.

O ministro Celso de Mello, em seu voto, referiu que o Plenário do STF, ao julgar o RE 225.602, teve o ensejo de examinar a natureza da lei a que se refere o § 1º do art. 153 da Constituição da República, e o julgamento colegiado (RE 225.655), teria reconhecido a possibilidade constitucional da já referida delegação administrativa, por entender que o exercício da faculdade a que alude o § 1º do art. 153 da Constituição não se mostra exclusivo do Presidente da República.

Por fim, o ministro Gilmar Mendes acompanhou o relator, sem acrescentar nenhum fundamento novo.

1.2.2 Votos vencidos

Por sua vez, o ministro Carlos Britto divergiu dos posicionamentos anteriores, por entender que, como se trata de tributo, o ordenamento jurídico exige a sua veiculação por lei – lei formal, lei do Congresso Nacional, mas que, em homenagem à dinamicidade da macropolítica do comércio exterior, e até da política cambial, a Constituição abriu uma exceção em relação à fixação da alíquota. E não se pode perder de vista que alíquota é parte componencial do tributo e, portanto, é categoria jurídica alcançada pelo princípio da legalidade.

Então, segundo o ministro, a Constituição possibilitou ao Poder Executivo quebrantar esse princípio da legalidade decidindo unilateralmente, unipessoalmente por parte de autoridade monocrática, que é o Chefe do Poder Executivo. Como base nesse raciocínio, o ministro Carlos Britto entendeu que o disposto no § 1º do art. 153 da Constituição Federal, por constituir-se exceção ao princípio da legalidade, deve ser interpretado restritivamente, ressaltando que no Brasil há um sistema constitucional tributário e que, com base nesse sistema, o princípio da legalidade é um protoprincípio, razão pela qual não deve ser aceita essa delegação do Presidente da República ao Poder Executivo.

Segundo o ministro Carlos Britto, essa interpretação mais restritiva, se outros méritos não tivesse, teria o de homenagear o princípio da separação dos poderes, que é uma cláusula pétrea.

Por fim, o ministro afirmou que, ainda que se alegue que a CAMEX é um órgão do Poder Executivo, tal afirmação é feita não no sentido político- constitucional, mas no sentido singelamente administrativo, não, mas não exercente propriamente do Poder Executivo, porque o Poder Executivo é exercido, ou seja, chefiado, pelo Presidente da República com auxílio dos Ministros de Estado, conforme estatuído no art. 76 da Constituição Federal.

O ministro Marco Aurélio acompanhou a divergência inaugurada pelo ministro Carlos Britto, provendo o recurso. Afirmou esse ministro que a regra, o princípio basilar, é a disciplina da matéria mediante lei e o § 1º do art. 153 da Constituição traz uma exceção e, como tal, a exceção somente pode ser interpretada de forma restrita.

O Ministro acrescentou, ainda, que o STF não pode, a partir de um simples ato de vontade, inserir na Carta da República disposição não contemplada, contrariando-a, tornando-a flexível, afastando a rigidez que denota a supre macia dessa mesma Carta da República. Assim, não há alusão no artigo 153 da Constituição à matéria de fixação de alíquota de tributo ser passível de transferência a Ministro de Estado.

Ao revés, argumenta o ministro Marco Aurélio, o que se vê, com todas as letras do artigo 62, § 2º, da Constituição Federal, é a sinalização que não permite que se considere outra pessoa, senão o Presidente da República, como habilitada a praticar ato a implicar na flexibilização da alíquota de tributo.

1.3 Análise crítica

O cerne da questão trazida a lume no presente julgado consiste em saber se é ou não compatível com a Constituição a competência atribuída à CAMEX para alterar alíquotas do imposto de exportação.

Duas questões ressaltam do exame do julgado:

i) a competência para alterar as alíquotas do imposto de exportação. Conforme redação do § 1º do art. 150 da Constituição Federal, a faculdade é atribuída ao Poder Executivo, atendidas as condições e os limites estabelecidos em lei. Como consignado pelos ministros que negaram provimento ao recurso, essa atribuição é do Poder Executivo, repita-se, e não do Presidente da República;
ii) se se trata, na hipótese, de delegação de competência, conforme entendem alguns ministros. Entende-se que não. Trata-se de atribuição conferida a órgão do Poder Executivo que tem por objetivo a formulação, a adoção, a implementação e a coordenação de políticas e de atividades relativas ao comércio exterior de bens e serviços.

Conforme bem destacado pela relatora do acórdão recorrido, juíza Vivian Josete Pantaleão Caminha, citando a doutrina de Leandro Paulsen, não se pode confundir a parcela de poder fiscal de cada ente federativo (competência tributária) com as funções fiscais respectivas. Embora a fixação da alíquota de determinados tributos em tese possa parecer ter feições muito distintas das funções fiscais propriamente ditas, de arrecadação e fiscalização, o exercício do poder facultado pela Constituição no § 1º do art. 150 da CF/88 consiste numa atividade que atende a interesses situados na esfera da extrafiscalidade, transcendendo o intuito de arrecadação, e nesse aspecto constitui atividade mais afeita ao governo enquanto administração do que ao governo em seu mister arrecadador.

Com efeito, no caso, não se trata de competência para instituir alíquota, posto que esta já se encontra delimitada pela lei, sendo tão-somente facultado o exercício da opção que melhor atenda às necessidades do comércio exterior, que são cambiantes.

Cumpre observar que a questão está sedimentada no STF, pois, além dos citados acórdãos que reconhecem que é possível que qualquer órgão, desde que dentro da estrutura do Poder Executivo Federal, seja criado para exercer a atribuição de alterar as alíquotas dos impostos descritos no § 1º do art. 153 da Constituição, existe súmula nesse sentido (Súmula 404 do STF).

Em face do exposto, entende-se que a decisão do STF não merece censura.

REFERÊNCIAS

ATALIBA, Geraldo. **Hipótese de Incidência Tributária.** Coleção Estudos de Direito Tributário. São Paulo: Malheiros, 1996.

ATALIBA, Geraldo. **Progressividade e Capacidade Contributiva**. Separata da RDT, 1991.

ÁVILA, Humberto. **Sistema constitucional tributário.** 2. ed. São Paulo: Saraiva, 2006.

BRASIL. Constituição (1988). **Constituição da República Federativa do Brasil,** promulgada em 5 de outubro de 1988. Brasília: Senado Federal, 1988.

BRASIL. Supremo Tribunal Federal. RE 562980, Relator(a): Min. RICARDO LEWANDOWSKI, Relator(a) p/ Acórdão: Min. MARCO AURÉLIO, Tribunal Pleno, julgado em 06/05/2009, REPERCUSSÃO GERAL – MÉRITO DJe-167 DIVULG 03-09-2009 PUBLIC 04-09-2009 EMENT VOL-02372-03 PP-00626 LEXSTF v. 31, n. 369, 2009, p. 285-306.

BRASIL. STF. RE 592145/SP. Disponível em: <*file:///C:/Users/magad/AppData/Local/Packages/Microsoft.MicrosoftEdge_8wekyb3d8bbwe/TempState/Downloads/texto_313601871%20(1).pdf*>. Acesso em: 11/06/2020.

BRASIL. Tribunal Regional Federal da 4ª Região – TRF4, AMS 2003.70.03.008707-0, PRIMEIRA TURMA, Relator ÁLVARO EDUARDO JUNQUEIRA, D.E. 18/12/2006.

BOTTALLO, E. D. MELO, J. Eduardo. Comentários às súmulas tributárias do STF e do STJ. São Paulo: Quartier Latin, 2007.

CARRAZA, Roque Antonio. **Curso de Direito Constitucional Tributário**. 29ªed. São Paulo: Malheiros, 2013.

CARVALHO, Paulo de Barros. **Curso de Direito Tributário.** 29. ed. São Paulo: Saraiva, 2018.

CARVALHO, Paulo de Barros. **Imposto sobre Produtos Industrializados.** São Paulo: Resenha Tributária, 1976.

CARVALHO, Paulo de Barros. **Isenções Tributárias do IPI em face do princípio da não cumulatividade.** RDDT: São Paulo, 1998.

CARVALHO, Paulo de Barros. **Legalidade.** Separata da RTD, V Congresso Brasileiro de Direito Tributário, 1991.

CORREIA, Neto. Celso de Barros. **O avesso do tributo: incentivos e renúncias fiscais no direito brasileiro**. 2. ed. São Paulo: Almedina, 2016. p. 174.

COELHO, Sacha Calmon Navarro. **Comentários à Constituição de 1988 : sistema tributário**. 7. ed. Forense, 1993.

COELHO, Sacha Calmon Navarro. **Curso de direito tributário brasileiro**, Rio de Janeiro: Forense, 2009.

COSTA, Regina Helena. **Princípio da capacidade contributiva**. São Paulo: Malheiros, 1993.

DENARI, Zelmo. **Curso de direito tributário**, 9ª edição. Atlas, 06/2008. VitalSource Bookshelf Online.

HACK, Érico. ***Princípio da capacidade contributiva*: limites e critérios para o tributo**. Disponível em:https://www.jfrj.jus.br/sites/default/files/revista-sjrj/arquivo/540-2241-1-pb.pdf. Acesso em 30 set 2019.

MACHADO, Hugo de Brito. **Curso de Direito Tributário.** *22ª* ed. São Paulo : Malheiros, 2003.

MEIRELLES, José Ricardo. **O princípio da capacidade contributiva**. Disponível em: https://www2.senado.leg.br/bdsf/bitstream/handle/id/315/oprincipiodacapacidade.pdf?sequence=6 . Acesso em 01 out 2019.

MENDES, Gilmar Ferreira; BRANCO, Paulo Gustavo Gonet. **Curso de Direito Constitucional.** 10. ed. São Paulo: Saraiva, 2017.

MENDES, Gilmar Ferreira. **Controle de Constitucionalidade: hermenêutica constitucional e revisão de fatos e prognoses legislativos pelo órgão judicial**. Revista dos Tribunais, São Paulo, ª 88, v. 766, p. 11-28, ago. 1999, p. 24 *apud* STF. RE

592145/SP. Disponível em: <*file:///C:/Users/magad/AppData/Local/Packages/Microsoft.MicrosoftEdge_8wekyb3d8bbwe/TempState/Downloads/texto_313601871%20(1).pdf*>. Acesso em: 11/06/2020.

MOREIRA. André Mendes. **Capacidade Tributária.** Disponível em: https://enciclopediajuridica.pucsp.br/verbete/264/edicao-1/capacidade-contributiva. Acesso em 02 out 2019.

NUNES, Clécio Santos. **Justiça Tributária.** Belo Horizonte: Fórum,2019.

ROSENBLATT, Paulo; PEREIRA, Juliana Studart. **Alíquotas progressivas no imposto sobre a transmissão de bens imóveis: proposta de superação da súmula 656 do Supremo Tribunal Federal.** *Revista de informação legislativa*: RIL, v. 54, n. 215, p. 195-212, jul./set. 2017. Disponível em: http://www12.senado.leg.br/ril/edicoes/54/215/ril_v54_n215_p195. Acesso 01 de out de 2019.

SCHOUERI, Luis Eduardo. **Direito tributário.** 8. Ed. São Paulo: Saraiva, 2018.

VALLE, Maurício Dalri Timm. **Princípios Constitucionais e Regras-Matrizes de Incidência Do Imposto Sobre Produtos Industrializados – IPI.** São Paulo: Noeses, 2016.